Technology Management

技術経営論

下

丹羽 清
Niwa Kiyoshi

東京大学出版会

Technology Management
Kiyoshi NIWA
University of Tokyo Press, 2006
ISBN 978-4-13-062814-3

はじめに

　今日は高度技術社会の真っ直中にあるといわれている．技術が社会のすみずみにまで大きな影響を与えているからだ．企業の経営も例外ではない．これまでは，技術は企業経営を支える裏方だったかもしれない．しかし気が付くと，技術に関する事柄が，企業経営の最前線に出てきている．次のような例をみてみよう．

- 先端技術（たとえば，情報ネットワーク，ナノ技術，バイオ技術など）を用いた新事業の構想立案
- 国際的な技術標準を獲得するための計画構築
- 新技術システムによる，競合先発企業のビジネスモデルの無力化
- 新製品が及ぼす，未知の安全被害や環境汚染に対する事業影響の判断
- 世界規模での情報ネットワーク化による顧客情報獲得の有効性判断

などは，経営意思決定や事業部戦略決定など企業経営での中枢的な検討事項であり，さらには，日々のビジネス現場や技術開発の現場での重要な実践事項となっている．これらの取り扱いの優劣が，企業の盛衰を決めるまでになっているのである．
　このような技術が深く関わる事柄を検討し判断するには，技術の最先端に関する深い知識が必要であるというかもしれない．しかし，それはそれぞれの専門家に聞けばすむことである．むしろ重要なのは，その技術や技術開発が企業経営や社会にどのようにどの程度の影響を与えるかを判断する力である．さらには，技術の役割を理解し活用して，革新的な企業経営を推進するマネジメント力である．技術経営ではこのことを強調する．つまり，技術経営とは技術を効果的に活用して経営を行うことである．
　産業界の現場では，この技術経営の実践が否応なく開始されている．技術

戦略を効果的に構築しようと技術経営室や技術最高責任者（CTO: Chief Technology Officer）を新設したり，新商品や新事業に直接貢献できる研究所の運営形態を模索したり，新技術開発を効率的に進めようと大学や研究機関，さらにはユーザとの協同を推進したり，いろいろな領域で多大な努力が傾けられている．しかし，概してそれらはまだ手探りの試行錯誤の状態にある．従来の経営学では，このような技術に関わる事柄を十分に議論できていないことも大きな原因であろう．

　現場の企業が求めているのは，技術経営の全体的な見通しと個々のマネジメントや行動の指針を与える新しい学問「技術経営学」の確立といえる．しかし，技術経営学の確立は一朝一夕にはできない．とくに，技術経営学が対象とすべき技術経営が産業界に重要な実践の分野として登場したのがまだ新しいことに加えて，この新学問の確立のためには，従来の理工学と経営学という広大な，しかも文化の異なる分野を体系的に融合・発展させる必要があるからだ．

　しかし，技術経営学確立に向けての第一歩は急いで踏み出さなければならない．それは，産業の現場が必要としているだけではない．ここ数年で日本においても技術経営の専門職大学院が多く設立され，研究と教育のためにも技術経営学の標準的教科書が必要とされる状況が存在するからである．さらに，これに基づいて，産業の現場と大学との交流ができれば，実学としての技術経営学確立へ向けて大きな推進力となるだろう．本書は，このような状況をふまえ，その第一歩として書かれたものである．本書をひとつの出発点として活発な議論を展開し，近い将来に真の技術経営学を確立してほしいという意味を込めて，「学」ではなく「論」，すなわち「技術経営論」というタイトルを選んだ．

　現在，技術経営分野の個別の領域での議論や著作はあるものの，全体が見通せる体系を提示した書籍は見当たらない．そのような状況のなかで，本書は，今後確立すべき技術経営学の体系構築に向けてのひとつの試案を示している．さらに同時に，このようにして設定した体系のもとで，それぞれの領域に関して，基礎知識の記述から現時点における研究と実践の最先端領域にまで議論を展開している．したがって，大学と大学院での技術経営教育と研

究のための標準的教科書に適しているだろう．さらに，企業における技術経営各分野での経営者・管理者，技術者，研究者などの戦略的・戦術的な指針書としても有効であろう．また，技術経営学の確立を目指す研究者にとってはひとつのたたき台になるであろう．

　本書の構成は次のようである．第1章「技術経営概要」では，科学技術の特徴と高度技術社会の特徴を整理・理解したうえで，技術経営の特徴を明らかにする．そして，これに続く第2章から第8章で，技術経営論の柱となる基本的な7つの領域について解説する．
　第2章「技術戦略」では，企業の長期的な戦略構築にいかに技術開発を関わらせるべきかを議論する．第3章「技術マーケティング」では，従来のマーケティングの試行錯誤をふまえて，技術先導の顧客価値創造という新しい挑戦を提起する．第4章「イノベーション」では，従来の延長ではない革新をいかに起こすか，現在の最前線の試みを紹介し，さらに今後の方向を模索する．第5章「研究開発」では，個人の創造性をいかに発揮させて事業に結び付けるかの議論が中心となる．第6章「技術組織」では，競争条件と環境変化の激化のなかで，いかに柔軟で活性のある技術組織を構築するかの方策を検討する．第7章「技術リスクマネジメント」では，不確実性を伴う技術開発の進め方，とくに，無知や未知の領域への挑戦をいかに取り扱うかを議論する．第8章「知識マネジメント」では，高度技術社会において重要な資源である知識をいかに取り扱って企業経営に役立たせるかの方策を検討する．
　本書では，第2章から第8章まで，各章の節の構成を統一している．まず，最初の2つの節はそれぞれの領域での，基礎的，あるいは入門的知識を，とくに歴史的視点から整理しなぜその領域が必要なのかを明らかにしている．続く3つの節では，それぞれの領域での現在の中心的な課題と対応の最前線を紹介している．最後の2つの節では，技術経営学の確立のために挑戦すべきと考える事柄を，いくつかのアプローチとともに提示している．このような構成をとることで，技術経営の学習者，実践の最前線にいる実務家，さらには，技術経営の研究者など本書の多様な読者の問題意識とニーズに対応できるものと考えている．

著者はこの30年間技術経営分野の研究を行っているが，とくに，その後半の15年間はアメリカと日本の大学，さらに企業人向け研修で技術経営教育を同時に行っており，そこでの標準的教科書の必要性を実際に感じてきた．また，1991年以降この分野で最大の国際会議 PICMET (Portland International Conference on Management of Engineering and Technology) の運営に携わっていて，世界の45カ国から集まる600人以上の研究者・教育者・実務家と毎年議論を重ねているが，そこでも技術経営全般を扱った教科書の刊行が緊急の課題となっている．

　求められているのは技術経営の全般を対象とする一つの体系をもって書かれた入門書であり，同時に学界の最新の研究状況も解説し，さらに，「では，どうしたらよいのか」という実務家からの問いにも対応できるような実践書である．本書はこのような過酷ともいえる要求に応えようと4年間の準備を経て生まれたものである．

　本書の執筆と出版は，これまでいただいた多くの方々からのご教示，機会，支援がもとになっている．すべては書き尽くせないが，そのなかからいくつかを述べて改めて感謝の気持ちを表したい．

　Dundar F. Kocaoglu 先生（アメリカ Portland 州立大学教授）からは，技術経営に深く関わる次のような機会を著者に与え続けられた．1987年からは *IEEE Transactions on Engineering Management*（技術経営学術論文誌）の編集委員，1989年にはアメリカ Wiley 社の技術経営シリーズの1冊として『知識ベースを用いたリスクマネジメント』の出版，1989-91年には先生の技術経営学科の客員教授，1991年から今日まで技術経営国際会議 PICMET のプログラム副委員長と国際委員長などである．

　George Kozmetsky 先生（前アメリカ Texas 大学教授，前 IC^2 (Innovation, Creativity and Capital) 研究所所長）には，1979年に初めてお会いして以来，とくに，1988年からの IC^2 研究所の上級研究フェローを任命していただいてから以降は，毎年のように Texas 州の Austin か東京で，著者の研究について励ましと助言をいただいた．とくに，終始「学問と産業との架け橋の重要性」が共有した問題意識であったことが著者の支えになった．

山之内昭夫先生（技術経営教育センター，前大東文化大学教授）には，学問と実務のバランスがとれた技術経営教育のあり方を，1998年に始まった社会経済生産性本部経営アカデミーの「技術経営コース」の場を中心にご指導いただいている．渡辺裕氏（日立製作所総合教育センター・シニアプランニングマネージャ）には，日立製作所の企業内研修（ACE：Advanced Course for Creative Engineers 研修）のコーディネーターの役割を2001年にいただき，それ以降，受講生の動機付けを高め同時に企業の新事業提案に貢献できる企業内技術経営教育のあり方を模索する実践機会をいただいている．

　本書の内容の一部は，東京大学の教養学部広域科学科と大学院総合文化研究科広域科学専攻の授業，社会経済生産性本部経営アカデミーや神奈川科学技術センターでの技術経営研修，日立製作所，三菱化学，NEC での技術経営社内研修で使用し改善を重ねた．フィードバックをいただいた，500人を超えるこれまでの受講生に感謝したい．

　東京大学の著者の研究室で博士研究や修士研究を実施した「共同研究者」に感謝したい．そのなかでもとくに，社会人学生として自分自身の実務と学術の接点で技術経営論の新領域を開拓する博士学位論文を完成させた手塚貞治氏（日本総研），清野武寿氏（東芝），石黒周氏（研究開発型 NPO 振興機構）の研究成果，ならびに，修士課程学生のなかから，とくに，中島剛志氏（日本 IBM），外山大氏（文部科学省），猪内学氏（アルトビジョン），春日伸弥氏（日本 IBM），野上大介氏（野村総研），白肌邦生氏（東大博士課程）諸氏の研究成果は本書のなかで重要な役割を果たしている．

　東京大学出版会の丹内利香氏からは，とくに，読者の立場から貴重なコメントをいただいた．この編集者との共同作業があって，本書は世に出ることができた．

目　次

はじめに　　iii

第 1 章　技術経営概要　　　　　　　　　　　　　　　　　　　　1

1.1　技術経営とは　………………………………………………… 2
(1)　技術経営の範囲　　2
(2)　技術経営の必要性　　3
(3)　技術経営の内容　　4

1.2　技術経営論の要請　…………………………………………… 5
(1)　技術経営の研究と教育の状況　　5
(2)　経営学での技術の扱い　　7
(3)　技術経営論の必要性と構築アプローチ　　9

1.3　現代科学技術の特徴　………………………………………… 11
(1)　技術の普遍性　　11
(2)　科学と技術の一体化　　12
(3)　未知と創造性への挑戦　　13

1.4　高度技術社会の特徴　………………………………………… 14
(1)　知識社会　　14
(2)　戦略資源としての科学技術者　　15
(3)　科学技術の影響の広範囲化　　16

1.5　技術経営の特徴　……………………………………………… 17
(1)　競争と戦略性　　17
(2)　越境と開放性　　19
(3)　創造と質的管理　　20

第 1 章の要約　　22
引用文献　　23

第 2 章　技術戦略　　　　　　　　　　　　　　　　　　　　　　25

2.1　一般の経営戦略　……………………………………………… 26
(1)　経営戦略の歴史　　26

　　　　　(a)　学問としての経営戦略　26　　(b)　実務としての経営戦略　27
　　(2)　経営戦略の概要　29
　　　　　(a)　競争戦略　29　　(b)　資源戦略　31
2.2　技術戦略の必要性と特徴 ……………………………………………… 32
　　(1)　技術戦略の必要性　32
　　　　　(a)　技術が一般の経営戦略に与える影響　32　　(b)　技術を活用した企業の主体的な経営　34
　　(2)　技術戦略の特徴　34
　　　　　(a)　技術戦略の定義　34　　(b)　技術戦略の特徴　36
2.3　技術動向の理解 ………………………………………………………… 37
　　(1)　技術動向の把握　37
　　　　　(a)　必要性　37　　(b)　技術動向把握の考え方　38
　　(2)　技術動向の予測と介入　40
　　　　　(a)　技術予測の限界　40　　(b)　技術動向への介入　41
2.4　新事業の計画 …………………………………………………………… 42
　　(1)　新事業の設定　42
　　　　　(a)　新事業の開発　42　　(b)　全社技術戦略　44
　　(2)　ロードマップ　47
　　　　　(a)　ロードマップ手法の発展　47　　(b)　コミュニケーションの手段　48
2.5　知的財産の扱い ………………………………………………………… 49
　　(1)　知的財産権　49
　　　　　(a)　知的財産権の種類　49　　(b)　特許戦略　50
　　(2)　知的財産戦略　51
　　　　　(a)　知的財産戦略の範囲　51　　(b)　今後の展開　53
2.6　CTO（最高技術責任者）……………………………………………… 54
　　(1)　CTOと技術戦略　54
　　　　　(a)　CTO登場の経緯　54　　(b)　CTOの役割　55
　　(2)　戦略的判断　58
　　　　　(a)　手法と判断　58　　(b)　ボトムアップと創発性　59
2.7　技術戦略の盲点と挑戦 ………………………………………………… 60
　　(1)　周辺が起こすイノベーション　60
　　　　　(a)　周辺の重要性　60　　(b)　周辺の観察と活動　61
　　(2)　継続と変化が起こすイノベーション　62
　　　　　(a)　良い継続と悪い継続　62　　(b)　変化と変態　64

第 2 章の要約　　65
引用文献　　66

第 3 章　技術マーケティング　　69

3.1　一般のマーケティング ………………………………………… 70
　（1）　マーケティングの歴史　　70
　　　（a）　マーケティングの本質　70　　（b）　マーケティングの誕生　71
　（2）　マーケティングの概要　　72
　　　（a）　伝統的マーケティングの手順と課題　72　　（b）　ホリスティック・マーケティング　74
3.2　技術マーケティングの要請 …………………………………… 76
　（1）　一般のマーケティングの限界　　76
　　　（a）　マーケティングでの製品計画の特徴　76　　（b）　マーケティングの限界　77
　（2）　技術マーケティングの必要性　　78
　　　（a）　マーケティングと技術との関係　78　　（b）　技術マーケティングの定義　79
3.3　ニーズ志向の追求 ……………………………………………… 80
　（1）　技術志向風土の克服　　80
　　　（a）　技術者のニーズ志向の重要性　80　　（b）　マーケティング機能の地位向上　81
　（2）　ニーズの多面性　　82
　　　（a）　ニーズ把握の一般的な方法　82　　（b）　技術と社会との相互作用　84
3.4　ユーザ協同の製品開発 ………………………………………… 85
　（1）　ユーザとの協同の目的　　85
　　　（a）　協同によるユーザニーズ把握　85　　（b）　NIH 回避によるシステム実現化　87
　（2）　ユーザとの協同開発　　87
　　　（a）　ユーザの特定　87　　（b）　ユーザとの協同開発の課題　90
3.5　ユーザによる開発 ……………………………………………… 91
　（1）　プロシューマー　　91
　　　（a）　生産と消費に関する第 3 の波　91　　（b）　プロシューマーと技術マーケティングの役割　92

(2)　リードユーザ　*93*
　　　　　(a)　リードユーザによる改良　*93*　　(b)　ユーザ・ツールキット法とその限界　*94*
3.6　開放と平等社会への対応 ……………………………………… *95*
　　　(1)　オープンソース開発　*96*
　　　　　(a)　オープンソース型ソフトウェア開発　*96*　　(b)　オープンソース開発と技術マーケティング　*97*
　　　(2)　インターネットによる開放と平等　*98*
　　　　　(a)　インターネット・マーケティング　*98*　　(b)　インターネットによる開放と平等への対応　*99*
3.7　技術先導の顧客価値創造への挑戦 ……………………………… *100*
　　　(1)　革新的製品による顧客創造　*101*
　　　　　(a)　ニーズ志向の限界　*101*　　(b)　技術先導の顧客創造　*102*
　　　(2)　ソリューションからオポチュニティーへ　*104*
　　　　　(a)　1歩前進のソリューション提案　*104*　　(b)　2歩前進のオポチュニティー提案　*105*
　第3章の要約　*106*
　引用文献　*108*

第4章　イノベーション　　　　　　　　　　　　　　　*111*

4.1　イノベーションの本質の捉え方 …………………………………*112*
　　　(1)　Schumpeter の捉え方　*112*
　　　　　(a)　軌道の変更，新結合，創造的破壊　*112*　　(b)　Schumpeter の企業家像　*115*
　　　(2)　Drucker の捉え方　*116*
　　　　　(a)　イノベーションとマネジメント　*116*　　(b)　Drucker の企業家像　*118*
4.2　イノベーション研究の概要 ………………………………………*119*
　　　(1)　イノベーションの発生過程　*119*
　　　　　(a)　単方向単純モデル　*119*　　(b)　双方向複雑モデル　*121*
　　　(2)　イノベーションの種類　*123*
　　　　　(a)　イノベーションの分類論　*123*　　(b)　技術パラダイム変化論　*126*
4.3　大企業でのラディカル・イノベーション ………………………*127*
　　　(1)　大企業とイノベーション　*128*

　　　　（a） Schumpeter の指摘　*128*　　（b） Drucker の指摘　*129*
　　（2） Rensselaer 工科大学の実証研究　*130*
　　　　（a） 第 1 期（1994-2000）　*130*　　（b） 第 2 期（2001-2005）　*131*
4.4　オープン・イノベーション ……………………………………… *132*
　　（1） クローズとオープン　*133*
　　　　（a） クローズド・イノベーション　*133*　　（b） オープン・イノベーション　*134*
　　（2） オープン・イノベーションの盲点と新展開　*136*
　　　　（a） オープン・イノベーションの盲点　*136*　　（b）「セミ」オープン・イノベーションへの新展開　*137*
4.5　イノベーションのジレンマ ……………………………………… *138*
　　（1） 破壊的イノベーション　*138*
　　　　（a） 優良企業破滅のメカニズム　*138*　　（b） 何がジレンマか　*139*
　　（2） ジレンマ論の解と盲点　*141*
　　　　（a） イノベーションの解　*141*　　（b） ジレンマ論の盲点　*142*
4.6　革新のイノベーションと戦略的展開 …………………………… *142*
　　（1） 革新に向かうイノベーション　*143*
　　　　（a） ブルー・オーシャン戦略という部分解　*143*　　（b） 革新的イノベーション　*144*
　　（2） イノベーション戦略　*146*
　　　　（a） イノベーション・ポートフォリオ戦略　*146*　　（b） イノベーション普及戦略　*148*
4.7　イノベーションのフロンティア ………………………………… *149*
　　（1） マネジメント・イノベーション　*150*
　　　　（a） マネジメントの革新　*150*　　（b） マネジメント・イノベーションのアプローチ　*151*
　　（2） イノベーションの拡大　*153*
　　　　（a） 国家のイノベーション　*153*　　（b） 国家，企業，個人のイノベーション比較　*154*
　第 4 章の要約　*156*
　引用文献　*158*

第 5 章　研究開発　　　　　　　　　　　　　　　　　　　　*161*

5.1　科学技術と研究開発 ……………………………………………… *162*

   (1) 科学技術　*162*
     (a)　科学とは　*162* (b)　技術とは　*164*
   (2) 研究開発　*165*
     (a)　科学技術と研究開発　*165* (b)　研究開発のプロセス　*166*
 5.2 研究開発マネジメント ………………………………………………… *167*
   (1) 研究開発マネジメントの世代論　*168*
     (a)　第 1 世代と第 2 世代　*168* (b)　第 3 世代　*169*
   (2) 研究開発マネジメントの要件　*169*
     (a)　量的管理手法から質的創造支援へ　*169* (b)　研究開発マネジャーの役割　*170*
 5.3 研究開発の計画 ………………………………………………………… *173*
   (1) 計画の課題　*173*
     (a)　計画の多面性　*173* (b)　科学，工学，経営学の各計画の統合　*174*
   (2) 計画の特徴　*175*
     (a)　ハードシステムとソフトシステムの混合　*175* (b)　トップダウンとボトムアップの混合　*177*
 5.4 研究開発の実施 ………………………………………………………… *178*
   (1) テーマの類型と課題　*179*
     (a)　長期と短期　*179* (b)　探索と開発　*180*
   (2) 運営体制の課題　*181*
     (a)　自主と依頼　*181* (b)　独自と協同　*183*
 5.5 研究開発の評価 ………………………………………………………… *184*
   (1) 評価の問題点　*184*
     (a)　評価の目的　*184* (b)　時期による評価　*185*
   (2) 評価の改善　*186*
     (a)　目的の明確化　*186* (b)　運営と体制の改善　*188*
 5.6 創造性の発揮と活用 …………………………………………………… *190*
   (1) 創造性へのアプローチ　*190*
     (a)　創造性とは　*190* (b)　創造性への種々のアプローチ　*191*
   (2) アイデアやコンセプトの創出　*193*
     (a)　革新的アイデア創出のための計画と実施の分離　*193* (b)　アイデア発展の場　*195*
 5.7 偶然性と試行錯誤 ……………………………………………………… *196*
   (1) 計画とセレンディピティー　*197*

　　　　　(a)　計画できないことの計画　*197*　　(b)　セレンディピティー　*198*
　　　(2)　試行錯誤のマネジメント　*200*
　　　　　(a)　現場主導の少人数型R＆Dマネジメント　*200*　　(b)　「失敗研究」を「待ち伏せの宝」に　*200*
　第5章の要約　*202*
　引用文献　*203*

第6章　技術組織　*205*

6.1　一般の組織論の歴史 ································· *206*
　　　(1)　クローズドシステムアプローチ　*206*
　　　　　(a)　機械的効率　*206*　　(b)　人間関係　*208*
　　　(2)　オープンシステムアプローチ　*209*
　　　　　(a)　状況適合　*209*　　(b)　パワーと政治　*210*
6.2　技術組織論の要請 ································· *211*
　　　(1)　技術組織の課題　*212*
　　　　　(a)　一般の組織論での課題　*212*　　(b)　技術組織の課題　*213*
　　　(2)　技術組織論の課題　*214*
　　　　　(a)　技術組織論の必要性　*214*　　(b)　技術組織論の内容　*215*
6.3　技術志向と事業志向のジレンマ ················· *216*
　　　(1)　技術者のマトリックス運営　*217*
　　　　　(a)　マトリックス組織　*217*　　(b)　問題と対応　*218*
　　　(2)　全社研究と事業部研究　*220*
　　　　　(a)　中央研究所と事業部研究所　*220*　　(b)　中央研究所終焉論の問題点と対応　*221*
6.4　自主性と階層制のジレンマ ······················ *223*
　　　(1)　技術者の自主性の課題と対応　*223*
　　　　　(a)　自由な発想によるアイデア　*223*　　(b)　科学技術者の保守性　*224*
　　　(2)　階層制の課題と対応　*226*
　　　　　(a)　専門知識と権限の逆相関　*226*　　(b)　技術組織の保守性　*227*
6.5　オープンとクローズのジレンマ ·················· *228*
　　　(1)　人材の流動・遍在化　*229*
　　　　　(a)　人材の流動化　*229*　　(b)　バーチャル研究開発組織　*230*
　　　(2)　知識と人材の囲い込みとの折合い　*231*
　　　　　(a)　ブラックボックス工場　*231*　　(b)　人材のオープンとクローズの折

　　　　　合い　*232*
　6.6　異分野協同 ………………………………………………………… *233*
　　　（1）　異分野チーム　*234*
　　　　　（a）　異分野協同の必要性　*234*　（b）　異分野協同に関する認知科学的研究　*236*
　　　（2）　組織間の協同　*238*
　　　　　（a）　研究開発型ベンチャーの企業間協同　*238*　（b）　長期大型研究のためのNPO型分散システム　*241*
　6.7　組織変革と活性化 …………………………………………………… *243*
　　　（1）　学習と変革　*243*
　　　　　（a）　学習する組織　*243*　（b）　企業変革のエンジン　*244*
　　　（2）　研究開発人材を活性化する職場　*246*
　　　　　（a）　研究開発人材の職務意欲の向上　*246*　（b）　未来志向型マネジメント　*247*
　第6章の要約　*248*
　引用文献　*249*

第7章　技術リスクマネジメント　*253*

　7.1　一般のリスクマネジメント ………………………………………… *254*
　　　（1）　リスク　*254*
　　　　　（a）　リスクと不確実性　*254*　（b）　純粋リスクと投機リスク　*256*
　　　（2）　リスクマネジメト　*258*
　　　　　（a）　保険とリスクマネジメント　*258*　（b）　統合リスクマネジメント　*259*
　7.2　技術リスクマネジメントの要請と特徴 …………………………… *261*
　　　（1）　技術リスクマネジメントの必要性　*261*
　　　　　（a）　技術リスクマネジメント　*261*　（b）　技術の運用系と開発系のリスクマネジメント　*262*
　　　（2）　技術リスクマネジメントの特徴　*263*
　　　　　（a）　技術リスクマネジメントの要件　*263*　（b）　技術リスクマネジメント体系への接近　*263*
　7.3　技術システムの安全と高信頼運営 ………………………………… *266*
　　　（1）　信頼性工学と安全工学　*266*
　　　　　（a）　信頼性工学と品質管理　*266*　（b）　安全工学と安全学　*268*

(2)　社会技術と高信頼組織運営　*269*
　　　　(a)　安全・安心のための社会技術　*269*　(b)　高信頼性組織の運営　*270*
7.4　大規模建設プロジェクトのリスクマネジメント …………*272*
　　(1)　計画段階のリスクマネジメント　*272*
　　　　(a)　プロジェクトのリスクマネジメント　*272*　(b)　調査段階と応札段階のリスクマネジメント　*273*
　　(2)　実施段階のリスクマネジメント　*274*
　　　　(a)　実施段階のリスク　*274*　(b)　経験的知識（ノウハウ）の伝承システム　*277*
7.5　アセスメントとリスクコミュニケーション ……………*278*
　　(1)　アセスメントと予防原則　*278*
　　　　(a)　環境アセスメントとテクノロジーアセスメント　*278*　(b)　予防原則　*279*
　　(2)　リスクコミュニケーションとコンセンサス会議　*280*
　　　　(a)　リスクコミュニケーション　*280*　(b)　コンセンサス会議　*282*
7.6　高度技術社会でのリスクマネジメント ………………*284*
　　(1)　リスクマネジメントの拡大　*284*
　　　　(a)　新技術に付随する新リスク　*284*　(b)　技術波及の広範囲化への対応　*286*
　　(2)　危機管理　*287*
　　　　(a)　危機管理からの示唆　*287*　(b)　研究開発の危機管理　*288*
7.7　イノベーションとリスクマネジメント ………………*289*
　　(1)　新技術開発のリスクマネジメント　*289*
　　　　(a)　研究の失敗と事業の失敗　*289*　(b)　社会・文化との不適合への対応　*291*
　　(2)　無知・未知領域の技術開発　*292*
　　　　(a)　現世界からの脱却支援　*292*　(b)　人間の限界自覚　*294*
　第7章の要約　*294*
　引用文献　*296*

第8章　知識マネジメント　　　　　　　　　　*299*

8.1　知識工学とエキスパートシステムの登場 ……………*300*
　　(1)　人工知能と知識工学　*300*

         (a) アルゴリズム中心の人工知能　*300*　　(b) 経験的知識に注目した知識工学　*301*
　　(2) エキスパートシステム　*302*
         (a) 知識ベースと推論機構　*302*　　(b) 種々の適用　*304*
8.2 エキスパートシステムの課題 ……………………………………… *306*
　　(1) 経験的知識使用の意気込み衰退　*306*
         (a) 知識獲得の困難さ　*306*　　(b) 浅い知識と深い知識　*307*
　　(2) プログラム技法重視による脱知識化　*308*
         (a) 演繹的推論の重視　*308*　　(b) プログラム技法化によるアイデンティティ消滅　*309*
8.3 知識創造とナレジマネジメントの流行 …………………………… *310*
　　(1) 知識創造企業　*311*
         (a) 日本企業躍進の謎　*311*　　(b) 組織的知識創造の理論　*313*
　　(2) ナレジマネジメント運動　*314*
         (a) 『知識創造企業』の影響　*314*　　(b) 世界に広がったナレジマネジメント　*315*
8.4 ナレジマネジメントの課題 ………………………………………… *316*
　　(1) 実務と理念の2分極化　*317*
         (a) IT実務への矮小化　*317*　　(b) 理論・理念志向へのこだわり　*319*
　　(2) コミュニティ活動志向への傾斜　*320*
         (a) 知識イネーブラーと人間関係の重視　*320*　　(b) 実践コミュニティ　*321*
8.5 技術経営分野での知識の実践的な取り扱い ……………………… *322*
　　(1) 実践的な展開　*322*
         (a) 知識伝承と知識融合　*322*　　(b) 知識共有　*324*
　　(2) 技術経営と知識の扱いの親和性　*326*
         (a) エキスパートシステムの行き詰まりの克服　*326*　　(b) ナレジマネジメントの行き詰まりの克服　*327*
8.6 人間-コンピュータ協同システムと組織知能 …………………… *328*
　　(1) 人間の直観とコンピュータ　*328*
         (a) 人間直観の重要性と扱いの難しさ　*328*　　(b) 人間直観の活用の仕組み　*330*
　　(2) 組織知能　*331*
         (a) 人間とコンピュータ　*331*　　(b) 組織知能へのアプローチ　*333*
8.7 サービス・サイエンスの登場と展開 ……………………………… *334*

(1) サービス・サイエンス　*334*
　　　　(a) 背景と必要性　*334*　　(b) サービス・マネジメントとの関係　*335*
　　(2) サービス・サイエンスの展開方向　*336*
　　　　(a) 知識マネジメントを核とする融合科学　*336*　　(b) サービス・イノベーションを超えて　*340*

第 8 章の要約　*342*

引用文献　*343*

おわりに　*347*

索　引　*349*

コラム一覧

- コラム 1 総合力とは部品の山か？ 46
- コラム 2 CTOは秘書か？ 57
- コラム 3 マーケティングの近視眼は悪いか？ 83
- コラム 4 「NIHシンドローム」と「NITシンドローム」；どちらが怖い？ 88
- コラム 5 「とりあえず，できるところからやれ」とは言ってはいけない 114
- コラム 6 インクリメンタル・イノベーションという誘惑に気を付けよ 124
- コラム 7 ミドルはできるが，なぜトップマネジャーだとできないか？ 152
- コラム 8 研究所長は公平がよいか？ 172
- コラム 9 研究提案の落とし穴 194
- コラム 10 理系人間と文系人間のコミュニケーションギャップの解決 235
- コラム 11 「強力な提携相手」がいることは良い計画か？ 239
- コラム 12 「問題がない」のは問題だ．では，「リスクがない」はどうか？ 257
- コラム 13 こうすれば失敗事例は収集できる 276
- コラム 14 「なんでも可視化」はいいのか？ 318
- コラム 15 トップの支援に頼る革新的情報システムは危険 341

第1章
技術経営概要

　本章は技術経営とはどういうもので，どのような特徴をもつのか，その概要を述べる．

　技術経営とは技術を活用した経営であり，今日の高度技術社会では必須のものである．実際に世界中で，種々の実践，研究，教育がなされている．しかし，体系化された「技術経営論」はまだ存在していない．

　技術経営を体系的に理解するには，手段として活用する科学技術の特徴を知らなくてはならない．さらに，技術経営を登場させた高度技術社会の特徴も知らなくてはならない．そこで，本章では，これらの2つを理解したうえで，技術経営の特徴を明らかにする．

1.1 技術経営とは

本節では，技術を活用した企業経営という広大な世界のなかで，技術経営が対象にするのは既存学問が充分には扱わなかった範囲であり，それは具体的に7つの領域であることを示す．

ついで，高度技術社会といわれる今日，このような領域を対象とする技術経営がなぜ必要とされるのかを明らかにし，さらに，その内容の具体的イメージを述べる．

(1) 技術経営の範囲

技術経営とは，技術を効果的に活用して経営を行うことである．したがって，技術経営が対象とする範囲は広い．技術経営は図1.1のように，「工場内での生産管理と，国の公共政策の間に横たわる広大な領域を対象にする」(Kocaoglu, 1990) という理解が定着している．

（工場内）生産管理 ⟵⟶ ［技術経営］ ⟵⟶ （国）公共政策

図 1.1　技術経営の範囲 (Kocaoglu, 1990)

図1.1の左端の生産管理は，工場内での生産工程の効率化を主対象とする歴史と実績のある分野である．したがって，技術経営ではあえてこの分野は扱わないのが一般的である．ただし，生産工程と企業戦略との関係や，生産工程と研究開発との連携などは，生産管理と技術経営との接点として，両分野で議論されている．

国の科学技術政策などは，図1.1の右端に示した既存学問である公共政策に含ませるのが一般的である．ただし，産業政策は技術経営に関連が深い．したがって，これと企業の経営との関連を論ずることはある．

本書は，目次に示したように，技術経営を下記の7つの領域で捉えている．この7領域は，著者の技術経営分野の30年間の研究と15年間の教育の実績

と経験から設定したものである．また，とくに，15年以上にわたる技術経営国際学会 PICMET のプログラム運営の参画経験が大きな刺激となっている．

1. 技術戦略
2. 技術マーケティング
3. イノベーション
4. 研究開発
5. 技術組織
6. 技術リスクマネジメント
7. 知識マネジメント

なお付言すると，技術経営を非常に狭く捉える見方もある．代表的なのは，扱う対象を既存の工学の各分野に限定して，それぞれの分野に共通して存在する行為である「計画」と「管理」を取り出し，それを横断的に扱うのが技術経営だという考え方である（Kotnour and Farr, 2005）．つまり，技術をマネジメントするという切り口ともいえるが，本書ではこの立場はとらない．

（2） 技術経営の必要性

技術経営が必要とされるのは，高度技術社会において技術活用の成否が企業の盛衰を決める大きな要因となってきたからである．本節で，技術経営の必要性をまず簡単に示しておこう．

企業活動は，既存事業の効率化と新事業の創出の2つに分けて考えることができるが，技術経営はその両者に対して必要となる．

企業経営にとって，まず既存事業の効率化が重要課題となる．そこでは，技術の活用が欠かせない．たとえば，

・インターネット活用による顧客管理
・IC タグによる商品や原材料の物流管理
・情報技術の導入による企画・設計・生産の統合的計画管理

・外部情報ネットワークの有効活用による戦略的意思決定プロセスの改善

など，技術の効果的な活用が既存事業の効率化を実現させる鍵となっている．高度技術社会の進展に伴って次々と生まれる新しい科学技術の成果を事業の効率化に活用しなければ，企業は生き残れないであろう．

ついで，新事業の開拓の側面では科学技術の活用は必須ともいえる．たとえば，現時点（2006年）では，

・インターネットと情報処理技術の活用による潜在ニーズの発掘
・バイオ技術活用による新しい医療・健康事業や食品事業の展開
・ナノ技術活用による新材料の開発
・ロボット技術活用による極限環境条件化での新事業の開拓
・新クリーンエネルギー開発
・情報通信技術とセンサー技術の融合による位置活用事業の開発
・新技術活用による居住空間と移動空間の新体系

など，数限りない例をあげることができる．このように技術活用によって新事業を開拓し続けない限り，企業の発展は望めないであろう．

(3) 技術経営の内容

つぎに，企業がキャッチアップ（catch-up：ものまね）を脱し，世界的な競争の前線で活動を行うためには技術経営が欠かせない状況になることを例にあげ，技術経営の内容をイメージしてみよう．

企業がキャッチアップをしている段階では，先進企業の製品コンセプトをまねて生産段階で技術的な工夫をこらし，効率が良く安いものを作ればよい．この段階では，従来からの生産管理，経営工学，人間工学，オペレーションズ・リサーチなどの学問を活用することができる．既存事業を拡張・拡大し，あるいは，改善しようとする場合も同様であろう．

しかし，企業がフロントランナー（front-runner：先頭集団）に入った段階での競争は，さらに，種々の検討が必要となる．ものまねでなく，自ら新事業

や新製品を創出する必要が出てくるからだ．たとえば，製造業を取り上げても，工場のなかだけを検討の対象にしていてはすまされない．工場での生産段階に入る前に，まず，どのような新製品（技術）を狙うか，その製品コンセプトを設定しなければならない．そのためには，

- 科学技術の発展動向はどうなっているか
- 社会やユーザのニーズはどこにあるか
- 競合企業の技術開発はどこまで進んでいるか
- 自社の技術の強みと弱みは何か
- 新しいアイデアやコンセプトをいかに生み出すか
- 自社で技術開発を行うか，技術導入か，あるいは，企業間提携か
- 社会や環境に悪影響を与えないか
- 世界的規模での技術標準化へいかに対応するか
- ものの生産とサービス事業のどちらで収益をあげるのか
- 知的財産権で商売するのか

などを吟味しなければならない．これが，技術経営の内容の具体的なイメージの一部である．まさしく，技術を活用した企業経営そのものといってもよいだろう．

1.2 技術経営論の要請

　世界中で行われている技術経営の研究と教育の内容は，経営学と工学の広い接点にわたっているため多様化している．さらに，従来の経営学や工学の分野では，技術経営の扱いが不充分である．
　以上をふまえて，本節では，体系的な「技術経営論」確立に向けて，本書が採用するアプローチを述べる．

（1）技術経営の研究と教育の状況

　技術経営の重要性は，じつはかなり古くから認められていた．たとえば，

国際的に権威のある技術経営に関する学術論文誌（*IEEE Transactions on Engineering Management*）は1954年に発行され50年以上の歴史をもっている．また，世界の大学と大学院で技術経営コースは，1949年に1大学，1970年には20大学，1980年に45大学，1990年に120大学，1994年には159大学（このうちアメリカが103大学）と増加の一途をたどっている（Kocaoglu, 1994）．現在は200大学を超えるという（Kocaoglu, 2004）．これらのコースは，企業の抱える実際の問題の解決を目指して研究を続け，また一方で，企業在籍の社会人学生（入学条件に実務経験5年以上程度を課すところが多い）を教育し，技術経営に関わる人材を養成している（丹羽，1991）．このような教育がとくにアメリカにおいて広範に行われているのは，「技術者（科学者）の多くは卒業後5-10年で技術のマネジメントを行い，そして，彼らの8割は最終的にはマネジャー[*]でキャリアを終わるにもかかわらず，大学の一般の理工学系コースでは，マネジメント教育を行っていないこと」（Shannon, 1980）の反省とその対応策が的確に大学の運営に反映されていくからである．

イギリスでは，Cambridge大学において，工学部にマネジメント関連の学科（Manufacturing and Management Division）ができたのは1979年であり，さらに，技術経営センター（The Centre for Technology Management）は1997年になって設立された（Probert and Phaal, 2005）．

日本では社会経済生産性本部の経営アカデミーが1998年から充実した技術経営の1年間コースを企業人向けに開講した．講師は諸大学と産業界から選ばれた約30人で，企業から派遣される部課長クラスの受講生に講義を行い，さらに大学教員の指導のもとでグループ研究も実施されている．大学の動きはさらに遅く，ようやく2003年から2005年にかけて，早稲田大学，芝浦工業大学，東京理科大学，立命館大学，東京工業大学などが大学院に研究科を設置した．

---

[*] 経営とマネジメントは同じ意味で使われることが多い．実際に，テクノロジー・マネジメントの邦訳が技術経営である．本書でも，基本的には両者をほぼ同じ意味で用いる．ただし，慣用に従って，経営者とマネジャー（マネジメントを行う人）とは区別して用いる．経営者は社長などの企業のトップを指し，マネジャーはさらに中間管理者なども含む．

日本企業のなかには，技術経営の重要性を認識し技術経営を対象に企業内研修を効果的に実施する（浅久野，2003）など自ら種々の施策を行っているところも出てきている．

　技術経営はその内容が広いこともあり，研究と教育は多岐にわたっている．大学における技術経営コースも，工学部とビジネススクールに分かれて設置されている．また，それぞれの大学によって重点の置き方が異なる．技術経営の研究者や教育者のバックグラウンドも，工学の各分野から経営学までと多岐にわたる．したがって，同じ国の技術経営の研究者でも，その国で参加する学会はさまざまに異なっていることが普通である．

　このような技術経営の多様性と分散化の傾向のなかで，種々の背景をもつ研究者，教育者，実務家が一堂に会する学会として PICMET が近年存在感を増してきている．PICMET は，1991 年に始まり，1997 年からは隔年に，2003 年からは毎年開催（奇数年はアメリカ Portland 市，偶数年は世界各地）される規模と質の両面からもっとも定評がある技術経営の国際学会である（PICMET, HP）．毎年 5 日間の学会では約 20 のセッション会場に分かれて，世界 45 カ国以上から 600 人以上の大学の研究者，企業の経営者，マネジャー，科学技術者，さらには行政関係者などの参加を得て積極的な議論が行われている．ここでも，技術経営の多様性と拡張性はこの分野の発展にとって重要であるとの認識のもとで，しかし一方で，技術経営全般にわたる体系化が重要な課題として登場している．

(2) 経営学での技術の扱い

　企業の経営を対象とする経営学での技術の取り扱いはどのようであろうか．じつは，経営学といっても範囲は広い．したがって，経営学を構成する個別の各領域での議論は章を改めて，すなわち，戦略論は第 2 章で，マーケティング論は第 3 章で，組織論は第 6 章で別に行うことにする．

　本節では，経営学全体の体系に注目する．企業の経営全体の体系を提示したのは，Drucker（1954）の著書が最初であるといわれる（Drucker, 1954, p. viii）．そこでは，「マネジメントの性質」，「事業をマネジメントする」，「マネジャーをマネジメントする」，「マネジメントの構造」，「人と仕事のマネジメン

ト」,「マネジャーであることの意味」の各部のもとに経営に関する多くの事柄が合計29章にわたって書かれている.

今日においても50年前のこの本 (Drucker, 1954) が注目されるのは,経営学全体の体系を明らかにしていることに加えて,「事業の目的は顧客を創造すること」だとし,「企業の基本機能は,マーケティング（財やサービスを市場で売ること）とイノベーション（より優れた,より経済的な財やサービスを作ること）の2つだけである」(Drucker, 1954, pp. 37, 39) と,喝破していることによる.

さて,この本では技術に関してはどのような記述がされているだろうか.全29章のなかで,1つの章に,「生産の原理」(Drucker, 1954, pp. 95-108) として,個別生産や多量生産方式などをマネジャーがどのように理解すべきかの議論がある.また,「マネジメントの挑戦」の章では,オートメーションの発展は当時の多くの俗論を批判してそれとは逆に,ますます高度技能をもつ人々を必要とする (Drucker, 1954, p. 22) などの指摘はあるものの,本書で取り上げるような技術経営の話題を章のレベルで明示的には取り上げていない.

それでは,現在の経営学の教科書ではどうであろうか.今日,アメリカの大学で使われている経営学の2つの代表的な入門的教科書 (Robbins and Coulter, 2005 ; Griffin, 2005) をみてみよう.この2冊ともに,「序章」,「環境」,「計画」,「組織」,「リーダーシップ」,「コントロール」の6部構成はまったく同じであり,それぞれには数章が割り当てられている.「環境」では社会や国際環境のなかでのマネジメントのあり方が,「計画」では意思決定,戦略,ベンチャーの計画が,「組織」では組織設計,組織変化とイノベーション,人的資源管理が,「リーダーシップ」では動機付け,グループとチーム,リーダーシップが,「コントロール」では品質,生産性,情報システムなどの記述がされている.しかしながら,技術経営に関する議論はほとんどみられない.

日本の代表的な教科書の一つ (伊丹・加護野, 2003) では,「序章」に続き,「環境のマネジメント」として変化する経済・社会環境のなかでの戦略と競争が,ついで「組織のマネジメント」として組織と個人との関係が述べられ,さらに「矛盾と発展のマネジメント」,「企業と経営者」とで構成されている.

このなかで，人，もの，金に加えて，ノウハウ，技術，熟練，顧客情報などの情報的経営資源の重要性が指摘されているが（伊丹・加護野，2003, pp. 30-31），それ以上，とくに，技術経営に関する議論の展開はほとんどみられない．

榊原（2002）は，経営学を戦略論と組織論の2つで大きく分けて記述し，そのあとに4つのトピック（企業成長，国際化，社内ベンチャー，研究開発）をあげるという構成を採用している．ここで，研究開発は本書の技術経営の一部に対応しているが，あくまで1つのトピックの扱いである．

以上のように，一般の経営学での技術の取り扱いは充分とはいえない．

(3) 技術経営論の必要性と構築アプローチ

高度技術社会の今日，技術が直接に企業経営に対して大きな影響を与えていることを 1.1 節で述べてきた．たとえば，

・新技術に基づく新製品，新事業や新市場の開発
・代替技術の出現による既存事業の崩壊
・国際的な技術標準や規格統一による事業の再構成
・新技術がもたらす環境問題や安全性問題の事業への悪影響
・情報技術活用による顧客管理の高度化
・情報技術による情報伝達や意思決定の迅速化

など，技術に関する多くの事柄は直接に企業の盛衰を左右する企業経営レベルの重要な課題となっている．今日，技術は企業経営全体にあまりに大きな影響を与えているので，その扱いを技術者だけに任せておくだけではすまされないようになってきている．むしろ，企業の盛衰は，技術を企業経営全体の立場からマネジメントする能力にかかっているとさえいうこともできる．

ところが，前節にみたように従来からの経営学では技術に関する検討は充分でない．たしかに，一部では技術に関しての議論もされるようになっている（たとえば，伊丹，2003, p. 197）が，技術が経営に及ぼす影響の大きさに比べれば，従来の経営学が扱う技術に関する内容は，すでに1970年代から

Drucker (1974) も指摘している通り非常に限定的と言わざるを得ない．もちろん，従来から経営学でも，新事業や新製品の領域などで「技術」が登場している．しかし，それは，与えられる環境，あるいは，外から与えられる外生変数として議論されることが多かった．しかし，今日，技術を自ら創造するもの，あるいは，自ら操作する対象として積極的に取り扱うことが必要となってきたといえる．

したがって，経営の重要な要素として技術を主体的に活用するという技術経営を対象にする学問の確立が望まれる．これによって，とくに，高度技術社会における企業をより的確に理解して経営できるようになることが期待できよう．

なお，一般の経営学だけでなく，広く関連学問をみわたせば，工学部において経営工学や生産管理などといわれる分野があり，そこでは技術を重点的に議論していることに気が付く．しかし，そこでは多くの場合に，工場での生産（いわゆるものづくり）の方法の議論に関心の重心がある（Clark and Fujimoto, 1991；藤本，2004）．

1.2 節 (1) で述べたように，技術経営の研究と教育は，現在世界中で種々の領域に焦点を当てて精力的に行われている．たとえば，日本においても，山之内（1992）は，とくにイノベーションに集中して技術経営の優れた著作を著しているなど，いろいろな領域で多くの本が世界中で出版されている．しかしそれでも，技術経営という広い領域全体をみわたせる体系的な技術経営論の書はなく，その出現が望まれているのが現状である．

しかしながら，体系的な技術経営論を構築するのは容易ではない．それは，経営学と理工学という，文化と背景の異なる 2 つの学問の理解と，両者が重なり合う領域を設定するための洞察と，そこに新たな体系を創出する構想が同時に必要とされるからである．

本書では，技術経営論構築の第一歩として，次のようなアプローチを採ることにした．それは，1.1 節 (1) で設定した技術経営の 7 領域（技術戦略，技術マーケティング，イノベーション，研究開発，技術組織，技術リスクマネジメント，知識マネジメント）で論じるべき重点内容を，現代科学技術と高度技術社会の特徴から導き出される技術経営のもつべき特徴に焦点を当てること，さ

らに，各領域での議論では，従来の経営学の成果を充分に生かすことである．したがって，まず，本章の次節以降では，現代科学技術の特徴，高度技術社会の特徴を整理して，それに基づいて技術経営の特徴を明らかにしていく．引き続いて，第2章以降で各領域を詳細に論じる際には，それぞれ，関連する経営学の成果をまず最初に述べ，そこに，技術経営の観点からの特徴の検討を追加融合して議論を展開していく．

1.3 現代科学技術の特徴

「技術経営論」確立のために，まず，現代科学技術の特徴を整理する．本節で注目するのは，

- 技術の普遍性
- 科学と技術の一体化
- 未知や創造性への挑戦

の3つの特徴である．

（1） 技術の普遍性

現代科学技術の第1番めの特徴は，技術の普遍性である．

技術の前に科学について考えてみよう．科学は17世紀の近代科学革命に象徴される自然哲学に端を発し（松本，1998, p. 110），科学者（scientist）という言葉が英語に登場してくる19世紀中頃（村上，1994, p. 34）に誕生したと考えられている．現在，科学は世界中どこでも通用する普遍的な知識体系である．

一方，技術の歴史はずっと古く，石器や土器などのように先史時代から存在した．その後，人類の歴史とともに歩み，とくに徒弟制度のもとで発展した．技術は科学と違い具体的な実践であり閉鎖的な職能集団（村上，1994, p. 22）を通じて伝承され，時には奥義や秘伝として局所的な展開にとどまっていた．しかし，産業革命を経ると技術知識の体系化と公開化が進んだ．こ

の結果,技術は広く世界中で高度に発展し普及するようになった (Drucker, 1961). そして今日では, 科学と同じように, 技術も基本的には時間や空間の制約を超えて, 世界万民に等しく開かれた普遍的な技法や手法, またはその応用であるということができる. なお付言すると, これに対して例外的な一部の技術（たとえば, 工芸などの分野）は依然として徒弟制度のもとにあり, それらには普遍性はない.

技術が普遍的であるということは, 世界中の大学や企業研究所などで同じような技術の研究や開発が実施されている可能性が高いことを意味している. そして, どこかで発明された技術は, またたく間に世界へ広がることも意味する. これは, 後に議論するように, 技術経営にとって, 非常に重要な注意すべき点である.

(2) 科学と技術の一体化

科学と技術の特徴は表 1.1 に示すように,「動機」,「行為」,「特性」という視点から理解することが一般的である.

表 1.1 科学と技術の特徴

	科学の特徴	技術の特徴
動機	真理の追究	有用な事物の実現
行為	知る（発見）	為す（発明）
特性	客観性と厳密性	有用性

科学と技術を行う動機は, 科学は真理の追究であり, 技術は有用な事物の実現というように異なっている. 科学の行為は知ることであり, 技術は為すことである. 両者の特性も異なっており, 科学は客観性と厳密性を重んじ, 技術は有用性が重要となる.

科学と技術は, このように異なった特徴をもつものとして別個に発展してきた. しかし, (1) で述べたように, 産業革命を経て技術知識の体系化が進んだ結果, 19 世紀以降には, 技術は科学の特徴である客観性と厳密性を備えるようになり, 科学と技術は相互に関係を深めるようになってきた (市川, 1996, pp. 54-55; 2000, pp. 94-99; 松本, 1998, p. 127).

実際に，科学と技術の相互関係には多くの事例をあげることができる．たとえば，科学が技術を生んだ例として，Einstein の相対性理論から原子力技術が，Turing の計算理論からコンピュータ技術が，Watson と Crick の DNA 構造論から分子工学などが誕生した．あるいは，逆に，技術的要請と技術的努力が科学の新分野を登場させた例も多い．たとえば，蒸気機関の効率を高めるという技術的要請が熱力学を，電話交換機の長持ちする素子を見出す努力から半導体物理学が生まれている．

　そして，最近では，科学と技術は一体となって発展することが多くなってきている．たとえば，電子顕微鏡という技術の発展がナノ科学を生み，それがただちに技術領域で新材料を生む，というようにである．このような科学と技術の一体化に伴って「科学技術」という言葉が定着しつつある．

　技術経営にとって，科学と技術の一体化はとくに留意する必要がある．それは，技術は科学の応用であるという誤解がかなり一般化しているからである．つまり，技術を発展させ産業を活性化させるのは，ノーベル賞受賞に代表されるような科学をまず振興することが先決であるというような言い方がされることがあるからだ．これは，すべてがそれにあてはまるわけではないことに注意を払う必要がある．むしろ，科学と技術は一体として発展することが多いという側面をもつことを理解することが大切である．

(3)　未知と創造性への挑戦

　表 1.1 をみると，科学とは「真理の追究」を動機とした「知る（発見）」という行為であり，技術とは「有用な事物の実現」を動機とした「為す（発明）」という行為とある．つまり，科学技術の神髄は未知に取り組む創造的行為（発見と発明）にあるといえよう．未知への挑戦，あるいは，創造性の発揮ということが，科学技術の実施にとって重要な課題となる．

　未知と創造性への挑戦は，個人，集団，組織という 3 つのレベルで行われうる．個人の活躍が基本であることは古今東西を問わず正しいであろう．しかし，同時に，集団や組織での創造性も侮れない．「3 人よれば文殊の知恵」が成り立つことも多いからである．とくに，巨大化の傾向が強まっている現代科学技術に立ち向かおうとするとき，あるいは，学際領域に新天地を求め

ようとするときには，一人の知識と創造性では限界に突き当たる場面も多く出ている．

集団や組織での未知と創造性への挑戦には，創造性発揮の支援と，創造性発揮への制約の除去という両面からのマネジメントの工夫が必要となる．とくに，通常の従来組織はあらかじめ決められたことを決められたように実施することが使命であるので，そうではなく，新しいことを行おうとさせるには，そのための新しく効果的なマネジメント体系の構築が必要となる．

1.4 高度技術社会の特徴

「技術経営論」確立のために，前節の現代科学技術に続けて，本節では現代の高度技術社会の特徴を整理する．それは，次の3点である．

- 知識社会
- 戦略資源としての科学技術者
- 科学技術の影響の広範囲化

(1) 知識社会

現代の社会を本書では高度技術社会と呼んでいるが，その他に，情報化社会，脱工業化社会，あるいは，ポスト資本主義社会などと呼ばれることもある．いずれにしても，産業革命に端を発した工業化社会が20世紀後半から次の大きな変革に立ち向かっていることを表現しようとした言葉である．

たとえば，Bell (1973, p. 117) は社会の発展を3段階，すなわち，工業以前の社会，工業社会，ついで現在を脱工業社会と表現した．そして，社会を動かす原動力は工業以前の社会では天然資源であり，工業社会ではエネルギーであるが，脱工業社会では情報であると述べている．

Drucker (1993, pp. 7-8) は，第2次世界大戦後まもなくから基本的な経済資源が，資本，天然資源，労働から知識へ移行したと指摘して，その新しい社会をポスト資本主義社会と呼んだ．そこでは価値の創出は知識の適用による生産性向上とイノベーションによってもたらされると主張している．

このように，現在の社会は知識が重要な資源になってきているため知識社会という言葉も頻繁に使われる．こうなると，いままでの工業化社会で構築された経済や経営の理論や考え方を修正する必要も出てくる．つまり，ここで知識というとき，それは従来からの経済の統計量や経営諸表では表現できないものを多く含んでいるからである．たとえば，科学技術に直接関係する技術経営の1つの領域に研究開発がある．ところが，研究開発の状況を，単に研究開発費や特許数や論文数などの多少で理解することはできない．そのような定量的データだけではなく，実際にどのような種類の研究がどの水準でなされているか，その具体的内容を知ることが重要なのである．

高度技術社会においては，企業経営にとって，無形資産である知識をどのように管理・活用するかに関しての新たな取り組みが要請される．

(2) 戦略資源としての科学技術者

Drucker (1993) は現代社会をポスト資本主義社会と呼んだ．そして，労働者について，この時代の特徴を次のように指摘している．もっとも重要な社会勢力は，工業社会の資本家に代わって知識労働者（たとえば，科学技術者）になる．ところが，彼らのほとんどすべては組織によって雇用されているが，彼らは知識を所有しその知識をどこにでももっていけるという意味において工業社会における労働者とは異なり「生産手段」を所有している．このような知識労働者の生産性をどのように向上させるかが大きな課題である (Drucker, 1993, p. 8)．

岩井 (2003, pp. 273-275) は，企業の付加価値の源泉は従業員の知識や能力（例，経営企画力，技術開発力，ノウハウ）であるという．ところが，この人間の頭脳に蓄積された知識や能力は，他のものとは違い，人身売買は禁止されているのでお金では直接買えないということに注意すべきであると指摘する．これが意味する重要性を企業統治や「会社はだれのものか」という観点から述べている．つまり，お金や株主の重要性は，科学技術者などの従業員に比べて相対的に低下してしまう．お金でできることは，せいぜい従業員の知識や能力を自主的に発揮してもらうために，さまざまなインセンティブを提供することだけだというのだ．

以上の議論は，高度技術社会の企業の経営にとっては，科学技術者を代表とする知識労働者の扱いに工夫が必要であることを意味している．とくに「生産手段」を自分自身でもっていて自己実現傾向が高い科学技術者に対して，その動機付けを高めるのに効果的な組織の設計と運用が大きな課題となろう．

(3)　科学技術の影響の広範囲化

　現代の科学技術は驚異的といえるほど広く深く発展している．そしてそれらは，独立ではなく，多くの場合に密接に関連し合っている．たとえば，電子工学が専門の，ある研究室で開発された小さなICタグが，別の研究室で個々の商品に取り付けられることが実現し，これによって安全・安心な生鮮食料品の供給を目指す生産者と消費者を結ぶネットワークが構築されたとしよう．このネットワークで，個々の生鮮食料品の生産過程の情報の公開が進めば，消費者に納得のいく説明ができる農薬や飼料の需要が増大するだろう．このことは，直接に化学産業の肥料の開発計画やバイオ産業の遺伝子技術農作物開発計画に大きな影響を与える．さらには，食料の輸入計画の変更にまで発展するだろう．このような状況をICタグを開発した技術者は予想できただろうか．あるいは，ICタグの開発を新聞で知った肥料会社やバイオ関連会社の社長は予想できただろうか．

　上記の例は，高度技術社会では世の中の科学技術の発展や動向を注意深く把握して，そのもつ意味の解釈をし，それを生かす事業経営を企てる必要があることを示唆している．しかし，これは，ある意味では，従来の経営学が主張していたことでもある．

　技術経営では，先に1.2節 (3) で述べたように，科学技術の開発を与件 (外生変数) ではなく，自ら実施する操作変数とすることに特徴がある．つまり，科学技術の成果を利用するという態度にとどまらず，自ら科学技術の新開発を行うことを考察や実施の対象に含めるのである．こうなると事態はもっと深刻となる．つまり，自分が行った科学上の理論的な発見や基礎的な技術上の発明が，種々のルートを通って日常生活で使われるので，思いがけない影響が広範囲に及ぶという現実があるからだ．しかも，多くの場合は悪影

響なのである．単純なミスや失敗が社会に害を及ぼすことは言うに及ばず，環境ホルモン，オゾン層破壊，再生医療問題など人間の無知・未知の領域にまで踏み込んでしまうことの怖さが待っている．同時に安全性やプライバシーなど世の中の判断・評価基準が厳しくなるなかで，新技術開発がもたらす危険やリスクが企業経営の盛衰に大きな影響を与えている．これらを充分考慮した技術経営が望まれるのである．

1.5 技術経営の特徴

これまで1.3節と1.4節で述べた現代科学技術と高度技術社会のそれぞれ3つの特徴をふまえ，本節では，技術経営の重要な特徴を検討する．さらに，この技術経営の特徴に関する議論を詳細に行う本書の章を示す．これらの対応関係をあらかじめ示すと次の表1.2になる．

表1.2 技術経営の特徴と関連章

科学技術の特徴	高度技術社会の特徴	技術経営の特徴	関連する章
技術の普遍性		競争と戦略性	第2章「技術戦略」
	科学技術者		第6章「技術組織」
科学と技術の一体化		越境と開放性	第2章「技術戦略」
			第3章「技術マーケティング」
			第4章「イノベーション」
			第5章「研究開発」
	影響の広範囲化		第7章「技術リスクマネジメント」
未知と創造性		創造と質的管理	第4章「イノベーション」
			第5章「研究開発」
	知識社会		第8章「知識マネジメント」

（1） 競争と戦略性

先に述べた現代科学技術の特徴である「技術の普遍性」と，高度技術社会の特徴「戦略資源としての科学技術者」をもとに，技術経営の重要な特徴と

して「競争と戦略性」を考える．

[技術の普遍性に基づく競争]

　先に 1.3 節（1）で述べたように，今日の技術は普遍的であるという特徴をもつため世界中いたるところで同じような技術開発が実施され，あるいは，運用されている可能性がある．技術経営はこのことを考えなくてはいけない．とくに，同じように進んでいるであろう世界規模での技術開発競争にいち早く勝とうとするのか，あるいは，好都合な協同開発者をみつけて協力関係を構築するほうがよいのかなどの判断が重要となる．

　このためには，当該技術と競合技術の発展動向を見据え，自社と競合企業の技術力水準を把握して，狙うべき事業範囲の的確な設定を行い，競争に勝つための，あるいは，有益な協調のための目標を設定し，それを誰が（あるいは，誰と）いかに達成すべきか方策を打ち立てなければならない．このなかには，技術最高責任者（CTO）の役割は何か，知的財産や世界標準化をいかに扱うかなどの検討も重要となろう．本書では，第 2 章「技術戦略」でこれらを扱う．

[戦略資源としての科学技術者の活用]

　高度技術社会における重要な，すなわち，戦略的な資源は科学技術者であることを 1.4 節（2）で述べた．このような科学技術者をいかに確保し，その活動をいかに効果的に企業目的に合致させるかが重要となる．とくに，科学技術者の特徴はそれぞれの狭い専門領域における自己実現型にあるといわれるので，専門分野志向の科学技術者の動機付けを高めつつ，同時に，実際の事業展開に必要な分野間連携をどのように進めるかは技術経営に課せられた大きな課題といえる．

　この課題を主として扱うのが第 6 章「技術組織」である．そこではマトリックス運営，異分野チーム，組織間連携などが検討される．さらに，科学技術者の高度な知識や創造的な能力が付加価値の源泉であるので，これが有効に発揮できるような創造的な活性度の高い組織実現に向けての課題も議論される．

企業間競争は，いわば短期的な事業や製品で行われると同時に，それを生み出す科学技術者の確保と活用という長期的・戦略的側面でも起きている．

(2)　越境と開放性

現代科学技術の特徴「科学と技術の一体化」と，高度技術社会の特徴である「科学技術の影響の広範囲化」に基づき，ここでは，技術経営は「越境と開放性」という特徴をもつことを検討する．

［科学と技術の一体化が意味する分野越境］

1.3節 (2) で述べた科学と技術の一体化の動きは技術経営に重大な影響を与える．商品に直結する技術開発を効果的に進めるために，企業活動とは距離があると従来思われていた科学研究との積極的関係が必要となるからである．これは，企業経営の立場からみると，科学的な基礎研究と事業に直結する技術開発とをいかに結び合わせるかという難しい課題を突きつけている．

まず，企業は科学や基礎研究の動向を把握する必要があるといえる．さらに，基礎研究に強い大学などとの提携も視野に含める必要があろう．これらについては，第2章「技術戦略」で議論する．ついで，企業内に目を向けても，研究所の運営と製造の現場とを（さらには，後述するように顧客までも視野に入れて）どのような相互関係をもって効果的な研究・開発を進めたらよいのかなどの検討が重要となる．本書では，第5章「研究開発」でこれを扱う．

科学と技術の一体化の考え方を延長すると，次のような考えがただちに生まれる．「科学技術の開発とそれを用いた商品の使用や消費とは，相互作用して一体として発展する」．実際に，von Hippel (1988, p. 11) は，科学機器の改良のプロセスを調査して，大きな改良はユーザが中心的な役割を演じていることを見出している．また，すでに，Toffler (1980, p. 265) は，生産者と消費者が一体化するという議論を展開している．

このように，技術経営では技術や製品の開発者とその使用者（顧客）の関係をどのように構築すると効果的な事業展開が可能となるかを検討する必要がある．第3章「技術マーケティング」では，顧客志向の技術開発に始まり，顧客との協同技術開発やユーザによる開発と議論を進め，ついで，技術先導

の顧客創造などの先端領域について述べる．

さらに，分野越境とは，いままでにない新しいこと（革新）を狙うイノベーションの中核的特徴であるので，これは，第4章「イノベーション」においても議論する．

[科学技術影響の広範囲化から]
1.4節（3）で述べたように科学技術の影響が広範囲にわたっていることも今日の高度技術社会の大きな特徴である．このような広い範囲で使用されるであろう技術を有効に活用しようとするのは当然として，さらに，一歩進めて，自ら新たな技術開発を他社より先駆けて実施する際の，思いもかけない広域的な悪影響をいかに把握して抑えるかが技術経営の重要な課題となる．

第7章「技術リスクマネジメント」では新技術登場がもたらす予期せぬ事柄（リスク）の発生と波及に関して，その原因と対応の仕方を検討する．そこでは，経験の伝承不足，未知・無知，文化・社会との不適合などを議論する．さらに，同時に，新技術開発を効果的に進めるためのリスクマネジメントのあり方も展望する．

（3） 創造と質的管理

現代科学技術の特徴「未知と創造性への挑戦」と，高度技術社会の特徴「知識社会」は，「創造と質的管理」が技術経営の第3の特徴として重要となることを示している．

[未知と創造性への挑戦から]
技術開発の神髄は未知に取り組む行為（発明と発見）にある．未知への対応，あるいは，創造性の発揮を企業経営にいかに結び付けるか，これは技術経営の根源的なテーマともいえる．本書では，第4章「イノベーション」と第5章「研究開発」の基本的課題である．

第4章では，イノベーションの本質の捉え方と従来のイノベーション論の概要を検討し，ついで，イノベーションの最前線としてラディカル・イノベーション，オープン・イノベーション，破壊的イノベーションなどを議論す

る．さらに一歩進めて真に革新的なイノベーション実現へ向けての仕組みやマネジメントを模索する．

第5章「研究開発」では，科学と技術の特徴をふまえて従来の研究開発マネジメントを概観し，さらに今日における研究開発マネジメントの計画や評価の新しい捉え方や体制，そして組織上の課題を明らかにする．ついで，創造性の発揮と活用や，あるいは，偶然性と試行錯誤の扱い方など研究開発の挑戦分野を紹介する．

技術経営の中心課題は，広義の技術を活用してイノベーションを起こすことにある．これは，存在するものを客観的に分析するのではなく主体的に新たなものを創造する活動に基づいて初めて実現され得るもので，創造性を発揮させるマネジメントが重要となる．これは従来からの分析に基づく硬直したマネジメントと一線を画するものといえる．このことは，最近のアメリカのビジネススクールでも反省されてきており，新しい流れとして創造手法やデザインをカリキュラムに加えるところが出てきている（Business Week, 2005）．技術経営は技術を基盤として，もともとこの創造的マネジメントを扱っているところにも特徴がある．

[知識社会の特徴から]

先に1.4節（1）で現在の高度技術社会は知識が重要な資源となる社会であることから「知識社会」と呼ぶこともあると述べた．ところで，知識は定量的な取り扱いが難しく，定性的で質的な観点での議論が重要であるという特徴をもつ．一般に管理やマネジメントといえば，定量的な目標値を設定しそれと現状の値との差を縮めようとする機能といえるが，この考え方を知識にそのまま当てはめることはできない．したがって，知識を扱うことのできる別の取り組みが求められている．本書では，第8章「知識マネジメント」でこれを議論する．

第8章では，1980年代に，コンピュータ科学者を中心にして始まった「知識工学（エキスパートシステム）」（Feigenbaum and McCorduck, 1983）や，1990年代に，主として経営学者を中心として活発な展開がされた「ナレジマネジメント」（Nonaka and Takeuchi, 1995）を吟味して，別のアプローチである技術

経営のための実践的な知識マネジメント（Niwa, 2003）を提示する．そのなかで，人間の創造的な働きとコンピュータの論理的な役割分担のあり方なども議論する．さらに進んで，ますます重要となるサービス産業を支える理論的体系として構築が望まれるサービス・サイエンス確立へのアプローチも提案する．

第1章の要約

技術経営とは，技術を活用した企業経営であり，① 技術戦略，② 技術マーケティング，③ イノベーション，④ 研究開発，⑤ 技術組織，⑥ 技術リスクマネジメント，⑦ 知識マネジメント，の7領域を含む．高度技術社会における企業にとって，効果的な技術経営の実践は必須のものといえる．

実際に，世界中の企業で技術経営の試行錯誤が行われ，また技術経営大学院などでこの分野の研究と教育の試みがなされている．しかし，技術経営は広い範囲の新しい事柄を扱うため，既存学問では充分な取り扱いができない．そこで，体系化された新しい学問の確立が要請されており，本書は，その構築に向けた第1歩としての「技術経営論」である．

本書がとくに留意するのは，現代科学技術と現代の高度技術社会の特徴を理解して，それを技術経営論に反映させることである．そこで本章では，現代科学技術の3つの特徴として，(1) 技術の普遍性，(2) 科学と技術の一体化，(3) 未知と創造性への挑戦を，そして，高度技術社会の3つの特徴として，(1) 知識社会，(2) 戦略資源としての科学技術者，(3) 科学技術の影響の広範囲化が重要であることを述べた．

上記の理解に基づき，技術経営のもつべき3つの特徴を考察した．

まず，普遍的でだれでも使える技術をいかに優位に扱うか，また重要な資源である科学技術者の頭脳をいかに効果的に活用するかに対応して，技術経営の第1の特徴を「競争と戦略性」として捉えた．ついで，科学と技術や，生産者と消費者との区別や相違が減少し，同時に，科学技術が社会のすみずみにまで影響を与えるようになってきたことに対応して，技術経営の第2の特徴は「越境と開放性」であると考えた．最後に，知識が重要な社会となり，

また，未知の世界への挑戦である発明・発見を効果的に支援する必要があることから，技術経営の第3の特徴を「創造と質的管理」とした．

　これらの特徴に焦点を当てながら，本書では第2章から第8章で先に示した技術経営の7つの領域について順次述べていく．

引用文献

Bell, D., *The Coming of Post-Industrial Society*, Basic Book, 1973（ベル，D., 内田忠夫他訳，『脱工業社会の到来：社会予測の一つの試み（上・下）』，ダイヤモンド社，1975）．

Business Week, "Tomorrow's B-School ? It might be a D-School", *Business Week*, pp. 58-59, August 8/15, 2005.

Clark, K. B. and Fujimoto, T., *Product Development Performance*, Harvard Business School, 1991（クラーク，K. B., 藤本隆宏・田村明比古訳，『製品開発力：実証研究：日米欧自動車メーカー20社の詳細調査』，ダイヤモンド社，1993）．

Drucker, P. F., *The Practice of Management*, Harper & Row, 1954（ドラッカー，P. F., 上田惇生訳，『(新訳) 現代の経営（上・下）』，ダイヤモンド社，1996）．

Drucker, P. F., "The Technological Revolution : Notes on the Relationship of Technology, Science, and Culture," *Technology and Culture*, Vol. 2, pp. 342-351, 1961（ドラッカー，P. F., 上田惇生編訳，『テクノロジストの条件：ものづくりが文明をつくる』，第3章「近代を生み出したものは何か」，ダイヤモンド社，2005）．

Drucker, P. F., "Business and Technology," in Backman, J. (ed.), *Labor, Technology and Productivity*, New York University Press, 1974（ドラッカー，P. F., 上田惇生編訳，『テクノロジストの条件：ものづくりが文明をつくる』，第8章「技術をマネジメントする」，ダイヤモンド社，2005）．

Drucker, P. F., *Post-Capitalist Society*, 1993, HarperBusiness, 1993（ドラッカー，P. F., 上田惇生他訳，『ポスト資本主義社会：21世紀の組織と人間はどう変わるか』，ダイヤモンド社，1993）．

Feigenbaum, E. and McCorduck, P., *The Fifth Generation*, Addison-Wesley, 1983（ファイゲンバウム，E.・マコーダック，P., 木村繁訳，『第五世代コンピュータ』，TBSブリタニカ，1983）．

Griffin, R. W., *Management*, 8th ed., Houghton Mifflin, 2005.

Kocaoglu, D. F., "Research and Educational Characteristics of the Engineering Management Discipline," *IEEE Transactions on Engineering Management*, Vol. 37, pp. 172-176, 1990.

Kocaoglu, D. F., "Technology Management : Educational Trends," *IEEE Transactions on Engineering Management*, Vol. 41, pp. 347-349, 1994.

Kocaoglu, D. F., private communication, 2004.

Kotnour, T. and Farr, J. V., "Engineering Management : Past, Present, and Future," *IEEE Engineering Review*, Vol. 33, No. 3, pp. 39-52, 2005.

Niwa, K., "Themes and Challenges of Knowledge Management : A Technology Management Perspective," Proceedings of PICMET'03, CD-ROM, 2003.

Nonaka, I. and Takeuchi, H., *The Knowledge Creating Company*, Oxford University Press, 1995（野中郁次郎・竹内弘高，梅本勝博訳，『知識創造企業』，東洋経済新報社，1996）．

PICMET, http://www.picmet.org

Probert, D. R. and Phaal, R., "Ten Years of Technology Management Research at Cambridge : What has been Done and What Does the Future Hold ?", Proceedings of PICMET'05, CD-ROM, 2005.

Robbins, S. P. and Coulter, M., *Management*, 8th ed., Pearson Education, 2005.

Shannon, R. E., *Engineering Management*, John Wiley, 1980.

Toffler, A., *The Third Wave*, A Bantam Book, 1980(トフラー, A., 徳山二郎監修, 鈴木健次・桜井元雄他訳, 『第三の波』, 日本放送出版協会, 1980).

von Hippel, E., *The Sources of Innovation*, Oxford University Press, 1988(フォン・ヒッペル, E., 榊原清則訳, 『イノベーションの源泉：真のイノベーターはだれか』, ダイヤモンド社, 1991).

浅久野英子,「技術者にこそリーダーシップ, 技術経営能力から生まれた ACE 研修：特集　技術経営教育で競争力を高める：ケース 2, 日立製作所」,『人材教育』, pp. 47-49, 2003 年 7 月号.

伊丹敬之,『経営戦略の論理（第 3 版）』, 日本経済新聞社, 2003.

伊丹敬之・加護野忠男,『ゼミナール経営学入門（第 3 版）』, 日本経済新聞社, 2003.

市川惇信,『ブレークスルーのために：研究組織進化論』, オーム社, 1996.

市川惇信,『暴走する科学技術文明：知識拡大競争は制御できるか』, 岩波書店, 2000.

岩井克人,『会社はこれからどうなるのか』, 平凡社, 2003.

榊原清則,『経営論入門（上・下）』, 日本経済新聞社（日経文庫）, 2002.

丹羽清,「米国大学の外に対する積極性」,『経営システム』, Vol. 1, No. 1, pp. 89-91, 1991.

藤本隆宏,『日本のもの造り哲学』, 日本経済新聞社, 2004.

松本三和夫,『科学技術社会学の理論』, 木鐸社, 1998.

村上陽一郎,『科学者とは何か』, 新潮社, 1994.

山之内昭夫,『新・技術経営論』, 日本経済新聞社, 1992.

第2章 技術戦略

　技術を活用する経営「技術経営」を行うためには，まず，大局的で長期的な視点から基本方針を決める必要がある．これは，技術戦略といわれるものである．その根本は，この企業が将来にわたって社会に貢献して生き続けるには何をすべきかを見極めることにある．

　このためには，技術の発展動向を見定め，しかし，それを激変させるような新たな技術開発によって，他企業では思いもつかない新しい価値を生み出さなければならない．

　本章は，このような考察と判断を実施するための材料と道筋を提供するものである．

2.1 一般の経営戦略

技術戦略の議論に入る前に，一般の経営戦略の概要を理解しておくことが望ましい．それは，一般的な経営戦略に対して，高度技術社会で技術の取り扱いの充実化が要請された結果，技術戦略の必要性が表面化したからである．

そこで，本節では，経営戦略誕生の経緯を紹介し，ついで，経営戦略の基本的な2つの考え方である競争戦略と資源戦略の概要を述べる．

(1) 経営戦略の歴史

(a) 学問としての経営戦略

戦略（strategy）という言葉はもともと戦争用語（ギリシャ語の strategia が語源）で，大軍の統率能力を意味した．それが，経営分野に「経営戦略」という言葉で登場するのは，企業活動やビジネス環境の複雑化と経営（マネジメント）のプロフェッショナル化に伴い，種々の関連する先駆的研究を経て 1960 年代のアメリカにおいてであるといわれる（Rumelt et al., 1994. pp. 15-19）．

それまでは，多くの企業は単一製品を単一市場で扱っていて，意思決定すべきことは比較的明白で単純であった．しかし，企業の規模が大きくなるに従い，扱う製品や事業の種類は増え広範囲な市場が対象になり，さらに，多くの競争企業も登場してきた．こういう状況で，とくに，事業の多角化に対する効果的な企業経営の実施が必要になってきたことが背景にある．

学問としての経営戦略は 1960 年代の中頃に誕生したといわれるが，その代表的な著書は次の 3 人のものといわれる（Rumelt et al., 1994, p. 16）．

Chandler (1962) は，Du Pont, General Motors, Standard Oil (New Jersey), Sears Roebuck の経営者がいかに戦略と組織を構築して企業の成長を実現したかの実証分析を通じて，戦略とは企業の基本的な長期目標と目的を設定し，それを達成するために行動を選定し資源を配分することであると定義している．

Andrews ら (1965) は，環境の変化が企業に機会と脅威を与えるので，企業の強みと弱みはこの環境の脅威を避け機会を活用するように用いられるべ

きであると述べている．彼は戦略を企業のアイデンティティと同じように捉え，その企業が何であるべきか，あるいは，何をすべきかを規定するための目標や目的と，それを達成するための施策や計画であると定義している．

Ansoff (1965) は，戦略は企業の経済的成果を極大化するために，商品・市場分野，成長ベクトルの方向と大きさ，競争優位，組織のシナジー効果，メイク・オア・バイ (make or buy；自分でつくるか，または，購入するか) 決定という事柄で決めるものと考えた．

この3人の著書は，今日経営戦略の課題とされるほとんどのことを，萌芽的であるにせよすでに議論している．ただし，当時これらの本の読者は主に大学教授と学生たちであり，実務の世界の企業人には直接的には影響を与えなかったといわれる (Rumelt *et al.*, 1994, p. 18)．

(b) 実務としての経営戦略

1964年にDruckerは経営戦略に関する著書を *Business Strategy* という書名で出版することを試みた．しかし，戦略という言葉は軍事用語であって企業用語でないとの周囲の意見によって結局 *Managing for Results* という書名となったという (Drucker, 1964, p. vii)．この本では，彼自身のコンサルティングの経験に基づいて，企業が経済的成果を上げるために経営者が体系的・意図的に行うべき行動に関して，とくに，何をすべきか，いかにすべきかのための視点・概念・方法が明らかにされている．Drucker (1964, p. vii) 自身の言葉によると，この本は企業戦略について最初のものであり，今日まで広く読み続けられているという．

1960年代後半から1970年代前半にかけて，コンサルティング会社が実際の実務に影響を与えた．とくに，Boston Consulting Group は，次に述べる経験曲線と成長率‐市場マトリックスの開発で大きな影響を与えた (Rumelt *et al.*, 1994, p. 18; Ghemawat, 2001, pp. 8-9)．

Boston Consulting Group の創始者は，意味ある定量的関係をみつけることがコンサルタントの仕事と考えていた．そして，「経験が増すにつれコストは低下する」という昔から知られていた経験の効果を実際に定量的に測定して表示する経験曲線 (Boston Consulting Group, 1968) を発表した．これは当時

の Texas Instruments などの急成長企業向けに，競争行動を説明する目的で開発された．実測の結果から，製品の累積生産量が倍加するごとに，総コスト（製造，管理，販売，流通などを含む）は 20-30％ ほど低下することを明らかにした．これによって，生産規模のもっとも大きい企業は最低のコストで最大の利益を上げるという戦略的意味と，マーケットシェア拡大の重要性を示した．

しかし，マーケットシェアの拡大には膨大な資金を必要とする．資金の内部調達を基本とするアメリカ企業にとって，事業特性に適合する最適な資源配分の方法の開発は必要だった（石井他，1996, p. 102）．そこで，1970 年代の初頭に Boston Consulting Group は，成長率 - 市場マトリックス（今日では，一般にプロダクト・ポートフォリオ・マトリックスと呼ばれることのほうが多い）を開発した．これは複数の事業を，相対市場シェアと市場成長率の 2 軸で定義される平面に配置することで視覚化し，多角化した企業の全社的な資源配分を検討し，複数事業間で投資の優先順位を決めようというものである．2 軸で定義される 4 つの領域について，たとえば，次のような議論がされる．

① 「高シェア，高成長」領域の事業（「花形（stars）」と呼ぶ）
- この領域の事業はシェアが高いので利益率が高く資金流入も多いが，成長のための投資も必要なので，短期的には必ずしも資金創出にならない．
- しかし，長期的に持ち堪えて成長鈍化になれば，「金のなる木」になる．

② 「高シェア，低成長」領域の事業（「金のなる木（cash cows）」と呼ぶ）
- 資金流入は多く，低成長のための投資の必要は少ないので，重要な資金源となる．

③ 「低シェア，高成長」領域の事業（「問題児（question marks）」と呼ぶ）
- 資金流入は少ないが，高成長なので投資が必要．ここに積極投資してシェアを高め「花形」にするか，あるいは，放置して「負け犬」にするかの判断が必要．

④ 「低成長，低シェア」領域の事業（「負け犬（dogs）」と呼ぶ）

・撤退する．

(2) 経営戦略の概要

(a) 競争戦略

本書では，企業の経営戦略を「競争に勝つための企業の長期目標と，それを達成するための行動計画と資源の割り当て」と定義する．あるいは，「市場を知り，競争相手を知り，己を知り，最終的に競争に勝つための目標と，それを実現する手はず」と言い換えることもできよう．

ここで，企業の「外」からと企業の「中」からとの2つの視点が存在することが分かる．「外」からの視点とは，自分を取り囲む「外」の環境のなかで自分の役割や機能をどのように位置付けて生きていこうかという視点である．企業の「中」からの視点とは，自分の「中」のもてる力をいかに効果的に発揮させ外の環境のなかで生きていこうかという視点である．

今日，経営戦略を競争戦略と資源戦略の2つに大別することが一般的であるが，競争戦略は「外」からの視点に，そして資源戦略は「中」からの視点にとそれぞれ対応させて理解することができる．

「外」からの視点の1つとして，Porter (1980; 1985) は，経済学の産業組織論の考え方を活用して競争戦略を提唱した．

経済学の産業組織論では，ある産業の市場が完全競争の状態に近いほど競争的であり，競争的であるほど市場成果が良くなると考えられている．すなわち，市場に多数の売り手と買い手が存在し，参入と退出が自由に行われ，取引される財が差別化されておらず同質であり，取引主体が重要な情報を完全に有している状態であれば，その産業は資源配分が社会的にみて効率的に行われると考えられる（新宅・淺羽, 2001, pp. 3-6）．ここでは，企業は超過の利潤を得ておらず，それらは消費者に還元されている状態である．

このことは，逆の立場，すなわち，経営学で扱う企業の立場からみると，企業の収益性を高めるには，競争の程度の低い状況を確保することが必要ということになる．Porter (1980) は，この立場を展開したのである．

Porter (1980, p. 5) は，「産業とは，互いにほぼ代替可能な製品を作っている企業の集団」と定義し，その産業の競争状態の程度は，

・新規参入
・代替品の脅威
・買い手の交渉力
・売り手の交渉力
・既存企業間の競争程度

の5つの要因によって規定されるという産業の構造分析を提唱した．競争状態の程度が分かるということは，その産業に属する企業の平均的な収益率が分かるということになる．さらに，Porter (1980, p. 35) は，この5つの競争要因に対して企業がその産業のなかで優位な立場に立てる3つの一般的戦略，すなわち，

・コストリーダーシップ戦略
・差別化戦略
・集中戦略

を提案した．ただし，この3つの戦略のうちの複数を同時に行うことはできるかもしれないが，それが可能となるのはまれであり，どれか1つに集中すべきであると述べている．

　産業の構造分析の基本的な着眼点は，完全競争状態が社会的にみて望ましいとする経済学の産業組織論でのマクロな立場からの議論を，個別の企業の収益確保というミクロな立場に立って活用し，「同じような競争はしない」という戦略を打ち出したことにあろう．Porter (1985, p. 1) は，競争戦略とは，競争が起きる基本的な場である産業において，そのなかで有利な位置（ポジション）を探すことであると述べている．

　Porter (1980 ; 1985) の以上の考え方は，広く受け入れられているが，企業の競争を考える場合，競争相手の企業とのダイナミックな相互作用が重要となるという議論も出てきた．つまり，ゲーム理論の考え方を応用して戦略を構築しようとするアプローチの登場である．これには多くの研究があるが，たとえば，Brandenburger and Nalebuff (1996, pp. 11-22) は，自社と協調でき

る補完的役割者にも着目し，競争だけでなく協調も議論する枠組みを提唱した．ビジネスというゲームの場に登場するプレイヤーは，自身の企業，顧客，競争者，補完的役割者，供給者である．書名の *Co-opetition*（Brandenburger and Nalebuff, 1996）は，Competition（競争）と Cooperation（協調）との造語であることも興味深い．

(b) 資源戦略

競争戦略では自分を取り囲む「外」の環境のなかで自分をどう位置づけるか（ポジショニングともいう）という側面を重点的に扱った．したがって，ポジショニング戦略といわれることもある．これに対して，企業の競争優位の源泉は，企業そのものがもつ独自性，すなわち，企業のもつ資源にあるとする企業の「中」からの視点の議論があり，これを資源戦略と呼ぶ．

1980年代の半ばごろから，「資源に基づく戦略論」，あるいは，単に「資源戦略論」という議論が出てきた．Wernerfelt（1984）や Barney（1986）などは，企業が他社に比べて優位に立てるのは，製品市場ではなく，むしろ，生産要素市場で重要な資源の競争が制限されているからだと考えた．たとえば，資源を他社が獲得，模倣，代替できない状況を作り出すことの重要性を指摘した．また，企業が企業活動に伴って獲得・蓄積するノウハウなどの重要性も指摘された（Dierickx and Cool, 1989）．この点に関して，伊丹（1984, pp. 47-82）は，競争力の源泉は，技術・生産ノウハウ，ブランド，信用，組織風土などの他社にまねされにくい「見えざる資産」であることを早くから指摘していた．

他社にはまねのできないその企業独自の能力が「コアコンピテンス（Core Competence）」（Prahalad and Hamel, 1990；Hamel and Prahalad, 1994）と呼ばれ，その魅力的な言葉とともに，社内の資源（能力）を蓄積することが重要であるとの認識が広がった．Barney（2002, p. xv）は，企業が自ら採りうる個々の方法は何かという観点からの議論を展開し，資源に基づく戦略論の理論的側面を主導した．

なお，企業の資源として知識に注目する，ナレジマネジメント（knowledge management）（たとえば，Nonaka and Takeuchi, 1995）もこの資源戦略の範疇に入

ると考えられるが，これについては，第8章「知識マネジメント」で詳細に論じることにする．

2.2 技術戦略の必要性と特徴

　高度技術社会に入り，重要な経営資源となってきた技術を積極的に考慮した戦略，すなわち，技術戦略が必要となってきた．一般の経営学のように技術を与えられた条件として扱うのではなく，むしろ，適切な技術開発を主体的に行うことによって効果的な戦略を構築しようというものである．
　このような技術戦略の策定には，理工学と経営学の2つの知識や考え方が必要となろう．

(1) 技術戦略の必要性

(a) 技術が一般の経営戦略に与える影響
　今日の高度技術社会では，技術が企業経営のあらゆる側面に直接大きな影響を与えるようになってきている．経営戦略においても例外ではない．前節で述べた競争戦略と資源戦略の各々に対しても，たとえば，次に述べるように技術が及ぼす重大な影響をみることができ，企業の戦略構築時に技術を積極的に扱う必要があると考えられる．

[技術が競争戦略に与える影響例]
① Porter の競争戦略への一般的批判の1つは，コストリーダーシップ戦略と差別化戦略が事実上排他的となっている点に向けられる（de Kluyver and Pearce II, 2003, pp. 55-56）．この批判は今日の競争の激しい高度技術社会においてはとくに当てはまる．実際のところ，競争に勝とうと技術開発を進める場合，コスト低減と差別化（たとえば，機能の高度化）の両者を同時に満たすことをその技術開発の目標とすることのほうが多いといえる．
② 技術開発がいたる分野で行われている現在，ある産業分野での新技術が他の産業分野のある特定の企業で使われ，その企業が徹底的に競争に

勝つという事例が後を絶たない．たとえば，書籍販売業界のなかのある特定の企業が，その業界の外で開発されたインターネット技術をいち早く導入して独自のビジネスモデルを構築し，他の書籍販売企業との競争に徹底的に勝利を収めた．これこそが高度技術社会で技術を経営に活用するという醍醐味であろう．これに対して，Porterの競争戦略の考え方は，当該産業の外で開発された技術の影響は，当該産業のすべての企業に対等に影響すると捉えてしまい，その産業内での企業間の競争には無関係として考察の対象から外してしまうのだ．

［技術が資源戦略に与える影響例］
① 今日，新技術開発や新技術適用をすることで，ビジネスモデル，生産方法，販売方法などを容易に，しかも，大きく変えることができる．このことは技術によって，従来から保持している経営資源を無力化したり，新たなものを経営資源として登場させたりすることが容易であることを意味する．したがって，従来の経営方法のもとでの資源の価値を前提に，それを「生かそう」という発想しかないと危険である．たとえば，バイオ技術の登場で，医薬・食品産業はそれまでに蓄積した従来技術のノウハウの価値が激減し，また，同様にナノ技術は材料産業に大きな影響を与えている．

② 技術はその積み重ねや，他の技術との組み合わせなどによって将来発展させることができる可能性をもつという特徴がある．したがって，ある技術の価値は，現在の活用状況だけからでなく，それがどれだけ将来に生かされるかの可能性の判断も加えて決められるべきである．ところで，先に述べたプロダクト・ポートフォリオ分析を広義の資源戦略論の1つとしてここで取り上げるとすれば，この方法は現時点における成果の分析が中心となる．このことは，現時点でたとえ成果が出ていないものでも，将来の他の有望な事業の芽や土台となる可能性などの評価や考察が抜け落ちる（Suzuki, 2003）ことを意味している．技術の波及や転用可能性など技術の特性を理解した評価が必要である．

(b) 技術を活用した企業の主体的な経営

(a) で技術が従来からの経営戦略論に与える影響のいくつかを具体的に述べてきたが，じつは，高度技術社会ではさらに一歩進めて，企業が目標を達成するために自ら技術開発を行うという技術競争というべき側面が強く出てきていることに注目する必要がある．さらには，その技術開発を効果的に行うために，企業間の提携や協同を行うという戦略行動も一般化している．技術が企業経営の戦略面でも表舞台に出てきているのだ．

このようなことは，経営戦略構築時に，技術動向を従来のように所与，あるいは環境条件ではなく，明示的な操作変数として扱う必要性を示している．技術は自然に与えられるものではない．自ら作り出すものである．このことは重大な意味をもつ．技術が登場すると，各種の経営要因が変化するという以上に，それらを変化させる目的のため（たとえば，プレイヤーや競争ルールを劇的に変えるために）自ら技術開発を行うことができるからだ．

企業経営とは，もともと主体的に経営するものである．しかし，従来の経営学（その一部としての経営戦略論）は，企業を主体的に経営するというより，経営を外部から分析する枠組みとしての性格が強い．もとより，経営学が社会科学の1つであるとすれば，観察して記述するのが科学や学問であるので，これは当然の傾向といえる．

しかし，分析が目的の自然科学に対して，実践が目的の工学があるように，実践が目的の経営学もありうる．むしろ，企業の現場ではそれが望まれる．この場合には，自らが新しい試みをして，それが理論を生む，あるいは，自らが「理論を生み出す行動をする」という構成的（工学的）アプローチが必要であろう．高度技術社会で，企業経営に大きな影響を与える技術の活用を通じて，実践的な経営を試みるというのが技術経営の本来の使命ともいえよう．その一環として戦略に関わる部分が，技術戦略である．

(2) 技術戦略の特徴

(a) 技術戦略の定義

上記 (1) の議論から，

・技術を積極的に活用すると経営戦略はどうなるか
・技術を積極的に活用して経営戦略をどうするか

に焦点を当てた検討が必要となってくることが分かる（とくに，後者が重要であるが，技術経営は黎明期にあるので，本書では前者も過渡的に含ませている）．これを扱うのが技術戦略である．

本書では，技術戦略を「技術動向とニーズ動向と競合動向を知り，自社の理念や目標と強みを確認して，競争に勝ち，かつ，利益を上げるために，技術的新事業を設定しそれを実現させるための計画を立て資源を割り当てること」と定義する．

くり返しになるが，従来の経営戦略では，技術は存在する，あるいは，外から与えられる条件として取り扱われていたのに対して，技術戦略の基本思想は，技術を自らが作り出す，あるいは，操作するいわば「武器」として積極的に活用して経営の戦略を構築することだといえる．

ちなみに，従来の経営学において技術戦略の立案といわれるものの例として，Porter (1985, pp. 198-200) をみてみよう．その手順は次の7ステップである．たしかに，ここでは，既存技術を前提にしていることが分かる．

1. （いま考えている事業の）価値を生み出す活動の過程（value chain）で使われている技術を確認する．
2. 他産業や研究途上の技術を確認する．
3. 鍵となる技術の変化の方向を決める．
4. 競争優位や産業構造にとって，どの技術や技術変化がもっとも重要であるかを決める．
5. 重要技術について自社の強みと弱みを評価し改善費用を算出する．
6. 企業の競争力を強化するように，技術戦略を① 技術リーダーになるか，② 追随者になるか，③ 技術供与するか，④ 技術導入するか，などのなかから選択する．
7. 事業部技術戦略を全社的観点から補強する．

企業の実際の意思決定の場面を想像してみよう．従来の経営学の思想のもとでは，「技術動向はどうなっているのか．それにうまく適合しているのか．どう適合させるか」という質問や議論が多かったであろう．それに対して，本書が扱う技術経営では「どういう技術開発をしてどういう新事業を行い，それを実現する仕組みをどう作ればよいのか」という議論が重要となる．

(b) 技術戦略の特徴

　技術戦略は，次のような特徴や注意すべき点をもつと考えられる．

- 技術戦略は新技術開発に左右される．ところが，新技術開発は個人や集団の創意工夫に基づく発見や発明によってなされることが多いため，その実現や影響は非連続的になることが多い．このため，定量的扱いはできず，取り扱いが難しい．
- 技術戦略は，自然科学（自然法則）の支配する科学技術の世界と，人間の主体的意思決定行動が支配する経営の世界との重なり合う領域を対象とするため，いわゆる「文理統合」のアプローチが必要となる．
- 実践（どうするか）が主体の技術戦略であるが，同時に，それだからこそ，与件（どうなるか）の考察も重要となる．良い意味での独善がなければ始まらないが，しかし，悪い意味での独善とならないための歯止めとして，バランス感覚も重要となる．たとえば，主体的創造的に自らが将来技術を作るという立場と，第三者的，あるいは，分析的な技術予測や動向調査の立場とのバランスである．
- もともと戦略というのは大局的視点でありトップダウン的要素が強い．しかし，発見や発明に基づく新技術開発は，必ずしも計画してできるというものでもない偶発的な要素を含み，また，それを実現する主体は個人レベルであることから，技術戦略はボトムアップ的側面もある．
- 技術の発展は急激であり，さらに，加えて技術戦略分野は新しく，その研究方法，実践方法は試行錯誤の状態にある．つまり，技術戦略分野の体系化はできておらず，したがって，本書の記述も試行の域を出ない．

技術戦略の策定は，2.6 節で述べる CTO をはじめとするいわゆる技術系の人間が中心となって実施することが当面は多いと思われる．この場合，とくに，下記の注意が必要である．

- 技術の重要性は高いが，むしろ，逆説的に，技術戦略を検討する際には，あえて，技術志向でなく，第 3 章「技術マーケティング」で述べるような顧客指向（提供する新しい生活や事業の機会，あるいは，創造する新顧客層を想定する）を心がけるべきである．換言すれば，技術に基礎をおくだけに，むしろ顧客指向に留意すべきである．
- 科学技術は，要素還元的な分析に方法の基礎をおくので，科学技術者やその教育を受けた人たちは，「いまあるもの」を前提に，その仕組みや原理を知りたいという態度で物事を細かくみようとする習性がある．一方，戦略は大局的視点であり，将来の状況とそこでのあるべき姿を「想像して」議論するわけで，このような思考体系を身に付ける必要がある．

2.3　技術動向の理解

　技術戦略を立案するには，技術動向を理解して事業計画を立て，技術という知的財産をいかに取り扱うか，さらに，新しい技術開発の芽をいかに見出すかなど挑戦すべき課題は山積している．本章ではこれらを順次議論していく．

　まず，本節では技術動向の理解ということに関して検討する．とくに，技術と社会との相互作用の考え方や技術予測への対処の仕方などを議論する．

(1)　技術動向の把握

(a)　必要性

　技術戦略を立てるためには，主体的に何をしたいのかという側面と，世の中がどうなっているのかという側面の 2 つのバランスをとった検討が必要であることを前節で述べた．ここでは後者の技術動向の把握に関して述べる．これは 2.6 節で述べるように，CTO の主要な役割の 1 つともいえる．しか

し,技術管理者,技術者・研究者なども,少なくともそれぞれの守備範囲で技術動向の把握に努めることは重要である.

技術動向の把握とは,下記の3つ,

・技術の発展はどの方向に,どの速さで進むか
・技術の発展が,社会(とくに,生産や消費の形態)にどう影響するか
・社会の動向が技術の発展にどう影響するか

を把握することが含まれる.

ここで留意すべきは,技術それ自身だけではなく,上記の第2番めと第3番めのように,社会との関わりを検討することにある.これには2つの理由がある.まず,第1の理由は,技術がそれ自身の論理で発展しそれが社会を規定する(「技術決定論」という)という側面と同時に,社会的・政治的要因が技術の発展を規定する(「社会構成論」という)という技術と社会の相互作用が存在するからである(村田,1999;松本,1998, pp. 125-167).第2の理由は,企業が技術戦略構築の目的で技術動向を把握するということは,技術開発をもとに企業が提供する製品やサービスがどのように社会に受け入れられるか,あるいは,社会に受け入れられる技術をいかに開発すべきかを検討する目的のためであり,もともと社会との相互作用が中心課題だからである.

以上に述べたように,技術戦略構築の一環として,技術動向を把握するためには,技術と社会の両者,ならびに,その相互作用について広い観察や深い洞察が必要となる.

(b) 技術動向把握の考え方

技術動向の把握に直接有効となる総合的な方法は存在していない.ただ,部分的で適用範囲は限定的ではあるが,参考になると思われるいくつかの考え方は広く存在している.それらを以下で紹介しよう.

① 産業の発展順序

農業→工業→サービス業と産業は発展するという見方がある.これに

伴い必要とされる技術が，たとえば，農耕技術→製造→コミュニケーション技術と変化すると想定することができる．
② 科学の発展との相互関連
　科学と技術は相互作用して発展するので，新しい科学研究が新しい技術を生み，さらに，それがまた科学研究を促進する．すなわち，科学と技術の両面をみる必要がある．
③ 技術のS字ライフサイクル
　技術はS字カーブで発展・普及するという見方がある．すなわち，最初は遅く，ついで，急激に発展し，最後は飽和する．
④ 製品と生産のイノベーションの順序
　最初は製品自体のイノベーションが起こり，ついで，生産方法のイノベーションが続くという見方がある（Utterback, 1994, pp. 79-102）．
⑤ 標準化，規格化
　製品を使用する際の互換性を確保するため，あるいは，製品を製造する際の効率性向上を目的として，製品や部品の機能・性能・形状などが統一されていくという見方がある．
⑥ 破壊的技術
　技術の発展が多数のユーザの要求水準を超える段階で，安く低機能の技術に基づく製品が出現し，しだいに勢力を拡大するという見方がある（Christensen, 1997）．
⑦ 新たに，あるいは，頻繁に発生する社会的問題への対応
　たとえば，テロ事件，伝染病，自然災害などへの対応技術が必要とされてくるという見方がある．
⑧ 社会・文化的な変化への対応
　たとえば，企業統治の考え方の変化が企業活動を変化させ，それに対応する情報技術が必要とされるようになる．あるいは，表現の自由と知的財産権の考え方が変化すれば，それに対応する技術が必要になるという考え方がある．
⑨ 新興市場への対応
　インド，南米，中国，アフリカなどの貧困層を，新たに顧客として積

極的に捉えることでイノベーションが起こる（Prahalad, 2005）という見方がある．

⑩ 新しく認識する制約や価値観への対応

たとえば，資源の枯渇に対応するために，その資源の働きを代替する技術が，あるいは，環境意識が高まれば環境汚染防止技術が必要とされるという考え方ができる．また，安全・安心への要求が高まれば，その実現技術が必要とされるだろうという見方がある．

(2) 技術動向の予測と介入

(a) 技術予測の限界

上記の記述で推察されるように技術動向の把握は根本的に難しい．しかし，その一方で，「技術予測」を名乗る手法はじつに何百もある．それらは，モニタリング（データ収集と統計処理），専門家の意見集約，トレンドの外挿，モデル化法，シナリオ法に大別できるという（Porter et al., 1991, p. 64）．このなかで比較的よく使われるのは，専門家の意見の集約である．その代表例が，アメリカの Rand Corporation で開発されたデルファイ（Delphi）法（Porter et al., 1991, pp. 214-217）と呼ばれる手法である．例としてこれをみることで，「技術予測」の抱える難しさを考えてみよう．

デルファイ法では，ある開発途上の技術に関して，多くの専門家に，たとえば，「その技術が実用化されるのはいつだと思いますか」などと尋ねて技術予測の意見を聞き，それをまず集計する．ついで，その集計結果を付けて，再度同じ専門家に同じ質問をすると，他人の意見を知ることで自分の意見を修正（多くの場合，多数の意見のほうに引き寄せられる）する傾向があるので，それらをまた集計してみると，意見の集約がみられるというものだ．これを利用して，多くの専門家のほぼ一致した将来に関する意見を「予測」と呼んでいる（たとえば，文部科学省科学技術政策研究所，2005）．

しかし，突然のように出現する発見と発明が，この「意見の集約」すなわち，多数の専門家の予測を無効にする例が後を絶たない．こういう現実や限界を知ってデルファイ法などの技術予測の結果を活用することが大切といえる．

「技術予測値」を知りたいと思う場合には，それが，どういう人たちの集約意見かということをまずよく吟味することが必要である．その人たちの考え方や意見の傾向が「予測値」を決めるからである．むしろ，場合によっては，一人の突出した人の洞察のほうが優れている場合もありうる．

実際，国連や国際機関，各国政府，各学会，有力報道機関，調査機関，シンクタンクなどからそれぞれの予測が出されている．ということは，多くの予測のなかからどれを採用するかは，採用する側の判断にかかっていることを示している．したがって，予測を必要とする者自身の判断力を高めることが必要であることが分かる．この際に重要なのは，技術予測の困難さが何に起因するのかを理解しておくことであろう．それらは，たとえば，下記のような事柄である．

・同じ技術でも，世界の種々の機関が種々の方式で研究開発を行うという多様性があるが，それらすべてを網羅できないという現実がある．つまり情報に漏れがある．
・競争激化のため開発期間や技術の寿命が短くなり，世の中に広く知られない技術がある．
・予測には，科学技術の発展や研究開発動向などの専門的知識が必要であるが，専門家の数が限られている．
・専門家は逆に専門的知識に埋没していて，「世の中に受け入れられるかどうか」の観点を忘れがちになる傾向がある．
・その分野の専門家は自分自身が技術開発の行為者（プレイヤー）のため，自分の方法や技術に固執しがちで判断に偏りがでる．
・技術が革新的であればあるほど最初は一般に理解されにくい．
・自分自身が最先端を走っている場合には，それを隠して競争者を安心させるために，故意に「遅い実現時期」を回答することもありうる．

(b) 技術動向への介入

2.2節（2）「技術戦略の特徴」のなかで，与件（どうなるか）と実践（どうするか）とのバランスの重要性を述べた．それは，ここでは，分析的な技術

動向調査や技術予測の立場と，主体的で創造的な自らが将来技術を作るという立場とのバランスということになる．企業がキャッチアップの状態からフロントランナーの状態へ移行するに従い，実践（どうするか）のウエイトを高めることが重要となる．自らの先端的な技術開発で，技術動向そのものを一変させ自社に有利な状況を作り出すことが可能だからである．同時にそれは，同じようにフロントランナーである競合企業が先に行い，これによって瞬時に自分がフロントランナー集団から離脱させられる可能性が高いことも示している．

　一般の経営戦略，とくに競争戦略が，ポジショニング（位置取り）といって，与えられた環境状況のなかで自分の位置を確認することの重要性を強調するのに対して，技術戦略の真骨頂は自分の「ちょっとした」実践によって環境状況を一変させることができるということにある．これを具体的にどう行うかの議論は，直接的には，2.4 節 (1)「新事業の設定」を経て，第 4 章「イノベーション」で行う．さらには，第 3 章「技術マーケティング」と第 5 章「研究開発」でも異なる視点から詳細に議論する．なお，付言すると，このことは逆に言うと，CTO は「イノベーション」，「技術マーケティング」，「研究開発」で議論するような自分の「実践できる手」を把握して技術戦略を立てることが必要であるということを意味している．

2.4　新事業の計画

　前節で述べたように，技術戦略の真骨頂は自らが主体的に新たな技術動向を作り出すことにある．本節では，この主体的活動を新事業の計画という観点から議論する．

　とくに，企業全体としての長期的な「全社技術戦略」の重要性を強調する．また，ロードマップに対する考え方も検討する．

(1)　新事業の設定

(a)　新事業の開発

2.3 節の「技術動向の理解」の議論は，技術の観察者，あるいは，技術の

利用者の立場が強かった．これは，基本的に従来の経営学，すなわち分析者の立場ともいえよう．これに対して，技術経営論ではとくに自らが技術の開発者として，いかに新しい技術動向を生み出すかということが鍵になる．そのためには，技術動向の把握に加えて，

- 技術をどのように発展させ新事業をしたいのか
- その新事業で，世の中をどのように変えたいか
- 他人にできない独自性をどこで，いかに出したいのか

など，主体的な意思や意図を確立することが重要となる．たとえば，次のようなイメージである．

> 情報通信技術とコンテンツ管理技術を融合発展させて新しいメディアを作りたい．現在のテレビのように発信者が固定的な番組表を作って提供するのではなく，視聴者が自らみたい情報を好きなときに選択できるようにしたいからだ．巨大なサーバ群に多くのコンテンツを貯蔵管理して，ユーザが，いつでも，どこからでもどんな機器からでもサービスを受けられるようにしたい．この場合に，ユーザごとの要求にあった「個人番組表」作成サービスが重要な中核的機能となると思える．コンテンツの知的財産権の問題もこの「個人番組表」の構築プロセスの工夫で対応できるだろう．このような基本技術とビジネスモデルを独自に開発しよう．この開発を起爆剤として，自らリードして新しいメディアを世の中に実現したい．

技術動向は与えられる条件ではなく，自らが技術動向を形成するプレイヤーになるという自覚が重要といえよう．そして，この自覚したプレイヤー同士が虎視眈々と相手の意表をつく競争をしているというのが高度技術社会の現実といえよう．これには，いろいろな戦略がありうる．たとえば，

- 世の中でよくいわれている技術動向と同じ内容ではあるが，他社より2

歩先を行く．
- 世の中でよくいわれている技術動向のなかで，まだ登場していない技術を開発して，技術動向の道筋を変えてしまう．
- 新しい市場やビジネスモデルを開発して，世の中の技術動向そのものを無意味にしてしまう．
- 他社には，世の中の技術動向通りすべて先に進ませて，自社だけは過去の領域に留まる．
- 世の中の技術動向に対抗（代替）する新たな別の動向を創り出す．

単に現製品の改善を行ったり，価格や販売方法，販売先を変更したり工夫したりすることに比べて，あるいは，従来の経営戦略でのプロダクト・ポートフォリオ分析やSWOT分析（自社の強み：Strength，弱み：Weakness，機会：Opportunity，脅威：Threat，の4つ観点から分析する）などの方法が想定する戦略に比べて，上記のような大胆な戦略，すなわち，「新事業の開発」戦略ともいえるものが採れることが，技術を経営に活用する「技術経営」のもっとも特徴的な点である．

(b) 全社技術戦略

2.1節で述べたように，「戦略」とは元来「大軍の統率」に関することなので，技術戦略にとって重要なのは全社の技術戦略の策定といえる．これは，上記で述べた新事業戦略に関して，さらに必要に応じて次のような事柄を実施することが含まれる．

- 長期的にどの範囲までの技術（および，それを用いる顧客）に関心を払い，また実際にどの範囲まで種をまいておくか決定する．
- 長期的にコア技術を何にするかを決定する．
- 新技術を自社で開発するか他社から導入するか，あるいは，企業提携か，さらには，外部委託（アウトソーシング：outsourcing）するかなどを判断する．この場合，種々の選択肢のなかでどれが良いかの判断基準は，技術の独自性をいかに出して事業や製品の競争力を高めるか，技術力の蓄

積と伝承はどの程度重要かをもとに設定する．
- 重要な技術について，特許化するか，標準化を狙うか，あるいは，秘密戦術を採るかなど知的財産戦略を決定する．
- 全社で行う研究開発と事業部で行う研究開発に関する組織設計と資源配分の方針を決定する．

ところで，日本の大企業の技術戦略の実態調査（丹羽・山田，1999, pp. 49-56）によると，日本企業の多くが全社技術戦略に弱いという．これは，次のように考えることもできる．

- 多くの企業が製品や事業のものまねのキャッチアップ段階であったから，製品や事業部ごとの対応ですんでいて，これまで全社的な戦略的検討を必要としなかった．
- 日本企業の多くは各事業部の利益代表の寄せ集めが全社という位置付けである．日本経済の成長期には，各事業部が成長していて，さらに加えて，機会損失の責任を問う声は少なかったので，これでもなんとかすんでいた．
- 新規事業，あるいは，新製品といっても，個別既存事業の延長のものしか出てこなかった（出してこなかった）．
- 全社的な視点から，事業間の連携や事業の改廃ができず，企業は新陳代謝ができにくかった．

これらを反省して，これからの日本企業は，効果的な全社技術戦略の構築を行わなければならない．

■ コラム1

総合力とは部品の山か？

　要素と全体の関係を議論する学問がシステム論である．そこでは，システムとは「複数の要素が相互依存して，互いに関係付けられ一体性を生み出しているもの」と定義されている．次のような式で書くこともできる．

$$\text{システム} = \text{各要素の総和} + \text{相互関係から生まれる特性（創発性）}$$

つまり，要素の総和だけでなく，それに加えて，相互関係から生まれる特性（創発性）があることがシステムといわれる条件となる．たとえば，時計は機能しているときはシステムだが，ひとたび分解されてしまうと単なる部品の山である．時計では，時刻を刻み示す機能が相互関係から生まれる特性である．
　さて，それでは，

- 「大企業は複数事業部を要素とするシステムなのか？」
- 「大企業の総合力とは何なのか？」

を考えてみよう．
　ある大企業は，それぞれの事業部の代表が揃って顧客のところに行き「わが社は総合力があります．これだけの事業部があります」と大勢で来ることに胸を張るのが常だ．しかし，これは，机の上に時計の多くの部品を並べてみせているのと同じである．もし，顧客が部品を欲しいならば，1つ1つの部品について世界中からもっとも良いものを別々に選ぶであろう．同じ会社のものである必要はない．
　多くの事業部の相互作用で初めて生まれる機能を示せたときに，「総合力（システム）」が発揮できたといえる．この新たな機能（時計でいえば時刻を刻み示す）は部品レベルでなく，全体レベルでの話である．
　この総合力を示すには，一人だけで顧客に行けば充分である．「わが社は時刻を刻み示せます」と一言言えばよいからだ．ところが，実際には，この一言ができないのである．その代わりに，もっている部品の山をみせるのである．

(2) ロードマップ

(a) ロードマップ手法の発展

ロードマップ（roadmap）とは文字通り道路の地図であるが，技術経営の分野では，技術の時間軸上での発展の道筋を表すために「技術ロードマップ」のように使われる．技術ロードマップは，1970年代後半にMotorola社で，技術の発展と製品の展開との関連を表示するために使われたのが最初といわれている（Willyard and McClees, 1987）．

日本では，次のような村田製作所での使われ方がよく知られている．村田製作所では3種類のロードマップが用いられるという．まず，10年先までの技術の発展を予想してその道筋を技術ロードマップとして描き，次にそれをもとにして，今後10年間製品をどのように展開していくかを製品ロードマップとして描く．さらに，市場の動向を10年先まで見通した市場ロードマップを描く．この3つのロードマップの摺り合わせと修正の会議を年に1-2回部長クラスで行い，さらに，その下のクラスでも細かい摺り合わせをする．そして，この3つのロードマップの整合性がとれるようにすれば，製品開発の失敗の確率も下がるし，また，選択と集中の方針もみえてくるという（村田, 2003）．

手法としてのロードマップの発展もいくつかの方面で進んでいる．たとえば，最初にロードマップを使用したMotorola社では，壁に貼った大きな紙に書くという手法から，オンラインで各自のワークステーションを用いて運用するデジタル化されたロードマップへと移行した（Richey and Grinnel, 2004）．一方で，変化の激しい，また，不安定な事業環境にも使える手法を開発しようとして，複数の未来を想定するシナリオ・プランニング法とロードマッピング法との統合も試みられている（Strauss and Radnor, 2004）．さらに，ロードマップのなかの最適なパスをみつけるための新しい手法を開発するという試みもある（Gerdsri, 2005）．

このように，この分野の研究者たちによって，手法としてのロードマップは，さまざまな形での改良や発展がなされている．

(b) コミュニケーションの手段

ロードマップ法を使用するのに際して，注意しなければならないことがある．それは，一般に手法を利用する場合には，その前提と限界を理解して妥当な目的のために使われなくては意味をなさないということである．手法を使用するということ自体が時として目的化する危険に気を付ける必要がある．

じつは，ロードマップはいろいろな関係者の共通理解を得るためのコミュニケーションの手段として使用すると便利である (Phaal *et al.*, 2005)．それは，この手法は複数の異なる主体についての情報を時間軸という共通の枠組みのなかで視覚化するものだからである．

たとえば，企業内のいろいろな部署が協力して全社ロードマップを作成する場合には，その作成のための協力行為の過程における各部署間の議論と，さらに，でき上がったロードマップをみながらの議論の機会が与えられ，お互いの理解の向上が図られる．これによって企業全体としての知識の共有化ができるという長所がある．

あるいは，強力な企業が自社のロードマップを作成しそれを公開することで，それに合わせて他社（たとえば，部品メーカー）の協力を得やすくすることなどの戦略的目的にも活用できる．しかし，このような用い方と独占禁止法との関係についてはきちんとした議論がなされていないという状況もあり，この点は注意を要する．

さらに，公的資金を用いるプロジェクトなどの場合には，プロジェクトの計画や経過状況を納税者に視覚的に説明する道具としても便利であろう．あるいは，国の産業政策の一環として，種々の分野の企業の連携を促進させるための，みやすい資料としても活用できると考えられる．

しかし，一般に，競争を行っている同業企業間（あるいは，業界）で，協力してロードマップを作成するということが成り立つかどうかは疑問である．そこに参加する個々の企業の動機として，他社の考える計画（ロードマップ）は知りたいが，自社のものは隠したいというのが自然だからである．

2.5　知的財産の扱い

　高度技術社会では，特許に代表される知的財産が競争優位性を高めるうえで重要となってきた．そこで本節では，特許の取り扱いを中心に，また，それよりやや広い視点で，知的財産戦略について検討を加える．
　さらに知的財産や特許について，現在，世界では異なる観点からの議論があることを紹介し，今後の展開の方向を探る．

(1)　知的財産権

(a)　知的財産権の種類

　第1章で述べたように，高度技術社会では企業経営にとって無形資産の重要性が高まっている．無形資産は，知的財産や知的資産ともいわれ，特許，著作権，商標，企業秘密，ブランド，企業文化，経営ノウハウ，技術ノウハウ，顧客情報，顧客からの信頼，社員の思考や行動様式などが含まれる．
　これらは，大きく2つのカテゴリーに分けられる（Tao et al., 2005）．最初のカテゴリーは特許や著作権，商標などのように法的に権利化される（「知的財産権」といわれる）ものであり，2つめは，経営ノウハウ，技術ノウハウなどのように個人や集団に一体化されているものである．本節では，前者のカテゴリーを対象に議論を進め，後者については第8章「知識マネジメント」で取り扱うことにする．
　知的財産権には，ものや方法の発明に対して特許権，論文や音楽などの著作物に対して著作権，ものの形状や模様，色彩などのデザインに対して意匠権，商品やサービスに付く名称やマークなどの商標に対して商標権などがある．
　本節は，技術経営にもっとも影響を与える特許に注目する．特許とは，発明者に法的保護を与えることによって，発明を奨励し，産業の発達に寄与させることを目的としている．具体的には，発明をした人に一定の期間（出願日から20年），その発明の実施（生産，使用，譲渡など）を独占する権利を与え，さらに，侵害者に対しては侵害行為の差止め，損害賠償などの請求ができる

というものである．

　知的財産権，とりわけ特許権が今日重要な課題となっているのは次のような事情による．

- 産業の高度化が進み，高度技術社会，あるいは，知識社会の段階に到達している今日，企業の資産のなかで，知的財産権を含む無形財が，有形財（生産財と生産物）や金融財（貨幣など）に比べて競争優位性を高めるうえで重要になってきている（Sullivan, 2000；古賀, 2005）．
- 特許法が，特許の目的を「発明を奨励し，産業の発達に寄与する」と規定しているように，国，産業，企業の発展に特許の取り扱いが大きく関わっている．

(b) 特許戦略

　企業の特許戦略は，国や世界の知的財産制度によって大きく制約や影響を受ける．さらに，司法制度，競争政策などによっても影響を受ける（後藤・長岡, 2003, p. 1）．しかし，このような研究は経済学の分野でも新しい領域といえる（後藤・長岡, 2003, p. 2）．さらに，経営学の分野での研究は始まったばかりであるという（永田, 2004, p. 1；米山・渡部, 2004, pp. 18-19）．

　一方で，実務の世界では，企業の技術戦略の一環として，企業が存続し競争に勝つために，とくに，特許をどのように扱うかが重要な課題となっている．実際，特許戦略として，現在，種々の事柄が行われている．たとえば，

- 特許を取得して他社参入の障壁を構築する
- 特許を取得して他社の関連特許化を防ぐ
- 特許のライセンスを供与して収入を確保する
- 特許の侵害者に対して侵害行為の差止め，損害賠償などの請求を実行する
- 他社の特許を事実上無効にする新技術を開発する
- 特許のクロスライセンシング（cross licensing）により他社と協力関係を構築する

などがある．

　なぜ，特許の扱いが重要なのかを考えてみよう．特許の目的は，国の政策レベルでは発明を奨励し産業の発達に寄与させることであることはすでに述べた．しかし，これを，発明者，あるいは，発明企業の立場からみると，また別の側面がでてくる．特許とは技術的に新しいものや方法であり，それに基づいて他社にない製品やサービスを生み出す言わば付加価値の源泉ともいえるものである．したがって，簡単に言えば，このような特許を多くもつということは企業の競争にとって有利となる．2.1節で述べた資源戦略の具体例の1つといえる．

(2) 知的財産戦略

(a) 知的財産戦略の範囲

　第1章で技術は普遍的であると述べたが，このことは，芸術の世界と違って，同じような発明につながる多くの工夫が世界中で試みられていることを意味する．したがって，その新しい工夫の成果を独占しようと，他人より早く特許化し，さらに，他企業の同じ試みを自分の特許侵害として追い落とそうとすることが起きる．しかし，一方で，お互いに補完し合う特許が生まれることもしばしば起きる．このような場合には，お互いがそれぞれの特許を譲り合うこと，すなわち，クロスライセンシングが有益な場合もある．

　また，技術が普遍的であるということは，同じような機能を果たす異なった方式の技術が生まれやすいことも意味する．このため，技術の統一や標準化の社会的要請が出てくることもある．これを企業の立場からみると，自社の技術をいかにして標準技術として認めさせるかが競争上の重要な課題となる（山田，1999）．

　第1章ではまた，技術の開発のためには未知に取り組む創造的営みが必要であることを述べた．このことは，他人には理解がきわめて困難な独創的な発明が生まれる可能性があることを示している．この場合には，わざわざ特許化しないで，企業秘密のままその発明を活用するということもありうる．というのも，特許化するには，その発明内容を公表する必要があり，たとえ，公的には保護されるとはいえ，それによってアイデアが外部に漏れ模倣され

る恐れがあるからである．たとえば，発展途上国での模倣，すなわち，特許侵害はしばしば起きていて，その解決には長い時間がかかる場合も多い．

　ここまで考えてくると，結局のところ，技術的なアイデア（発明）が付加価値の源泉であって，特許はそれを保護する1つの方策であること，そして，技術的なアイデア（発明）を競争上いかに有利に展開するかには，多くの方策があることが理解できる．したがって，どのような方策を採用するかを決めることが知的財産戦略といえる．上記の議論から明らかなように，いろいろな方策は両極端である公開と秘密の間に分散しており，たとえば，次のようなものが含まれる．

- 自社技術の延長上に業界の標準規格を定めさせる．
- 技術を無償公開してそのユーザ数を増やしシェアを高めることで，自社技術を事実上の標準，すなわち，デファクトスタンダード（de facto standard）にする．
- 他企業と協力して，すなわち，フォーラム活動（山田，1999, p. 41）を通して，自社技術を標準にする．
- 他社と協力して，それぞれの技術を相互利用する．
- 特許を取得して，自社の技術を守る．あるいは，特許料を得る．
- 特許を公開することで自社のビジネスモデルが対象としているバリューチェーンの価値が高まり，それが結局自社にとって有利に働く（たとえば，自社の補完製品・サービスを生じさせるなど）場合には，特許は公開する（Chesbrough, 2003, pp. 172-173）．
- 他社が先に特許を取得するのを防ぐために，特許，すなわち，防衛特許を取得する．
- 技術を秘密，すなわち，トレードシークレット（trade secret）にする．つまり，特許を取得せずに，極秘に独自の技術開発や生産を行い，他社の追随を許さない．生産現場を公開しないときそれに対して「ブラックボックス（black box）工場」という言い方がされることもある．

(b) 今後の展開

知的財産戦略はますます重要性が高まるであろう．しかし，今後の展開については予断を許さない．いろいろな可能性があることを想定しておくべきであろう．それは現時点においても，以下に紹介するようなさまざまなレベルにわたる種々の考え方や実践があるからだ．

[特許システムの修正の方向]

Levin (2005) は，アメリカにおける特許法の修正に関する，NRI (National Research Council) の委員会の様子を伝えている．そこでは，技術開発の急激な進展と経済のグローバル化に対応させるための修正点のいくつかの方向が指摘されている．たとえば，今後の新技術や新分野の登場に備えて硬直的で統一的な特許システムではなく，それぞれに見合った方法を適用すべきこと，大学の研究や教育にとって障害がないようにすべきこと，アメリカとヨーロッパと日本の特許システムの調和（アメリカでの先出願方式への変更などが含まれる）を行うべきことなどが真剣に議論されている．

アメリカ，ヨーロッパに続いて日本でもソフトウェア特許の「乱用」を見直す動きが検討されはじめられている．そのなかには，ソフトウェアは過去の技術を積み重ねて作ることが多いので，法外な特許使用料の請求を制限しようとする考え方も含まれる．

[知的財産権に対する制限や反対の立場]

発展途上国における医薬品の知的財産権問題がある．たとえば，エイズや鳥インフルエンザのワクチンや抗ウイルス剤の製造・販売をめぐり，先進国のメーカーと，発展途上国との間に軋轢が生じている．人道上の理由をあげ，発展途上国が自国に有利な条件での生産技術の移転を要求したり，独自に生産を行ったりしている．

Stanford 大学の Lessig は，著作権の拡大やソフトウェア特許に反対の立場で知られる（たとえば，Lessig, 2002）．文化を発展させるために著作権が創造性を阻害してはいけないし，また，ソフトウェア特許はイノベーションに障害になるとの立場から，現在の著作権法や特許法は時代遅れであると警鐘

を鳴らしている．

［究極の知的財産戦略は人材戦略という考え］

　技術を開発するのは人間であるから，究極の知的財産戦略は人材戦略であるという考え方がある．人の頭のなかにあるアイデア，知識，創造性が特許を生む源である．そのなかの一部が文章や数式や図のような目にみえる形で言わば広義の物的資産として特許となったと位置付けることができる．

　お金を貸す場合，物的資産は担保にできるが，知識や能力といった人的資産は奴隷禁止令違反となるので担保にできない（岩井，2003, p. 286）．したがって，いかに優れた科学技術人材を雇用できるか，彼らをいかに引きつけ，引き留めることができるかが，知的財産戦略の基本ということもいえる．この点に関しては，第6章「技術組織」においても議論を続ける．

2.6　CTO（最高技術責任者）

　本節では，技術戦略の責任者としてCTO（Chief Technology Officer：最高技術責任者）の果たすべき役割を議論する．

　さらに，CTOの行うべき戦略的判断とはどういう特徴があるのか，そして，どういうことを行うべきかを検討する．

（1）　CTOと技術戦略

（a）　CTO登場の経緯

　CTOは，「広範な技術専門性と事業センスをバックに，技術戦略を策定し，技術に関連する側面で経営戦略に深く関わり，CEO（最高経営責任者）を補佐する」（丹羽・山田，1999, p. 186）役職のことである．

　1950-60年代に，アメリカの多くの大企業は本社や製造現場から離れた場所に立派な研究所を設立した．その目的は優れた科学技術者を採用し，日々のビジネスから介入されずに研究を進めてもらうことであった．研究所長は副社長という肩書きが多かったが，会社の技術戦略の決定には関わらず，ただ，優れた科学者を惹き付けることと，優れた研究論文を世に出すことがそ

の使命であることが普通であった (Larson, 2001).

しかし，1980年代になると，科学技術やその研究が事業に及ぼす影響の大きさが認識されるようになってきた．そして，CTOという言葉や概念が一般化するのは1980年代から1990年代にかけてだと考えられる (Smith, 2003). たとえば，Adler and Ferdows (1990) によると，1985年のFortune 100 Industrial Companiesを1986年に調査したところ，従来から一般的であったVP for R & D (研究開発担当副社長) のタイトル以外で，今日の目から見てCTOに近い役職がある企業を調査すると，そのタイトルは，Chief Technology Officerが4社，Executive (or Senior) Vice President for Technologyが11社，Vice President for Science and Technologyが10社であった.

一方，日本の多くの企業では，製造ラインのトップ，または，研究所管轄のトップという性格が強い技術担当取締役，あるいは，特定分野の技術的専門家である技師長などと呼ばれる役職が従来からあった．しかし，いずれも担当分野での方向性を決める機能は果たしているが，CTOといわれるほどの大きな役割は与えられていないことが多かった (丹羽・山田，1999, p.187). したがって，そのような状況のなかで，2000年7月に三菱化学がCTOとして，アメリカMITのStephanopoulos教授を迎えたのが大きな話題 (日本経済新聞，2000) となった．その後，日本企業において，技術経営の重要性が認識されるようになり，しだいに，CTOという名称の役職をおいたり，あるいは，技術経営室などという新しい名称をもつ部署の新設や，従来から存在する技術企画室の一層の強化を進める企業が多くなってきた．

(b) CTOの役割

CTOの役割に関しては多くの研究がある (たとえば，Uttal *et al.*, 1992; Smith, 2003; 丹羽・山田，1999). それらを整理すると，CTOの役割は次のようになるだろう.

- 政府，学会，あるいは業界の団体や活動に積極的に参加して企業の名声を高め，また，有益な情報を入手する.
- 技術動向を把握する．とくに，新技術を監視しそれが新製品やサービス

につながるかどうかを判断する．
- 長期的にどの範囲までの技術（および，それを用いる顧客）に関心を払い，また実際にどの範囲まで種をまいておくか決定する．
- 長期的にコア技術を何にするかを決定する．
- 新技術を自社で開発するか他社から導入するか，あるいは，企業提携か，さらには，外部にアウトソーシングするかなどを判断する．
- 重要な技術について，特許化するか，標準化を狙うか，あるいは，秘密戦術を採るかなど知的財産戦略を決定する．
- 全社研究開発と事業部研究開発などの組織設計，および，それらへの資源配分の方針を決定する．
- 技術戦略と企業戦略を統合し，新技術開発やイノベーションが企業全体の成果に貢献するようにリーダーシップを発揮する．
- 革新的なアイデアが生まれやすく，かつ，それをつぶさないような組織体制や運用基準，さらには，組織風土を構築する．

アメリカの Industrial Research Institute は毎年，同機関に加盟している企業の CTO や技術担当役員へ「直面している大きな問題は何か」の調査を行っている．2003 年の調査で彼らがあげたものは，第 1 位は「イノベーションによる事業の成長 (41%)」であり，第 2 位は「イノベーションの加速 (12%)」，第 3 位が「長期研究開発と短期研究開発のバランス (12%)」となっている．その他には，「技術開発計画と事業戦略の統合 (5%)」，「研究開発の生産性・効率の評価と促進 (5%)」などがあげられている (IRI, 2003)．彼らの関心事は企業全体の戦略と密接に関係する領域に広がっていることが分かる．

以上のように CTO の役割を並べてみると，企業における技術経営の確立とは，戦略レベルでは，CTO，あるいは，CTO 的機能の確立ととらえることもできよう．

◼ コラム2

CTO は秘書か？

　新事業を選定・決定するのは難しい．

　既存事業部の幹部たちは自分たちのことだけで精一杯であり，新しい事業の構想まで頭が回らない．そこで，社内広くに新事業の提案を呼びかけ斬新なアイデアをボトムアップで募り，同時にそうすることで社内の活性化も図ろうということがよく行われる．

　ある技術系企業のCTOは，新事業提案に対する採用基準を設けて社内に発表した．それは，

- 3年経過時点で黒字化
- 売り上げ利益率が5%以上
- 売り上げ規模が1億円以上

の事業計画というものであった．

　これを，今後すべての事業提案の採否の基準に適用すると発表し，このような明確な定量的基準を用いるので公平であり，透明性が高い良いマネジメントだと誇った．

　そして，例外を認めない「信念のある」CTOとしての役割を自信をもって果たしていた．

　しかし，あるとき，旧友が率直にこう言ったという．

　「上がってきた提案書で，その基準に合っているかどうかをチェックするのなら，あなたでなくても秘書でもできますね」

　「あなたはCTOではないのですか」

　これで，このCTOは目が覚めたという．それからは，基準を満たさなくても波及効果の高い事業提案は受け入れ，あるいは，基準に合っていても将来性の低い案は拒否するようになった．

　このような自らリスクをとっての戦略的判断こそ，CTOとしての自分の仕事であるのだと分かったという．

(2) 戦略的判断

(a) 手法と判断

CTO は，戦略的判断，すなわち，高度な決定や判断をするために存在する．このきわめて当たり前のことを忘れがちである．

今日からみれば笑い話といえるが，コンピュータがビジネスの世界で使われ出した 1960 年代の後半から 1970 年代初頭の頃，コンピュータからの出力結果が印字された用紙を手にもって「電子計算機（当時はこういう言い方が普通だった）の出した結果だから」が経営の戦略的意思決定の理由としてもてはやされたことがあった．いま，誰も「電卓が言っているから」，「エクセルが言っているから」とはけっして言わないだろう．しかし，驚くべきことに，それとほとんど同じことがじつは今日でもよく起きているのだ．それは，「〇〇マップの結果で決めている」，「〇〇法でプロジェクトの評価と選定を行っている」と言うともっともらしく聞こえ，そこで CTO が主宰する技術戦略会議が「無事」に終わることがあるのだ．

このようなことになる原因に関連して，現在のアメリカのビジネススクールの欠点が指摘されている．つまり，多くのビジネススクールでは，単純で入手しやすい定量的データの収集と分析・表示が「科学的」だと重んじられているという (BusinessWeek, 2005)．本当は，リーダーの行うべきことは，データの集計や分析の結果の承認作業ではない．必要なのは，その分析結果の解釈や判断であり，あるいは，データとしてとれない状況の発見と解釈であり，さらに，不完全な情報のもとでの判断である．ところが，ビジネススクールの授業はこれを忘れているという (Warren and O'Toole, 2005)．さらに，このようなビジネススクールの卒業生が多く職を得ているコンサルティング会社が手法を強調する傾向があることも事態を悪くしている．

それでは，CTO の判断はどのようになされるべきなのだろうか．そのヒントを日本で最初のエコノミスト高橋亀吉 (1976) と，マネジメントの祖 Drucker (1954) に聞いてみよう．

高橋 (1976, pp. 54-55) は，限界線判定の重要性を知れと次のように言う．

経済を見る場合，限界線に近いのか，余裕があるのかが重要だ．多くの人は数字が 100 に対して 50 であったとすると，半分の影響しかないと考えたがる．いわんや 100 に対して 10 となれば，影響力は極めて少ないと考えるわけだ．この見方は，事態が限界線以内の場合には確かに正しい．しかし，例えば，100 の負担に耐えうる体力の場合，90 ではびくともしないが，あとわずか 15 を加えると破綻が起きる．単に数字の大小によって事態を見てはならないということだ．

Drucker（1954, pp. 351-352）は言う．
　マネジメントの意思決定においてもっともよく起きる失敗は正しい答えをみつけようとすることだ．むしろ，正しい質問をすることが重要だ．…（中略）…現状はどうなっているのか？ あるいは，状況を変えるにはどうしたらよいか？ もてる資源はなにか？ いや，あるいは，どのような資源をもつべきか？

(b) ボトムアップと創発性

戦略の策定とは将来の目標に向けて意図的に論理的に計画するというイメージが一般的だが，これに加えて，Mintzberg（1987）は，戦略は試行錯誤をくり返して形成されていくという側面があることを強調している．このようなしだいに形成されてくる戦略を創発戦略（emergent strategy）と呼んだ．戦略の策定には，環境の変化に対応せざるを得なかったり，偶然にみつかったり，あるいは試行錯誤から学習するなどという複雑な現実をふまえるべきとの指摘をしているのだ．

Mintzberg（1987）は，工芸家が試行錯誤をくり返して作品を制作していく過程を比喩に用いながら上記の議論を進めているが，同時に「アンブレラ（umbrella）戦略」と名付けた実施例を報告している．それは，技術開発において，シニア・マネジャーが大まかなガイドラインを設定し細部は部下たちに任せ，かつ，戦略が途中で発展するように意図的に管理するというやり方である．

このような議論をふまえて，Mintzberg（1987）は戦略家のイメージを述べ

ている．それは，先見をもって将来を見据えるビジョナリー（visionary）であると同時に，パターン認識者，あるいは学習者である．これは，戦略が計画的に策定されることもあれば，創発的に形成されうるという過程をマネジメントできる人物像である．

　上記の議論は，CTO にも当てはまる．CTO が策定する技術戦略の核心は科学技術的な発明や発見をいかに企業の収益に結び付けるかであるが，ここで，発明と発見は無知や未知の世界に属しているため完全には計画しきれない側面が多いので，創発的戦略の代表的領域といえるからである．この場合，上記で例にあげたシニア・マネジャーでなく CTO であれば，個々のプロジェクトごとの戦略策定ではなく，全社的に創発的戦略が効果的に機能するための組織や人事などの仕組みや，仕事のプロセスや各種の基準をいかに構築するかに重要な役割がある．

　ただ，消極的にボトムアップの報告を聞く「もの分かりのよい上司」ではなく，効果的な創発を刺激・誘発する全社的な仕組みを積極的に模索して実際に構築し，その柔軟な運営を監視・激励することに重要な使命があろう．

2.7　技術戦略の盲点と挑戦

　他企業では思いもつかない新しい価値を生み出すことが技術戦略の根本だと，本章の冒頭で述べた．

　本節では，これを実行するために，本流ではない周辺の重要性を指摘し，また，継続と変化に対する考え方の検討を行う．

(1)　周辺が起こすイノベーション

(a)　周辺の重要性

　すでに述べたように，技術戦略の核心は技術的な発明や発見をいかに企業の収益に結び付けるかにある．これはいかに有効なイノベーション（革新）を起こすかともいえる．イノベーションは第 4 章で詳細に議論するが，本章ではイノベーションに関して，技術戦略の段階で見落しがちな盲点と，それに対する挑戦を述べる．本節 (1) では「周辺」を，次の (2) では「継続と

変化」を取り上げる.

　イノベーションとは，従来とまったく違う新しいもの（こと）である．したがって，その発生は，現在の本流領域からではなく周辺領域から起こることが多いといえよう．たとえば，Drucker (1999, pp. 121-123) は，大きな変化は現在の顧客でないところから起きること，さらに，過去50年間で産業を変えた技術の少なくとも半分は，その産業の外で生まれたものだったと指摘している．また，Day ら (2000, p. viii) は，ちょうど雪が周辺から溶けていくように，新しい技術は周辺から産業の既存構造を溶かしていくので，その周辺を観察することで新しい状況を学ぶことができると述べている．

　周辺に注意すること，周辺から学ぶこと，さらには周辺から攻めることなどが技術戦略において重要である．この当たり前とも思えることをここで強調しなければならないのは，世の中では一般的に「集中と選択」や「ポートフォリオ分析をして強い本流を伸ばせ」という短期志向と現状拡張型の主張が行きわたっているからである．

　企業の各組織に，周辺に予兆をみる問題意識をもたせ，予兆を観察し解釈して事業機会を創出させるという一連の体制や運用方法を構築することは，CTOのもっとも挑戦的な仕事の1つといえるだろう．

(b)　周辺の観察と活動

　企業にとっての最大の危険は，近づいてくる危機や機会に気が付かないことだ．これを防ぐには，「周辺」をよくみることが必要であると Day and Schoemaker (2005) は主張する．たとえば，新しい消費者，新しい競争相手，新しい技術，新しい規制などに「突然」に見舞われる企業は多いが，これらの変化をいち早く察知するにはどうしたらよいであろうか．じつは，このような変化は周辺での予兆として始まることが多いので，目の前の状況や本流からの情報やデータを解釈するだけでなく，何か見落としはないか，何か新しいことはないかと，とくに周辺に目を光らせる必要があるという．

　本流でなく周辺の新しい動きという観点から，日本において2003年度に認定された57件の構造改革特区での活動はとくに注意しておくべきであろう．構造改革特区とは，経済・教育・農業・社会福祉などの分野において地

方自治体や民間事業者などの自発的な立案によって，地域を限定して，地域の特性に応じて規制を撤廃・緩和し，特色のあるまちづくりや民間事業者のビジネスチャンス拡大を進める制度である．すなわち，規制を撤廃した新たなビジネスチャンス構築の実験場ともいえる．成功した例や失敗例など成果の水準はさまざまであるといわれるが，そのいずれの場合においても，そこから得られる経験と実績や試行錯誤の実験結果は，今後の日本におけるイノベーションの本格的展開のための貴重な礎となろう．

地球規模での経済活動という観点からみて周辺といえば，アフリカ，インド，南米，中国などこれまで無視され続けてきた貧困層市場があげられる．このような貧困層市場に対して，Prahalad (2005, p. xiii) は次のように言う．これらの地域の人口である 40-50 億人を先進資本主義社会に組み入れていくと，世界規模でのビジネスの発展と繁栄とが期待できるというのだ．そして，このような周辺での工夫は，貧困層の生活のレベルを高めるが，重要なことは，そこから先進国にも適用できるイノベーションへとつながる道筋がみえてくることがあると，多くの事例を紹介している．

周辺とは上記の例のような物理的・空間的な周辺だけに限定されない．言われてみれば，いろいろな周辺の存在に気が付く．これまで重要と思われてこなかったもの，見向きもされなかった考え方などに見出すことができる．イノベーションとは，従来とまったく違うもの（こと）であるので，これまで注意を向けられてこなかった「周辺」に，イノベーションの源の芽があることを強調したい．

(2) 継続と変化が起こすイノベーション

(a) 良い継続と悪い継続

「継続は力なり」とよく言う．一方で「惰性は止めろ」とも言う．いったいどちらが正しいのだろうか．一般的にはこれは非常に難しい問題である．しかし本節では，発明や発見をいかに有効なイノベーション（革新）に結び付けるかという観点から，「良い継続」と「悪い継続」とを考えてみよう．これは，技術戦略の構築時に留意すべき事柄である．

[**新しい挑戦は継続せよ（良い継続）**]

　研究開発のような新しいことに挑戦する試行錯誤は継続すべきであろう．試行錯誤の継続はイノベーションにつながるからだ．イノベーションとは，これまでと違う新しいことであるので，これは当然だと思われる．

　ところが，これがなかなか難しい．試行錯誤とは将来の成功を目指して工夫している状態であるから，現在は成功しているわけではない．すると，この現在の不成功の状況を理由に，試行錯誤を中断させようとする誘惑がある．もともと，技術戦略は長期的視点に立つべきなのに，短期的な収益評価に目を奪われるからである．

　発展し続けるためにはつねに革新を追い求めなければならない．つまり「新しい挑戦は継続せよ」が原則であろう．

[**経験の継続は止めよ（悪い継続）**]

　2.1 節 (1) で述べたように，製品の累積生産量が倍加するごとに，総コスト（製造，管理，販売，流通などを含む）は 20-30% ほど低下するという経験曲線 (Boston Consulting Group, 1968) があるので，経験の継続は製造効率を向上させる．したがって，製造の観点からは「継続は善」ともいえる．

　しかし，次の 2 点を充分に考慮しなければならないだろう．じつは，これは多くの場合見落とされているのだ．

① 現製品の製造経験を増加させることで，将来への革新の歩みを妨害させることがあってはならない．たとえば，現製品の拡大を良しと判定できる「評価基準」（売上高，シェアなど）を設定し，これを，別の新製品の研究開発プロジェクトにも適用するという事例が非常に多い．こうして，多くの研究開発プロジェクトが消滅していく．将来のためのプロジェクトを評価するためには，その本来の目的と主旨に沿った別の基準を設定する必要がある．

② オペレーション（製造，販売などの業務）の継続はその領域の経験が豊富にあることを意味し，したがって，他社の参入が難しくなると思われている．しかし，このことは，逆に言えば，はじめから他社に他の代替

案を検討させる道筋をつけていることを忘れてはならない．他の方法で攻められるとかえってもろいものだ．むしろ，経験もあり成功しているときこそ，自らの成功を，他社ではなく，自社の新しい別の方法で打ち負かすほうがましと言って，新プロジェクトを発足させたい．これは，「経験の継続は（他の方法で）自ら止めよ」という原則を導く．

(b) 変化と変態

高橋（1976, pp. 24-25）は変態か変化を早く識別することが勝負の分かれ目と次のように言う．

> 経済は常に変動している．これを一時の変態とみるか，構造的な変化とみるかで対応が異なる．変態ならば，できるだけ早く常態に戻さなければならない．事実，常態に戻っていく．この場合には，従来の理論が使える．ところが，変化ならば，最初の差は微少でも将来大きな開きになる．これは，抑えてもいけないし，戻してもいけない．変化した方向に展開させるべきであり，その立場で処方箋を書かねばならない．その場合には当然理論にも変化がおこる．従来の理論では通用しない．

この変態と変化は，言い換えると，変態とは軌道の乱れであり，変化は新しい軌道への移行といえる．そして，第4章で述べるように新しい軌道への移行がじつはイノベーションなのである．このように，上記高橋（1976, pp. 24-25）の言葉で，変化をイノベーションと置き換えると，そこでのメッセージが生き生きとして伝わってくる．つまり，単なる「乱れ」か，それともイノベーションなのかは，最初は見分けがつきにくい．しかし，それを見分けて，「乱れ」とは違う「イノベーション」としての対応が必要ということを述べている．とくに，「従来の理論では通用しない」，すなわち，新しい見方で新しい理論を構築しなければならないのだ．

第2章の要約

　経営戦略とは,「競争に勝つための企業の長期目標と, それを達成するための行動計画と資源の割り当て」といえる.

　高度技術社会に入り, 技術の取り扱いの成否が企業の盛衰を決める大きな要因となるに伴い, 技術を積極的に考慮に入れた経営戦略が重要となってきた. しかし, 従来の経営戦略では, 技術を外から与えられた「与件（外生変数）」として扱うことが一般的であり, 技術開発と一体となった戦略を構築するとの考え方は希薄である. そこで, 技術を自ら開発し, 変更できる「操作変数（内生変数）」として扱う技術戦略という考え方が必要とされるようになった.

　技術戦略の策定には, 技術動向把握という分析的態度だけでなく, 自らが技術動向に介入し, むしろそれを作り出すという主体的な態度が必要となる. その要は, 長期的に何を自社のコア技術とするか, それをどのような体制で開発し事業に貢献するかなど, 企業全体としての「全社技術戦略」である. さらに, そのような技術をいかに知的財産として取り扱うかも重要な課題となる.

　このような技術戦略の責任者としてCTOにとっては, 定量的な情報に基づく定型的意思決定ではなく, 自らのリスクを冒しての主観的な戦略的判断の実施が重要となる.

　技術戦略の根本は他企業では思いも付かない新しい価値を生み出すことである. そのため, 新しいことは現在の本流ではなく周辺から起こるということを再確認し, そこから事業機会を創出させる体制を整備することが必要となる. また, 同じ経験の継続で効率向上を狙うのではなく, 新しいことに対する試行錯誤こそが継続すべきことであり, そして, 新しい変化をいち早く見抜き, それに対応できる新しい考え方の構築が重要となる.

引用文献

Adler, P. S. and Ferdows, K., "The Chief Technology Officer," *California Management Review*, Spring, pp. 55-62, 1990.

Andrews, K., Learned E., Christensen, C. R., and Guth, W., *Business Policy : Text and Cases*, Richard D. Irwin, 1965.

Ansoff, H. I., *Corporate Strategy : An Analytical Approach to Business Policy for Growth and Expansion*, McGraw-Hill, 1965.

Barney, J. B., "Strategic Factor Markets : Expectations, Luck and Business Strategy," *Management Science*, Vol. 32, pp. 1231-1241, 1986.

Barney, J., *Gaining and Sustaining Competitive Advantage*, 2nd ed., Prentice Hall, 2002 (バーニー, J., 岡田正大訳,『企業戦略論：競争優位の構築と持続（上・中・下）』, ダイヤモンド社, 2003).

Boston Consulting Group, *Perspectives on Experience*, BCG, 1968.

Brandenburger, A. M. and Nalebuff, B. J., *Co-opetition*, Bantam Doubleday Dell Publishing Group Inc., 1996.

BusinessWeek, "B-Schools for The 21st Century," *BusinessWeek*, p. 72, April 18, 2005.

Chandler, A. D., Jr., *Strategy and Structure : Chapters in the History of the Industrial Enterprise*, MIT Press, 1962 (チャンドラー, Jr. A. F., 有賀裕子訳,『組織は戦略に従う』, ダイヤモンド社, 2004).

Chesbrough, H., *Open Innovation : The New Imperative for Creating and Profiting from Technology*, Harvard Business School Press, 2003 (チェスブロウ, H., 大前恵一朗訳,『Open Innovation：ハーバード流イノベーション戦略の全て』, 産業能率大学出版部, 2004).

Christensen, C. M., *The Innovator's Dilemma*, Harvard Business School Press, 1997 (クリステンセン, C. M., 玉田俊平太監修, 伊豆原弓訳,『イノベーションのジレンマ：技術革新が巨大企業を滅ぼすとき』(増補改訂版), 翔泳社, 2001).

Day, G. S., Schoemaker, P. J. H., and Gunther, R. E. (eds.), *Wharton on Managing Emerging Technologies*, John Wiley & Sons, 2000 (デイ, G. S.・シュメーカー・P. J. H., グンサー, R. E. 編, 小林陽太郎監訳, 黒田康史他訳,『ウォートンスクールの次世代テクノロジー・マネジメント』, 東洋経済新報社, 2002).

Day, G. S. and Schoemaker, P. J. H, "Scanning the Periphery," *Harvard Business Review*, Vol. 83, No. 11 (November), pp. 135-148, 2005.

de Kluyver, C. A. and Pearce II, J. A., *Strategy : A View from the Top*, Prentice Hall, 2003.

Dierickx, I., and Cool, K., "Asset Stock Accumulation and Sustainability of Competitive Advantage," *Management Science*, Vol. 35, pp. 1504-1511, 1989.

Drucker, P. F., *The Practice of Management*, Harper & Row, 1954 (ドラッカー, P. F., 上田惇生訳, 『(新訳) 現代の経営（上・下）』, ダイヤモンド社, 1996).

Drucker, P. F., *Managing for Results*, Harper & Row, 1964 (ドラッカー, P. F., 上田惇生訳,『(新訳) 創造する経営者』, ダイヤモンド社, 1995).

Drucker, P. F., *Management Challenges for the 21st Century*, HarperCollins, 1999 (ドラッカー, P. F., 上田惇生訳,『明日を支配するもの：21世紀のマネジメント革命』, ダイヤモンド社, 1999).

Gerdsri, N., "An Analytical Approach to Building a Technology Development Envelope (TDE) for Roadmapping of Emerging Technologies," Proceedings of PICMET'05, CD-ROM, 2005.

Ghemawat, P., *Strategy and The Business Landscape : Core Conceptsa*, Prentice Hall, 2001 (ゲマワット,

P., 大柳正子訳,『競争戦略論講義』, 東洋経済新報社, 2002).
Hamel, G. and Prahalad, C. K., *Competing for the Future*, Harvard Business School Press, 1994（ハメル, G.・プラハラード, C. K., 一條和生訳,『コア・コンピタンス経営：未来への競争戦略』, 日本経済新聞社, 1995).
IRI (Industrial Research Institute), "Biggest Problems Facing Technology Leaders," *Research・Technology Management*, Vol. 46, No. 6, p. 6, 2003.
Larson, C. F., "Management for the New Millennium: The Challenge of Change," *Research・Technology Management*, November-December, pp. 10-12, 2001.
Lessig, L., "Free Culture," http://lessig.org/freeculture, 2002.
Levin, R., "A Patent System for the 21st Century," *IEEE Engineering Management Review*, Vol. 33, No. 3, pp. 96-100, 2005.
Mintzberg, H., "Crafting Strategy," *Harvard Business Review*, Vol. 65, July-August, pp. 66-75, 1987.
Nonaka, I. and Takeuchi, H., *The Knowledge-Creating Company: How Japanese Companies Create the Dynamics of Innovation*, Oxford University Press, 1995（野中郁次郎・竹内弘高, 梅本勝博訳,『知識創造企業』, 東洋経済新報社, 1996).
Phaal, R., Farrukh, C. J. P., and Probert, D., "Developing a Technology Roadmapping System," Proceedings of PICMET'05, CD-ROM, 2005.
Porter, A. L., Roper, A. T., Mason, T. W., Rossini, F. A., and Banks, J., *Forecasting and Management of Technology*, John Wiley & Sons, 1991.
Porter, M. E., *Competitive Strategy: Techniques for Analyzing Industries and Competitors*, Free Press, 1980（ポーター, M. E., 土岐坤・中辻萬治・服部照夫訳,『(新訂) 競争の戦略』, ダイヤモンド社, 1995).
Porter, M. E., *Competitive Advantage: Creating and Sustaining Superior Performance*, Free Press, 1985（ポーター, M. E., 土岐坤・中辻萬治・小野寺武夫訳,『競争優位の戦略：いかに高業績を持続させるか』, ダイヤモンド社, 1985).
Prahalad, C. K. and Hamel, G., "The Core Competence of the Corporation," *Harvard Business Review*, May-June, pp. 79-91, 1990.
Prahalad, C. K., *The Fortune at the Bottom of the Pyramid*, Wharton School Publishing, 2005（プラハラード, C. K., スカイライトコンサルティング訳,『ネクスト・マーケット：「貧困層」を「顧客」に変える次世代ビジネス戦略』, 英治出版, 2005).
Richey, J. M. and Grinnel, M., "Evolution of Roadmapping at Motorola," *Research・Technology Management*, March-April, pp. 37-41, 2004.
Rumelt, R. P., Schendel, D. E. and Teece, D. J., *Fundamental Issues in Strategy*, Harvard Business School Press, 1994.
Smith, R. D., "The Chief Technology Officer: Strategic Responsibilities and Relationships," *Research・Technology Management*, Vol. 46, No. 4, July-August, pp. 28-36, 2003.
Strauss, J. D. and Radnor, M., "Roadmapping for Dynamic and Uncertain Environments," *Research・Technology Management*, March-April, pp. 51-57, 2004.
Sullivan, P. H., *Value-Driver Intellectual Capital: How to Convert Intangible Assets into Market Value*, John Wiley & Sons, 2000.
Suzuki, K., "Business Value Analysis Based on Reusability of Core Technology and Its Application to Design Solution Business in Managing Technology Transfer from Mature Product Field to New Business Fields," Proceedings of PICMET'03, CD-ROM, 2003.

Tao, J., Daniele, J., Hummel, E., Goldheim, D., and Slowinski, E., "Developing an Effective Strategy for Managing Intellectual Assets," *Research・Technology Management*, January-February, pp. 50-58, 2005.

Uttal, B., Kantrow, A., Linden, L. H., and Stock, S., "Building R & D Leadership and Credibility," *Research・Technology Management*, May-June, pp. 15-24, 1992.

Utterback, J. M., *Mastering the Dynamics of Innovation*, Harvard Business School Press, 1994（アターバック，J. M., 大津正和・小川進監訳，『イノベーションダイナミックス』，有斐閣，1998）．

Warren, G. B. and O'Toole, J., "How Business Schools Lost Their Way," *Harvard Business Review*, Vol. 83, No. 5, pp. 96-104, 2005.

Wernerfelt, B., "A Resource-based View of the Firm," *Strategic Management Journal*, Vol. 5, pp. 171-180, 1984.

Willyard, C. H. and McClees, C. W., "Motorola's Technology Roadmapping Process," *Research Management*, September-October, pp. 13-19, 1987.

石井淳蔵・奥村昭博・加護野忠男・野中郁次郎，『(新版) 経営戦略論』，有斐閣，1996．

伊丹敬之，『新・経営戦略の論理：見えざる資産のダイナミズム』，日本経済新聞社，1984．

岩井克人，『会社はこれからどうなるのか』，平凡社，2003．

古賀智敏，『知的資産の会計：マネジメントと測定・開示のインターラクション』，東洋経済新報社，2005．

後藤晃・長岡貞男編，『知的財産制度とイノベーション』，東京大学出版会，2003．

新宅純二郎・淺羽茂，『競争戦略のダイナミズム』，日本経済新聞社，2001．

高橋亀吉，『私の実践経済学』，東洋経済新報社，1976．

永田晃也，『知的財産マネジメント：戦略と組織構造』，中央経済社，2004．

日本経済新聞，「三菱化学，CTOに米大教授」，2000年7月5日．

丹羽清・山田肇編，『技術経営戦略』，生産性出版，1999．

文部科学省科学技術政策研究所・未来工学研究所編，『2035年の科学技術』，未来工学研究所，2005．

村田純一，「技術論の帰趨」，加藤尚武・松山壽一編，『科学技術のゆくえ』，ミネルヴァ書房，pp. 143-163, 1999．

村田康隆，「技術流出は怖くない」，*Voice*, September, pp. 198-207, 2003．

松本三和夫，『科学技術社会学の理論』，木鐸社，1998．

米山茂美・渡部俊也編，『知財マネジメント入門』，日本経済新聞社（日経文庫），2004．

山田肇，『技術競争と世界標準』，NTT出版，1999．

第3章
技術マーケティング

　企業に存在価値があるとすれば，それは企業の提供する商品（製品やサービス）を購入する顧客が存在する場合である．したがって，企業と顧客を効果的に結び付けようとする機能が重要で，これをマーケティングと呼ぶ．

　顧客に受け入れられる商品を，技術を活用して開発するには，企業は顧客とどのような関わり方をしたらよいのだろうか．これを扱うのが技術マーケティングである．

　本章では，商品の実際の使用者であるユーザとの協同，あるいは，ユーザ中心の開発などの方法を検討し，さらに一歩進めて，企業の革新的技術開発が先導して顧客価値を創造するという新しい展開までを述べる．

3.1 一般のマーケティング

本節ではまず,一般のマーケティングの概要を述べる.これを土台として,次節以降で技術マーケティングの議論を展開するからである.

マーケティングの基本的な問題意識は,当初の「作った製品をいかに売るか」から「いかに売れる製品を作るか」へと移行したこと,さらに,対象とする範囲が広がってきたことなどの歴史的変遷を振り返りながら,マーケティングの代表的な手順や手法,ならびに,マーケティングに対する考え方などを紹介する.

(1) マーケティングの歴史

(a) マーケティングの本質

Drucker (1954, p.37) は,「ビジネスの目的は何かと言えば,その有効な答えは1つしかない.それは,顧客を創造することだ」とすでに1954年に,もっとも今日的といえる回答を明示していた.そして,「顧客の創造が目的だから,企業には基本的な機能が2つだけある.それは,マーケティングとイノベーションだ」と述べた.

Drucker の思想を研究してそれをマーケティング分野へと展開した (Kotler, 2001) といわれる Levitt (1974, p.206) は,「実践的な観点から言えば,企業とは顧客の創造と維持を目的とする装置ということになる.顧客の創造とは,人または企業が競争相手よりあなたの企業と取引したくなるようにさせることである.顧客の維持とは,顧客があなたの企業との取引を継続したくなるようにさせることである」と,1974年にマーケティングの本質を述べている.

マーケティングとは,「企業と顧客[*]を効果的に結び付けようとする機能」

---

[*] 本書では,商品(製品やサービス)の広い意味での購入者を「顧客」と呼ぶ.顧客のなかで,商品の実際の使用者を「ユーザ」と呼ぶ(この詳細な議論は3.4節(2)(a)で行う).なお,商品が消費財の場合の顧客を「消費者」と表現することもある.

であると本章の冒頭で書いたが，その内容は上記（Levitt, 1974, p. 206）に述べられている顧客の創造と維持のことである．

このような本質を頭に留めて見通しを良くしながら，実際のマーケティング活動や研究の様子を概観してみよう．

(b) マーケティングの誕生

19世紀の後半，アメリカでは工業生産力は飛躍的に拡大したが，それに比べて消費はあまり伸びず，相対的に過剰生産の状態になった．これに直面したメーカーは，多くの製品が流通業者のなかで過剰流通在庫として滞留する状態を避けようとして，流通業者を通さずに直接に消費者に接近するようになった．つまり，メーカーは，消費者を直接刺激し需要を増加させ売り上げに結び付けるという方法を採用せざるを得なくなった（上原，1999, pp. 24-25）．このようなメーカーによる最終需要の開拓活動を，20世紀初頭のアメリカにおいてマーケティング活動と呼ぶようになり，Michigan大学やPennsylvania大学などでマーケティングコースが誕生したといわれる（宮下，1989, pp. 45-46）．

これは，マーケティングの歴史の第1段階（"selling concept"の段階）である（Kotler et al., 2002, p. 26）．ここでは，メーカーは工場で生産した製品を宣伝してなるべく多量に販売し利益を得ることが課題であった．このために，あらゆる潜在顧客を見出し，マス向け説得の方法としての広告と，個人向け説得の方法としての対面販売を行った．この時代では，企業の経営陣は，市場を細分化して異なる顧客のニーズに合わせた異なる製品を開発するということはまだ考えもしなかった．当時のスローガンは「製品の標準化」であり，多量生産，多量流通，多量マーケティングが行われた（Kotler et al., 2002, p. 25）．この状態は，一言で言えば，「作った製品をいかに売るか」という段階である．次の段階になると「いかに売れる製品を作るか」ということに関心が移ってくる．

第2段階（"marketing concept"の段階）に入ると，企業の関心の焦点は工場ではなく，顧客とその多様なニーズに向けられるようになった．そして，それらに適した製品を開発しようと考えるようになった．次節で述べるような

多くの方法が洗練された．顧客満足度を向上させそのロイヤリティーを高めてリピート購入を図ることで利益の増大化を狙った（Kotler *et al.*, 2002, p. 27）．

(2) マーケティングの概要

(a) 伝統的マーケティングの手順と課題

マーケティングの歴史の第2段階（"marketing concept" の段階）では，種々の手順や手法が使われた．マーケティングの戦略は一般的に，STP（Segmentation：セグメンテーション，Targeting：ターゲティング，Positioning：ポジショニング）の手順で策定される．これは，市場をニーズの種類ごとや，異なった集団ごとで細分化（セグメンテーション）し，自社は細分化された市場のどこを対象に狙う（ターゲティング）かまず決め，ついで，そこで，顧客にどのような自社の価値をアピール（ポジショニング）するかを決めるというものである（Kotler and Keller, 2006, p. 310）．

このSTPの手順の前提には，「市場は均一ではなくいろいろな種類の顧客で構成されているので，企業はそのすべての顧客を対象にするより，自社が他社との競争に勝って効果的に事業展開できる適切な範囲の顧客を特定することが効果的である」との考え方がある．

STPを決めたら，次は，マーケティングの手法（ツール）と呼ばれる4P（Product：製品，Price：価格，Place：販路，Promotion：プロモーション）の戦術を決定する段階になる．各々の内容は次のようである（Kotler and Keller, 2006, p. 19）．

表3.1 マーケティングの手法（4P）

手法	戦術の内容
Product（製品）	製品の多様性，品質，デザイン，特徴，ブランド名，包装，サイズ，サービス，保証，返品
Price（価格）	標準価格，割引，アローワンス，支払い期限，信用取引条件
Place（販路）	チャネル，流通範囲，品揃え，立地，在庫，輸送
Promotion（プロモーション）	販売促進，広告，セールスフォース，パブリックリレーション，ダイレクトマーケティング

なお，STP と 4P の手順の関係に関しては，Kotler (2005, p. 61) 自身は，次のように述べている．「4P は McCarthy 教授が 1960 年ごろに紹介しています．4P は私の著書によって広まったとされていますが，私の果たした役割はむしろ，4P は戦術であり，それ以前に STP の戦略的決定を行うべきだと主張したことです．」

　以上の STP と 4P でマーケティングの戦略と戦術の計画が決まれば，あとは実行段階になる．企業のマーケティング部門は販売実績を監視して，実績が予定通り上がらない場合には上記の戦略と戦術のどこに問題があったのか，その原因を特定していかなければならない．しかし，ここに関連して，Kotler (2004, pp. 3-4) はマーケティングの課題として次の指摘をしている．

　　今日，4P のマーケティングプロセス全部を行っているマーケティング部門は多くない．ほとんどの場合，マーケティング部門，事業戦略部門，財務部門，業務部門などによって行われている．何とか新製品や新サービスは生まれてくるが，そこで実際にマーケティング部門が担う役割は，他部門からマーケティングが果たすべき使命だと目されている活動，すなわち，プロモーションに限定されている．多くの場合，マーケティング活動は，4 つの P ではなく 1 つの P（プロモーション）のみになっている．しかも，ほとんどの場合，新製品の売れ行きは芳しくないので，マーケティングが行う仕事は，何とか在庫をさばく活動ということとなっている．

　上記の Kotler (2004, pp. 3-4) の指摘は，次節で述べるマーケティングの歴史の第 3 段階（"holistic marketing concept" の段階）への移行（Kotler et al., 2002, p. 26）が主張される大きな理由であるといえよう．しかし，次節に移る前に，ここで，もう 1 つの議論をみておこう．

　先に述べたように Levitt (1974, p. 206) は，顧客の維持，すなわち，「顧客があなたの企業との取引を継続したくなるようにさせること」の重要性を指摘していた．これが「関係性マーケティング」（嶋口，1994, pp. 174-204）として 1990 年ごろから具体化して登場してきた．これは，単に製品を販売する

という一時点だけでなく，購買後の顧客とも積極的な交流を展開して信頼関係を構築し，顧客との安定的な取引関係を構築し顧客の満足度を高めようとする考え方である．その背景は，社会が複雑になり顧客ニーズが読みにくくなってきたので信頼に基づく長期的関係作りの重要性が増したことや，商品の高度化やサービス化により顧客と継続的な関係をもつことが重要になったことなどの要因が指摘されている．この「関係性マーケティング」は，次の「ホリスティック・マーケティング」でもその一要素となっている．

(b) ホリスティック・マーケティング

21世紀に入るとマーケティングは第3段階となり（Kotler *et al.*, 2002, pp. 26-27），それはホリスティック（holistic：全体的）・マーケティングと呼ばれる．すべてのことがマーケティングに関係するという立場で，次のような4つの要素から成り立っている（Kotler and Keller, 2006, pp. 16-23）．

① 関係性（relationship）マーケティング
　　企業のマーケティング活動の関与者（顧客，供給業者，輸送業者など）と長期的に良好な関係を築き，維持する活動．
② 統合（integrated）マーケティング
　　STPや4Pなどの各種の手順や手法を，顧客に価値を提供するために有効に統合する活動．
③ 内部（internal）マーケティング
　　企業内の各部署が顧客志向になるようにする活動．顧客志向の観点からの人事採用や，顧客志向に関する教育・研修や動機付けなども含まれる．
④ 社会責任（social responsibility）マーケティング
　　企業活動の社会的責任，環境問題，企業倫理，さらには社会福祉などの観点からの活動．

上記のホリスティック・マーケティングの要素をみると，企業の内外にわたるほとんどすべての関与者が考察の対象になっていることが分かる．

ここで，参考のため，アメリカマーケティング協会でのマーケティングの定義が時代を経てどのように変化してきているかをみることは興味深いであろう（表3.2）．

表3.2　アメリカマーケティング協会でのマーケティングの定義の変遷

年	定義
1960年 （宮下, 1989, pp. 46-47）	生産者から消費者または使用者へ商品とサービスを移行させるための事業活動
1985年 （Kotler, 2000, 邦訳, p. 10）	個人と組織の目的を満たすような交換を生み出すために，アイデアや財やサービスの考案から，価格設定，プロモーション，そして流通にいたるまでを計画し実行するプロセス
2004年 （Kotler and Keller, 2006, p. 6）	価値を創造しそれを顧客と対話し顧客に提供すること，および，企業とその関与者に良い効果をもたらすように顧客との関係を管理するための組織機能と手順

　上述のようにマーケティングの範囲は拡大の道を歩んでいる．しかし，次に述べる上原（1999, pp. 245-295）の主張を知ってから上記の定義を改めて読むと，1つの重大な点に気が付く．それは，マーケティングの対象範囲は確かに広がっているが，マーケティングを行う主体はどれも企業（売り手）だということである．

　上原（1999, pp. 245-295）は「協働型マーケティング」を提唱した．従来のマーケティングは，売り手が買い手に製品コンセプトを提案して，これを彼らに選択してもらうために，売り手が意図した方向に買い手を操作することを目的としている．これが可能なのは，売り手のほうが情報を多くもっているからであった．しかし，今後の社会では企業と消費者との情報格差が縮小し，したがって，消費者が生産過程に主体的に介入してくるという新しい「協働型マーケティング」が出てくるという主張である．本書でもこれと同じ立場での議論を3.4節で行う．

3.2 技術マーケティングの要請

本節では，前節で紹介した一般のマーケティングにおける製品計画の考え方と手順を検討し，それらは高度技術社会においては限界があることを明らかにする．これをふまえ，マーケティングと技術との関係を考察し，技術を有効に活用して新たな顧客を創出することを狙いとする技術マーケティングの確立が要請されてきたことを述べる．

(1) 一般のマーケティングの限界

(a) マーケティングでの製品計画の特徴

前節で紹介したホリスティック・マーケティングでは，マーケティングは企業活動のほとんどすべての領域を対象にしていた．これは一面の真理であろう．しかし，すべてを対象にするということは，逆に，焦点がぼけ，マーケティングとしての存在理由が薄れていく可能性をもつことにもなるだろう．

そこで，マーケティングの中核的課題は何であったかを振り返ってみよう．じつは，すでに前節 3.1 (1) でマーケティングとは「企業と顧客を効果的に結び付けようとする機能」であること，そして現在は「作った製品をいかに売るか」ではなく「いかに売れる製品を作るか」に関心の焦点があることを述べた．すなわち，マーケティングの中核的課題は「製品計画」であるといえるのだ．

ところで，先に表 3.1 で述べたように，一般にマーケティングの教科書では，4P の 1 つの Product（製品）といった場合には，製品の多様性，品質，デザイン，特徴，ブランド名，包装，サイズ，サービス，保証，返品の項目をあげている．ここで注意すべきは，これらは，製品本来の機能や性能というより，それを前提としての微調整や付帯的な事柄しか扱っていないということである．つまり，これだと，製品の改良は行えるが，世の中で初めての新製品に対する製品計画は想定していないと言わざるを得ない．

それでは，4P の前に行うべき STP ではどうなのであろうか．ここでは，市場や顧客のどこを対象にして，競合他社のなかで顧客にアピールするため

にいかなる機能をもつ製品を開発すべきかという重要な戦略的決定がなされる．じつは，ここでも，想定する製品のイメージがすでにあり，それを前提に議論がされている．製品のイメージがなければ，そもそも顧客や市場のセグメンテーションなどできないのである．ここでも，新製品や新事業の計画は想定していないと言わざるを得ない．

(b) マーケティングの限界

今日，「製品計画」という場合，その中心は，新製品の計画にある．とくに，キャッチアップを脱しようとする場合には，ものまねでない新しい製品の開発が望まれる．また，競争が激しい世界では，部分的改良による差別化ではなく，むしろ，既存製品を無力化する新製品の開発が望まれるのだ．

このような新製品を開発する場合，高度技術社会の真っただ中にいる企業の現場では，「製品計画」の実体的部分では，技術的な可能性の探求，あるいは，技術開発を土台にした製品の企画と設計が重要となっている．たとえば，ナノ領域の研究開発や技術的検討に基づいた家電製品の計画であり，バイオ技術を用いた食品や薬品などの計画であり，新センサー技術や燃料電池技術を用いた新車開発の計画などである．

すなわち，本来のマーケティングで扱うべき新製品計画では，技術開発にまで深く立ち入ることが必要となっている（なお，製品の改良計画においてでも，技術開発の要素は当然あることは付記しておきたい）．

前節と本節の議論から推察されることは，伝統的なマーケティングでのSTPと4Pの手順は，高度技術社会における「製品計画」の実体的部分，すなわち，新製品計画は効果的には扱えないということである．

これまでのマーケティングは，歴史的には技術や製品の開発現場とは異なる部署が担当してきた経緯があるので，これは致し方ないかもしれない．だが，高度技術社会に入り技術の影響が大きくなった現在，技術不在の製品計画というところに，一般のマーケティングの限界があるといえるだろう．

(2) 技術マーケティングの必要性

(a) マーケティングと技術との関係

次項 (b) で技術マーケティングの定義と特徴を述べる前に，ここでは，前節の議論もふまえて，マーケティングが高度技術社会においてさらに発展するために，技術に何を求めるのか，あるいは，技術にどう立ち向かえば良いのかという，マーケティングと技術との関係を検討しておこう．

第1に，前項 (1) に述べたように，マーケティングの中心課題である「製品計画」を効果的に行うためには，技術開発をも考察の対象に含めることが必要である．高度技術社会では，技術開発を抜きに製品計画を立てるというようなことは事実上存在しないといってもよいであろう．

第2に，情報ネットワークなどの発展により，企業と消費者との情報格差が縮小し，企業と消費者とが協同して製品を開発するという協働型マーケティング（上原，1999, pp. 245-295），あるいは，本書の3.4節でいう「ユーザ協同の製品開発」が普及するであろう．この場合，協同における企業側主体には技術者が不可欠である．そこでは，消費者のニーズ情報と企業の技術情報の協同が本質だからである．

上記の2つの点は，次のような言い方もできるであろう．高度技術社会において，マーケティングの中心課題「製品開発」を行うには，技術開発や技術者を含める必要がある．つまり，マーケティング部門と技術部門との協同が必須である．あるいは，逆の言い方をすると，技術者はこれまでマーケティング部門が行ってきた仕事まで含めて製品開発業務を行う必要がある．とくに，キャッチアップ段階からフロントランナー段階に入った企業では，従来の狭い意味での技術開発から，広い意味，すなわち，従来のマーケティングの仕事まで含んだ技術開発（すなわち，製品開発）を，技術者が行うということが必要である．これは，実現可能であろう．もちろん，この場合には，技術者に対するマーケティング教育が前提となる．

第3に，やや付随的な事柄ではあるが，技術を活用して伝統的なマーケティング手法の4Pを高度化することが期待できる．たとえば，Product（製品）では，デジタル家電製品やバイオ製品などに対して「技術を用いた」製品開

発のための手法や手順を考案できるであろう．Price（価格）では，コンピュータやロボットなど「技術を用いた」新生産方式による価格の低減を考察に含めるべきといえる．Place（流通）では，POS（Point of Sales），SCM（Supply Chain Method）など「技術を用いた」流通方式をさらに発展させられる．Promotion（プロモーション）では，インターネットやメールなどの「技術を用いた」販売促進の方式がさらに考えられる．

(b) 技術マーケティングの定義

これまで，高度技術社会におけるマーケティングと技術との関係を述べてきた．その要点を並べてみると，以下となる．

- マーケティングの中核といわれる「製品計画」では，技術的な可能性の探求，すなわち，技術開発を土台にした製品の計画が求められる．
- 売り手と買い手の情報格差の減少に伴って，ユーザとの協同製品開発が行われるようになってきているが，この協同の企業側主体は技術部門（技術者）である．
- 付随的項目であるが，技術を活用するとマーケティングの手法は高度に進展する．

上記は，じつは，マーケティングと技術との接点の出発点にすぎない．今後，ここから多くの展開が期待されるであろう．次節以降では，順次，現時点での課題と展望を種々の側面から述べることにするが，そのうちの一部を先取りして垣間みるとたとえば，次のようなこともあるだろう．

- 3.7節で詳細に議論するように，マーケティングの基本態度「ニーズ志向」では，じつは，革新的製品は生まれにくい．むしろ，技術のシーズ，すなわち，新しい可能性を秘めた技術的な芽を土台にして，製品イメージを構想したり，新しい事業領域を構想し，それによって市場や顧客を創造するというアプローチを採るべきである．

本書では，このような先端的な展開も視野に入れて，そして同時に「マーケティングとは企業と顧客を結び付けようとする機能」との原点に立ち返り，そのうえで，「技術マーケティングとは，技術を活用，あるいは，土台にして，新たな顧客を創出することを目指す機能」と定義する．

3.3　ニーズ志向の追求

　技術マーケティングでは，技術者の果たす役割が重要となる．しかし，技術者はともすると技術的な事項に目を奪われて，ユーザが何を求めているかに関心を示さないことが多い．したがって本節では，ニーズ把握の重要性を述べて，そのための方法や施策を検討する．それと同時に，ニーズの多面性とニーズ把握の困難性にも言及する．

(1)　技術志向風土の克服

(a)　技術者のニーズ志向の重要性

　技術マーケティングを実施しようとする場合，逆説的ではあるが，技術志向風土の克服が最初に行われるべき課題となる．

　技術マーケティングは，技術者との協力が必須である．あるいは，技術者が主体的に行うこともあろう．いずれの場合も，技術者に，自分の技術的関心から（「シーズ志向」という）ではなく，売れるもの，顧客の欲するもの（「ニーズ志向」という）を開発させることが重要である．なぜならば，一般的に技術者の最大の関心事は，自分の技術的専門領域での性能の向上や新しい機能の開発だけであることが多いからだ．たとえば，技術者が企業の研究室や実験室で，寝食を忘れて実験や試作に没頭する姿をみかけるが，往々にして，その努力を傾けていることがユーザにとってどういう意味をもち，ユーザに受け入れられるかどうかまで考えが及ばないことのほうが多い．

　供給が需要を上回り，次々と新製品が開発され，製品の過剰性能が指摘されるなかで，技術者が「こんなにすばらしい性能の製品ができたので買って下さい」と言っても，実際の購買にまで結び付かないことが多い．技術者が良いと思ったことがそのまま世の中に受け入れられるより，むしろ，それは

技術者の「独りよがりの思い」であるということが頻繁に起きている．したがって，技術者にニーズ志向の重要性を認識させることが必要となる．これは，広くマーケティングの基本的命題ともいえるものである．

ところが，技術者に「ニーズ志向」の重要性を認識させることは容易ではないかもしれない．一般的に言って，技術者を育てた大学の工学教育はこの側面の教育をしておらず，また，「ニーズ志向」は「シーズ志向」に比べて，わくわくするようなおもしろさに欠けていると思われがちだからである．

このような状況で，技術者をニーズ志向に向かわせるためにとりうる１つの方策は技術者研修であろう．効果的に企画・運営される研修では，顧客視点からの技術開発の重要性を理解させることができる（浅久野，2003）．

(b) マーケティング機能の地位向上

技術マーケティングを効果的に実現するには，従来の組織上のマーケティング部門と技術開発部門を効果的に協力させるか，あるいは，技術開発部門がマーケティングの機能も果たすように変革することが必要である．いずれにしても技術開発部門が重要な役割を果たすことが鍵となる．

しかし，そのために必要不可欠な前提条件は，技術開発部門がマーケティング機能の意義と役割を十分に理解することにある．そのための第１歩として，従来からあるマーケティング機能の地位向上をまず実現することが必要であろう．

技術系企業では，一般的に技術者や研究者が尊敬され重視される傾向が強い．組織的にも設計や生産部門の力，すなわち，意思決定権が強い．これは，裏返せば，マーケティング部門の発言権が弱いということも意味する．この結果，ユーザの情報や反応を，たとえマーケティング部門が把握していても，それを製品開発の場である設計や製造部門に反映しにくい組織運営となっていることが多い（Rosenbloom and Spencer, 1996, 邦訳，pp. 245-246）．同じように，川上（2005）も日本企業の製品開発現場の観察で，これに起因すると思われる組織間の軋轢を報告している．

この問題の解決はかなり難しいようにみえる．人間関係の改善，コミュニケーションの促進，あるいは，知識の共有などが一般的に提唱されるが，し

かし，このような，いわば間接的な対応では効果的な結果は望めないだろう．

むしろ，製品の利益責任を開発や生産などの技術部門でなく，マーケティング部門に与えるという明確な決定が必要だろう．これによって，売れる製品を作るためにユーザのニーズを優先するという運営を可能にすることができる．技術系企業にとって，一般にこの決定は容易ではないが，トップが強いリーダーシップを発揮することで実現可能であろう．このように，マーケティング機能の優位性を理解し確保したうえで，マーケティング部門と技術開発部門とが協力して技術マーケティング実現に向けて前進すべきである．

ただし，付言すると，従来の伝統的な意味でのマーケティング機能の地位向上が逆効果になる場合がある．それは，ユーザニーズの把握が効果をもたない革新的な製品開発の場合であり，このような先端領域での新しい考え方と取り組み方については，3.7節で詳細に議論しよう．

(2) ニーズの多面性

(a) ニーズ把握の一般的な方法

ユーザのニーズを知るには，いろいろな方法が考えられる．いくつかの例をあげてみよう．

① 現製品を使用しているユーザの反応を知って，改善製品や次期製品に対するユーザのニーズを推し量る．このためには，
  ・顧客窓口に届くユーザの苦情
  ・製品モニターの意見
  ・ユーザの使用現場の観察
などに注目するのは一般的であろう．

② ユーザの「ニーズ調査」を行う．たとえば，
  ・消費財に関しては，消費者調査
  ・産業財に関しては「顧客」の声（計画）の調査
  ・産業財はさらに「顧客の顧客」の声（計画）調査
などが有効であろう．

■ コラム 3

マーケティングの近視眼は悪いか？

　ある事業や製品を計画するときに，どのぐらいの広さや大きさを想定したらよいのだろうか？

　アメリカの大陸横断鉄道が発展しなかったのは，自らの事業領域を「鉄道業」と狭く捉えていたからであり，もし，もっと視野を拡大して「輸送業」として位置付けていたら，他の手段（航空，車など）も含めた複合的展開も可能であったかもしれない．

　マーケティング学者の Levitt は，さらに広く顧客からみた機能で事業領域を定めるべきなのに実際は「狭い見方」をしがち，という警鐘として 1960 年に「マーケティングの近視眼（marketing myopia）」という言葉を使った（Levitt, 1960）．この言葉は今日でも広く使われている．

　広い視点からものごとを考えるべきという主張は正しい．実際に，ものごとの見方や問題解決の方法を研究するシステム論では，あることを考えるには，それより一回り大きな体系（システム）で考えてみよと主張している．

　さらに，もの（たとえば，鉄道）ではなく，機能（たとえば，輸送）を考えよという．そうすると，その機能を実現するさまざまなものを考察の対象にできるからだ．

　したがって，なるべく広く，そして，機能を考えるという方法は多くの場合成功を収める．

　しかし，ここにも落とし穴が潜んでいる．大小いろいろな機能を実現するのに，どれにも共通して必要な基盤技術があるとしたらどうなる？　それを自分だけがもっていたらどうなる？　他の人たちがさまざまな機能を果たす製品を登場させるたびに，自分のこの基盤技術を利用させてくれと言ってくるに違いない．

　実際に，IT 分野で小さなチップがすべての機能実現に必要欠くべからざるものになっている例がある．「狭い」技術をも扱う技術経営の逆説的な醍醐味がここにも表れている．

　ここまで考えてみると，「狭いか広いか」，「近視か遠視か」などそれ自体の議論より，根本的に重要なのは「必要なもので他人ができないもの」を狙ってそれをもつことであろう．

③ 先進ユーザの意見を聞く．
　　・時代感覚の先端を知るために先進ユーザの現製品に対する改善提案や将来展望などを参考にすることが行われる

　ここまでは，ニーズの把握の最低到達レベルであろう．しかし，じつは，ここまでの水準に達しない企業や技術者が大半であるというのが現実である．
　ニーズ把握の次の段階の議論としては，「そもそもユーザ自身も自分のニーズを口に出して表現できない」（たとえば，石井，1993）という状況にどう対応するかがある．これは，非常に難しい問題である．これへの対応として，本章では，3.4節で「ユーザ協同の製品開発」を，さらに3.5節で「ユーザによる開発」を論じよう．

(b)　技術と社会との相互作用

　科学技術，あるいは，科学技術に基づいた商品に対するユーザニーズとは何なのか，あるいは，どのように形成されるのかなどの基本的事柄について，ここで立ち止まって考えてみよう．
　この場合は，単にユーザだけでなくそれを取り巻く社会的状況にまで思いを巡らす必要がある．つまり，科学技術の形成過程や，あるいは，科学技術に基づく商品が世の中で受け入れられる過程では，技術と社会（経済的，政治的，文化的要因などが含まれる）の相互作用が起こっているというのだ．そのような相互作用は，前もって予測も操作もできない言わば偶発的な段階を通り，そしてそれが一段落した後になってはじめて，あたかも論理的に説明ができるようにみえる（村田，1999, p. 153）という科学技術社会論の立場からの見解がある．
　上記に関連して，ドミナント・デザイン（dominant design）（Utterback, 1994, pp. 23-56）という概念が，技術側の立場から提案されている．ドミナント・デザインとは市場の支配を勝ち取ったデザインのことであるが，それに至るまでには，種々のデザインを試みる競争があり，どれが勝ち残るかは事前には決定できず，技術と市場選択との相互作用の結果だという．一般に，技術者のもっとも関心が高い技術的な競争や技術の進歩性ということでは決まら

ず，むしろ，その技術の有用性を高める補完資産，行政政策，他企業の戦略，企業とユーザとのコミュニケーションなどが大きな要因になっているという．

こうしてみると簡単にユーザニーズというが，それは，その背後にある種々の要因を圧縮してみる1つの窓ともいえることがわかる．しかも，技術と社会の偶発的な相互作用の段階，あるいは，ドミナント・デザインの登場前の段階では，いくつもあるどの窓を覗くかでみえる世界がまったく違ってくる．とくに，技術者が不得手と考えられる技術以外の広義の社会的要因の重要性を認識することが必要である．

3.4 ユーザ協同の製品開発

ユーザのニーズを聞き出すのは難しい．そこで，ユーザと一緒に製品を作ろうとの発想が生まれる．本節では，ユーザとの協同による製品開発を検討する．

この検討を進めていくと，興味深い課題が登場してくる．たとえば，ユーザとは誰のことか，あるいは，誰と協同すべきか，また，製品開発のどの部分を協同すべきなのかなどである．

(1) ユーザとの協同の目的

(a) 協同によるユーザニーズ把握

先に述べたように，ユーザのニーズを把握するのは一般的に非常に困難な仕事である．しかし，企業（技術者）はユーザと協同で製品開発を行うことで，具体的にユーザのニーズを知ることが期待できよう．

これには，次のような段階があると思われる．多くの場合，次のように第1段階から順次第3段階へと進行すると考えられる．

第1段階（言葉による対話）
　　製品開発チームの一員としてユーザと技術者の対話が実行される．ここでは製品のコンセプトや実現されるべき機能が話し合われ，ユーザが何に関心があるのかが技術者に伝達される．この場合，技術者がユーザの

ところに行ってインタビューをするというような一時的な対話ではなく，お互いがチームの一員として長期的に，しかもチームの目的を共有していることが大切である．

第2段階（ものを用いる対話）

ユーザの言葉が技術者に理解されないことも多いだろう．さらには，ユーザが，自分のニーズを言葉でうまく表現できないこともよく知られている．この場合に，ユーザは言葉ではなく手を動かす作業をして，たとえば，図や模型などのものを作り，これを媒介にして技術者と対話をすることは有効である．

第3段階（疑似使用状況による対話）

とくに新製品開発の場合，ユーザは自分のニーズを本当には分かっていないことがある．それは，新製品であるからユーザ自身も自分の使用状況を想像することが難しいからである．この場合に有効なのは，まず試作品を作り，それをユーザに使用してもらうことである．これをもとに，技術者とユーザは，一回り大きい視点から議論と対話をして，どういう使用のされ方がさらに可能なのかという当初の思考範囲を超えたところまでイメージを拡大させることで，ニーズの顕在化を図ることもできよう（Niwa, 1989, p. 119）．

上記のように，ユーザのニーズを把握するために，製品の計画段階からユーザを製品計画プロジェクトチームに入れておくことが1つの有効な方策である．これは，産業向け（B to B）産業財の場合には，比較的容易と思われるが，実際にはこれが行われるのはそう多くはない．たとえば，コンピュータシステムの計画段階でも同様である．コンピュータ技術者は，「技術的に良いシステムを作れば，ユーザは喜んで使ってくれる」と思いがちである．たしかに，システムの機能や性能を決めるためにユーザにインタビューはするであろう．しかし，計画段階では，あたかもチームの一員であるかのように議論する相手として対等に扱うことはしない．ユーザは技術のことは分からないし，むしろ，余計なことを言って技術者が良い計画を立案するのを妨げる存在とすらみてしまうのが多くの場合の現状といえる．

技術者にとっては，少し遠回りのようにみえても，計画段階でユーザと協同することは，そのあとのシステム実現にとっては有効で重要な過程であることを認識することが大切である（Niwa, 1989, p. 117）．

(b) NIH 回避によるシステム実現化

経営科学やオペレーションズ・リサーチなどの研究に基づく手法や，さらにはコンピュータ活用による経営支援システムが，実際に現場でなかなか受け入れられないという現実は古くから知られていた．したがって，このこと自体を研究対象とし，いかにして現場で使ってもらえる手法やシステムを構築すればよいかを研究する学問分野「実施理論（implementation theory, implementation research）」（たとえば，Ginzberg and Schults, 1987）があった．そこでは，提案手法やシステムが実際に使用されるためには，多くの要因（たとえば，ユーザ意思決定のスタイルとシステムとの相性，開発側と顧客側との意思疎通の時点，顧客側の誰の意見を聞くべきかなど）が関係していることが指摘されている．

このような多くの要因のなかで，とくにここで注意したいのは，ユーザはしばしば自分たちが開発した（少なくとも開発に関与した）製品（システム）でないと使用することをためらうという傾向の存在である．これは NIH（Not Invented Here）シンドロームとして知られている．これを回避するために，ユーザと協同で製品やシステムを開発することは有効といえる．協同はユーザに「自分が参画して作った」との満足感を与えることができるからだ．

この場合，開発チームのリーダーはユーザのなかから選び，その下に技術のサブリーダーをおくことは，開発後のシステム実用のためには大きく貢献する（Niwa, 1989, p. 119）．とくにこれは，特注製品，個別顧客対応製品において効果は顕著であろう．

(2) ユーザとの協同開発

(a) ユーザの特定

ユーザとの協同開発という場合，ユーザとは誰のことであろうか．正しく特定することが必要である．というのも，製品の使用に関して関与者は多いからである．ここで，消費財である口紅と中学受験参考書，さらに，企業で

コラム 4

「NIH シンドローム」と「NIT シンドローム」；どちらが怖い？

NIH シンドロームとは，Not Invented Here の略で，元来は文字通り「ここで（自分たちで）作ったものでないので，使わない」症候群という意味である．これは，いろいろなケース，たとえば，

- 外部のものは受け入れない．
- 現場を知らない人間の提案は受け入れたくない．
- 標準品は使わないで，自分たち向けの特注品を使う．

などが含まれる．

従業員が自分の好みに固執したり，外部の良いものを認めないということなどに対する批判として，あるいは，反省を促す言葉としてよく使われる．とくに，自分のやり方に固執しがちな技術者はこの点に充分注意すべきである．

ところが著者は，これとは逆に，NIT シンドロームと呼ぶべき状況があることに気が付いた．Not Invented There の略で「あそこで（先頭を走っている企業や大学で）作ったものでないので，使わない」症候群である．自社内の技術者や研究者の独自の提案を，こう言って採用しない幹部が多いのである．

NIH は自信過剰のフロントランナー企業に多く，NIT は自分で判断できないキャッチアップ企業に多くみられるのかもしれない．

両方の症候群があることを知ると，基本的には，正しい判断や評価する力が必要だという当たり前の原則が大事だと気が付く．

NIH シンドロームだといって従業員を批判し，あたかもオープンな考えの持ち主のように振る舞っても，そのじつ，本当は，NIT シンドロームだったら恐ろしい．部下たちは，幹部が知っている一流大学や一流企業での成功例を引き合いに出し，それのものまねか，あるいは，せいぜい改良ばかりを提案するようになるだろう．

NIT シンドロームの企業幹部のもとからは，ボトムアップで良いイノベーションは起きないだろう．

の業務使用の高セキュリティー・パソコンを例にして考えてみよう．

表3.3 商品使用の関与者

関与者＼商品	口紅	中学受験参考書	高セキュリティー・パソコン
実際の使用者	OL	小学生	知財課職員
使用の管理者	OL	家庭教師	知財課長
使用の決定者	OL	母親	社長
購買の決定者	OL	母親	情報管理室長
支払い者	OL	父親	購買課長

　本書では，「ユーザ志向」というが，「顧客志向」ということも多い．上記の表をみると明らかなように，口紅の例の場合は簡単であり，関与者は1人であるからユーザも顧客もOL（Office Lady）といえる．しかし，中学受験参考書と高セキュリティー・パソコンの場合は，ユーザや顧客とは具体的に誰を指すのであろうか．

　高セキュリティー・パソコンの場合を例にして考えてみよう．ある企業の社長は友人でもある他の企業の社長とゴルフ場での会話から，このようなパソコンの有効性を聞き，自分の会社の知的財産事務で使用することを決心した．社長は情報管理室長に，どのような種類のパソコンを購入するか決めるように指示をした．情報管理室長は，知財課長に知財課でパソコンがどのように使われるかを尋ねた．使われ方を知ることで適切なパソコンを選ぼうと考えたからだ．知財課長は，知財課の職員に職務の実態を聞いて，それを情報管理室長に報告した．情報管理室長は，その話をもとに相応しいパソコンの種類を決定し，購買課長に購買の依頼をした．購買課長は合い見積もりをして購入するメーカーを決めた．

　上記のような場合に，高セキュリティー・パソコンのメーカーの営業は，売り込むためにどこを攻めればよいのかという議論は，販売法研修の絶好のテーマであろう．しかし，ここでの関心は別のところにある．次世代の高セキュリティー・パソコンの開発を行う技術者は誰の意見を参考にして，さらに，だれと協同して開発をすれば良いのかがここでの焦点である．

既存製品の改良か，あるいは，既存製品を陳腐化させる新製品なのかによって，相手は異なることに注意が必要である．一般に前者の場合には既存製品の実際の使用者がよいであろう．しかし，後者だと難しくなる．とくに，仕事の効率化や人員合理化が目的の製品であると，実際の担当者は新製品の導入に反対の立場をとることが多い．このような場合には，「使用の管理者」，あるいは，「使用の決定者」が，あるいは，「新しい製品の使用の提案者」が協同開発の相手となる．

(b) ユーザとの協同開発の課題

上原（1999, p. 249, pp. 267-268）は，ユーザ（買い手）と提供者（売り手）とが協同して製品開発をすることは産業財の分野では比較的頻繁に行われているが，これからは，これが消費財の分野でも多く展開されるようになるだろうという．そして，アパレルメーカーの生産現場にいるデザイナーと自宅にいる消費者が情報ネットワークを介して協同してスーツを作るというイメージを例としてあげている．同じように，Kotler ら（2002, pp. 36-37）は，消費者がネットワークで自分のニーズに合った機能を選択してパソコンを発注している現在の実施例を引き合いに出して，近い将来は，たとえば自動車についても，予め準備されたオプションからの選択に加えて，種々のメーカーの部品を組み合わせる指定を行うことも可能になるだろうと，ユーザとの協同のイメージを述べている．

上原（1999, p. 268）は，ここで重要なことは，消費者は自らの生活情報をベースとし，企業は保有する資源（技術）をベースとし，双方がそれぞれ相手の機能に依存しつつ，新しい価値を協同して作り出すことであり，しかもそれは情報ネットワーク化によって効率化が図られると述べている．

上記でみてきた例は，「自分だけに合った」商品を作るという場面が多い．つまり，商品の大枠イメージやコンセプトの存在を前提に，しかも，基本的な生産プロセスは存在していて，そこに自分の好みやニーズを加味していくという仕組みと捉えることができる．

ところが，マーケティングの中心となる機能は製品開発であること，さらに，その焦点は新製品開発であることを思い起こしてみると，そこでは，ユ

ーザとの協同の場面の重点が，上記に例示したような生産の場面から，計画の場面に移るであろうことに気が付く．この方向への展開が今後進むであろう．

このような領域に関しての新しい仕組みや情報システムの構想立案が，技術マーケティングとして取り組むべき課題であろう．この場合に，「計画」とは，たとえば，ユーザニーズや要求機能を，いかにどのように実現するかの機構（内部仕様）とぶつけ合い，試作品を開発して，それを，テストするというプロセスである．これができあがると，生産ラインが構築され，そこでは，再度上記でみたような「自分だけに合った」柔軟な生産を実施するという手順となる．

3.5 ユーザによる開発

ユーザとの協同開発の考え方をさらに一歩進めると，ユーザ自身による開発となろう．本節では，これに関する2つの先駆的業績を取り上げて技術マーケティングとの関係を検討する．

まず，Tofler の考えたプロシューマーを紹介し，これに対して技術マーケティングがどのような役割を果たすことができるか考察する．ついで，von Hippel の提唱するリードユーザやツールキット法を検討し，その限界を明らかにする．

（1） プロシューマー

（a） 生産と消費に関する第3の波

Toffler (1980, pp. 265-288) は，生産と消費の観点から人類の歴史を次のように記述している．第1の波の時代は，ほとんどの人々は自ら生産したものを自ら消費していた．彼らは，今日われわれが言うところの生産者とも消費者とも異なり，むしろ，プロシューマー（Prosumer＝Producer（生産者）＋Consumer（消費者））とでも呼ぶべき存在であった．第2の波は産業革命によってもたらされ，そこでは2つの機能が分化し生産者と消費者が生まれた．今日，第3の波が押し寄せており，そこでは，再び，プロシューマーに注目す

べきと主張している．

　経済活動を大きく A 部門と B 部門の 2 つに分けて考えよと Toffler (1980, p. 266) は言う．A 部門には，自分と家庭と共同体のための報酬を目的としない活動が含まれ，B 部門には，交易網や市場を通して，生産物やサービスの交換や売買をする活動が含まれる．第 1 の波の時代は，自給自足を目的とした A 部門の経済活動が圧倒的に多く，B 部門はわずかであった．第 2 の波の時代は，これが完全に逆転し，この時代の経済学は A 部門の存在を無視した．たとえば，報酬を目的としない主婦の家事は経済活動ではないとして切り捨てられた．

　現在は，再び，生産者と消費者との境界がはっきりしない側面が出てきているという．たとえば，日曜大工などの DIY (Do It Yourself) や，スーパーマーケットでのセルフサービスなども盛んになっている．銀行では出納係の代わりに，消費者が自らキャッシュカードで自動支払機を操作している．冷蔵庫の故障を修理するのに，修理工を呼ばないで電話で製造メーカーの担当者の指示を受け自分で修理もする．近い将来には，自宅のコンピュータから指示をするだけで，自分の好みの洋服を縫製工場で作ったり，自分の希望通りの仕様に車を組み立てることも可能になるだろうと Toffler (1980, pp. 269-275) は述べた．

(b) プロシューマーと技術マーケティングの役割

　消費者に生産者の仕事の一部を分担させることは，労働コストの外部転嫁として経済学ではよく知られていることである．しかし，消費者が主体的に生産の過程に入り込んでくるという側面に注意すべきである．消費者はコンピュータによって，製品のデザインを選べるようになるだけでなく，先に述べたように，製品製造の工程まで指定するようになるだろう．このような意味で，生産者と消費者の区別は消滅してしまい，プロシューマーの占める役割が大きくなるだろうと Toffler (1980, pp. 265-288) は主張している．

　このように，プロシューマーが登場したのは，サービス労賃の高騰，第 2 の波のサービスが限界にきたこと，新しい技術が生まれたこと，構造的な失業率の高さなどさまざまな原因があるという (Toffler, 1980, pp. 276)．

Toffler（1980）の先駆的な著書は，今日，生産者と消費者との関係，すなわち，マーケティングの主題を考えるにあたってどのような示唆を与えるであろうか．まず，プロシューマーの台頭によって，交易を目的とした生産（B部門）と，自分自身のための生産（A部門）が，たとえば半分ずつという生活様式に対応した商品の開発が重要であり，さらに，消費者が生産工程にまで参加できる仕組みを構築すべきであろう．

　しかし，ここでとくに強調したいのは，第2の波が産業革命で実現したように，第3の波でのプロシューマーの実現には，コンピュータ技術，インターネット技術，コミュニケーション技術，シミュレーション技術などの技術の裏づけが必須になるということである．逆に言うと，ある領域で効果的なプロシューマーを生むためには，どのような技術を開発し，生産者と消費者をどのような仕組みで結び付ければよいかを，主体的に構想し設計できるということである．これこそ，技術マーケティングの大きな役割の1つであろう．

(2)　リードユーザ

(a)　リードユーザによる改良

　製品の技術革新はメーカーが生み出しているという通念に対して，それは多様であり，メーカーだけでなく部品や材料の供給業者が生み出している場合もあり，さらには，ユーザが担い手の場合もあるとの研究成果を von Hippel（1988）は発表している．

　本項では，そのなかからユーザの場合（von Hippel, 1988, pp. 11-27）に注目したい．技術的に斬新で，かつ商業的に成功した4つの理化学機器（ガスクロマトグラフィー，核磁気共鳴分光器，紫外分光光度計，透過型電子顕微鏡）の最初の開発と重要な改良のほとんどは，ユーザである大学の研究者が行っていたことを明らかにした．この場合，彼らユーザは，測定の原理を考案し，あるいは，機器の改良の必要性を認識してプロトタイプを作っていた．メーカーは，その後，プロトタイプをもとに製品化して販売していたことになる．同様なことは，エレクトロニクス分野の2つの製造装置（半導体製造装置とプリント配線基板）の改良についてもみられた．ユーザがニーズを明らかにし，

しかも，研究開発とプロトタイプ作成も行っていた．これらは，メーカーは単に工場での製造機能だけを提供しているとみることもできる事例であるとの主張である．

上記の事例に基づき，von Hippel (1988, pp. 102-116) はユーザによる開発に関して，

- 多くの人にニーズが一般化する（数カ月や数年）前に，すでに，そのニーズに直面している．
- そのニーズを満たす方法が得られると，大きな便益を得られる立場にある．

の 2 つの特徴をもったリードユーザという概念を提唱した．これらの特徴は，リードユーザはそのニーズを満たそうと自ら工夫を試みて有益な情報（改善策，改良製品コンセプトなど）をもっている可能性が高いということを意味している．したがって，メーカーは，このリードユーザから情報を得ることが重要だということになる．

(b)　ユーザ・ツールキット法とその限界

上記から，製品の効果的な改良のためには，ユーザ，とくにリードユーザからの情報の獲得が望ましいといえる．しかし，ここに問題があった．つまり，リードユーザが貴重な情報をもっているにしても，彼らからそれを正確に聞き出すのはなかなか困難であり，さらには，リードユーザ自身でもそれを明確に表現できないこともしばしば起きる（Thomke and von Hippel, 2002）という問題である．

そこで，いっそのこと，ユーザニーズを正確に聞き出して理解しようとするアプローチを断念してしまおうと，ツールキット法という方法が考案された（von Hippel, 2001；Thomke and von Hippel, 2002；von Hippel and Katz, 2002）．この方法のアイデアは，ユーザにある種のツール（これをツールキットと呼ぶ）を提供して，それを用いると，ユーザ自身に自分の使っている製品や製造工程の改善や革新を行わせることができるというものである．これを，ユーザ・

ツールキット法(user toolkits)と呼ぶ．ユーザが実施するのは，予備設計，プロトタイプ作成，ユーザ環境下での性能評価であり，これらをユーザ自身が満足がいくまでくり返すというものである(von Hippel, 2001)．

　この方法がもつべき機能は，次の5つである(von Hippel and Katz, 2002)．

① この方法は，ユーザが試行錯誤と学習のサイクルを一周完全にもてるようでなければならない．
② ユーザに改良設計を自由にさせられる余地を残しておかねばならない．
③ ユーザは追加のトレーニングを受けなくとも，自分のそれまでの知識や技量でツールを使えなければならない．
④ このツールは，ユーザが適宜使える共通的な手法をもっていなければならない．そうすれば，ユーザは自分独自のところに集中できる．
⑤ ユーザが改良設計した製品が，実際に製造企業の工程を変更しないで実現できるように，このツールは巧みに作られなければならない．

この方法は，実際に，半導体製造工程など(Thomke and von Hippel, 2002)や，3M社(Lilien et al., 2002)などで実施され，効果があったとされる．この方法の特徴は，ユーザニーズの把握は困難だからと一般的な調査法をあきらめた代わりに，実質的に得たものはユーザニーズとユーザによる解決方法の両者(Lilien et al., 2002)に基づいた具体的な設計情報といえる．

　ただし，ここで留意すべきは，この方法のもつ基本的限界である．つまり，この方法が適用できるのは，当然のことながら，まったく新しいものについてではなく，現在使用中のある特定の製品やサービス，あるいは，製造工程についてである(von Hippel, 2001)．この限界には十分に注意すべきである．

3.6　開放と平等社会への対応

　本節では，インターネットの発展が技術マーケティングに及ぼす影響を検討する．
　まず，オープンソース型ソフトウェアに注目し，これによる科学技術者の

意識変化がもたらす影響を議論する．ついで，インターネットによって情報の開放と平等化が進展する社会で，企業と消費者との関係を吟味する．

(1) オープンソース開発

(a) オープンソース型ソフトウェア開発

オープンソース (open source) 型ソフトウェア開発プロジェクトとは，自発的に集まったソフトウェア開発のコミュニティーのことであり，自分自身やそのコミュニティーが必要としているソフトウェアを協力して無報酬で開発することを目的として，主としてインターネットを利用して活動している．この形態で開発された有名なソフトウェアとしては Linux (Raymond, 1998；調, 2002) がある．ちなみにこのようなプロジェクトの開発環境を提供するサイト Sourceforge.net には，2005 年 11 月時点で 100,000 以上のプロジェクトと，1,000,000 以上のユーザが登録されている．その成果のなかには，世界中の企業や政府機関などで広く用いられているものもある．

オープンソース型ソフトウェア開発の歴史を von Krogh (2003) に従って振り返ると次のようになる．1960 年代と 1970 年代は，主として科学者や技術者が研究活動の一環としてソフトウェアを開発し，お互いに自由に交換し改良し合っていた．MIT の人工知能研究所はもっとも活動的な拠点の 1 つであった．ところが 1980 年代になると，MIT は大学の研究者が開発したプログラムをソフトウェア企業にライセンシングすることを開始し，同時に，誰でも自由にソースコードを使えるという従来からの運用を制限してしまった．人工知能研究所の優れたプログラマー Richard Stallman は，ソフトウェアを商売の対象としてしまう世の中の動向を悲しみ，1985 年に自分の開発したソフトウェアを他人が自由に使うことのできる仕組みとして Free Software Foundation を設立した．しかし，この動きは大きな流れにはならなかった．この原因は "Free" という言葉がビジネス社会で好感をもたれないからだと気が付いた Bruce Perens と Eric Raymond は，"open source" ソフトを 1998 年に提唱した．その内容は free software と基本的に同じでありソースコードの自由配布を中核としていた (von Krogh, 2003)．

ところで，上記のようなオープンソース型ソフトウェア開発の進展は，コ

ンピュータ・ネットワーク技術の発展があって初めて可能となっていることを忘れてはならない．つまり，それは，1969年にアメリカ国防省によって開設されたネットワーク ARPAnet に始まり，それに基づいて1986年に学術機関を結ぶネットワーク NSFnet ができ，さらに，1990年代中頃からしだいに商用利用が進み，現在のインターネット（Internet）へと発展してきた．

(b) オープンソース開発と技術マーケティング

先にも述べたように，製品（技術）の開発者とそのユーザの結び付きを扱うのがマーケティングであり，とくに，技術の働きに注目するのが技術マーケティングであった．この立場から，オープンソース型ソフトウェア開発は技術マーケティングの今後のあり方を考えるのに興味深いケースになっている．

オープンソース運動に対して現在多くの経済学者が「どうして，一級のプログラマーが『無償』で仕事をするのか？」と基本的な疑問を呈しているという．これに対して，すでに Toffler (1980, p. 266) は，交易を目的とした生産（B部門）と自分自身のための生産（A部門）の議論を行い，第3の波が押し寄せてきている現代は自分自身のための生産（A部門）の重要性を再認識すべきと指摘したうえで，現在の経済学は，自分自身のための生産（A部門）を無視しているので世の中を理解できないと喝破している．

しかし，最近，次のような逆の方向の流れも出てきているという．オープンソースのソフトウェアの成功（たとえば，2006年3月時点で Linux は世界のサーバで25％のシェアがある）は，従来のオープンソース運動の方向とは違う大きな流れを引き起こした．それは，既存の巨大ソフトウェア企業が，オープンソースのベンチャーを買い取るという動きである．そうなると，従来の草の根的運動に価値観をおいている人々は，結局のところ自分たちは大企業に奉仕するという図式になってしまうと心配している．その一方で，オープンソース運動をビジネスモデルの1つと捉えて，最初から他からの資金の獲得を目指すというような新しいタイプの人たちも出てきているという (BusinessWeek, 2006)．これは，生産と消費の関わりに関する仕組みは変わり，また，新たな状況で新たな仕組みが登場してくるというダイナミックな社会

の動きと捉えればよいのかもしれない．

　高度技術社会になり，高度で専門的な技術が直接ビジネスに結び付くことが多くなってきた．この場合，技術の開発者は「技術開発という知的好奇心を満たそうとする技術者」と「技術開発で経済的利益を得ようとするビジネスマン」の両方の役割を果たすことが可能となる．

　個人レベルでは個人の好みや生き方の問題であろう．しかし，企業の開発の現場で，あるいは，研究成果の産業化移転を要請される大学の研究室で，この2つの役割をどのように捉えるのか，そして，社会としてどのようにバランスをとろうとするのか，これは，技術マーケティングに直接関係するが，その周囲を取り巻く一回り大きな課題ともいえる．今後の技術マーケティングの展開は，このような，社会の動きや科学技術者の意識の働きとの相互作用を試行錯誤しながら進めていくことが必要であろう．

(2)　インターネットによる開放と平等

(a)　インターネット・マーケティング

　インターネットの普及に伴って，この技術を用いるマーケティングが発展してきており，これをインターネット・マーケティングと呼ぶ．上原 (2001) はインターネット・マーケティング戦略の特徴を，Hanson (2000) のDNIフレームに基づいて明快に述べている．この上原 (2001) を以下で要約して紹介しよう．なお，DNIフレームとは，インターネット・マーケティング戦略が，デジタル (Digital)，ネットワーク (Network)，個別対応 (Individual) を基礎として展開されることを強調するものである．

　デジタル化では，2つの方向が考えられる．第1は，いままでのマーケティング行為の抜本的な効率化（たとえば，セールスマンによる販売行為がe-メールに置き換わるなど）が図られる．第2に，ものと分離された世界が構築され，この世界には物理的制約がない（たとえば，Web上での店舗では売り場や品揃えの物理的制約がない）ので従来のマーケティング手法が大きく変わる．

　ネットワーク化では，ネットワークに参加する主体間の情報の共有とコミュニケーションが生じ，ネットワーク全体としての価値（コミュニティー価値）が参加者数の増加に比べ累乗的に発生する．したがって，2つのことが

重要となる．まず，ネットワークを早急に作ること，ついで，コミュニティーの機能と活動（たとえば，参加者の情報を分析し，これを参加者にフィードバックするなど）に注目したマーケティング活動が要請される．

個別対応化では，企業と個々の顧客とが直接かつ双方向に結び付けられるので，個々の顧客の反応をただちに捉えて素早く対応していくことが可能となる．したがって，いわゆるワン・トゥ・ワンのマーケティングを進化させる必要がでてくる．以上が上原（2001）の要約である．

インターネットを活用したビジネス（たとえば，Web上での店舗）を対象にすると，従来のマーケティングの王道であったセグメンテーションとターゲティングの考え方や効果が大きく変わる可能性もあるだろう．つまり，セグメンテーションをして，ターゲットを絞って，そこのニーズにあわせて製品計画をしなくても，極論すれば，何か製品を作れば「世界中に散らばっているその製品を欲しい人がインターネットを用いてみつけて購入してくれる」，しかも，「それらの人を合計するとかなりの数になる」という考え方である．たしかに，こういう現象も実際に生じている．

インターネットの発展は，じつは，企業（生産者）と顧客（消費者）との関係にさらに大きな変化をもたらすこと，それによって，企業の製品計画のあり方も変えるべきであることなどの検討を次節で行う．

(b) インターネットによる開放と平等への対応

インターネットがもたらしたものは，企業（生産者）と顧客（消費者）との間の情報格差の減少（情報の非対称性の減少）や情報の開放と平等化への道（たとえば，von Hippel, 2005）ともいえる．伝統的なマーケティングは，企業が顧客より多くの情報をもっているという前提で構築されているので，この情報格差の減少は，マーケティングの今後の展開を検討するのに大きな意味をもつ．

Sinha（2000）は「コストの透明性」という観点から，情報格差の減少の状況を具体的に次のように述べている．インターネットによって，顧客は，製品の価格，品質，特徴などに関する情報を多く得られ，類似製品の企業間での比較も容易にできるようになった．たとえば，顧客は製品の仕様情報は各

社から得られ，また，各社製品の価格比較サイトもあり，さらに，顧客が提供する経験談やアドバイスなども得ることができる．場合によっては，逆オークション（買い手が支払ってもよいという指し値を入力し，次に企業側がその値段で売るかどうかを決定する）を利用して，製品の底値を探り当てるようになるという．この結果，企業は商品のブランド力や消費者に高い価格を支払わせる力が危機にさらされてきているという．

すでに述べたように，上原 (1999, pp. 245-295) は，企業と消費者との情報格差が縮小し，したがって，消費者が生産過程に主体的に介入してくるという新しい事態に対応した「協働型マーケティング」を提案した．また，國領 (1999, pp. 56-58) は，情報の非対称性が「逆転」するとさえ指摘している．つまり，顧客側では商品やその提供者に関する情報が入手しやすくなるのに対して，企業側では顧客に関する情報入手が困難になる．それが，散在しているからだけでなく，顧客は安全のため自らの情報を開示したがらないからだという．

こうした状況で，Sawhney ら (2003) は，多くの企業は顧客と協同でイノベーションを実現するための強力なプラットフォームとして，インターネットを使用して助言グループを作り，新製品のアイデアを募ったり，オンラインコミュニティーで顧客との対話を実施したり，ツールキットを作って顧客との協同設計を行ったりしているという．この場合，顧客と企業との間に入る第三者の間接的（仲介的）な役割を果たす機能を "innomediation (mediated innovation)" と呼び，これが重要となることを指摘している．

以上のように，情報の非対称性が減少したり，顧客や仲介者が企業を選択するという時代に企業が勝ち残るためには，じつは，製品やサービスが競合他社にない優れたものであること (Sinha, 2000) というもっとも基本に立ち戻ることが重要となる．それでは，これをいかに実現するかを次の 3.7 節で検討しよう．

3.7 技術先導の顧客価値創造への挑戦

本節では，革新的製品をいかに生み出すか，あるいは，新しい顧客をいか

に作り出すかが焦点である．

まず，一般のマーケティングの中核的主張である「ニーズ」志向の限界を明らかにする．ついで，技術が先導して顧客を創造するアプローチを提案する．その実現のためには，顧客の問題を解決するというソリューション事業の盲点を乗り越える必要がある．

(1) 革新的製品による顧客創造

(a) ニーズ志向の限界

ニーズ志向は，現在のマーケティングの中核的主張ともいえよう．とくに，技術者にとっては，ともすると陥りがちな「自らの技術的関心の重視（シーズ志向）」ではなく，「ユーザにとっての価値を重視（ニーズ志向）」せよという耳の痛い主張ともいえる．まずは，ニーズ志向を実施することは多くの技術系企業にとって必須のことであろう．実際に，ニーズ志向が企業の成功の鍵であるとの多くの研究がある（たとえば，Atuahene-Gima, 1995；Han et al., 1998；Jaworski and Kohli, 1993；Matsuno and Mentzer, 2000；Narver and Slater, 1990；Slater and Narver, 1994）．

したがって，本章でも，3.3節では「ニーズ志向の追求」を議論した．さらに，ニーズ志向という立場から3.4節で「ユーザ協同の製品開発」を，3.5節では「ユーザによる開発」と検討を進めてきた．

しかし，ニーズ志向にはじつは盲点・限界があるのだ．つまりニーズ志向を強調すると，主要顧客との密着に走りがちで，さらに現在成功している方法や設備への拘泥と重なって，革新的な新製品や事業の創出を妨げてしまう可能性も充分考えられる（丹羽，2004）．

ちなみに，同じような指摘はいくつかあった．たとえば，Hamel and Prahalad (1994) は，ニーズ志向では現在のユーザの目を通してしか世界をみることができないといい，Berthonら (1999) は，ニーズ志向ではイノベーションの道から外れてしまうと述べ，Christensen and Bower (1996) は，現在のユーザの声を聞きすぎると業界のリーダーの座を失いかねないと指摘していた．

これまでのマーケティング分野でも，いくつかの研究（Slater and Narver,

1995；1998）はユーザの将来の（proactive dimension）ニーズの研究の重要性を指摘はしたが，Atuahene-Gima ら（2005）は，「これまで，一般の多くのマーケティング研究は将来のニーズの対応に関してはほとんど関心を示してこなかった」と述べ，将来のユーザニーズへの対応をも含めた研究を行い始めたという．

しかし，将来のユーザニーズへの対応ということは，実際問題として可能なのだろうか．どうすればよいのだろうか．次節でこの点を検討しよう．

(b) 技術先導の顧客創造

経営学の原点（Drucker, 1954, pp. 37-38）は「顧客創造」であった．挑戦すべき核心は，現在は存在しない製品や事業を作り出すことによって新しい顧客を創造することであろう．新しい将来の顧客を生み出す新製品をどのように開発するのかが問われている課題である．

くり返すが，マーケティングの基本命題は，ニーズ（ユーザ）志向である．したがって本章でも，「ユーザにニーズを聞く」，「（聞いても分からないので）協同で開発する」さらには「（いっそのこと）ユーザが開発する」と順次議論を進めてきた．しかし，それらは，まだ新しい将来の顧客創造の核心に迫っていない．

ようやく最近では，前項（a）で述べたように，将来のユーザニーズの把握がマーケティングの研究テーマにもなってきたという．しかし，ユーザは自分の将来のニーズが分かるのだろうか？　分からないのではないだろうか？　たとえ「将来，あるいは，革新的」ニーズを聞き出そうとしても，そこから得られるのはせいぜい既存製品の改善ニーズ程度であることがほとんどといえるだろう．

とくに，技術が社会のすみずみまで行きわたる高度技術社会の今日，人々は自分が予想もしなかったような新しい生活様式や商品などが，技術開発に基づいて次々と目の前に出現してきているので，それらを使って便利さを享受しているという状況ではないだろうか．

ここで，本書が技術マーケティングの見方として主張したいのは，「高度技術社会では，ユーザ（消費者）は自分の欲しいものを想像できないが，一

方，技術者は，新技術によって実現できるユーザの新しい生活機会を創造できる立場にいる」ということである．この技術マーケティングの核心である顧客や市場創造の先駆的な例としては，Sony のウォークマン（Kotler *et al.*, 2002, p. 45）をあげることができる．ユーザからはこのようなものを欲しいというニーズは出てこなかった．しかし，ユーザはこれを手にして初めてその価値が分かったのである．

同じ趣旨の内容を，樫尾（2002）は，次のような表現で述べている．「『必要は発明の母』とはよく言われます．それに対して私は，『発明は必要の母』を持論としています．世の中の多くの人が必要性を認識するようになった段階で開発を始めても，もう遅いのです．我々が発明した製品を見た人が，『ああ，これは自分にとって必要な製品だ』と感じて，受け入れてくれる．それが理想です」

かつて，Kotler（2000, 邦訳, p. 13）は，「マーケターがニーズを作り出すのではない．ニーズはマーケターより先に存在するのである」と言った．たしかに，従来のマーケターの役割は「市場の理解」であろう．じつは，ここに従来のマーケティングのアプローチの基本的な限界がある．しかし，技術マーケティングにおいては，「技術者はニーズを作り出せる」ことができる．新技術によって，これまでとはまったく違うもの（これをイノベーションという）を生み出せるのだ．これは，とくにフロントランナー企業のもっとも重要な役割であり挑戦でもあろう．

以上を簡単にまとめると次のようになる．

① 従来のシーズ志向・・・[技術系企業の陥りやすい態度]
　　・「この製品ができたので，何かに使って下さい」と，企業（技術者）は技術（シーズ）に基づいた製品を提示するのが基本的態度である．
　　・ものが不足の時代には効果があるが，ものが過剰の時代では，企業（技術者）の独りよがりの製品である可能性が高い．
② 従来のニーズ志向・・・[従来のマーケティングの一般的態度]
　　・「これは，あなたが欲しいと言っていたものです」と，消費者のニーズ調査に基づいた製品を提示するのが基本的態度である．

・現製品の改良では効果を発揮するが,「将来のニーズ」はユーザも分からないことが多いので, 新製品には適用できない可能性が高い.
　③ 顧客・市場創造・・・［技術マーケティングの核心］
　　　・「ほら, こういう生活があるのですよ. すばらしいでしょう」と, 新技術（製品）を活用した新しい生活を提示するのが基本的態度である.
　　　・ニーズを作り出すという側面が強い.

では, ニーズや顧客を作り出すとはどういうことなのか, どういう点に注目すべきなのか, 次節ではこの議論を行おう.

(2) ソリューションからオポチュニティーへ

(a) 1歩前進のソリューション提案

　ソリューション（solution：解）という言葉は, コンピュータ業界で次のような文脈で広く使われている. この業界では, かつて, ビジネスの中心はコンピュータ本体（ハードウェア）の販売だった. それが, しだいにソフトウェアに付加価値の重心が移行し, 次には現在のように, 顧客の業務問題の解決, すなわちソリューションを売るという「ソリューション事業」へと発展してきた. この背景には, ハードウェアやソフトウェアは価格が下落してきたことにある. 一方, 顧客側からみれば, コンピュータ本体やソフトウェアは, 自分の業務問題を解決するための手段にすぎないので, とくにそれが欲しいというのではなく, 一番欲しいのは, いかに業務問題を解決するかの「方法」やその「解答」であるということになる.

　現在, コンピュータ業界だけでなく, 他の多くの業界においても, 技術系企業は技術的製品単体から包括的なソリューションの提供へと, ビジネスの仕方を変えることが必要であると言われている.

　一般のマーケティング分野でも, 「もの」ではなく「製品」が大切という表現で似た趣旨のことが言われている. たとえば, 上原（1999, p. 129）は, 「製品とは, 消費者・需要家が使用・消費出来る状態になったもの」と指摘し, ユーザの実際の行動に注目すべきと言っている. これは, 製品単体では

なく，顧客の問題を解決するその場面や状況の把握こそが大切というソリューション事業の基本的命題を言い当てている．

以上の議論から分かるように，ソリューションを提供するという言い方は，機器提供でなく顧客問題解決であり，また，顧客（ニーズ）指向ということにもなるので，大きな前進といえる．多くの技術系企業にとっては，まず目指すべき方向である．

(b) 2歩前進のオポチュニティー提案

前節で主張した前進すべき「ソリューション志向」には，落とし穴が潜んでいることを指摘したい．

ソリューションとは，文字通り「解決策」である．解決策ということは問題の存在が前提である．システム論の教えるところでは，問題とは，理想（望ましい状態）と現状との差であり，問題解決とは，その差を埋めることである．

したがって，「ソリューション」という言葉を使った瞬間，すでにその時点で問題は与えられていることが前提のように思いがちである．実際には，顧客に問題の存在があり，それを解決しようとすることがほとんどであるので，別に取り立てて議論すべきことがないように思えるかもしれない．しかし，ここで，特別に取り上げたいのは，じつは，問題はそこにあるのではなく，新たに定義するという状況なのである．これが革新的製品開発の鍵となるからである．

問題を定義するとはどういうことか．それは，理想の状態を新たに定めるということである．世の中と技術の将来動向を見据えた，技術活用場面の構想立案力によって，顧客の理想の状態（opportunity：オポチュニティー）を提案することが中心的課題となる．これが，顧客・市場創造の意味である．前項で例として出したウォークマンでは，個人がどこででも音楽を聴くことができるという状態（オポチュニティー）を提案したことになる．

インターネット社会では，企業と顧客の情報格差が減少するという議論を先に行った．しかし，それに甘んじず，いかに，競争優位に立つか，その源泉は何かを技術系企業は再確認すべきであろう．

こうするためには，問題を探すのではなく，機会を構想するというアプローチが重要となる．しかし，そうではなくソリューションという言葉を用いた瞬間には，「問題は存在しているので，それを探そう」という自己暗示にかかる恐れがある．つまり，ソリューション・ビジネスの落とし穴は，顧客の抱えている現存する問題の解決に目を奪われてしまうということにある．世の中にない新しい製品やサービスを提供しようとする場合には，これが大きな思考上の制約となるのである．

　オポチュニティーをいかに構想するか，これは，第4章「イノベーション」，第5章「研究開発」での中心的課題であるので，そこで詳細に議論したい．ただ，ここでは，オポチュニティーとはどういうものかを少し検討しておこう．それは，「顧客は提示されるまで気が付かない生活体験」である．これは，高度技術社会では技術者の洞察力・先見力によって構想できるし，そうすべきであり，また，この立場から生産と顧客との関係を捉えようというのが，技術マーケティングの1つの大きな主張なのである．

　なお，従来のマーケティングの潜在的ニーズの把握が本節の議論に対応するとの意見も出てこよう．たしかに潜在的ニーズの考察は，ニーズ指向と顧客創造の中間に位置するともいえるだろう．しかし，決定的に違うのは，「探すのではなく，作るのだ」という製品計画者の態度とアプローチであり，行動指針である．技術経営においては主体的に行動する際の行動指針の提示が1つの使命なのである．

第3章の要約

　顧客に受け入れられる製品を計画することがマーケティングの中核的機能といえる．ところが，従来のマーケティングは既存製品の改善・変更には有効であるが，新製品の計画に対しては限界がある．その一方で，高度技術社会に入った現在，科学技術の研究開発成果をいかに効果的に製品計画に結び付けるかが企業の盛衰を決めるまでになってきた．

　そこで本章では，「技術を活用して新製品を計画すること」を中心としながら，それより一回り大きな視点で「技術を活用して新たな顧客を創出する

こと」を「技術マーケティング」と呼び，その具体的内容を検討した．

技術マーケティングでは，技術部門や技術者の果たす役割が重要となるので，逆説的ではあるが，ニーズ志向の重要性の再認識を最初に行うべきである．それは，技術者が一般的にもつ独りよがりの技術（シーズ）志向をまず是正する必要性からである．そして，ニーズの把握に基づいて，それに合致するような技術開発を実施することが第 1 段階となる．

ところが，ニーズを聞き出すことは一般的に非常に困難である．そこで，ニーズをもつユーザと協同して製品開発を行うという第 2 の段階が考えられる．これは，また NIH シンドロームの回避策としても有効といえる．

これを，さらに一歩進めると，ユーザ自身による開発という第 3 段階も考えられる．この原形はプロシューマーとして Toffler によってすでに 1980 年に論じられたが，今日の高度技術社会において情報ネットワークや種々の技術をいかに構築すれば，有効な仕組みを実現できるかという技術マーケティングの格好のテーマとなろう．

以上のように，ユーザがしだいに生産の中心に躍り出てくるのは，情報ネットワークなどの進展により生産者と消費者の情報の格差（非対称性）の減少が原因といわれる．しかし，ここに盲点はないだろうか．実際に本章は，これを打破する 1 つのアプローチとして次の第 4 段階「技術先導の顧客価値創造」を提案した．

この基本的な考え方は「高度技術社会では，消費者は自分の欲しいものを想像できないが，一方，技術者は，新技術によって実現できる消費者の新しい生活機会を創造できる」ということである．これは，Drucker が 1954 年に述べた企業の目的「顧客創造」の原点に，高度技術社会という手段をもって立ち戻ったともいえよう．

技術者は，世の中と技術の動向を見据えて，これから開発すべき技術が将来の消費者の生活にどのように活用されるか，その場面や状況を考え出し，そして，作り出すことで，顧客の新たな生活の機会（オポチュニティー）を提案することが中心的な役割となる．これが顧客創造の意味である．

なお付言すると，以上を聞いた技術者は「やはり，シーズ志向か」と喜んではいけない．それは周遅れの「シーズ志向」なのである．今，開発するの

は技術を用いた製品ではなく，技術を用いた生活機会である．このためには古い技術者でなく「新しい技術者」が必要となる．

引用文献

Atuahene-Gima, K., "An Exploratory Analysis of the Impact of Market Orientation on New Product Performance: A Contingency Approach," *Journal of Product Innovation Management*, Vol. 12 (September), pp. 275-293, 1995.

Atuahene-Gima, K., Slater S. F., and Olson E. M., "The Contingent Value of Responsive and Proactive Market Orientations for New Product Program Performance," *Journal of Product Innovation Management*, Vol. 22, pp. 464-482, 2005.

Berthon, P., Hulbert, J., and Pitt, L., "To Serve or to Create? Strategic Orientations towards Customers and Innovation," *California Management Review*, Vol. 42, No. 1, pp. 37-58, 1999.

Business Week, "Open Season On Open Source?", March 13, pp. 78-79, 2006.

Christensen, C. M. and Bower, J. L., "Customer Power, Strategic Investment, and the Failure of Leading Firms," *Strategic Management Journal*, Vol. 17 (March), pp. 197-218, 1996.

Drucker, P. F., *The Practice of Management*, Harper & Row, 1954（ドラッカー，P. F., 上田惇生訳，『(新訳) 現代の経営（上・下）』，ダイヤモンド社，1996）．

Ginzberg, M. J. and Schults, R. L. (eds.), "Special Issue on Implementation," *Interface*, Vol. 17, No. 3, 1987.

Hamel G. and Prahalad C. K., *Competing for the Future*, Harvard Business School Press, 1994

Han, J. K., Kim N., and Srivastava, R. K., "Market Orientation and Organizational Performance: Is Innovation the Missing Link?," *Journal of Marketing*, Vol. 62 (October), pp. 30-45, 1998.

Hanson, W., *Principles of Internet Marketing*, South-Western College Publishing, 2000（ハンソン, W., 上原征彦監訳，長谷川真実訳，『インターネットマーケティングの原理と戦略』，日本経済新聞社，2001）．

Jaworski, B. J. and Kohli A. K., "Market Orientation: Antecedents and Consequences," *Journal of Marketing*, Vol. 57 (July), pp. 53-70, 1993.

Kotler, P., *Marketing Management ; The Millennium Edition*, 10th edition, Pearson Education Company, 2000（コトラー, P., 恩蔵直人監修，月谷真紀訳，『コトラーのマーケティング・マネジメント：ミレニアム版』，ピアソン・エデュケーション，2001）．

Kotler, P., "Levitt's Contributions to Marketing（レビット・マーケティング論の意義）", 『ダイヤモンドハーバードビジネスレビュー』, pp. 48-50, 2001 年 11 月号．

Kotler, P., Jain, D. C., and Maesincee, S., *Marketing Moves*, Harvard Business School Press, 2002（コトラー, P.・ジェイン, D. C.・メシンス, S. 恩蔵直人解説，有賀裕子訳，『コトラー 新・マーケティング原論』，翔泳社，2002）．

Kotler, P., *Ten Deadly Marketing Sins : Signs and Solutions*, John Wiley & Sons, 2004（コトラー, P., 恩蔵直人監訳，大川修二訳，『マーケティング 10 の大罪』，東洋経済新報社，2005）．

Kotler, P., *FAQs on Marketing : Answered by the Guru of Marketing*, Marshall Cavendish, 2005（コトラー, P., 木村達也監訳，有賀裕子訳，『コトラーのマーケティング講義：基本コンセプト 300』，

ダイヤモンド社, 2004).

Kotler, P. and Keller, L., *Marketing Management*, 12th ed., Pearson Education, 2006.

Levitt, T., "Marketing Myopia," *Harvard Business Review*, Vol. 38, July-August, pp. 45-56, 1960.

Levitt. T., *Marketing for Business Growth*, McGraw-Hill, 1974 (レビット, T.,土岐坤, ダイヤモンドハーバードビジネスレビュー編集部訳,『レビットのマーケティング思考法:本質・戦略・実践』, ダイヤモンド社, 2002).

Lilien, G. L., Morrison, P. D., Searls, K., Sonnack, M., and von Hippel, E., "Performance Assessment of the Lead User Idea-Generation Process for New Product Development," *Management Science*, Vol. 48, No. 8, pp. 1042-1059, 2002.

Matsuno, K. and Mentzer, J. T., "The Effects of Strategy Type on the Market Orientation-Performance Relationship," *Journal of Marketing*, Vol. 64 (October), pp. 1-16, 2000.

Narver, J. C. and Slater, S. F., "The Effect of a Market Orientation on Business Performance," *Journal of Marketing*, Vol. 54 (October), pp. 20-35, 1990.

Niwa, K., *Knowledge-Based Risk Management in Engineering : A Case Study in Human-Computer Cooperative Systems*, John Wiley & Sons, 1989.

Raymond, E. R., *The Cathedral and the Bazaar*, http://firstmonday.org/issues/issue3_3/raymond/, 1998 (レイモンド, E. R.,山形浩生訳,「伽藍とバザール」, http://cruel.org/freeware/cathedral.pdf, 1998).

Rosenbloom, R. S. and Spencer, W., *Engines of Innovation : U. S. Industrial Research at the End of Era*, Harvard Business School Press, 1996 (ローゼンブルーム, R. S.・スペンサー, W. 編, 西村吉雄訳,『中央研究所の時代の終焉:研究開発の未来』, 日経BP社, 1998).

Sawhney, M., Pandelli, E., and Verona, G., "The Power of Innomediation," *MIT Sloan Management Review*, Vol. 44, No. 2, pp. 77-82, 2003.

Sinha, I., "Cost Transparency : The Net's Real Threat to Prices and Brands," *Harvard Business Review*, Vol. 78, No. 2, pp. 43-50, 2000.

Slater, S. F. and Narver, J. C., "Does Competitive Environment Moderate the Market Orientation-Performance Relationship ?," *Journal of Marketing*, Vol. 58, No. 1, pp. 46-55, 1994.

Slater, S. F. and Narver, J. C., "Market Orientation and the Learning Organization," *Journal of Marketing*, Vol. 59, No. 3, pp. 63-74, 1995.

Slater, S. F. and Narver, J. C., "Custmer-Led and Market-Oriented : Let's Not Confuse the Two," *Strategic Management Journal*, Vol. 19 (October), pp. 1001-1006, 1998.

Thomke, S. and von Hippel, E., "Customers as Innovators : A New Way to Create Value," *Harvard Business Review*, Vol. 80, No. 4, pp. 74-81, 2002.

Toffler, A., *The Third Wave*, A Bantam Book, 1980 (トフラー, A.,徳山二郎監修, 鈴木健次・桜井元雄他訳,『第三の波』, 日本放送出版協会, 1980).

Utterback, J. M., *Mastering the Dynamics of Innovation*, Harvard Business School Press, 1994 (アターバック, J. M.,大津正和・小川進監訳,『イノベーションダイナミックス』, 有斐閣, 1998).

von Hippel, E., *The Sources of Innovation*, Oxford University Press, 1988 (フォン・ヒッペル, E.,榊原清則訳,『イノベーションの源泉:真のイノベーターはだれか』, ダイヤモンド社, 1991).

von Hippel, E., "Perspective : User toolkits for innovation," *The Journal of Product Innovation Management*, Vol. 18, pp. 247-257, 2001.

von Hippel, E. and Katz, R., "Shifting Innovation to Users via Toolkits," *Management Science*, Vol. 48, No. 7, pp. 821-833, 2002.

von Hippel, E., *Democratizing Innovation*, The MIT Press, 2005（フォン・ヒッペル, E., サイコム・インターナショナル監訳,『民主化するイノベーションの時代：メーカー主導からの脱皮』, ファーストプレス, 2006）.

von Krogh, G., "Open-Source Software Development," *MIT Sloan Management Review*, pp. 14-18, 2003 Spring.

浅久野英子,「技術者にこそリーダーシップ，技術経営能力から生まれた ACE 研修：特集　技術経営教育で競争力を高める：ケース 2, 日立製作所」,『人材教育』, pp. 47-49, 2003 年 7 月号.

石井淳蔵,『マーケティングの神話』, 日本経済新聞社, 1993.

上原征彦,『マーケティング戦略論：実践パラダイムの再構築』, 有斐閣, 1999.

上原征彦,「監訳者のことば」, ハンソン, W., 上原征彦監訳, 長谷川真実訳,『インターネットマーケティングの原理と戦略』, 日本経済新聞社, pp. i-iv, 2001（Hanson, W., *Principles of Internet Marketing*, South-Western College Publishing, 2000）.

樫尾俊雄,「発明は必要の母：世間が欲してからでは遅い」,『日経ビジネス』, p. 1, 2002 年 11 月 4 日号.

川上智子,『顧客志向の新製品開発：マーケティングと技術のインタフェイス』, 有斐閣, 2005.

國領二郎,『オープン・アーキテクチャー戦略：ネットワーク時代の協働モデル』, ダイヤモンド社, 1999.

嶋口充輝,『顧客満足型マーケティングの構図：新しい企業成長の論理を求めて』, 有斐閣, 1994.

調麻佐志,「Linux 開発」, 小林傳司編,『公共のための科学技術』, 玉川大学出版部, pp. 224-240, 2002.

丹羽清,「技術経営による企業革新」,『経営システム』, Vol. 14, No. 1, pp. 33-37, 2004.

宮下正房,『日本の商業流通』, 中央経済社, 1989.

村田純一,「技術論の帰趨」, 加藤尚武・松山寿一編,『科学技術のゆくえ』, ミネルヴァ書房, pp. 143-163, 1999.

第4章
イノベーション

　激しい競争に勝ち，社会や顧客に貢献して生き続けるために企業は何をすべきか．それは，他社にはまねのできない，従来とはまったく異なる新しい価値を生み出す製品やサービス，そして事業を提供することだ．これをイノベーション（革新）という．

　それでは，何を狙い，何に気を付け，どのようにイノベーションを起こしたらよいのだろうか．本章ではこれらに対する考え方と指針を与える．

　そのために，イノベーションの本質を指摘した先人に学ぶことから始め，これまでの種々の試みを検討しその盲点を明らかにし，イノベーションを狙うアプローチを模索する．

4.1 イノベーションの本質の捉え方

イノベーションの本質は何か，どのように捉えたらよいか，これを考えると2人の先人に行き着く．ひとりは，経済学の立場から資本主義社会を発展させる源としてイノベーションを考察した Schumpeter であり，もうひとりは，経営学の立場から，企業におけるイノベーションの多くの事例観察をもとに指針をまとめた Drucker である．本節では，この2人の考え方を紹介する．

(1) Schumpeter の捉え方

(a) 軌道の変更，新結合，創造的破壊

Schumpeter と Keynes は，偶然にも同じ1883年に生まれ，20世紀の2大経済学者といわれる．Keynes が具体的な経済政策に関心を示したのに対し，Schumpeter は資本主義経済の発展という大きな対象を研究した（伊東・根井，1993, pp. 1-2）．そして，資本主義経済の発展の源は，以下に述べるような企業家の活動によるものだという議論を展開した．これはイノベーション（革新）研究の金字塔として今日に至るまで輝いている．

Schumpeter (1926, 邦訳 (上)，pp. 171-180) は，経済活動の慣行軌道の変更，すなわち，非連続的変化が経済を発展させ，これが資本主義発展の源であると述べた．たとえば，駅馬車から汽車への変化である．ここで非連続的変化とは，その体系の均衡点を動かすものであって，しかも新しい均衡点は古い均衡点からの微少な歩みによっては到達しえないようなものである．駅馬車をいくら連続的に動かしても，それによってけっして鉄道を得ることはできないと説明している．すなわち，一般の均衡論的経済学ではこの汽車への移行は扱えない．

一方，小規模の小売店から大規模な百貨店の形成過程は非連続変化ではない．これは連続的変化であり，したがって均衡論的経済学で扱うことができるとした．

では，このような，非連続変化はどのようにして起きるのであろうか．

Schumpeter（1926, 邦訳（上），pp. 180-184）は次のように言う．それは，企業の生産の場において起きる．生産をするということは，いろいろなものや力を結合することであり，非連続変化は新結合の遂行によって起き，それは，次の5つの場合を含んでいると．

① 新しい財貨，すなわち消費者の間でまだ知られていない財貨，あるいは，新しい品質の財貨の生産（新商品の生産）．
② 新しい生産方法，すなわち当該産業部門において実際上未知な生産方法の導入．これはけっして科学的に新しい発見に基づく必要はなく，また，商品の商業的取り扱いに関する新しい方法をも含んでいる（新生産方式の導入）．
③ 新しい販路の開拓，すなわち当該国の当該産業部門が従来参加していなかった市場の開拓．ただし，この市場が既知のものであるかどうかは問わない（新市場の開拓）．
④ 原料あるいは半製品の新しい供給源の獲得．この場合においても，この供給源が既存のものであるか——単に見逃されていたのか，その獲得が不可能とみなされていたのかを問わず——あるいは，初めて作り出さねばならないかは問わない（原料・半製品の新供給源の獲得）．
⑤ 新しい組織の実現，すなわち独占的地位（たとえばトラスト化による）の形成，あるいは，独占の打破（新組織形態の実現）．

新結合を行う企業は，従来の慣行を行っていた企業と同一のこともあるが，むしろ，旧来の企業と並んで現れるものである．なぜなら，旧いものは概して自分自身のなかに新しい大躍進を行う力をもたないからである．たとえば，鉄道を建設したものは一般に駅馬車の持ち主ではなかったのである．そして，旧軌道を淘汰・破壊して新結合が新しい軌道を確立していく過程を，「創造的破壊」と Schumpeter（1950, p. 83；邦訳，p. 130）は呼んだ．

■ コラム5

「とりあえず，できるところからやれ」と言ってはいけない

　「ああでもない」，「こうでもない」という議論ばかりしていて，実際の行動になかなか移らない場合に，「とりあえず，できるところからやりましょう」と言うと，それは積極的で好ましい態度とみなされることが多い．

　しかし，本当に好ましい態度なのであろうか？　どうも腑に落ちない．そこで，これを考えるために，次のようなおとぎ話を作ってみた．

　ある村で，月に行きたいが，どのようにして行ったらよいのかを議論して考えていた．しかし，なかなか良い方法が出てこない．

　このとき，ある人がこういった．「議論していても始まらない．とりあえず，できることをやろう．まずは，この家の屋上に塔を建てよう．そうすれば少しは月に近づくから」．何人かは，なるほどと思い協力して塔を建てた．協力作業は楽しかったし，少し月に近づいて嬉しかった．

　他の人たちもそれをみて言った．「自分たちも，隣の家にもっと高い塔を建てよう」．

　こうして，いくつかのグループがお互いに競い合って自分たちの塔を建てだした．お互いに自分たちのほうが1mは高い，いや1.5mだとかいって競い合った．グループ内での団結力は強まった．グループ間での競争は，一見村に活気を与えたそうだ．

　考えることに耐えられず，つい動き出してしまう．つい，他人に早く動けといってしまう．実際に動けば他人と協力して行う作業は楽しいし，皆と一緒に何かやった気になる．

　同じ軌道のなかでの改善作業ならこれでよいかもしれない．しかし，いままでとまったく異なるところへ行くのに，つまり，イノベーションを起こすのに，これで行けるのだろうか？

　時代はさかのぼり，現代の技術系企業の研究所に行ってみた．多くの研究グループが，それぞれ忙しそうに活発に動き回っていた．お互い「研究成果」を日々出しては，自分たちのほうの性能が5%は良い，いや，5.5%だと言って競い合っていた．そして，研究所長は，できるところからどんどん研究をしていく活性度の高い研究員たちだと目を細くしていた．

　これは，どこかでみた風景と同じではないか．おとぎ話の村を思い出した．

(b) **Schumpeter** の企業家像

創造的破壊を起こす企業家として，Schumpeter は，たとえば次のような像を描いている（Schumpeter, 1926, 邦訳（上），pp. 161-248）．

［軌道変更（イノベーション）の動機］

イノベーションを起こそうとする動機は私的な帝国（王朝）を建設しようとする夢想と意志，闘争に勝つ勝利者意志，さらに，創造の喜びである．

［慣行の軌道と新軌道への変更の違い］

慣行の軌道では，そこで活動する人は自分の地盤を確信しており，さらに，慣行の他の要素とのもちつもたれつの関係を土台にして，「潮流」に従って泳ぐことが可能で迅速かつ合理的である．つまり，それまでの自分自身の知識と経験だけで充分である．ところが，軌道を変更しようとすると，「潮流」に逆らって泳ぐことになる．このとき，以前は支柱であったものがいまや障害となり，熟知していた与件に替わっていまや未知のものが登場してくる．こうして，常軌の活動の限界にきたときに多くの人は立ち往生する．

このように，新軌道への変更と慣行軌道での活動との違いは，あたかも1つの道路の建設と，1つの道路の歩行が異なるがごとくである．道路を新しく建設することが単に歩行回数を増やすことと同じでないのと同様に，イノベーション（新規道への変更）の遂行は慣行的な結合の反復と比べて単に程度の差をもつにすぎないような過程ではない．

［軌道変更（イノベーション）の困難と克服］

軌道外に出ると，決断のための与件や行動のための規則がなくなる．したがって，推察と洞察で，計画を練らねばならない．しかし，慣行軌道の計画に比べれば，質的にも量的にも大きな誤謬を含むだろう．このような計画を練るとき，自分の胸中においてすら慣行軌道の諸要素が浮かび上がり，成立しつつある計画に反対の証拠を並び立てるようになるだろう．これを克服するには，日常的必要を超える大きな力の余剰を前提に，意志の新しい違った使い方が必要となる．

［直面する抵抗］

軌道を外れると社会環境からの抵抗を受ける．まず，新しいものに脅かされる集団からの抵抗，ついで，一般世人の協力を得ることの困難さ，最後に消費者を惹き付けることの困難さに出合う．

以上のような Schumpeter が述べた企業家像と，いまの自分自身の日々の活動の状況とを比べてみることで，自分が果たしてイノベーションを起こす過程にいるのか，あるいは，単に慣行軌道のなかで容易な道を歩んでいるのか，その区別をチェックをすることができるであろう．

(2) Drucker の捉え方

(a) イノベーションとマネジメント

Drucker はマネジメントに関する多くの優れた著作を著している．それらのなかで企業の基本機能は，マーケティングとイノベーションの2つだけであると言い，イノベーションとは「より優れた，より経済的な財やサービスを作ること」と述べている (Drucker, 1954, pp. 37, 39)．

Drucker は，Schumpeter を高く評価する一方で，自らの20年以上にもわたるイノベーションの観察・研究・助言の成果をまとめ，イノベーションと企業家に関する著書 (Drucker, 1985) を出版した．そこには，次に述べるように具体的な示唆を多く含んでいる．

イノベーションとは，従来とは違う新しく価値ある事業やサービスを起こすことであり，それを行う企業家の責務は Schumpeter が明らかにしたように「創造的破壊」である．それは，生産性が低く成果の乏しい分野から，成果の大きな分野へ資源を動かす．成功しないかもしれないというリスクはあるが，しかし，多少とも成功すれば，それはいかなるリスクを相殺しても余りある．イノベーションの可能性がある場合，既存の分野に留まってそこでの最適化をはかろうとすることほどリスクの大きなことはない (Drucker, 1985, pp. 26-29) という．

一般にマネジメントとは，目標と現実との差を察知して，その差を縮める施策を行うことを意味する．しかも，多くの場合は，人，もの，金の「量」

の増減の調整が多い．これは，じつは，従来からの慣行の軌道内にいておおよそのことは想定された範囲に収まるということを暗黙の前提にしている場合のものといえよう．

しかし，イノベーションは軌道の変更であるので，新軌道がどこにあり，また何であるかを決めなければならない．これは，一般のマネジメントとかなり異なる側面といえる．さらに，新しい軌道への移行は，Schumpeter (1926, 邦訳, p. 210) が言うように，流れに逆らって川を上るようなもので，従来のように流れに従って川を下るのとは大きな違いがある．

イノベーション・マネジメントとは，このようなことを上手に行うための方法論といえるが，Drucker (1985, pp. 34-35) によると，この理論はいまだ構築されていない．しかし，イノベーションの機会をどこに探すべきかは分かるという．それは，変化のなかに機会を探すことである．イノベーションのなかにはそれ自体が大きな変化だというものもあるが，多くの成功したイノベーションは，単に変化を利用したものが多いからだ．このような変化をもたらすものは，次の7つであるという．

① 予期しないこと（成功，失敗，外部の出来事）の生起
② 現実と理想との不調和
③ 仕事改善のニーズ
④ 産業構造や市場構造の変化
⑤ 人口構造の変化
⑥ ものの見方，感じ方，考え方の変化
⑦ 新しい知識の出現

上記のように言われてみると，じつはイノベーションの機会は，いたるところに存在していることが分かる．では，この機会をどのように捉えればよいのであろうか．これについても，Drucker は次項に紹介するようにいくつもの指針を与えている．

(b) Drucker の企業家像

Drucker（1985, pp. 139-140）は，イノベーションを起こす人に関して次のような逆説的な興味深い指摘をしている．

- イノベーションにはもちろんリスクが伴う．だが，パンを買いにスーパーマーケットまで車を運転することもリスキーではないか．あらゆる経済活動は，その定義からして，リスクが伴うものだ．そのなかで，昨日を守ること，すなわちイノベーションを行わないことのほうが，明日を創ることよりもはるかに大きなリスクを伴う．
- 成功したイノベーターを大勢知っているが，リスク志向の人は1人もいない．
- 成功したイノベーターは保守的である．彼らは保守的たらざるを得ない．彼らはリスク志向ではない．機会志向である．

既存企業でイノベーションを起こすことに関して，Drucker（1985）は，たとえば，次のような指摘をしている．

［企業家精神］（Drucker, 1985, p. 26）
　企業家精神とは，すでに行っていることをさらに上手に行うことではなく，まったく新しいことを行うことである．

［既存企業における企業家精神］（Drucker, 1985, pp. 148-149）
　障害は成功している既存事業にある．既存の事業が優先されるのは当然だからである．新事業は成熟している事業の規模や成果で及ばないだけでなく，とるに足りなく，そして，将来性もたしかではないようにみえる．したがって，成功するためには，最初は小規模で単純な形で始めなければならない．

［イノベーションを日常化せよ］（Drucker, 1985, p. 151）
　「イノベーションに対する障害をどのように克服するか？」はよく聞かれる質問であるが，じつはそれは間違った質問である．正しい質問は「どのよ

うにしたら，イノベーションを当然のこととし，それを望み，それに向かい，そのために働くようになるか？」である．イノベーションを特別なものとしないで，ルーティーン業務とはいわないまでも，日常のなかに取り込まなければならない．

［廃棄の制度化］（Drucker, 1985, p. 151）
　イノベーションを日常化するための方法は，廃棄の制度化である．不要になったもの，陳腐化したもの，生産的でなくなったものを体系的に廃棄する必要がある．約3年ごとに，製品，プロセス，技術，市場，販売チャネル，スタッフ活動について，「いまからでもこれを手がけるか？」と問うて，もし「ノー」が答えなら，「何か手はないか」ではなく「それをやめるには何をすべきか」を考えなければならない．

4.2　イノベーション研究の概要

　イノベーションはどのような過程で発生するのか，あるいは，イノベーションには種類があるのかなどを対象とする研究（「イノベーション研究」と呼ぶ）がある．本節では，これらの基本的な流れを第2次世界大戦後から1990年代初頭にかけて振り返っておこう．これは，次節以降でイノベーションに関する今日的課題を議論する際の基礎的知識となるであろう．

(1)　イノベーションの発生過程

(a)　単方向単純モデル
　第2次世界大戦後から今日にいたるまで，イノベーション発生の過程は時代の背景と要請に従って変遷してきたと考えられる．それを，イノベーションの研究者たちは観察し分析してモデル化してきた．またそれらを，歴史的に整理した研究も登場してきた．そのなかから，ここでは，Rothwell（1992）やDodgsonら（2005, pp. 26-36）の整理・分類法に基づいてイノベーションの発生過程の考え方の変遷をみてみよう．
　初期のころは，何が源泉となってイノベーションが起きるのかに関心が集

中した．その結果，イノベーションの発生過程モデルは，単純な一方向で表現された．最初は科学がイノベーションを押し出すという意味で「サイエンス・プッシュ（science push）」モデルが登場し，ついで，市場（マーケット）がイノベーションを引っ張るという意味での「マーケット・プル（market pull）」モデルが登場した．

［サイエンス・プッシュモデル］（第1世代：1950年代）

　アメリカは第2次世界大戦時下に，戦時研究開発体制を構築した．それは，非常事態のゆえに最先端の科学技術を最大限軍備開発に注ぎこむ体制であった．この体制構築にもっとも重要な働きをしたのがBushである．1940年当時Bushは，MITの副学長を務めた後，カーネギー研究所所長なども務めており，科学界に大きな影響力をもっていた．Bushは第2次世界大戦後も，同じような考え方でアメリカの科学技術政策を方向付けた．それが如実に表れているのが1945年の大統領宛報告書（Bush, 1945）で，Bushは基礎研究に対する連邦政府援助の野心的な計画を述べている．これは，1950年の全米科学基金（NSF: National Science Foundation）の創設へとつながることとなる（Mark and Levine, 1984, 邦訳，pp. 47, 59）．

　村上（1999）によると，Bushの考え方の基本は，近代国家としての健康，繁栄，安全は科学の進歩抜きには考えられないとして，科学というものは科学者の好奇心を満足させるものというそれまでの性格から，最終的には国家の繁栄のために応用されるべき宿命をもち，国家による動員が当然のものとなるというものであった．

　上記は，国家予算を科学技術研究（たとえば，原子力，宇宙など）に投資し，それがイノベーションを生むという意味で，イノベーションのサイエンス・プッシュモデルである．1950年代はこのモデルで理解できる時代であった．この時代の科学技術政策やマネジメントの課題は，いかに研究開発予算を確保しさらに増大させるかにあった．このような研究開発の結果は企業へと波及し，それがイノベーションを起こす大きな源泉であると考えられた（Dodgson et al., 2005, p. 32）．

［マーケット・プルモデル］（第 2 世代：1960 年代）

　1960 年代になると，消費者向け製品の製造企業はマーケティングが企業戦略にとって重要であることを認識するようになった．たとえば，乗用車の安全性についての消費者運動の盛り上がりによって，消費者こそが商品を選択するのだということの重要性に気付かされることになった．1968 年に発表された Illinois 工科大学でのイノベーション研究（TRACES プロジェクト）によると，重要なイノベーションに及ぼす大学や政府機関の科学研究の寄与は少なかった．研究者たちはこのような時代のイノベーションの発生過程は，マーケット（市場）がイノベーションを引っ張るという，マーケット・プルモデルで表現できると考えた．イノベーションを起こすための課題は，市場の需要を予測しそれに従って企業の研究開発を計画・投資することにあった．そして，研究開発は顧客（市場）の需要に対応してなされるべきと考えられた．また，科学者の好奇心に基づいて行われる科学研究がイノベーションに与える影響は二次的であると考えられた（Dodgson et al., 2005, p. 33）．

(b)　双方向複雑モデル

［カップリングモデル］（第 3 世代：1970 年代）

　1970 年代になると，イノベーション研究はさらに進展した．イノベーション源泉の議論（何がイノベーションを押し出し，何がイノベーションを引っ張るのか）から，それまでブラックボックスとして扱われたイノベーションを起こす現場である研究組織のなかの活動に調査・研究の目が向けられるようになったのだ．とくに，そこにおける情報の流れや，研究とマーケットとの間のフィードバックのメカニズムの研究が注目を集めるようになった．たとえば，Allen（1977）は，10 年以上もかけた実証研究を基に，組織のなかで科学技術と市場との間に情報をコミュニケートすることの必要性を強調し，それを行うゲートキーパー（technological gatekeeper）という役割の重要性を明らかにした．こうして，科学技術と市場の情報をそれぞれに効果的にフィードバックすることと，双方向のコミュニケーションの重要性が認識されるようになった．それまでのサイエンス・プッシュの方向と，マーケット・プルの方向という 2 つの逆向きの流れを組み合わせる（カップル）という意味で「カ

ップリングモデル」が Kline and Rosenberg (1986) らによって作られた．ここでのイノベーションの課題は，組織内外で科学技術と市場の情報をいかに効果的にコミュニケートさせるかにある (Dodgson *et al.*, 2005, pp. 33-34)．

[統合 (integrated) モデル] (第4世代：1980年代)

1980年代になると，日本の製造業の成功がイノベーション研究に大きな影響を与えた．Womack and Roods (1990) は自動車産業の国際調査の結果，日本の自動車業界では研究，開発，製造，販売での情報の流れがこのような順序ではなく並行して密接に関連し合っており，さらに，顧客や部品の提供業者も積極的に新製品開発に関わっていることがイノベーションに有利に働いていると発表した．そして，日本企業が採用している手法にも注目が集まった．たとえば，QC サークル (quality circles)，改善 (continuous improvement)，看板方式 (workflow management)，ジャストインタイム方式 (just-in-time delivery systems) などである．日本の製品開発プロセスは，いろいろな人たちが共通の目的に向かって種々の技能を同時に働かせるというラグビーチームモデルであり，これは西洋のように人々の働きがリレーレースのように順番に働くのとは違うと指摘した Takeuchi and Nonaka (1986) の論文は注目された．また，この時代は大規模な共同研究プロジェクト (たとえば，日本の第5世代プロジェクト，イギリスの Alvey プログラム，ヨーロッパ共同体の ESPRIT プログラム，アメリカの SEMATECH) も行われるようになった．このような状況をふまえて，イノベーションの「統合 (integrated) モデル」が提唱された．これは，それ以前のカップリングモデルに比べると，組織内の情報の流れが，研究，顧客に加えて，さらに，部品提供業者，協同者も含む複雑なものとなっている (Dodgson *et al.*, 2005, pp. 34-35)．

[システム統合とネットワーキング (system integration and networking) モデル] (第5世代：1990年代以降)

1990年代になると，多くの人々が関係し合ってさらに複雑な過程となる．組織内では，知識マネジメントが注目されるようになってきた (なお，本書においては第8章で知識マネジメントを詳細に扱う)．また，インターネットの活

用によって組織内外の連携が重要となってきて，4.4節で議論するオープン・イノベーションも登場してくる（Dodgson et al., 2005, p. 36）．

以上概観してきたように，イノベーション研究は単純なモデル形成からしだいに，イノベーションの現場の種々の活動も研究対象にした本格的なものへと発展してきた．その後の今日における主要な議論は4.3節以降で詳細な検討を行う．しかし，その前に，本4.2節の(2)において，従来研究で言及されてきたイノベーションの種類などの説明を簡潔にしておこう．

(2) イノベーションの種類

(a) イノベーションの分類論

イノベーションとは，Schumpeter (1926, 1950) によれば，軌道の変更であり，また，創造的破壊である．本書でもこの考え方を支持し，それを基調とする．しかし，「イノベーション研究」，「イノベーション論」などといわれる分野では，じつは，いろいろな考え方，主張が混在していて，イノベーションそのものについても，種々の着目点からの分類がされている．ここでは，そのなかから代表的と思われるものを簡単に紹介する．

[ラディカル（**radical**）とインクリメンタル（**incremental**）]

変化の度合いに着目して，主として2つに分類する．1つは急進的（全面的）な変化を起こすもので，ラディカル・イノベーションという．一方，徐々に変化を起こすものをインクリメンタル（漸進的）・イノベーションという（Freeman, 1974）．なお，本書ではこれと関連する議論は4.3節でも取り上げる．

[連続（**continuous**）と非連続（**discontinuous**）]

変化の連続性に着目して，主として2つに分類する．1つは連続して変化を起こすもので連続イノベーションという．一方，非連続なものを非連続イノベーションという（Tushman and Anderson, 1986）．

なお，同じような概念であるが，持続（sustaining）と破壊（disruptive）と

■ コラム 6

インクリメンタル・イノベーションという誘惑に気を付けよ

「こつこつとした努力も積み重ねれば大きな成果となる.」
インクリメンタル・イノベーションとはこのことだという人がいる.

しかし,Schumpeter は言うだろう.これはイノベーションではない.非連続的に別の軌道へ移行していないからだと.

どうしてこのようなことになってしまったのだろうか? それは,次のような経緯と考えられる.

偉大な発明や発見でも,ビジネスに結び付かないで儲からなければ意味がない.だから,「このなかで大きく儲かったもの」だけをイノベーションと言おうとの主張がでてきた.経営学者のなかではかなり一般的な考え方といえる.

それが,いつしか「大きく儲かったもの」がイノベーションとなってしまった.そして,そのなかで,こつこつと改良してきたものをインクリメンタル・イノベーションと呼ぶことにしたというわけだ.

ひと山狙うことより,地道な態度が好まれる社会では,こつこつとした小さな努力を続けることのほうが受け入れられやすい.その態度自体が好感をよぶのだ.

いいではないか,言わせておこう.けれども,実践の現場では気を付けなければならないのだ.

現場では真のイノベーションを起こそうとしているのだろう.そのとき,いままでのことを,こつこつやっていってもよいなどと勘違いしたらもう終わりだ.たぶん,たいしたことにはならないだろう.

Schumpeter も言っていたではないか.イノベーションを目指すときは,いままでの経験と知識が役立たなくなり,逆流にさからって苦しいと.野心と冒険と挑戦心が必要なのだと.

この場合のマネジメントも,それ用のものにしなければならない.そこをなんとか工夫しなければならない.もちろん,結果的に改善に終わることも多いであろう.それはしょうがない.でも初めから,あきらめてはいけない.そうさせてもいけない.

いう言葉を Christensen（1997）は用いて，やや異なる観点から興味深い議論を展開した．これに関しては本書では，4.5節で詳細に取り上げる．

[製品（product）と製造（process），および，サービス（service）]

どこにイノベーションが起きるのかに着目して，主として2つに分類する．1つは製品であり，他方は製品を製造する設備・装置などの製造過程である．この両者の関係について，Utterback（1994）は次のような指摘をしている．

ある製品が世の中に登場してくる初期の段階では，多種多様な製品仕様の間での競争である「プロダクト・イノベーション」が起きる．そのうち，市場の支配を勝ち取った仕様〔デザイン〕が出現する．これを，ドミナント・デザインという．これ以降になると，いかに効率良く製造するか，すなわち「プロセス・イノベーション」の競争となるという説である．

なお，商品がサービスとなると，以上の2分類では議論が困難になり，サービス・イノベーションの議論が必要となる（Barras, 1986）．サービスとは，「生産と消費が同時期」で「提供者と顧客との相互作用」に特徴があるので，ある意味では製品と製造の2つの要素を同時にもつようになるなどの新しい側面を議論する必要がでてくるからである．これに関して，本書では，8章の8.7節「サービス・サイエンスの登場と展開」で議論する．

[部品（modular）とアーキテクチャー（architecture）]

新製品や新システムを考案する場合，構成要素である部品に着目するか，あるいは，大きなシステムやアーキテクチャーに着目するかで分類する（Henderson and Clark, 1990）．システムレベルのイノベーションは，部品レベルのイノベーションより普通は起こりにくいが，それが起きれば大きな影響を与えると考えられる．

[オープン（open）とクローズ（close）]

イノベーション発生の場所，あるいは，イノベーションを起こす人たちに着目して，2つに分類する．1つの組織で起きるものをクローズド・イノベーションといい，外に開かれて多くの組織や人たちも巻き込んで起きるもの

をオープン・イノベーションと呼ぶ (Chesbrough, 2003). これに関しては，本書では 4.4 節で詳細に取り上げる．

[国 (**national**), 地域 (**regional**), クラスター (**cluster**)]

イノベーションの発生の場所をさらに巨視的に捉えた分類である．国のレベル (Lundvall, 1992 ; Nelson, 1993)，地域レベル (Cooke and Morgan, 2000)，クラスターレベル (Porter, 1990) などがある．これらは，主として国や地域の産業政策の観点からの議論が中心となっている．

(b) 技術パラダイム変化論

日本の工業力はエレクトロニクスや自動車の分野を中心に 1980 年代に飛躍的に発展した．その時代の日本における統計データと代表的事例を観察することで，児玉 (1991, pp. 3-37) は次に紹介するような「技術のパラダイム」の変化を直視することの必要性を 1990 年代初頭に指摘した．

[企業形態が「製造業」から「創造業」へ]

製造業のそれまでの考え方は，最新の設備を使って，高品質の製品をできるだけ安価に作り出す人間集団というものであった．しかし，ハイテク関連のいくつかの企業において，研究開発費のほうが設備投資額を上回った．このことは，製造業が「生産する集団」から「考える集団」に変身していることを示している．

[事業形態が「単一技術」から「多角的技術基盤」へ]

それまでは，1 つの事業には 1 つの技術基盤が対応していた．しかし，このような対応は通用しなくなった．事業について，「単一技術基盤」から「多角的技術基盤」へという変化が起きた．

[研究開発が「同業者」から「見えざる敵」へ]

業種の枠を超えて革新的な技術が生み出されてくるようになった．つまり，競争相手はそれまでのように「同業他社」ではなく，まったく異なる業種の

企業，まさしく，「見えざる敵」になってきた．

［技術開発が「線形思考」から技術の「需要表現」へ］
　この時代の技術開発は，もはや技術的なボトルネックの解消が問題ではなく，技術をどのように使うかが問題となる．すなわち，技術開発需要の「明確化過程」が重要となった．

［技術革新が「技術突破」から「技術融合」へ］
　技術革新とは技術の壁を突破することにより生起するといわれてきたが，この時代は異種類の技術が融合することで派生してくるようになった．

［技術普及が「技術革新」から「制度革新」へ］
　技術の普及速度の決定要因が「技術的」なものから「社会的」なものへと移行してきた．つまり，社会への広範な普及には，社会制度の変更を伴うことが必要となってきた．

［国際協力が「費用分担」から「オプション分担方式」へ］
　1つの方法・目標（オプション）を決めて，その費用や仕事を分担するというような国際協力のやり方ではなく，可能な科学技術的オプションを探索しつくすことを目標とすべきと提案している．

　本 4.2 節では，以上のように 1990 年代初頭ごろまでのイノベーション研究の概要を述べてきた．次節以降では，今日議論されているいくつかの課題と将来に向けての展望を検討しよう．

4.3　大企業でのラディカル・イノベーション

　イノベーションを起こすには大企業が適しているのだろうか．それとも，ベンチャー企業が適しているのだろうか．さらには，大企業でイノベーションを起こすにはどのようにしたらよいかは，もっとも今日的な議論の1つで

ある．まず，Schumpeter と Drucker の問題意識と議論を紹介し，ついで，アメリカの Rensselaer 工科大学の実証研究をもとに，本節では大企業でのイノベーションのあり方を考察しよう．

(1) 大企業とイノベーション

(a) Schumpeter の指摘

塩野谷 (1998, pp. 182-183) は，Schumpeter が描く人間像を次のような趣旨で説明している．一般の経済学は財の世界を描けば充分であるが，Schumpeter は人間像を経済モデルの中心に据えた．なぜなら，経済発展は革新によって起き，その担い手は企業家だからである．Schumpeter は革新を生み出す人間類型を「指導者」と呼び，指導者論を当時の社会学ないし哲学的思想から学んだ．この「指導者」は新しいことを行う人間であり，慣行的行動をくり返すにすぎない平均的な多数派の人間類型とは異なる．人々は新しいことを行う際に，さまざまな危険や抵抗や逡巡に直面するが，これを克服して創造的なことを行う人間は，先見性と独創力に富み，決断力と実行力にあふれた少数の人に限られる．

実際に Schumpeter は，4.1 節 (1) (b) で述べたように，このような生き生きとした企業家像を描いている．そして，同時に，新結合を行う企業は，従来の慣行を行っていた企業と同一のこともあるが，むしろ，旧来の企業と並んで現れるものである．なぜなら，旧いものは概して自分自身のなかから新しい大躍進を行う力をもたないからである (Schumpeter, 1926, 邦訳（上），pp. 183-184)，と述べていた．したがって，イノベーションの担い手は，エリート層（指導者層）の新企業であると考えることができよう．

ただしここで，見落としてはならないのは，Schumpeter は「革新，すなわち，新結合を行うためには生産手段の支配が必要である」(Schumpeter, 1926, 邦訳（上），p. 187) と述べ，そのために資本家の役割の重要性を指摘している点である．つまり，「新結合は既存の結合と違って，既に流入しつつある収益によってまかなうことは出来ないから，新結合を遂行しようとするものは，貨幣或いは貨幣代替物についての信用を求め，これによって必要な生産手段を購入しなければならない．このような信用を供与することは明ら

かに『資本家』と呼ばれる範疇の経済主体の機能である」(Schumpeter, 1926, 邦訳（上），p. 188).

　Schumpeter は，やがてイノベーションにおける独占企業（大企業）の重要性を強調するようになる（Schumpeter, 1950, 邦訳，pp. 135-138）．これを，塩野谷（1998, p. 216）は，次のように記述する．「技術開発には膨大な費用がかかり，しかも不確実性に伴う危険が巨大化する．そのため開発利益の確保のためには，企業が市場支配力を持つことが望ましい．これが，今日，シュンペーター仮説と呼ばれるものである.」

(b)　Drucker の指摘

　既存企業，とくに，大企業に対して，Drucker (1985, p. 144) は次のように述べている．大企業は企業家としての能力を身に付けない限り，急激な変化とイノベーションの時代を生き抜くことはできない．Schumpeter の時代と違い，現在大企業の「創造的破壊」は，それだけでは，雇用面，金融システム面，社会秩序面，そして政府の責任の面などにおいて深刻な社会的脅威を招きかねない．既存の大企業は，変化して生き延びていかなければならない．それは，企業家として成功するための方法を学んで初めて可能となる．

　さらに，Drucker (1985, p. 144) は，ある程度の規模がある既存の企業こそが，企業家的なリーダーシップを発揮できる可能性がもっともあるという．それは，必要な資源，とくに人的資源をもっているからであり，マネジメント能力も確保しており，さらに，マネジメントチームも作り上げているからである．このような既存企業こそが，効果的なイノベーション・マネジメントを行う機会もあり，また，行う責任もあるといえる．

　Drucker (1985, pp. 148, 150) の指摘をもう少しみてみよう．古くからの多くの大企業をみると，ある分野ではイノベーションに成功し，ある分野では失敗していることが分かる．問題は規模の大きさではない．イノベーションはいかなる企業においても実現できるが，そのためには，意識的な努力が必要である．たとえば次の4つが重要であるという．

　① 変化を脅威でなく機会とみなす組織を作ること．そうできるような組

織や風土を構築し運営するマネジメントの施策を行う．
② 企業がイノベーションをどの程度実行しているかを，体系的に測定・評価する．
③ イノベーションを可能とするために，組織構造，人事，動機付けや報酬について特別なマネジメントの施策を行う．
④ イノベーション・マネジメントで，行ってはいけないことを知る．

(2) Rensselaer 工科大学の実証研究

(a) 第1期 (1994-2000)

既存の大企業がいかにラディカル・イノベーションを実施しているかを明らかにする目的でアメリカ Rensselaer 工科大学の O'Connor らが "Rensselaer Radical Innovation Research Project" と呼ばれる研究を行った (Leifer et al., 2000)．Sloan 財団の資金を得て，IRI (Industrial Research Institute : Fortune 500 企業の研究・開発マネジャーで構成される専門家協会) の協力のもと 1994 年に開始され 2000 年まで行われた．

ここでは，ラディカル・イノベーションとは，企業，または市場にとって新規性のある事業であるとした．この場合，新規性とは，製品，または製造プロセスのいずれかにおいて，従来にない性能特性をもつもの，あるいは，既知の性能特性であっても，5倍以上の性能改善，あるいは，30% 以上の費用削減効果のあるものとしている (Leifer et al., 2000, p. 5)．この定義を用いて調査研究すべきプロジェクトを選定したという．

この研究は，既存の 10 の大企業の 12 プロジェクトを対象に参与観察したものである．このなかには，Texas Instrument のデジタル光 MEMS デバイス，IBM のシリコン・ゲルマニウム・デバイス，Du Pont の生分解ポリマーなどが含まれる．

その結果，インクリメンタルでなく，ラディカル・イノベーションを促進するための5つの方策をまとめた (Leifer and Rice, 1999)．

① 画期的なアイデアを出すことを経営層が奨励する．
② 現場の研究マネジャーが，イノベーションの機会を察知できる能力を

高める．
③ 初期の段階に見込みあるプロジェクトを評価・選択できる仕組みを構築する．
④ 初期の段階に既存組織から隔離保護するインキュベーション機構を設置する．
⑤ 経営層が個性ある個人の活躍を支援する仕組みを構築する．

O'Connor ら (2000) は，ビジネスモデル構築に関連して次のようなことも見出した．

- 市場が受け入れやすいビジネスモデルを真剣に求めていくと，企業が慣れているビジネスモデルから異なるものになる．
- ラディカル・イノベーションが失敗するのは，市場の準備が整っていないからではなく，企業が市場を開拓しないからだ．
- ラディカル・イノベーションを最初に参入する市場を選定する基準は，一般の事業の場合の基準とは異なってくる．つまり，最初の市場は予想以上に小さいものとなる．最初から「キラー商品」はない．

(b) 第2期 (2001-2005)

第2期の研究プロジェクトは，2001年に12の企業を対象にして開始され，2005年までの期間で行われた．対象企業は，3M, Air Products, Albany International, Corning, Du Pont, GE, IBM, J & J Consumer, Kodak, MeadWestvaco, Sealed Air, Shell Chemicals が含まれる．この研究の途中経過として，次のようなことを明らかにした (O'Connor and Ayers, 2005)．

- ラディカル・イノベーションのための組織構成は企業によって異なった．
- 社内に "big idea" がないことが問題であり，このために，企業内でワークショップやアイデア出しの会議を開催したりした．また，企業外にもアイデアを求めた．
- いくつかの全社研究所の役目は，企業を一新する，つまり「ゲームのル

ールを変えるような」ラディカル・イノベーションの開発であった．そこには，探索研究グループと並んで，新しい市場を担当する探索マーケティンググループを設置していた．このグループは，R＆Dの研究成果をもとに新ビジネスのためのプロポーザルを書いて，それをまずは「ベンチ（bench）」に登録した．これを実行できる人材がそろったときに，そのプロポーザルはベンチから「活性化」されたと呼ばれた．この方式の長所は，ただちに実行に移されない研究に「失敗の烙印」を押さないことができるところにある．
・ラディカル・イノベーションには，次の3種類の能力が必要である．それらは，それ自身として効果的に行われなければならないが，同時に，3者の間の移行とインタフェースは上手に実施されなければならない．

① 発見能力：機会の創造と明確化のためのコンセプト化能力
② 孵化能力：機会をビジネス案に変える実験試行能力
③ 加速能力：ビジネス案を離陸させる商業化能力

イノベーションは新しい小さな企業から生まれるだろうとの考え方もあるなかで，本節では，大企業におけるイノベーションを検討してきた．規模の大きさが問題なのではないとのDruckerの指摘や，Rensselaer工科大学の実証研究をみると，いかなる企業でも，イノベーションなくしては生き残れないとの自覚のもとに有効なマネジメントを実施することが重要で，そして可能であることが分かる．

4.4 オープン・イノベーション

社会の流動化が進展するに従い，企業組織の枠を超えて科学技術者やアイデアなどの経営資源を活用するというオープン・イノベーションという形態が登場してきた．本節では，その登場の経緯を述べ，基本的な考え方を吟味する．
さらに，オープン・イノベーションのいくつかの盲点を明らかにし，それ

もふまえて，将来に向けての展開の方向も探る．

(1) クローズとオープン

(a) クローズド・イノベーション

オープン・イノベーションを提唱した Chesbrough (2003) は，まず，クローズド・イノベーションの特徴とそれが衰退していく様子を，以下に要約するように述べている (Chesbrough, 2003, pp. xvii-xxiv)．

クローズとは自社だけで研究開発と販売を行うことを意味する．これは，従来からの一般的な企業のモデルであるが，後に，自社の枠を超えて活動の範囲を広げる企業活動が登場しこれをオープンと呼ぶことにするので，このオープンに対応させて対としての名前を付けたものである．

自社だけでイノベーション（ここでは，発明を市場に出すこと）を行うことをクローズド・イノベーションという．これが行われるには暗黙のルールがあり，そのいくつかは以下のようである．

- 業界でもっとも優秀な人材を雇うべきである．
- 新しい製品やサービスを市場に出すためには，自ら発見と開発を行わなければならない．
- もし自ら新製品の芽を発見できれば，最初に市場に出すことができる．
- 最初に市場に出すことができた企業は勝つのが普通である．
- 研究開発投資で業界をリードできれば，多くの最良のアイデアをみつけることができ，その結果，市場でもリードできる．
- 競合他社が利益を得られないように，自社の知的財産を管理しなければならない．

ところが，20世紀も終わりのころになると，いくつかの要因が絡み合ってクローズド・イノベーションの土台が緩んできた．まず，次の2つの要因，

- 優秀な熟練技術者の流動性が高まった．すなわち，彼らは長年働いた企業を退職して，それまで働いた経験に基づいて蓄積した貴重な知識を新

しい職場にもっていくようになった．
・教育訓練を受けた多くの人材が大学や大学院から生み出されるようになった．

は，もはや，技術的知識が大企業の中央研究所だけに独占されず，多くの産業の大小すべての企業に行きわたってきたことを意味した．

また，ベンチャー企業を支援するベンチャーキャピタルが重要な役割を果たすようになってきた．大企業でブレークスルーを見出した科学技術者は，所属する会社がそれを実行に移さない場合には，自らがベンチャー企業を起こして商業化するという選択肢も出てきた．さらに，新しい企業のなかには，外部の技術を商業化することで発展する企業もめずらしくなくなった．

さらに加えて，国際的な競争の激化と，製品の開発期間短縮化の波が押し寄せ，クローズド・イノベーションを進めていた大企業の非効率さが目立つようになった．

このような状況のなかで，自ら実施した研究開発投資を商業化にまで結び付けその果実をとるということができない企業がでてきた．

その一方で，他社の研究開発の成果をうまく商業化に活用して成功した多くの企業は，そこから得た利益を自社での研究開発投資に振り向けないところがでてきた．

こうして，クローズド・イノベーションを成り立たせていた暗黙のルールが崩れてくるという事態が生じてきた．クローズド・イノベーションの土台が侵食されるなかで，次に述べるようなオープン・イノベーションが出現してきたのである．

以上のように Chesbrough (2003, pp. xxii-xxiv) は主張した．

(b) オープン・イノベーション

Chesbrough (2003, pp. xxiv-xxvi) は，オープン・イノベーションを次のように説明する．オープン・イノベーションとは，企業の内部と外部のアイデアを結合させて価値を創造することをいう．つまり企業内部のアイデアと外部のアイデアを用いて，企業内部または，外部でそれを発展させ商品化を行う

というものである.

　この場合に,価値を生むビジネスモデルの構築が重要で,これに従って,内部のアイデアと外部のアイデアとを結び付けることになる.ただし,内部のアイデアをビジネスモデルのなかにうまく組み込み,オープン・イノベーションの果実のなかから相当部分を自分のものだと請求できるようにしておく必要がある.

　オープン・イノベーションでは,次のことの理解が重要となる.

- すべての優秀な人材が社内にいるとは限らない.社内と社外とを問わず優秀な人たちと働くことが必要である.
- 外部の研究開発も価値を生む.ただし,成果の配分を請求できるように内部の研究開発も必要である.
- 研究の果実をとるためには,必ずしも自らその研究を始める必要はない.
- 市場に最初に入ることより,優れたビジネスモデルを構築するほうが大事である.
- もし,内部と外部のアイデアをうまく用いることができれば,競争に勝つだろう.
- 知的財産を他人に使わせてそこから収益をあげることや,自分のビジネスモデルを発展させるために他人の知的財産を購入することは必要である.

　以上のように Chesbrough (2003, pp. xxiv-xxvi) は,とくにアメリカでの状況に基づき,オープン・イノベーションの台頭を述べた.実際に,Chesbrough (2003) がケースとしてあげているのは,Xerox PARC, IBM, Intel, Lucent などである.

　次の (2) において,この議論を別の角度から検討して,いくつかの盲点を明らかにする.さらに,それらもふまえて,1つの展開方向を考察したい.

(2) オープン・イノベーションの盲点と新展開

(a) オープン・イノベーションの盲点

たしかに，Chesbrough (2003) が言うように外部のアイデアや知識を有効に用いることは有益であろう．しかし，外部の知識は基本的にすべての企業に平等に開かれているので，当然多くの企業はその活用を目指すということに注意すべきである．そのような状況で，他社との競争に勝つための差別化を生み出す源は，じつは内部の力であることを見逃してはいけない．具体的には，次のような内部の力の働きがきわめて重要である．

- 外部に良いアイデアがあっても，それを正しく評価できる内部の力が必要．
- 外部のアイデアを入手するには，それと交換できる良いアイデアを内部にもつことが必要．
- 良いアイデアのあるところに，外部からの良いアイデアが集まってくる傾向がある．

すなわち，外部からみても魅力的な力を内部にもつことが肝要といえるだろう．

Chesbrough (2003) は既存の技術系大企業から優秀な技術者が外部に流出することを前提にしているが，ここでも，上記のように内部の力が重要であるとの立場に立つと，また別の考え方ができるのである．

- いったん雇われた科学技術者は切磋琢磨し，それまでの企業在籍の経験と実績を活用して，同じ企業でさらにすばらしい働きをすることができるようになる．むしろ，そうできるように，科学技術者の動機付けの工夫を行うなど研究マネジメント体系の再構成を行うべきである．
- 自社の優秀な科学技術者こそが，企業の競争力の源泉との認識をもって技術戦略立案とマネジメントを行うべきである．
- ブレークスルーを見出した優秀な科学技術者が社外に出ることが多いと

Chesbrough (2003) は言っている．しかし，これは，むしろブレークスルーを正しく評価できない内部のマネジメントの責任のほうが大きいといえよう．
・内部の技術を見抜けないマネジャーがどうして，外部の技術だと見抜けるのか．むしろ，外部の技術のほうが情報が限られているので，評価がさらに困難になる可能性が高い．
・たとえば，秘密工場などという工夫をして，アイデアの外部流出を防ぐこともできる．

ここまで考えてくると，結局のところ，Chesbrough (2003) が指摘する外部のアイデアや技術を用いることを視野に入れながらも，しかし，基本は内部の力を強化することが原則であるといえるであろう．

(b) 「セミ」オープン・イノベーションへの新展開

前節で，従来からのクローズド・イノベーションと，新しく登場してきたオープン・イノベーションを検討してきた．さらに，オープン・イノベーションには，実際には盲点があることを明らかにした．

しかしながら，すこし工夫すれば，オープン・イノベーションの長所を生かせるかもしれない．そこで，オープン・イノベーションの基本的考え方を，「外部」の企業という文字通りのオープンではなく，オープンとクローズの中間的な「セミ」オープン環境に適用することをここで提案したい．それは，次のような目的を果たすためである．

・多くの事業部をもつ大企業で，事業部の枠を超え総合力を発揮させるために，全事業部を1つの「セミ・オープン」環境と捉える．
・多くの関連企業をもつ企業グループが，相乗効果を発揮させるために，企業グループ全体を1つの「セミ・オープン」環境と捉える．
・場合によっては，上記の2つをまとめて，1つの「セミ・オープン」環境と捉える．

ここでの着眼点は2点ある．まず第1点は，このようなセミ・オープンでは，完全なオープンと違い，全体としての目標や価値観をメンバーが共有できること（実際に連結決算がある）．第2点は，情報や人の流れが，一応の制約はあるものの，外部企業に比べて柔軟であるため，かなり容易にメンバー間のアイデアや技術を用いることができる点にある．

このように，セミ・オープンという観点から運営することで，大企業や企業グループの長所が生かせることとなるだろう．

じつは，もともと，この目的のために，複数の事業部を1つの企業がもち，あるいは，企業グループが形成されたはずである．しかし，現状は，収支責任を個別に明確にさせ，経営のスピードを上げるという日々の運用が目的という短期的観点からのマネジメントになっていることが多い．

高度技術社会では，長期的に技術の融合や技術の波及をいかに経営に生かすかという技術経営が重要となっている．そこで，事業部間や企業グループの運営方針を，全体としてイノベーションを起こすことに焦点をあて，ここで述べたセミ・オープン・イノベーションを行おうと，メンバー間でベクトルを合わせるのも1つの展開方向であろう．

4.5　イノベーションのジレンマ

本節では，技術系優良企業がどのようにしてその地位を奪われていくのか，そのメカニズムを「持続的技術」と「破壊的技術」という2つの簡単な概念を用いて説明した「イノベーションのジレンマ論」を紹介する．

さらに，この議論の盲点を指摘し，それを克服するひとつの考え方を提示する．

（1）　破壊的イノベーション

（a）　優良企業破滅のメカニズム

「業界のトップにいる企業が，市場と技術のある種の変化に見舞われたときに，どのようにその地位を失うかを取り上げる．しかも，どこにでもある企業ではなく，優良企業の話である」（Christensen, 1997, p. ix）で始まる

Christensen（1997）の本は，次のような興味深い分析をしている．

この分析は「技術開発の進歩のペースは，顧客の使用能力向上のペースより速い」という非常に簡単な命題を大前提としていることに，まず，注意しておく必要がある．これが正しいとすると，企業が次々と改善をくり返して高級で高価なものとして提供してくる技術（「持続的技術」という）について，「もうついていけない，そこまではいらない」と感じる顧客が出現する時点が出てくる．つまり，それらの顧客にとっては，過剰性能や過剰機能の段階である．

するとこの段階で，そのような顧客に対して，比較的単純で，しかも安価な技術（「破壊的技術」という）を提供する企業が登場する．たとえば，1960-70年代にアメリカに進出した多くの日本企業，あるいは，今日，日本に進出してくる多くの韓国や中国の企業などはその好例である．

このとき，良い技術をもつ既存の優良企業はこの破壊的技術を無視するのが常である．それは，破壊的技術が低級品を求める一部顧客向けの単純なとるに足らないものであり，しかも最初のうちはまだ小規模市場で収益性も低いためである．つまり，既存優良企業にとっては，従来通り主要顧客を満足させ収益性が高いであろう高級で高価な技術，すなわち，持続的技術に投資をすることが，自らの資源配分メカニズムに適合した合理的な行動なのだ．また，優良企業の技術者にとっても，出現してきた単純な技術は，低機能で低性能であるのでまともに相手にするほどのものとは感じられないのだ．

このようにして，後から進出してきて破壊的技術を提供する企業に，これを改良させる時間が与えられることになる．あるいは，この技術を適用できる新たな市場を発見させる機会が与えられることになる．そして，しばらくして気が付いたときには，優良企業の技術は，破壊的技術によって追い落とされることになる．これを，「破壊的イノベーション」という．

(b) 何がジレンマか

新古典派経済学の一般的な考え方では，技術変化とともに既存企業が凋落するのは，新技術によって失うものをもっている既存企業は新技術への投資インセンティブが弱いためであると分かりやすい説明をする．さらに，とく

に，企業行動に影響力をもつ外部関与者である主要既存顧客への過剰適応が起きて，結果として技術変化のもたらす機会の喪失につながった場合が Christensen (1997) の議論であると青島 (2003) は指摘する．

　こう言われると，たしかにその通りだ，なるほど当たり前の話なのかと思う．そして，既存優良企業が破壊的技術に敗れていく様子は取り立てて「ジレンマ」という感覚にはならない．

　しかし，技術開発の最前線にいる技術者の立場に立つと別の世界がみえてくる．既存優良企業で技術者は，その分野の最先端の技術者としての使命と誇りに燃え，日夜骨身を削って技術開発の最前線で努力を続けているのだ．この彼らに対して，結局は自分の首を絞めることになると Christensen (1997) はじつに恐ろしいことを言っていることになると解釈できる．

　　優良企業の技術者は，まじめに技術的性能と機能の向上を行って，技術をよく分かってくれている現在の良い顧客に満足を与えようとする努力を続けている．しかし，その努力の結果，過剰性能と過剰機能の段階を招く．そのときに，性能や機能が劣っていても，安ければ買いたいという別の安直な顧客に対して，(技術者の目から見てたいした努力なしで開発した) 単純な破壊的技術の登場と存続を許してしまう．それが，しだいに勢いを増して，ついには自分の出番をなくしてしまうという道をたどる．

　上記の話は，優秀でまじめな技術者は，いわば「自分の滅亡のために」日夜研究と開発の努力を行っているということになるではないか．何というジレンマなのだろうか．

　じつは，この話には盲点があることを後に示そう．しかし，その前に，まず，Christensen 自身が示したジレンマの「解 (solution)」(Christensen and Raynor, 2003) を概観してみよう．

(2) ジレンマ論の解と盲点

(a) イノベーションの解

Christensen and Raynor (2003) は，実績ある企業の繁栄と活力を維持する責を担う上級役員が，上記のような破壊的技術と持続的技術の特徴を理解し，破壊的，あるいは，持続的イノベーションを成功させるための具体的な指針を与えている．

その指針とは，以下のようなものである．

- 技術が未発達の段階では持続的技術が勝つのでこれを進めよ．技術が未発達とは，技術がモジュール化されない段階であり，また，顧客の要求水準に達していない段階である．
- 大企業では，破壊的技術は独立の小組織で行うべきである．
- 安ければ，性能が落ちても喜んで買う顧客がいるかを調査検討して，もし存在するということになれば，そこで利益を得られるビジネスモデルを構築するべきである．

Christensen and Raynor (2003, p.70) は日本企業についても言及している．彼らによると，日本企業は 1960-70 年代に破壊的技術で成長したが，現在上位市場に釘付けになって行き詰まっている．しかも，日本では，アメリカのように従業員が大企業をやめてベンチャー投資資金を得て下位市場に移り，新たに破壊的技術の波を生み出すこともないという．さらに，今日の途上国が多くの破壊的イノベーションにとって理想的な初期市場であるともいう．

そうなると，日本企業はどうすればよいというのだろう．何も解を示していないのではないだろうか．よくいわれる「日本企業の発展のためには，これまでの延長でない新しく付加価値の高い商品や市場を創出する（本書ではこれを「革新的イノベーション」と呼び，4.6 節で議論する）ことが必要」という議論（たとえば，加藤, 2003; 丹羽・山田, 1999）との関連は，どうなるのだろうか？　この点を次に述べよう．この議論の際に Christensen (1997)，Christensen and Raynor (2003) の主張の盲点にも言及する．

(b) ジレンマ論の盲点

Christensen (1997), Christensen and Raynor (2003) の議論の中心は, いまある技術に改良を加える (持続的技術) か, あるいは, その技術と同じ範疇で安くて単純な技術 (破壊的技術) をいかに狙うかにある. つまり, 世の中にない, まったく新しい技術 (革新的技術と呼ぶ) に関する議論は重視していないようだ.

このことは, たとえば,「研究所から生まれる新しいブレークスルー技術のほとんどが持続的な特性をもっている」(Christensen and Raynor, 2003, pp. 143-144).「優れたアイデアの不足が問題であることはほとんどない. むしろ革新的なアイデアがそうでないものに作り替えられることが問題である」(Christensen and Raynor, 2003, p. 11) などからも, 垣間みることができる.

ただし, 予想もつかない技術の適用などには言及しており, そのためには, 試行錯誤や学習, そして, 創発的戦略などが必要であることの議論をしている. しかし, 他の議論に比べると, 非常に弱い印象を受ける. というのも, Christensen (1997), Christensen and Raynor (2003) の主張は, 持続的技術と破壊的技術というわずか2つの単純な枠組みで議論する点に特長があるからである.

以上, 要するに, Christensen (1997), Christensen and Raynor (2003) の持続的技術も破壊的技術も, ともに既存製品を基にした「改良や変更」の2つの方式であり, まったく別の新しい, つまり, 革新的な製品の開発を扱っていないことが盲点といえる. ここに光を当てることでジレンマ問題を解決できる糸口を見出せると考えられる. これを, 次の4.6節で議論することにする.

4.6 革新のイノベーションと戦略的展開

前節で述べた持続的技術と破壊的技術と同じく既存技術の改良の範疇にあるブルー・オーシャン戦略を紹介した後で, 本節ではまったく新しい技術の開発を検討する. これを, 革新的イノベーションと呼ぶ.

さらに, 本節では, 実際の企業経営の観点から, 種々のアプローチをいか

に組み合わせるかというイノベーション・ポートフォリオ戦略の重要性を述べ，また，イノベーションの普及戦略の検討も行う．

（1） 革新に向かうイノベーション

（a） ブルー・オーシャン戦略という部分解

Christensen and Raynor (2003) は革新の議論を重視していないと 4.5 節 (2) で述べた．部分的ではあるが，この課題を取り扱っている 1 つの例があり，それは「ブルー・オーシャン戦略」(Kim and Mauborgne, 2005) というものである．

Christensen (1997) の破壊的技術は，性能や機能の水準を下げて価格を下げることに特徴があったのに対して，このブルー・オーシャン戦略では，顧客に価値を生む新しい機能を追加して差別化を図り，なおかつ価格を下げるアプローチを採用している．なお，このアプローチは Porter (1980) の競争戦略の欠点，すなわち，差別化戦略とコスト戦略は同時に実施しない（できない）という欠点を克服している．

では，どのようにすれば機能を追加しなおかつ価格を下げることができるのだろうか．ブルー・オーシャン戦略の核心は，同業他社のこれまでの製品の機能と性能を分析して，そのなかから水準を下げてもよいと思われる機能と性能をみつけ，その代わりに，これまでにない機能を追加するという「引き算」と「足し算」を同時に行っている点にある．ここで「引き算」はじつは Christensen (1997) の破壊的技術と同じ発想である．とすると，「ブルー・オーシャン戦略」とは破壊技術プラス新機能という捉え方ができる．

ブルー・オーシャン戦略は，基本的には製品の「改良」戦略といえる．それは，従来製品の分析に従って，そこに新たな機能を追加しているからである．ただし，この「改良」のための指針は，従来製品では存在していなかった新たな顧客層を生み出すように行うという点に特徴がある．このためには，新たに，顧客視点から顧客価値の分析を実施することが必要となる

同じ機能をもつ製品同士が戦う，激しい赤い血を流す従来の競争の「レッド」オーシャンから，新たな機能をもつことで，競争のない「ブルー」オーシャンへ向かえという主張となる．これは，Christensen and Raynor (2003)

が案じた現在の日本の大企業の行き詰まり状態に対して，1つの部分的な解決策を提示していると言えよう．

(b) 革新的イノベーション

しかし，ブルー・オーシャン戦略はあくまで改良である．Schumpeter (1926) に言わせると軌道の変更（すなわち，イノベーション）ではなく，あくまで，軌道内で新たな空席を探すということになるであろう．同じ海のなかで，赤い所から青い所を目指すというのではなく，海という1つの軌道から文字通り別の軌道である陸へはい上がるような非連続変化が望まれる．本書ではこれを「革新的イノベーション」という．

「イノベーション」は「革新」であるから「革新的イノベーション」はおかしな表現といえる．しかし，インクリメンタル・イノベーションのように，Schumpeter とは違う意味で用いられているものが多いので，あえて，本来の非連続的な軌道の変更を革新的イノベーション（novel innovation）と呼ぶことにする．

それでは，革新的イノベーションを主体的に起こそうとするには，どのようなメカニズム，プロセス，マネジメント体系を構築すればよいのか．これが挑戦すべき課題である．

第3章3.7節で提案したように，革新的イノベーションを起こすときの技術者としては，顧客に（顧客は自らは気が付いていないが，提供されてはじめて，じつはこれが欲しかったのだと実感する）生活の新しい機会を構想して提供しようという「技術先導の顧客価値創造」アプローチが基本であると思われる．これが可能となるのは，くり返し述べると，高度技術社会における新製品やサービスは，新技術開発が核になる場合が多く，それは，技術的思考が基盤になると思われるからである．

ここで参考までに，革新的なイノベーションに近いと思われる例をあげるならば，

・ナイロン
・テレビ

- 原子力発電
- パソコン，ワープロ
- 携帯用音楽再生器（ウォークマン）
- 住宅のオンラインセキュリティー
- 遺伝子工学応用食品
- カーナビ
- 電子タグ付き自動車ワイパーで天気予報

などがあるだろう．

　実際に慣行の軌道から離れて新軌道に移るには，既存の種々の制約から解放される必要がある．とくに，

- いかに，ニーズ指向から脱却するか（3.7節（1）参照）
- いかに，製造現場から脱却するか（5.6節（2）参照）
- いかに，現在の組織から脱却するか（5.6節（2）参照）

という，既存のしがらみからの脱却の工夫とそれを支援するマネジメントが重要となる．

　革新的イノベーションには種々のアプローチがありうる．ただしいずれも試行錯誤の状態ともいえる．たとえば，

- シーズから出発
- コンセプト開発から出発
- 未活用技術の発掘と再定義からの出発

なども含まれる．

　4.5節（1）（b）において，技術者にとって，イノベーションのジレンマとは，既存顧客の要求に応えて既存技術の改良に努力を傾け続けると過剰性能となり，結果的に破壊的技術の登場を許し，ついにはそれに負け自分の滅亡につながることだと述べた．それでは，革新的イノベーションではどうな

るのだろうか．革新的イノベーションとは，顧客に生活の新しい機会を提供することであるので，技術者が努力をすればするほど技術者の居場所がなくなってしまう，というような事態にはならない．

(2) イノベーション戦略

(a) イノベーション・ポートフォリオ戦略

生きた現場の技術経営にとって決定的に重要なのは，現在の技術者と技術管理者が，「何を目的」に「どのように」イノベーションに臨むかの指針を与えることにある．その結果が後に経営学者によってどこに位置付けられるかは別問題である．そこで，これまで議論してきた4つのパターンについて，これを考えてみると，次のようになる．

① 持続的改良を狙うならば，その時点の最高技術のさらなる機能や性能の改善という目的で技術開発を進めることになる．
② 破壊的イノベーションを狙うならば，既存技術の代替技術で性能が落ちても安く単純なものの開発と，その応用分野の特定が目的になる．
③ ブルー・オーシャン・イノベーションを狙うのなら，顧客の視点で，削除してよい機能・性能と追加すべき機能・性能の両者を同時に特定することが目的となる．
④ 革新的イノベーションを狙うならば，顧客の新たな機会を創出することが目的となる．

これらの異なる目的に応じて，技術者の研究開発方針や，開発プロセスや技術経営の判断システムについてそれぞれ異なったものを用意する必要がある．同じ基準で評価・判断することは厳しく禁止されなければならない．たとえば，革新的イノベーションでは，最初は小規模で影響力も小さくみえることが多い．この段階で，持続的改良の場合と同じように，製品化や3年後の収益などの計画を立てさせることは，一見「公平」な技術経営をしているようにみえるが，これはもっとも危険である．苗床で育ててみるという判断ができる体制と運営や基準の整備が重要となる．

同時に重要なことは，これらのパターンに対応して適切なビジネスモデルを構築することである．それは，それぞれが異なる側面の顧客の便益を対象にしているので，どのような顧客がどのような場面で対価を支払ってくれるかが異なるからである．

個別の場合にどのパターンを適用するのが良いかは，個々の内容を吟味して判断する必要がある．しかし，同時に企業全体の立場としては，この4パターンのイノベーションに対して，どのように企業の資源を配分するかのポートフォリオ戦略が重要となる．それを簡単に述べると以下の通りとなる．

企業にとって当面の収益確保は第1の目的である．したがって，この目的のために，経営資源の80％程度を投入することが多いであろう．しかし，この場合でもこれまで議論してきたように，次の3つのアプローチがあるので，これらの優先度と重要度を充分に吟味してからこれらへの資源の配分を効果的に企てる必要がある．

(i) 従来製品で，さらなる高度化を行う（持続的改良）．これは，高度技術を要求する主要顧客に対して行う．

(ii) 従来製品で，低性能・安価なものを受け入れる顧客層を見出し，低性能・安価製品を製造する（破壊的イノベーション）．

(iii) 従来製品で，不要機能を見出しコストを削減し，同時に新機能を追加して他社と差別化し，「大幅改良製品」として販売する（ブルー・オーシャン戦略）．

どれか1つに集中するのは危険といえよう．また，資源配分の重要度を変更する時期を逸しないための方策を立てておくことが重要となる．

ついで，残りの20％程度の経営資源は，企業の将来のための投資に用いるべきであろう．これは，上記の (i), (ii), (iii) とは明確に区別して次のアプローチを採用すべきである．

(iv) 顧客も気が付いていない機会を提供するような，まったく新しい将来製品を開発する（革新的イノベーション）．

(b) イノベーション普及戦略

イノベーションの普及 (diffusion) とは，

・イノベーションを発生元（企業）から市場（顧客）にわたす過程
・一部の顧客から，広い範囲の顧客に広がる過程

の2つの過程を対象にする．ここでは，Rogers (2003) の考え方を紹介しながら，イノベーションの普及を考えてみよう．Rogers は，種々の分野での普及研究をまとめて，1962年に *Diffusion of Innovations* を出版した．その後版を重ね，2003年現在では第5版 (Rogers, 2003) が500頁を超える大著となっている．

そこでは普及とは，「イノベーションがチャネルを通して，時間をかけて社会システムのメンバーに伝わる過程」(Rogers, 2003, p. 11) と定義されている．ここで，イノベーションとは，採用される者にとって新しい考え，行為，ものである (Rogers, 2003, p. 12) と定義されている．このイノベーションの定義は，技術経営の立場からみても非常に魅力的であり，また，今日的ともいえる．それは，ビジネスの対象がハード製品からサービス，さらには，マネジメントやビジネスモデル（上記の行為に相当する）にまで拡大していることに対応できるからである．なお，本書では，イノベーションを Schumpeter (1926) の言う「軌道の変更」と捉えているのに対して，Rogers (2003) では，上記のように「新しい」となっているので，新しさの程度が議論の中心になる場合には注意が必要である．

Rogers (2003, pp. 15-16) によると，人々がイノベーションを次の5つの観点でどのように捉えるか，すなわち，「イノベーションの認知度」がイノベーションの普及の速さを決める要因であるという．

① 優位度：以前のものに比べてどの程度良くなっているか．
　　　　　高ければ普及も速くなる．
② 適合度：価値観，過去の経験，ニーズにどの程度合っているか．
　　　　　合っているほど速くなる．

③ 複雑度：理解や使用がどの程度困難か．
　　困難であるほど遅くなる．
④ 試行可能度：部分的（小規模）な試行がどの程度可能か．
　　可能であるほど速くなる．
⑤ 目立ち度：他人がどの程度よく気が付くか．
　　気が付きやすいほど速くなる．人々の話題となり口コミ効果が出るから．

Rogers（2003, p. 169）は，人々がイノベーションを受け入れる際に行う意思決定は，次のような時間のかかる段階をとるという．

・知識段階：イノベーションの存在とその内容を知る．
・確信段階：イノベーションに対して，好意的（非好意的）態度を形成する．
・決定段階：イノベーションを採用するか不採用とするかを決める．
・実施段階：イノベーションを用いる．
・確認段階：イノベーションを強化するか，あるいは，中止をする．

上記のプロセスのなかの実施段階で「イノベーション改良（re-invention）」がしばしば起こる．イノベーション改良とは，実施段階でユーザによってイノベーションが修正されることであり，これが多く起きれば起きるほど，普及は速く，定着度も高まるという（Rogers, 2003, pp. 180, 217）．これは，技術経営にとっても，大きな意味がある．商品がユーザによって変更不可能なハード製品から，ソフト，サービスなどへの移行に伴い，この「イノベーション改良」の効果が大きく出てくると思われる．

4.7　イノベーションのフロンティア

本節では，イノベーションの新領域として企業全体の革新を対象とするマネジメント・イノベーションの重要性を指摘し，そのアプローチのあり方を

検討する．

　さらに，企業を超えて国のイノベーションの議論が行われていることを紹介し，ついで，国，企業，個人の3階層のイノベーションの比較研究の可能性を提案する．

(1) マネジメント・イノベーション

(a) マネジメントの革新

　本章は4.1節でSchumpeter（1926, 邦訳（上），pp. 171-184）のイノベーション論の紹介から始めた．そこでは，イノベーション（革新）とは慣行軌道の変更であり，それは，① 新商品の生産，② 新生産方式の導入，③ 新市場の開拓，④ 原料・半製品の新供給源の獲得，⑤ 新組織形態の実現で起きると述べた．この5つの領域でほとんどすべてを含んでいると思われる．

　とくに，日本ではイノベーションが技術革新と訳されたため，無意識に①の製品と②の生産方式だけに目を奪われる危険が高い．この理由もあって，今日，Schumpeterの5つの領域が頻繁に引用される．それは，イノベーションを狭く捉える傾向に対しての戒めとしてである．

　しかし，ここにも盲点があった．しかも，それはイノベーションにとって大きなフロンティアともいえるものだ．この盲点の領域とは，①から⑤をリードして，統合し，調整する領域である．じつは，これは，システム論の立場からは自明のことといえる．すなわち，Schumpeterの5つの領域は企業の部分的活動領域であり，その部分が統合されたシステムが企業活動だからである．この統合領域レベルでのイノベーションがありうる．

　この統合領域とは，よく知られているようにマネジメント領域である．したがって，Schumpeterの盲点とは，企業全体のマネジメントに対するイノベーションである．従来のマネジメントのやり方の軌道から，新しいマネジメントのやり方への軌道の移行ということになる．最近では，企業の変革や競争力の維持向上に，企業全体としてのマネジメント・イノベーションの成否が大きな要因となってきていることに注意する必要がある．

　これまで，CEO（最高経営責任者）は，Schumpeterの5つの領域に対応して，次のように部下に言えばよかった．

- 研究所長と商品企画部長に「① 商品のイノベーションを起こせ」
- 生産管理部長に「② 生産方式のイノベーションを起こせ」
- マーケティング部長に「③ 市場でのイノベーションを起こせ」
- 購買部長に「④ 原料・半製品の供給のイノベーションを起こせ」
- 人事部長に「⑤ 組織形態のイノベーションを起こせ」

これらに加えて，企業全体の革新を対象とするマネジメントのイノベーションでは，CEO は自分自身に，次のように言わなければならない．

- CEO 自身に「企業全体のマネジメントのイノベーションを起こせ」

CEO は，部下に命令するだけではなく，企業統合レベルで自分自身が実施すべき仕事をもっている．それは，マネジメントの軌道変更である．

(b) マネジメント・イノベーションのアプローチ

企業全体として，マネジメントを慣行軌道から新軌道へと移行させるにはどのようにしたらよいのだろうか．それには CEO がともに深く関わる 2 つのアプローチが考えられる．

第 1 のアプローチは CEO 自身が主導するものである．たとえば，Hamel (2006) は CEO に，次のように問えという．

- 「あなたは，マネジメントのイノベーターか？」
- 「あなたは，組織化，リーダーシップ発揮，調整，動機付けで，これまでとはまったく違う新しい方法を生み出したか？」

CEO が新軌道を設定できれば，今度は，それを企業内に周知し実際に移行するという段階を踏む．しかし，新軌道とは従来の延長や発展ではない非連続的なものであるから，それが画期的であればあるほど，その移行は日常業務を続行するなかで事務的・技術的な変更だけに頼っていては効果的に行うことは困難である．この移行には，その新しいビジョンや思想などの価値

コラム 7

ミドルはできるが，なぜトップマネジャーだとできないか？

マネジャーの重要な役割の1つは，組織の新陳代謝を実行することである．不要となった部門は廃止して，必要となる部門を新設することである．

変化の激しい現代では，新しい時代に効果的に適合できる事業領域とそれを実行する組織体制をつねに追い求めなければならない．さらに技術経営では，環境に適合させるという受け身の経営を超えて，さらに積極的に環境条件を一変させるような新世界を主体的に切り開くことを狙っている．

ところが，全社レベルだとこれができないことが，多くの日本企業で問題となっている．なぜできないのか．このヒントを探るため，親しい友人である，ある企業のトップマネジャーに話を聞いた．

彼はこう言った．自分がミドルのときはきちんとやった．係長のときには，10人の部下の仕事を見直して，3人の仕事をやめさせ新しいことを担当させた．部長のときには，5つの課を改廃して4つに再編した．研究所長のときには，同じように部の改廃を実施して，時代を先取りする研究所体制を整えた．

それぞれのときには非常に苦労した．もちろん荒波も立ったが，わが社のためにはそれが必要だったのだと．

ミドルのときに，なぜそれをしたのですかと聞くと，明確な答えが返ってきた．自分の仕事は評価されていて，そのようにして業績を上げないと出世できなかったからだと．

なるほど，たしかにそうだろう．

次に聞いてみた．いまはトップマネジメントなので，今度は事業部の改廃で，時代を先取りする企業体制の構築ですねと．

始めはいろいろと答えてくれたが，どうも腑に落ちないので問い詰めると，ボソッと本音を漏らした．

いまの地位はこれまでのご褒美なのだよ．トップにまで来られたのだから，ここで荒波を立てることは，する必要はないのだよ．これ以上の出世はないからね．幸い，いまのこの会社の組織体制だと，自分を直接評価する人もいないし，まあ無難にするさと．

体系が理解できる意識上での飛躍がまず必要である．これを行わせる仕組みの例としては，CEO 直属の企業研修所やクロスファンクションチームの設置は効果があるであろう．

第 2 のアプローチは，従業員に新軌道を提案させるという仕組みを CEO が構築することである．この場合には，その前段階として CEO は次の非常に難しい問題点を解決しておかなければならない．

- 現在の軌道で精一杯働くことを義務付けられている従業員に突然に「新軌道を考えよ」と言っても無理である．そもそも，思考体系がそうなっていない．新軌道を構想することの意義さえ考えたこともない場合も多い．
- 現軌道で成果をあげることの責任を負わせられている中間管理者は，新軌道の提案や出現は，自分の任務を危うくするから，一般にこれを受け入れにくい．

このような困難な問題点を抱えても，なおかつ，この第 2 のアプローチがありうるとすれば，それは，まず，高度技術社会では知識の陳腐化が急激であるため 1 人の CEO だけに頼るには限界があること，とくに，科学技術上の知識を基にボトムアップで新しいアイデアが出る可能性が高いことによる．

上記 2 つのアプローチがいずれも効果的に実現できない場合に備えて，CEO の交替や引き継ぎなどの手順の効果的な発動が可能となるような仕組みが必要である．監督する立場の取締役会の役割が重要となろう．

(2) イノベーションの拡大

(a) 国家のイノベーション

技術経営は企業の経営を対象とするので，本章はこれまで，企業のイノベーションを中心に取り上げてきた．

ところで，近年，国の競争力の維持という観点からイノベーションという言葉が多くの国で頻繁に用いられている．そこでここでは，代表的な例として，アメリカの競争力協議会の出した報告書（Council on Competitiveness, 2005）

をみてみよう．

　この報告書は，「イノベーションは，21世紀のアメリカの成功を決定付ける唯一のもっとも重要な要因となろう」の一文で始まり，次に概要を示すように，人的資源（talent），投資（investment），基盤（infrastructure）という3つのカテゴリーで政策の提言をしている（Council on Competitiveness, 2005, pp. 7, 10-11）．

① 人的資源カテゴリー
　・多様で創造的で技術力のある労働力を育成するための国家イノベーション教育戦略を策定せよ．
　・次世代のイノベーターを触発・輩出せよ．
　・現労働者を厳しい世界競争に対応できるように支援せよ．
② 投資カテゴリー
　・先端的研究と学際研究とを再活性化せよ．
　・企業家の経済活動支援を活発化せよ．
　・リスクをとる長期的投資活動を強化せよ．
③ 基盤カテゴリー
　・イノベーション成長戦略に対する国家的合意を形成せよ．
　・21世紀の知的財産体制を創出せよ．
　・アメリカの製造能力を強化せよ．
　・ヘルスケアを試金石とした21世紀のイノベーション基盤を構築せよ．

　以上の個々の提言について，さらに，具体的な施策レベルでの提案がされているが，ここでは，その紹介を割愛する．

(b) 国家，企業，個人のイノベーション比較
　アメリカの競争力協議会の出した報告書（Council on Competitiveness, 2005）での最初のページは前項で紹介した第一文で始まるが，このページは「これまで25年間，アメリカは効率と品質を目指して社会の仕組みを最適化してきた．しかし，これからの25年間は，イノベーションを目指して社会全体

を最適化しなければならない」(Council on Competitiveness, 2005, p. 7) の言葉で終わっている.

この文で,「アメリカ」を「企業」に,「社会」を「企業」と置き換えてみるとただちに気が付くが,企業に対して一般に言われている内容を,じつはそのまま国に適用したものといえる.

このことは,国でのイノベーションを検討する際には,企業イノベーションの豊富な経験を活用できるし,また,逆に,国でのイノベーションの検討内容から企業イノベーションに対して参考になることがありうるということを示唆している.さらに,じつは,もう1つの階層である個人についてもここで考察の対象にすると実りがあるであろう.

そこで,このような検討を行うために,ここで1つのアプローチを提示してみよう.それは,4.1節 (1) (a) で紹介した Schumpeter (1926, 邦訳 (上), pp. 180-184) の5つの新結合を一般系に言い直して,さらに国と個人に適用してみるというものである.まず,一般系への言い換えは,

　　　　新商品　　　　───→　新「提供物」
　　　　新生産方式　　　───→　新「提供法」
　　　　新市場　　　　　───→　新「提供先」
　　　　新供給源　　　　───→　新「資源獲得法」
　　　　新組織形態　　　───→　新「資源活用法」

である.これを用いて,国,企業,個人では具体的に何を指すことになるのか,1つの試行をまとめると,次の表4.1のようになる.

提供物をみてみよう.まず,中央の列にある企業をみると分かりやすい.すなわち,提供物は製品である.企業イノベーションとは,革新的(従来とは違う)製品を提供することになる.国では,これが政策となる.革新的な政策を作り出さなければならない.個人の提供物は,人手と知識となる.

提供先では,国が政策を提供する相手は産業と市民である.ここで新提供先の開拓とは何のことになるのであろうか.興味深い課題となる.

提供法では,企業は従来は小売店であったが,インターネットも登場して

表 4.1 国,企業,個人にとってのイノベーションの対象

新結合（一般系）	国	企業	個人
提供物	政策	製品	人手・知識
提供先	産業・市民	消費者	雇用者
提供法	税・法規制	小売店・インターネット	時間・成果
資源獲得法	税・購入	購入・協同	勉強・経験
資源活用法	制度	組織	時間配分

きた．国では，税や法規制である．ここで，新しい方法はあるのであろうか．かつては行政指導があった．個人では，時間と成果物となる．工場労働者の場合には時間であった．知識社会では成果となるべきであるが，この移行は試行錯誤の状態といえる．ここでも画期的な方法を考案する余地がありそうである．

資源獲得法では，国と企業は分かりやすいが，個人となると，知識を獲得する方法となるから，勉強と経験となろう．すなわち，肉体労働と違い知識社会では，働く場は成果を出すことと同時に，必要な知識の学習の場となる．アウトプットとインプットが同時の場であるから，それをどのように位置付けて管理するかが，科学技術者をはじめとする知識労働者の動機付けを高める際の着目点になるべきことを示している．

資源活用法とは，インプットされた資源を活用して，成果物をアウトプットする方法を指すが，企業では組織の構築であり，国では制度の構築に対応するだろう．個人では，時間配分しかないのだろうか．

以上は，異なる階層主体のイノベーションを比較検討して，お互いのアナロジーから新たな視点を得るための準備段階である．さらに，主体間の関係を論じるにはどうしたらよいであろうか．今後の展開を期待したい．

第 4 章の要約

イノベーションを Schumpeter は慣行軌道からの非連続的変化と捉え，創造的破壊とも言い換えた．Drucker は従来とは違う新しい価値ある事業やサ

ービスを起こすことであると述べた.

　本章では，まず，第 2 次世界大戦後から 1990 年代ごろまでのイノベーション研究を振り返った後に，以下のようにイノベーションに関する今日の課題や議論を批判的に検討し，今後展開すべき方向を模索した.

　今日の 1 つの重要課題は，大企業でいかにイノベーションを起こすかということであると言われる．しかし，この問題設定は的を外している．すべての企業はイノベーションなしには生き抜けないからだ．そのためには，それぞれの組織に合った意識的な努力が必要となる．大企業においては，変化を脅威でなく機会とみなせるマネジメント体系を構築することが必要となる.

　社会の流動化が進展するに従い，オープン・イノベーションの重要性も指摘されている．しかし，外部の資源を有効に活用するには，それを可能とさせる能力を自分の内部にもつ必要があることを忘れがちである.

　優良企業が既存技術改善の努力を続けていくと，安価で単純な破壊的技術に打ち負かされる結末を迎えるという「イノベーションのジレンマ論」も登場したが，その盲点はこの議論が既存製品の改良や変更を主対象としていて，革新的な製品の開発を扱っていないことである．つまり，ジレンマから脱却するには，Schumpeter や Drucker も指摘していたように，これまでと違う革新的イノベーションを狙えばよい．初めから，インクリメンタル・イノベーションを狙うなどと挑戦の態度を後退させてはいけない.

　高度技術社会において，革新的イノベーションを狙おうとするとき，ユーザにニーズを聞こうというようではもう手遅れといえる．第 3 章「技術マーケティング」で提案した「技術先導の顧客価値創造」，すなわち，顧客自らも気が付いていないが提供されて初めてこれが欲しかったのだと実感する生活機会を提供するアプローチが有効であろう.

　実際の企業経営には，既存製品で収益をあげ，将来のイノベーションへ投資するという両面の行動が必須となる．そのためには，既存製品の改善，安価な破壊的製品，既存製品の変更，革新的製品開発という 4 つのアプローチに，効果的に資源配分するイノベーション・ポートフォリオ戦略が必要となる．どれか 1 つに集中することは危険である.

　最後に提示したのは，今後展開すべき方向である．まず実務的に取り組む

べきイノベーション領域として,企業全体・統合レベルでのイノベーション,すなわち,マネジメント・イノベーションがあろう.また,研究のフロンティアとして,国,企業,個人の3階層イノベーションの比較研究の可能性を提示した.

企業にとって(さらに,国や個人でも),その存続と発展のためには,自分自身をつねに新しく生まれ変わらせるイノベーション(革新,創造的破壊)が必要である.高度技術社会においては,とくに科学技術を効果的に活用して高い目標をもって,イノベーションへの挑戦をし続けることが重要であろう.

引用文献

Allen, T., *Managing the Flow of Technology : Technology Transfer and the Dissemination of Technological Information Within the R and D Organization*, MIT Press, 1977.

Barras, R., "Towards a Theory of Innovation in Services," *Research Policy*, Vol. 15, pp. 161-173, 1986.

Bush, V., "Science : The Endless Frontier," Washington, 1945.

Chesbrough, H., *Open Innovation : The New Imperative for Creating and Profiting from Technology*, Harvard Business School Press, 2003(チェスブロウ,H.,大前恵一朗訳,『Open Innovation:ハーバード流イノベーション戦略の全て』,産業能率大学出版部,2004).

Christensen, C. M., *The Innovator's Dilemma*, Harvard Business School Press, 1997(クリステンセン,C. M.,玉田俊平太監修,伊豆原弓訳,『イノベーションのジレンマ:技術革新が巨大企業を滅ぼすとき(増補改訂版)』,翔泳社,2001).

Christensen, C. M. and Raynor, M. E., *The Innovator's Solution*, Harvard Business School Press, 2003(クリステンセン,C. M.・レイノール,M. E.,玉田俊平太監修,櫻井祐子訳,『イノベーションへの解:利益ある成長に向けて』,翔泳社,2003).

Cooke, P. and Morgan, K., *The Associational Economy : Firms, Regions, and Innovation*, Oxford University Press, 2000.

Council on Competitiveness, *Innovate America : National Innovation Initiative Summit and Report*, 2005.

Dodgson, M., Gann, D., and Salter, A., *Think, Play, Do : Technology, Innovation and Organization*, Oxford University Press, 2005.

Drucker, P. F., *The Practice of Management*, Harper & Row, 1954(ドラッカー,P. F.,上田惇生訳,『(新訳)現代の経営(上・下)』,ダイヤモンド社,1996).

Drucker, P. F., *Innovation and Entrepreneurship : Practice and Principles*, Harper & Row, 1985(ドラッカー,P. F.,上田惇生訳,『(新訳)イノベーションと企業家精神:その原理と方法(上・下)』,ダイヤモンド社,1997).

Freeman, C., *The Economics of Industrial Innovation*, Pinter, 1974.

Hamel, G., "The Why, What, and How of Management Innovation," *Harvard Business Review*, Vol. 84, No. 2, pp. 72-84, 2006.

Henderson, R. and Clark, Kim, B., "Architectural Innovation : The Reconfiguration of Existing

Product Technologies and the Failure of Establish Firms," *Administrative Science Quarterly*, Vol. 35, No. 1, pp. 9-30, 1990.

Kim, W. C. and Mauborgne, R., *Blue Ocean Strategy*, Harvard Business School Press, 2005（キム，W. C.・モボルニュ，R., 有賀裕子訳，『ブルー・オーシャン戦略：競争のない世界を創造する』，ランダムハウス講談社，2005）．

Kline, S. J. and Rosenberg, N., "An Overview of Innovation," in Landau, R. and Rosenberg, N. (eds.), *The Positive Sum Strategy*, National Academy Press, 1986.

Leifer, R. and Rice, M., "Unnatural Acts : Building the Mature Firm's Capability for Breakthrough Innovation," *The 24th Annual AAAS Colloquium on Science and Technology Policy*, pp. 131-154, 1999.

Leifer, R., McDermott, C. M., O'Connor, G. C., Peters, L. S., Rice, M. P., and Veryzer, R. W., *Radical Innovation : How Mature Companies Can Outsmart*, Harvard Business School Press, 2000.

Lundvall, B. A. (ed.), *National Systems of Innovation*, Pinter, 1992.

Mark, H. and Levine, A., *The Management of Research Institutions*, NASA, 1984（マーク，H.・レヴィン，A., 柘植俊一監訳，『研究開発のマネージメント：歴史と省察』，三田出版会，1989）．

Nelson, R. (ed.), *National Innovation Systems : A Comparison Analysis*, Oxford University Press, 1993.

O'Connor, G. C., Rice, M. P., and Leifer, R., "Business Models and Market Development : Key Oversights in the Radical Innovation Process," *UIC/AMA Symposium on Marketing and Entrepreneurship*, 2000.

O'Connor, G. C. and Ayers, A. D., "Building a Radical Innovation Company," *Research・Technology・Management*, Vol. 48, No. 1, pp. 23-31, 2005.

Porter, M. E., *Competitive Strategy : Techniques for Analyzing Industries and Competitors*, Free Press, 1980（ポーター，M. E., 土岐坤・中辻萬治・服部照夫訳，『（新訂）競争の戦略』，ダイヤモンド社，1995）．

Rogers, E. M., *Diffusion of Innovations*, 5th ed., Free Press, 2003.

Rothwell, R., "Successful Industrial Innovation : Critical Success Factors for the 1990's," *R & D Management*, Vol. 22, No. 3, pp. 221-239, 1992.

Schumpeter, J. A., *Theorie der Wirtschaftlichen Entwicklung*, 2, 1926（シュンペーター，J. A., 塩野谷祐一・中山伊知郎・東畑精一訳，『経済発展の理論：企業者利潤・資本・信用・利子および景気の回転に関する一研究（上・下）』，岩波書店（岩波文庫），1977）．

Schumpeter, J. A., *Capitalism, Socialism & Democracy*, 3rd ed., Harvard College, 1950（シュンペーター，J. A., 中山伊知郎・東畑精一訳，『資本主義・社会主義・民主主義』，東洋経済新報社，1995）．

Takeuchi, H. and Nonaka, I., "The New New-Product Development Game," *Harvard Business Review*, Vol. 64, No. 1, pp. 137-146, 1986.

Tushman, M. and Anderson, P., "Technological Discontinuities and Organizational Environment," *Administrative Science Quarterly*, Vol. 31, pp. 439-465, 1986.

Utterback, J. M., *Mastering the Dynamics of Innovation*, Harvard Business School Press, 1994（アターバック，J. M., 大津正和・小川進監訳，『イノベーション・ダイナミクス：事例から学ぶ技術戦略』，有斐閣，1998）．

Womack, J. P. and Roods, D., *The Machine that Changed the World*, Maxwell Macmillan International, 1990.

青島矢一，「技術変化と競争優位：既存研究の論理と日本企業への適用」，『研究技術計画』，Vol. 18, No. 3/4, pp. 107-126, 2003.

伊東光晴・根井雅弘,『シュンペーター：孤高の経済学者』, 岩波書店, 1993.
加藤俊彦,「日本企業の製品・技術戦略：80年代の理論的展開と90年代の変容」,『研究技術計画』, Vol. 18, No. 3/4, pp. 96-106, 2003.
児玉文雄,『ハイテク技術のパラダイム：マクロ技術学の体系』, 中央公論社, 1991.
塩野谷祐一,『シュンペーターの経済観：レトリックの経済学』, 岩波書店, 1998.
丹羽清・山田肇編,『技術経営戦略』, 生産性出版, 1999.
村上陽一郎,「V. ブッシュ：科学・終わり無きフロンティア」, 岡田節人他編,『新しい科学／技術を拓いたひとびと』(岩波講座：科学／技術と人間, 別巻), 岩波書店, pp. 151-164, 1999.

第 5 章
研究開発

　これまで第2章，第3章，第4章で，世の中の動向と競合状況をよく把握して，顧客に新しい価値を提案するために，イノベーションを実現することが重要であることをそれぞれ述べてきた．

　本章は，上記のためのもっとも基礎となる研究開発を扱う．研究開発とは，科学技術上の新アイデアや新コンセプトを探索，あるいは構想し，その実現可能性を実験や試作で確認して，事業の芽にまで育て上げる過程を指す．

　本章では，研究開発の特徴を明確にし，それを効果的にマネジメントしようとする種々の試みや課題と対応策を検討する．さらには，もっとも難しい領域である創造性や偶然性に対してどのようにアプローチすべきかを模索する．

5.1　科学技術と研究開発

本節ではまず，科学とは何か，技術とは何かを考える．ついで，科学技術やその研究開発の特徴はどこにあるのかを検討する．これを理解しておくことが本章の議論を進めるうえでの土台となるだろう．

(1)　科学技術

(a)　科学とは

村上（1999a）は，科学を歴史的観点から「前科学」，「プロトタイプ」，「ネオタイプ」と3つに分けた．これ（村上，1999a）をまず要約する形で以下に紹介し，科学の特徴を考えてみたい．

前科学は17-8世紀ごろのキリスト教的世界観のもとでの知識追求であり，宇宙の創造主としての神の秘密を解き明かすことを動機として行われた．

やがて啓蒙主義によって，知識はキリスト教から引きはがされ（この過程を「聖俗革命」（村上，2002）という），19世紀にプロトタイプ科学が出現する．プロトタイプ科学は，次の2つの特徴をもっている．なお，この特徴は，今日まで引き続いている．

- 科学者や研究者個人に内発する「真理探究（好奇心）」が研究の動機であり，目的である．言わば，「自己充足的」な行為が科学研究である．
- 研究の成果は論文という形で公表されるが，その審査や評価は専門家集団の内部でのピア・レビュー（仲間の審査）を基礎にしている．したがって生産される知識は，専門家集団のなかだけで流通する．この特徴を「自己閉鎖性」と呼ぶ．

20世紀の中ごろから，上記のプロトタイプの科学と並行して，ネオタイプ科学が登場してくる．その特徴は，外部社会に向かって開かれていることにある．この最初の劇的な例は第2次世界大戦中のアメリカの核兵器開発計画（マンハッタン計画）にみることができる．これは，政治，軍事などの社会

セクターが，それまで科学者グループの内部に閉鎖的に生産され流通していた知識を活用することによって，自らの目的（この場合は大量殺戮兵器の開発・製造）を達成しようとしたものである．第2次世界大戦後も，4.2節 (1) で述べたように，アメリカは常時，政府から科学者の世界に資金が流れてくるような仕組み（たとえば，全米科学基金 NSF: National Science Foundation）を作った．このように，科学研究が，外部の人間，組織，機関によって定められ，それを実行し達成するために科学者の能力と労力が使われるというのがネオタイプ科学の特徴である．

　ネオタイプ科学の典型的なパターンは，使命を発注するエージェントが存在するところから始まる．それは，政府，地方自治体，社会機関，そして，企業である．ここでの科学者は，プロトタイプ科学の場合と違って，しばしば研究者としてのアイデンティティを失うか，あるいは，少なくとも多少は曲げることになるだろう．つまり，自分の好奇心だけがすべてを決めるという状況にはないことになる．ここまでが，村上 (1999a) の要約である．

　現在プロトタイプとネオタイプの2つの科学が存在する．ただ，プロトタイプがもとで，それに依存して後者のネオタイプが存在しているので，ネオタイプはプロトタイプの「変異種」と考えられると，村上 (1999a) は述べている．じつは，ここに，技術経営の立場から科学や科学者を扱うことの難しさの一因をみることができる．

　大学，とくに理学部での科学教育の多くは「自己充足的」で「自己閉鎖的」特徴をもつプロトタイプ科学を前提にしている．したがって，その卒業生が企業の研究所に職を得る場合にも，プロトタイプのイメージをもってきやすい．あるいは，たとえ産学協同プロジェクトに参加する大学側科学者でも科学に対してプロトタイプの意識がある．これに反し，当然ではあるが，企業の研究所のマネジャーはネオタイプを想定している．ここに意識や行動様式の乖離がみられ，後に議論するように，研究開発マネジメントの難しさの一因となっている．

　さらに問題を複雑にするのは，企業の研究所においても，研究開発の効果や効率を考えると，今度は逆に，そもそものプロトタイプ科学の特徴を勘案せざるを得なくなるという状況が出てくることがある．つまり，研究開発の

最先端領域での発見や発明は個人の強い好奇心に負うところが大きく，そのための動機付けを重視したマネジメントが必要と思われるからである．効果的な研究開発マネジメントは，プロトタイプとネオタイプの2つの科学の存在と特徴を理解したうえで，工夫して構築する必要があろう．

(b) 技術とは

技術とはどういうものなのかを，村上（1999b）に基づいて，それを要約する形で以下に述べてみよう．

人類の誕生とともに，技術は人間の生活を支えてきた．やがて登場する親方・徒弟間の伝承制度で職人的技術は許された同業者の間のみで蓄積され伝承されるようになった．この徒弟制度のころの技術は密室性と守旧性・保守性に特徴を見出せた．

19世紀以降の欧米の近代技術の時代に目を移すと，たとえば市民革命の過程で学校が設立されるなどして，徒弟制度という閉鎖的組織が崩れてきた．そして，近代技術は，西欧社会の近代化，あるいは，文明化の手段として位置付けられた．そこで，近代技術は「人間の解放」というイデオロギーとも深く関連した．それは，他者の権利の侵害や公共の福祉の制約はあるものの，生活者は原則的に自由であり自分の望むことを実現できる権利を有しているというものである．自らの欲するところを無限に追求するという社会のなかで，技術はその実現のための強力な手段となり，そして，技術自体もまた，無限に進歩し拡大するものとして位置付けられてきた．

ヨーロッパ大陸やイングランドでは，蒸気動力による機械化という形で産業革命が19世紀半ばで完了した．一方アメリカでは，部品の標準化をもとに「アメリカ式製造技術」が生まれ，その1つの頂点が20世紀初頭のT型フォード乗用車であった．さらに，Edisonによる電力・電気産業が興った．この過程は，技術の進歩によって一般の生活者が，新たな生活の機会を与えられるということを意味した．そして，生活者の間に潜在的に眠っている需要を，供給者側が宣伝や広告などの手段を使って目覚めさせるようになった．

さて，前項でみた科学とここでの技術との関連はどのようなものであろうか．19世紀以降の近代技術の展開に対して，化学だけを唯一の例外として，

科学は技術の世界に大きな影響を与えなかった．科学的知識が技術や産業に役立つことが知られるようになったのは，毒ガスの発明が契機となった第1次世界大戦のころからである．この傾向は先にも述べたように，第2次世界大戦中に決定的となった．そして，第2次世界大戦後，技術は科学と急接近し，科学的研究が技術的研究に直結するパターンが大きな比重を占めるようになった．以上が村上（1999b）の要約である．

　このような歴史を経て，1.3節で述べたように科学と技術との合成語として「科学技術」が一般化してきたと考えられる．

(2)　研究開発

(a)　科学技術と研究開発

　Webster辞書によると，研究とは「事実や理論などを発見，あるいは，修正するために行う勤勉で体系的な調査や探究」であり，開発とは「能力や可能性を引き出すこと，あるいは，さらに効果的な状態にすること」である．したがって，研究の対象は科学であり，開発の対象は技術と捉えがちである．しかし，現代では科学と技術を「科学技術」として一体として扱っているように，研究と開発も「研究開発」のように一体として取り扱うことが一般的である．英語では研究開発を R & D（Research and Development）という．

　ところで，研究開発は科学技術だけでなく企業活動のすべてが対象になる．ちょうど第4章で述べたように，イノベーションの対象が商品開発だけでなく，生産過程，資源購入過程，販売過程，組織など企業活動のすべてにわたっているということと同じ考え方である．たとえば，新商品のための研究開発，新生産方法のための研究開発，新資源購入法のための研究開発，新マーケティング方法のための研究開発，新人事管理のための研究開発というようにである．このことは，研究開発の連鎖モデル（chain-linked model）（Kline, 1990, 邦訳, p. 21）でも指摘されている．

　しかしながら本書は「技術経営」を対象としており，また，紙幅にも制約があるため，とくに，企業が新しい商品（製品やサービス）を生み出すために行う科学技術を活用する活動を中心に議論を進めたい．たとえば，新エネルギー，次世代コンピュータ，新薬，新家電製品などを作り出す研究開発であ

る．あるいは，情報ネットワークを駆使した新サービスを実現・運用するための研究開発である．そこでは，科学技術者を中心にして，新商品のコンセプトを創出し，実験室で試行錯誤の実験を行い，新発見の応用可能性を模索し，コンピュータに向かって計算をくり返し，試作品を作成して市場でテストをくり返すなどという種々の活動がみられる．

(b) 研究開発のプロセス

研究開発の時系列的なプロセスは，

① 研究開発の計画
② 研究開発の実施
③ 研究開発結果の評価

の順序となるのが一般的である．この計画 (plan)・実施 (do)・評価 (see) サイクルの全期間は，新エネルギーや新薬は10年以上，新コンピュータや新車は数年，新ゲームは数カ月というように事業分野や商品分野によって異なる．

「① 研究開発の計画」とは，非常に大きな意味では，第2章「技術戦略」，第3章「技術マーケティング」，および，第4章「イノベーション」で議論した事柄をすべて含んでいる．しかし，本書では，すでにみてきたように，次のようにこれらを分けて議論した．第2章「技術戦略」では，企業全体としての長期目標の設定とその実現のための資源の配分が，技術動向・市場動向・競合動向の把握のもとに行われた．たとえば，水素エネルギー事業を行うかどうかの決定などである．ついで，第3章「技術マーケティング」では，とくに，顧客との関係を議論した．たとえば，水素エネルギーの開発を，有力な顧客と想定される自動車メーカとどのような体制で行うとよいかなどである．第4章「イノベーション」では，たとえば，世の中を一変させるような水素エネルギーの革新的な使われ方を考案・実現するための種々の議論を行った．それらをふまえて本章では，具体的に研究所で行うべき課題（テーマ）を計画することになる．

しかしながら，この段階でも，再度，社会・顧客動向，技術動向，他社動向の把握を行い，さらに，自社技術力のレベルを勘案して研究開発テーマの計画を行うことが重要である．科学技術の研究開発では，本章でこれから詳細に検討するが，無知や未知，あるいは，発明や発見などの要因があって，完全にトップダウンの計画手順をとることができないはずだからである．ときには，研究所の研究者や技術者1人の意見で企業全体の戦略を変更すべきことが起きるのである．むしろ，このようなことを起こすことが，そして上手にそれをマネジメントすることが「技術経営」の醍醐味といえよう．

　「② 研究開発の実施」とは，実際に研究開発を行うことである．この期間はテーマによって異なるが，実施の途中でチェックポイント（たとえば，毎週，あるいは，1-2カ月ごとなど）を設けて進行状況の管理を行うのが一般的である．ここでの最大の注意点は，計画通りにならない状況をどう理解し判断するかである．他の業務と違い，研究開発では計画通りになることだけが「良いこと」とは必ずしもいえない．予想外のことに大きな機会が潜んでいる可能性も高いからである．

　「③ 研究開発結果の評価」とは，文字通り結果が良かったか悪かったかの判断である．ここでもっとも重要なことは，評価の目的を明確にすることである．第一義的には，研究開発の実施結果から，次のステップである商品化段階へ移行して良いかどうかの決定である．

　評価については5.5節でくわしく議論するが，じつは，これは研究の最終局面だけでなく，研究開発の途中の段階で行うことが重要である．そして，そのまま計画通り継続してよいか，計画を変更して続けるか，あるいは，計画外ではあるがここで打ち切りにしてしまうかなどを決定することが必要となる．

5.2　研究開発マネジメント

　研究開発をマネジメントするとはどういうことなのか，その基本的考え方を述べる．このために本節では，とくに，研究開発マネジメントの歴史的発展経緯，一般のマネジメントとの違い，研究開発マネジャーの役割，という

3つの観点から検討を加える．

(1) 研究開発マネジメントの世代論

(a) 第1世代と第2世代

　研究開発マネジメントとは研究開発を効果的に進めるためのマネジメントである．その内容は幅が広い．個々の研究開発プロジェクトに対しては，研究テーマの設定，実施体制や組織の設計と運営，成果の評価が中心となる．さらに，このような研究開発プロジェクトを企業全体の活動と効果的に連携をとるための全社的立場からのマネジメントも含まれる．あるいは，長期的な企業の存続のために，研究開発力の維持と強化のためのマネジメントも重要な課題となる．そのなかには研究開発人材の育成も含まれる．さらに，第2章の「技術戦略」や第4章の「イノベーション」で述べたような企業の戦略的な意思決定に研究開発の立場から参画することも含まれる．このように，研究開発マネジメントは企業活動の非常に重要な機能であるといえる．

　1990年代の初頭に研究開発マネジメントの世代論（Roussel *et al.*, 1991）が注目された．これを振り返ることで研究開発マネジメントへの期待や必要性を歴史的に概観してみよう．Rousselら（1991, pp. 6-9, 25-26, 30, 35）によると，研究開発マネジメントの動向は次のように3つの世代で把握できるという．

　第1世代の研究開発マネジメントは1950-60年代のアメリカの大企業で一般的であった．その基本的な考え方は，有能な研究者を雇い良い研究環境を与えれば良い研究成果が得られるというもので「希望の戦略」ともいわれる．つまり，研究ブレーン，資金，設備装置，そしてアイデアを探求する時間を与えれば，科学技術者は放っておいても新製品を生み出し，これが，収益向上やマーケットシェア拡大につながるというものである．戦略性がなく研究開発部門と事業部門との間の相互信頼が欠如していて，研究開発幹部の直観がすべてを決めていた．

　第2世代の研究開発マネジメントが台頭してくるのは，アメリカでは1970-80年代である．体系的で事業ニーズに沿うようになっている．研究開発を個々のプロジェクトとして認識し，その目的に対して進捗状況が検討されるようになった．つまり，プロジェクトの期間や経費，事業インパクト，

不確実性，管理方法，実行施策などについて事業部と研究開発部のマネジャーが協同で検討する．これは「個々のプロジェクトマネジメント」の段階といえる．

(b) 第3世代

第3世代の研究開発マネジメントは1990年代からであり，研究開発プロジェクトを企業戦略の観点からマネジメントしようとするものである．企業全体の目的から研究開発プロジェクトを管理するので，研究開発プロジェクトのポートフォリオが議論される．つまり，各事業部ごとの研究開発プロジェクトに全社的立場から優先順位が付けられるようになる．ここでは，研究開発部門が企業全体のなかで孤立化しないようにし，研究開発と他部門の幹部との間のパートナーシップ精神と相互信頼のもと，研究開発の内容，期間，理由などが協同で議論・決定される．

(2) 研究開発マネジメントの要件

(a) 量的管理手法から質的創造支援へ

一般のマネジメントの原理とは，目標と実績の差（目標の到達度）をみて，その差を縮めるために，資源（人，もの，金）の投入量（人数，数量，金額）の増減を行うことといえる．これは定量的な管理手法である．その前提となる考え方は，資源を投入すれば，それに見合って成果は向上するというものである．たとえば，工場での生産の現場では，多くの場合にこの定量的管理手法は当てはまるであろう．

しかしながら，研究開発の特徴は人間の知的活動による発明・発見などの創造的活動が中核であり，これは，必ずしも，資源（人，もの，金）を量的に投入すれば成果は向上するというものではない．たとえば，ある研究者が良いアイデアが出ないで行き詰まっているというので，2人の助手を追加してみたが，現場は混乱しかえって効率は下がってしまうということさえある．これが，研究開発が，他の言わば単純で非創造的な仕事と異なる点である．この特徴をふまえた研究開発マネジメントが必要となる．

この観点からは，前項(1)で紹介した第1世代から第3世代の研究開発

マネジメントの変遷は慎重に考えるべき点をはらんでいるといえる．第1世代の言わば野放しの研究開発から，第2世代の研究開発プロジェクトごとに，さらに第3世代の全社レベルで投資効率を管理しようとするMBA的発想のマネジメント手法の適用は，ある意味では大きな前進といえるであろう．しかし，同時にその危険性と限界を認識する必要がある．すなわち，このような管理的手法は研究者や技術者の創造性や革新性を阻害する危険が含まれている可能性が高いのである．

とくに，今後ますます重要となる革新的な研究開発を効果的に進めるためには，研究者の創造性の発揮を支援するマネジメントの構築が重要となろう．そこには，人材の活用，組織の運用という一回り大きな観点からのマネジメントや，知識や創造性のマネジメントという新しい領域での工夫も必要となるであろう．これらに関しては，本書では第6章「技術組織」と第8章「知識マネジメント」において詳細な検討を行う．

(b) 研究開発マネジャーの役割

研究開発マネジャーの重要性は広く認められている．その役割は，「研究者や技術者に対して，効果的に意思疎通を図り，理解し，鼓舞し，指導すること」(Katz, 1997, p. xiv) との理解が一般的である．

ところで，キャッチアップ（ものまね）からフロントランナーに移行すると，オリジナリティの高い研究が望まれ，そのためには，創造的，自主的，自説説得型研究者と，それを生かせる研究マネジャーの活躍が重要となる．この点に関して，丸毛（1987）は，次の事柄を生かせる研究システムの重要性を指摘している．

・コンセンサスより直観や独断が優先する．
・チーム力より個人の力が優先する．
・通常のお手本がある研究に比べ，評価基準は異なり，時間もかかる．
・研究者の寄り道，道草が重要な発明や発見の契機となる可能性が高い．

上記のように，研究者個人の自由な活動を重視する必要があるが，しかし，

自由にやらせるとは具体的にどのようなことを指すのだろうか．この点を，とくに，研究のマネジメントとの関連において，丸山 (1987) は次のように述べている．

> 自由にやらせるというのは非常にむずかしいことでして，自由と放縦とは違うわけですよね．研究者に自由にやれといって，一番恐ろしいのは，食い散らかしをやることですね．何か新しいテーマがパッと出てくると，面白そうだから，さっとそれに食いつく．食いついて論文を 2-3 報書く．2 流 3 流の論文なんて，簡単に書けますよね．それで，学会誌に出し，学会発表する．ところが難しくなると止めてしまって，また，新しいものを探してパッとやる．そうなっては本当の意味での，一流の研究はできない．…（中略）…（研究所長はちゃんと見てなければならないのです．）話を良く聞いて，何をやるのか，何をやりたいのかを言わせる．そして，定期的にフォローして，これをやりたいと言ったのに，この前言ったのを変えたのはどうしてなんだと，そこはかなり厳しく追及して，今方向転換するのはおかしいとか，キチンと言わなければなりませんね．それが，自由にやらせるということの意味ですね．

研究開発のマネジャーは，ときには研究開発リーダーとも呼ばれるが，それは，単に通常の意味のマネジメントだけでなく，研究の飛躍の場面で大きな指導力を発揮することが求められているからである．この指導力の内容はたとえば次のようなものである．

- 発見に関して，東 (1977) は，「発見とは，新しい着想で実験をするというより，思いもよらぬ実験結果を得たときに，それを新しいそして正しい見地から解釈することだ」と述べ，研究リーダーが果たすこの役割の重要性を説いた．
- 早石 (2006) は，具体的に次のように証言している．「『体温が下がったどころじゃありません．ネズミはすやすやと，気持ちよさそうに眠り始めました．何が起きたのでしょうか？』学生が飛び込んできた．…（中

■ コラム8

研究所長は公平がよいか？

　ある企業に 100 人の研究員がいる研究所がある．その研究所長の最大の関心事は，毎年社長に対して行う研究発表会での社長の反応である．そこでは，過去 1 年間の代表的な 10 の研究成果が報告される．

　毎年，研究発表会の 1 カ月前になると，研究所長は 5 人の研究部長に良い研究成果を 2 件ずつ出すように指示をする．すると，各部長は自分の部下の研究員に，出てきたもののなかから自分が 2 件を選ぶから各自 2 件ずつ出すようにいう．こうして，所長は全研究者のなかから最善の 10 件を社長に報告している．

　この方法は，研究員 100 人全員の成果をきちんと把握・評価して 10 件を選んでいるので，多人数の利点を生かしたうえに，全員にチャンスを与えているので，皆にやる気を出させ，そして，なにより公平なマネジメントといえよう．

　しかし，社長はこの研究所の発表会に来るたびに「小粒な成果ばかりである．インパクトのある大きな成果がない」と不満を漏らすのが常である．

　いったい，どこが悪いのだろうか？

　どこに盲点があるのであろうか？

　100 人の研究所で毎年 10 人選ばれるということは，1 人は 10 年に 1 回の割合で選ばれるので，10 年の研究成果を発表できることになる．ところが先の方法では，研究員全員は 1 年の研究成果しか発表できない．さらに悪いことに，「毎年発表の審査がある」というプレッシャーは，1 年でできることしか研究しなくなってしまう．

　これが，じつはほとんどの大企業社長の悩み「研究所から小粒の成果しか出てこない」の根本原因である．

　では，どうすればよいか．

　研究員の各々が長期的に大粒の研究に集中できるように，研究成果発表のタイミングをそれぞれの研究の内容と進捗に合わせることが必要である．

　上記の研究所のように，毎年毎年，全員に同じようにプレッシャーをかけるのは最悪といえる．

　つまり，研究所長は自分の判断力と洞察力を高め，それによって個別管理を実施すべきである．ただし，これは，大きなリスクを伴う．研究員から独善だ，不公平だと言われるからだ．しかし，「公平」の名のもとに失うものの大きさを知る必要がある．

略)…結果を聞いて，ぞくぞくした.『それなら睡眠の仕組みを追いかけてみよう』30年以上も酵素を追ってきたが，睡眠の謎がにわかに浮上してきた．私の研究が大きく舵を切る転回点だった.」

科学史・科学哲学の観点から，「後世の人々から見たときに，現在の理論体系の革命的進展のための新しい（未知の）データを既に手の中にもっているかもしれない」可能性を忘れてはならないと，村上（1991）は述べる．さらに村上（1991）は指摘する．「現存の規範的な枠組みに対して，その代替物を提案し，もう一つの「合理性」や「正しさ」を主張出来るのは，専門家の共同体の中枢部にはいない」と．その分野の優秀な研究者が，その実績のゆえに研究リーダーとなることが多いが，その際に，この指摘を胸に刻み込んでおく必要があろう．

5.3 研究開発の計画

研究開発の最初のステップは効果的な計画を立てることである．しかし，現実には，これはかなり難しい．その大きな理由は，研究開発の計画とは何なのか，どこに難しさが存在するのかの理解が不充分なことにあろう．そこで，本節では，研究開発を計画することの複雑さと，その難しさを示しながら，それに対してどのような対応をとるべきかを考える．

(1) 計画の課題

(a) 計画の多面性
研究開発の計画とは，具体的レベルでは，研究テーマを設定し，それをどれだけの期間でどの水準まで，どの程度の資源（人，もの，金）を用いて実施するのかを決めることである．その際に，すでに前の段階で決まっているはずの技術戦略とそのテーマがどのような関係にあるのかを明確にし，さらに，事業化する場合のビジネスプランとの接続をも検討しておく必要がある．

以上のような計画が提案され，審議され，決定される過程には，研究者，研究マネジャー，研究所長，CTOなどに加えて，関連事業部，生産工場，

ときにはマーケティング部門などの多くの人たちが関わってくる．そして，計画が決定される意思決定の場面では，その研究開発の内容によってもっとも発言力のある部門（研究所が自分で決定できるか，依頼・発注先があってその意向が強いか，CTO が全社的立場から決めるか）も異なってくる．

このように，研究開発の計画の内容と手順は千差万別であり，その効果的な策定方法に関して一般的方法はないであろう．しかし，多くの部門が関わってきて，それらの部門（たとえば，研究所，工場，マーケティング）では，次の（b）で述べるように計画それ自体に対する考え方が異なっているので，お互いの考え方を理解して，コミュニケーションが可能となる基盤を構築しておくことが望ましい．

(b) 科学，工学，経営学の各計画の統合

実際に企業で行われる研究開発の対象は，物理，化学，生物学などのいわゆる科学（ここでは自然科学）と，人間に有益なものを作り出そうとする工学の重複する領域であり，さらに，加えてその成果を顧客に受け入れてもらい企業的成果をあげようとする経営学の領域も含んでいる．したがって，研究開発の計画には，科学，工学，そして，経営学の3つの要素が混在していて複雑なものとなる．さらに，科学，工学，経営学では，計画のイメージが異なっている．この違いを検討してみよう．

まず，科学の研究とは，すでに存在している自然法則を探り当てて「記述」することを意味する．そして，その記述（仮説や理論やモデルといわれる）が「正しいか」どうかが問題となる．人間は単に自然法則を認識して記述するだけであり，なぜその法則があるのか，誰がどうして作ったのかは問わない．したがって，科学研究における計画とは次のようなものである．

> 科学における計画とは，いかに効率良く自然法則を見出すかを企てること（たとえば，実験計画法，野外調査計画法などの手法の活用も検討する）．

工学では人間が主体的にもの（人工物と呼ばれる）を作る．この作る過程では，自然法則に従う．それに逆らうことはできない（たとえば，光速より早く

できない，永久機関はできない）．作った人工物は「便利か」どうかが問題となる．これを判定することを評価という．人工物の研究（工学）における計画とは次のようなものである．

> 工学における計画とは，自然法則を活用していかに有用な人工物を作るか，その効率的な作り方を企てること（じつは，このために，たとえば，電子工学，化学工学，生物工学などの各工学の知識体系が存在する）．

経営学における計画では，競争が前面に出てくる．他の多くの競合品のなかから自分のものをいかに顧客に受け入れてもらえるかを考えなければならない．経営学における計画とは次のようなものである．

> 経営学における計画とは，作ったものが受け入れられるか（売れるか）が重要となるので，人間の特性（「定型行動」）を考慮して，売れるためには何を作るかを効率的に企てること（たとえば，需要予測，マーケティング手法などの手法の活用も検討する）．

つまり，研究開発の計画会議に出席している，マーケティング部員にとっては「売れるために何を作るか」が計画であり，生産現場の技術者は「どのように作るか」が，そして，研究所の研究者は「新法則をいかに見出すか」が計画ということになり，それ以外には関心を示さないのが普通である．この3者をいかに統合するかが，研究開発マネジメントでの計画の仕事となる．

(2) 計画の特徴

(a) ハードシステムとソフトシステムの混合

計画とは，目的を定め，それを達成するための手順の組み立てと，資源の割り当てを行うことである．

このなかで，目的の設定はもっとも重要であるが，これが難しい．それは，どこまでの範囲のことを考慮に入れるかが，なかなか決められないからである．たとえば，どこまでのことを制約として捉えるのか，それらも変更して

よいものなのかの判断が必要となる．そして，これらの判断は，経営学の領域に入ってくると価値観に依存してくる．

　上記のような課題を扱う学問に「システム論」(von Bertalanffy, 1968; Checkland, 1981; Simon, 1996) がある．そこでは，システム範囲の設定，目的と制約の設定における価値依存性なども議論されている．さらに，問題とは何か，問題解決とはどういうことか，システムズアプローチ (Muller-Merbach, 1994) とはどういうことかが研究されている．本節では，それらの知見も参考に議論を進めたい．

　工学分野では一般的に言って計画は成功を収めている．実際に人工物を計画する場合に，制御理論や設計論などといわれる分野や手法が用いられる．また，大規模な例として，月面に人間の到着を目指したアポロ計画は成功した工学的計画として知られている．

　工学分野の計画の特徴は，目的が明確であることにある．したがって，計画の大部分は，その目的をいかに実現するかの方法や手順を考えることとなる．このような特徴をもつ対象をハードシステムと呼ぶ．なお，問題とは目的（あるいは，望ましい状態）と現状との差であり，問題解決とはそのギャップを解消することとの定義が一般的であるが，この立場から言うと，ハードシステムは問題が明確であるという特徴をもつといえる．

　ある時期，工学の計画の手法を人間社会へ適用しようとすることが流行した．しかし，成功しなかった．それは，意思決定主体としての人間がシステムのなかに入っているのに，それを明示的に取り扱えなかったからである．ロボットと違い，人間には，自由意思や価値観があり，それに従って人間社会の多くの部分が動いているのである．

　そこで，人間が入ったシステムを，人間活動システムと呼んだり，あるいは，ソフトシステムと呼んで，先のハードシステムと区別するようになった．

　ソフトシステムの難しさは，その運用系が人間の意思によって変わることにあるが，じつは，それ以上に，目的の設定が困難ということにある．人間のそれぞれの価値観によって目指すべき目的が異なることが多いからである．したがって，目的が簡単に決められることを前提にしているハードシステムの計画手法は効果的に適用できないこととなる．目的が決められないという

ことは，問題が定義できないという言い方もできる．問題とは目的と現状との差だからである．

ここに登場するのが，ソフトシステム・アプローチである．この手順は，問題がなかなか定義できないのは「目的が不明確で，何をしたいのか」自体がはっきりしないからであると認識することを出発点とする．目的は，人間それぞれの価値観，世界観の違いが関連してくるので，一挙に統一はできない．そこで，複数の定式化をして，議論，理解，学習を行い，調整を行い，納得の段階までもっていくという手順となる．

研究開発は，科学，工学，経営学を含む中規模な人間活動システムといえる．ハードシステム・アプローチとソフトシステム・アプローチの混合が必要である．とくに，工学をバックグラウンドにもつ技術者はソフトシステム・アプローチの理解が必要であろう．

(b) トップダウンとボトムアップの混合

計画というものはトップダウンに決めれば良いと思うかもしれない．たとえば，各種のイベントの計画や建設プロジェクトの計画などはトップダウンで決めるべきである．そして実際に決められる．

研究開発の計画も，基本的にはトップダウンで決めるべきである．それは，具体的には第1章「技術戦略」で述べてきたように，全社の技術戦略を決定し，ついで，それを実現するために，事業部の技術戦略を決め，さらに，そのもとで個々の研究開発計画を設定するという手順となる．個々の研究開発の計画でも，その目的や要求される事業化の時期などの大枠を決め，それから徐々に具体的な研究活動の内容を決めていくのが一般的である．

しかし，一方で，研究開発の計画は完全にトップダウンだけでは決められないことに特別な注意が必要である．不確定要素や不確実性の存在のためである．つまり，具体的な研究活動のレベルにおいて科学技術的な新発見や新発明が起こる可能性があり，それが計画の大枠のレベルに著しい影響を与えることがしばしば起こるからである．

したがって，次のことを把握し，それが研究開発計画に及ぼす影響の大きさを理解して，それに基づいて研究計画の大枠の変更・修正が必要となる．

・自然科学レベルでの発見の可能性
・工学レベルでの創意工夫や発明の実現可能性

　じつは，上記をまず正しく理解できるのは，研究開発の現場の科学技術者である．したがって彼ら（いわば，ボトム）から，計画に対するインプットが必要となるのだ．
　以上から，研究開発マネジメントでは，ただ単に，「いつまでに完成させるには，どれほどの資源が必要か」と一般のマネジャーが問う以上に，深く現場の仕事の内容にまで関与することが必須となることがわかる．ここが研究開発（広くは技術経営）の特徴といえる．つまり，研究開発現場からボトムアップで，計画が修正されることが期待されている．ときには，個々の研究開発プロジェクトだけのレベルにとどまらず，企業全体の技術戦略が修正されることもしばしばである．
　このような修正は，原則的には望ましいものとして位置付ける必要がある．というのは，発明や発見の可能性に基づくボトムアップからの修正は，計画にその企業独自の要素を強化することになり，差別化による競争力強化の方向に寄与するからである．
　しかし，現実にはその修正の及ぼす規模と範囲が大きくなると，事業成功のインパクトと技術的成功の可能性とを天秤にかけ，最後はリスクを取るという決断を全社的に説得・納得させることが重要となる．実際には，この最後の軋轢を避けて，新しい修正の試みに乗り出さないことが多い．もっとも避けるべきは，ボトムアップからの修正要求に対して，決定を先延ばしにして貴重な時間を費やす優柔不断な対応をとることである．計画は決まるのではなく決めるものである．

5.4　研究開発の実施

　研究開発の実施に対してどのようなマネジメントを行ったらよいであろうか．本節では，もっとも基本的でかつ重要と思われる課題を取り上げて，それに対する考え方を整理し，さらに，研究開発マネジメントとして実行すべ

き事柄を検討する．

(1) テーマの類型と課題

(a) 長期と短期

長期研究と短期研究は頻繁に言及される研究の類型である．たとえば，これらに関して次のように言われることが多い．

・短期的な研究しかしておらず，将来を見通した長期の研究が必要なのではないか．
・研究に時間がかかりすぎる．もっと早く成果はでないものか．

しかし，上記の2つの例をみると，いったい，長期研究は良いのか悪いのかよく分からない．どう考えればよいのだろうか．

まず，そもそも企業で長期研究はどのように決まる（決める）のかを検討してみよう．もっとも典型的と思われるのは次の例のようである．ある研究所では，もてる能力の30%は将来のために使おうと所長が決断して，研究テーマの30%を長期研究に当てるという方針を決めた．そこで，研究所長は，研究員全員に長期研究テーマを提案させ，そのなかから相応しいテーマを選定した．研究所長はCTOに対して，「わが社の将来の発展のために長期研究を30%も行っている」と胸を張った．そして，長期研究を担当する研究員は自分は選ばれたエリート研究者だと，同僚に対して密かに優越感を覚えた．

ここでの問題点は，あるテーマが長期であると決めたのは提案した研究者であり，それを承認した研究所長という点にある．もちろん，研究にどの程度の時間がかかるのかは，研究の内容を理解している研究者や研究所長でないと分からないのでこれは当然と思える．しかし，ここに大きな盲点がある．

というのは，現実問題として，自分は3年かかる長期研究のつもりだったが，競合企業が1年で完成させてしまったという例が後を絶たないのだ．つまるところ，長期かどうかは，自分で決めるものではなく，競合企業が決めるのである．同じ研究を違う方法でアプローチすれば時間の差は大きく異な

ってくることが原因である．

キャッチアップの段階で，ものまねの研究をしているときには，おおよそのことは見通しがついていた．しかし，最前線にいると，何が起こるか分からない．危険なのは，自分で長期と決めると自己暗示にかかってしまい，今度はそれが前提になって，いつまでにこれをやればよいと勝手に時間を長くかけるスケジュールを決めてしまうということにある．

さらに，もっと危険なのは，長期研究をせよと言われたときに，現在実施中の研究だとおおよその時間感覚があるので，その延長線を延ばして長期研究を計画することである．本当は，将来の視点に立ってそのとき何が必要か，それならばいまからどう準備しておこうかという逆向きの思考プロセスが必要なのに，である．

(b) 探索と開発

探索研究と開発研究ではマネジメントの内容を大きく変える必要があることを述べよう．ここで，探索研究とは，薬や材料の研究のように，発見を求めて試行錯誤を行う研究を指し，開発研究とはロボットやコンピュータソフトウェア開発のように，目的とする機能の実現を目指す研究を指す．

ある研究マネジャーのところに，部下の研究員が研究進行に関して相談に来たとしよう．部下は，「研究に行き詰まりました．何とか打開したいので，とりあえず，いまできるこれをやってみてもいいですか？」と言った．こう言われた研究マネジャーは何と答えればよいだろうか．

じつは，部下が探索研究をしているのか開発研究をしているのかで，返答は下記のように正反対となるべきである．

・探索研究の場合：「よろしい，すぐにでも試しなさい」
・開発研究の場合：「駄目だ．何をすべきかきちんと考え直してきなさい」

この違いはどうして出てくるのであろうか．ここが，研究開発マネジメントの重要な着目点となる．

探索研究とは無知や未知の領域において宝物を探すような研究といえる．

つまり，考えても分からないので，試行錯誤をくり返し，そのつど得られる結果を判断する作業のくり返しが重要となる．したがって，まず，試行錯誤を実行することが必要で正しいアプローチといえる．

一方，開発研究とは，自分の夢を実現するような研究といえる．したがって，目標とすべきコンセプトや，開発すべきものの設計図をまずできるだけ明確に構築すべきである．このことは，探索研究と違い，できるところからやってみようというアプローチはおかしいということになる．行き先もなく放浪するようなものだ．むしろ，まずきちんと行き先を定めよと言うべきとなる．

さて，上記の原則を理解しそれを実行する際に，その次の段階として，もう一度気を付けなければならないことがある．それは，どちらかの類型の研究テーマが，他方の類型を一部にもつという点である．たとえば，ロボット開発という開発研究においても，どこかの部品で新しい属性をもつ新しい材料が必要となり，その部分が探索研究となっている，ということなどである．この場合，その部品の材料研究だけは他と別のマネジメントが必要になる．これを区別しないで，全体を同じスタイルでマネジメントすることが，多くの失敗の原因となっている．

研究開発マネジャーは，予定された時間と費用や品質と実際との乖離を把握し，それを解決するという一般的マネジメントに加えて，もっとも重要なのは，その研究開発の内容を的確に理解して，適切な対応をとるということである．そのためには，部分ごとに異なった運営をしたり，例外を設定することなどが必要となろう．そして同時に，このような多様なやり方を皆に理解・納得させるために，リーダーシップを発揮できるかどうかも重要となる．

(2) 運営体制の課題

(a) 自主と依頼

自主研究とは研究所が自らの資金，あるいは，全社の資金で行う研究であり，依頼研究とは研究を依頼する事業部がその資金を提供する（すなわち，スポンサーとなる）研究である．この2つの体制が研究開発マネジメントの重要な問題として議論となるのは，研究スポンサーの力は絶大でありそこに

種々の決定権があるので，誰がスポンサーかということが研究の成果に大きな影響を与えるからである．

この問題に関して，研究開発マネジメントでは，スポンサーと研究所との効果的なコミュニケーションのとり方がまず第1の課題となる．次に，視点を広く，たとえばCTOにとってみると，どのような研究は誰をスポンサーにさせると効果的かという課題がある．これは，全社の研究開発マネジメント体制の構築と運営という重要な課題である．以下では，後者の全社的視点での議論を行いたい．

研究のアイデアはどこにあるのかという観点から検討することが必要である．現製品の改善要求や改善アイデアは，研究所より実業（工場や事業部）部門が多くもっているであろう．それは，現製品を使用している顧客に近いからである．したがって，現製品の改善や後継製品の研究開発は，実業部門が研究の主導権をとる，すなわち，スポンサーとなって依頼研究の体制をとることが効果的であろう．

次に，世の中にない革新的製品の研究開発ではどうであろうか．この研究を実業部門がスポンサーとなって行うと，つい，現在の製品や顧客に目が向き，新しいことの創出が妨げられることが予想できる．ただし，管理会計を巧みに構築して，現在と将来の両者の視点から実業部門を評価するという体制の構築という選択肢もあるが，その議論はここでは割愛する．こうなると，革新的製品の研究開発は自主研究が適しているといえるだろう．ただし，ここで注意が必要なのは，研究所の優秀な研究者には依頼研究がつぎつぎときて，誰にも相手にされない研究者が残ってしまうため，このような者たちが自主研究を担当することになってしまう可能性である．自主研究を担当する研究者の選定には注意が必要となる．

自主研究の欠点として，緊張感がなくなるということがよく言われる．どの程度の緊張が良いのかはじつは良く分かっておらず，今後の研究課題として残されている．しかし，そのなかで，あえて1つの提案をここで行いたい．それは，「現在の事業部の枠を超えていたり，あるいは，新規事業のスポンサーはいない」が「研究がうまくいけば，事業部を創設しても良い」という程度の言わば中期的な研究開発に対しては，資金は全社，あるいは研究所で

あっても,「X事業部研究」というカテゴリーを作り依頼研究と同等の緊張感のあるマネジメントを実施するというものである.

(b) 独自と協同

独自と協同とは,自社研究にするか,あるいは他社との共同研究にするかという選択のことである.このことが議論になるのは,一般的には,

- 自社技術では不充分なため,他社の技術を活用したい.
- 研究資金が膨大となるために,資金負担を軽減したい.
- 仲間を増やして,規格や標準化で優位な状況を作りたい.
- 研究実績がないので,他社から知識や技術を吸収したい.
- 時代の流行についていくための保険として参加したい.

などが理由としてあげられるであろう.ここでは,第1番めの理由に焦点を当てたい.

研究者に自分の枠を超えて大きなテーマを目指せとか,新しい領域を目指せと言うと,他社との協同研究プロジェクトを提案してくることがある.これは,望ましい態度であり,望ましい方向といえる.

しかし,ここに注意すべき点がある.協同研究を構想するときには,そのもっとも重要な中核的部分,あるいは,もっとも付加価値を生む部分は自社が行うように体制を構築する必要がある.それが無理でありそうな場合には,新しいビジネスモデルをまず構築し,そのモデルのもとで自社に多くの果実が落ちるように工夫をする必要がある.こうしないと協同の相手にばかり,協同の果実が渡る可能性が高いからである.

このような検討は,純粋の研究者だけでは無理であるので,CTO室や技術経営室などとの相談が必要である.なぜなら,研究者は自分の担当する技術的部分にだけ目が向き,その実現のために全体のビジネスの観点が抜け落ちる可能性が高いからである.とくに,協同の相手も同じように虎視眈々と戦略を練ってくるので,最低でも互角の交渉力が必要となる.

5.5 研究開発の評価

研究開発を計画して実施すると,次には,評価を行うことになる.ところが,研究開発の評価は難しい,どう考えればよいのか分からないとも言われる.

したがって本節では,研究開発評価の基本的な考え方を整理する.とくに,評価の目的,手順,体制の観点から研究開発評価のあり方を議論する.

(1) 評価の問題点

(a) 評価の目的

Webster辞書によると,評価とは「価値や値を決めること」である.このような意味も含めて評価という言葉は広くいろいろな状況で使われる.これらを評価の目的という観点から整理すると,次の3つに分けられるであろう.

目的1:決められた基準でグループ分けや順序付けをする(たとえば,試験成績に基づく習熟度別のクラス分け).

目的2:動作が決められた通りになるように,その動きを測定し修正する(たとえば,航空機の自動操縦).

目的3:次のより良い計画を立てるために実行結果を反省する(たとえば,プロジェクトの打ち上げ反省会).

研究開発マネジメントでも,この3つの目的に対応して,次に例示するように,いろいろな場面で評価という言葉が使われる.

目的1:(グループ分けや順序付け)
・研究プロポーザルの採択/非採択評価
目的2:(決められたように動作修正)
・研究プロジェクトの進捗度評価
目的3:(次回の改善のための反省)

・研究プロジェクトの追跡評価

　上記のように評価の目的をここであえて取り上げたのは，評価が重要となってきていろいろなところで実施されているが，往々にして，評価すること自体が自己目的化している事例が多いからである．したがって，効果的な評価をするには，まず評価の目的を確認して，その目的が相応しいかどうかを検討することが重要である．

(b)　時期による評価

　前項で述べたように，評価は目的に対応して行わなければならない．しかし，実際に行われている多くの研究開発評価は，目的ではなく，「事前評価」「中間評価」「事後評価」というように時期によって運用されている．これは，次に述べるように本来の目的を忘れて形式的な実施にすり替わる危険性をはらんでいる．

　事前評価の本来の目的は，その研究開発テーマを他の代替案と比較して選定するかしないかを決める「テーマの決定」である．つまり，この評価しだいでは，その研究開発テーマは開始できない可能性をもっている．しかし，現実の多くの場合には，プロジェクトが「始まる前に」しておけばよいという運用になっていることが多い．つまり，「始まること」がすでに暗黙の前提になってしまっていることが多いのである．

　中間評価の本来の目的は，外部状況の変化や，プロジェクト進行上に得られた知見に基づいて，そのプロジェクトを継続するか，修正するか，あるいは，中止するかの決定にある．ところが，実態は，「途中で」チェックするという運用になっていることが多い．すなわち，「継続する」がすでに暗黙の前提になってしまっていることが多いといえる．

　事後評価の本来の目的は，成果の確認を行い，その反省を次のプロジェクトの計画や運営に生かすことである．ところが，実際には「終わったらチェックしておく」というように，プロジェクトの最後の仕事となってしまい，その経験をその後のプロジェクトに生かそうという意識は薄れていることが多い．

(2) 評価の改善

(a) 目的の明確化

(1)で述べたように，目的を忘れた評価，あるいは，「評価のための評価」ではなく，効果的な評価を実施するにはどうしたらよいのであろうか．

このためには，まず次のように評価の手順を正しく定め，また，同時に評価をする運営や体制を(b)で述べるように整備する必要がある．

図5.1のような手順を提案する．もっとも大切なことは，評価を行う目的を手順1で明確にすることである．ついで，手順2で評価法を設定するのだが，ここで，手順2.2に示すように「判定結果と行動との対応関係を設定する」ことが重要である．つまり，ある目的のために，何を測定し，その値がどういう状況の場合にはどういう行動をとるかを事前に決めるということであり，これこそが評価の中核的な部分である．これを実施するには，いわゆる評価担当部署だけではできず，第2章で述べたCTOや研究開発部門のトップとの協同作業が必須となる．

手順の3と4.1は従来からどこの評価法でも行われている一般的なことである．手順4.2は，手順2.2に対応して事務的に実施すればよい．しかし，ここで示された行動を実際に採用するかどうかは，CTOや研究開発部門のトップがさらに検討と判断を加えてから最終判断する場合もある．それは，手順2が完璧でない場合や，あるいは，手順2決定の際の環境条件や前提条件が手順4の時点では変化している場合も想定されるからである．

手順5は，評価結果に従って行動を起こした結果と効果を検討・判断して，その反省を次回の評価の手順2へ生かそうとする部分である．手順5の結果によっては，手順1の検討へとフィードバックされることもありうるだろう．

なお，この図で＊印を付けた手順の1，2.2，5が従来の一般の評価手順ではあまり強調されない部分であることを付記しておく．

ここで，研究評価全体に対して注意すべき事柄を指摘しておきたい．それは，評価を強調しすぎると，良い評価結果を受けやすい2番手研究開発テーマが多くなる危険性が高くなるということである．つまり，革新的であったり，野心的なテーマは一般的に言って多くの人たちに理解されにくいものだ

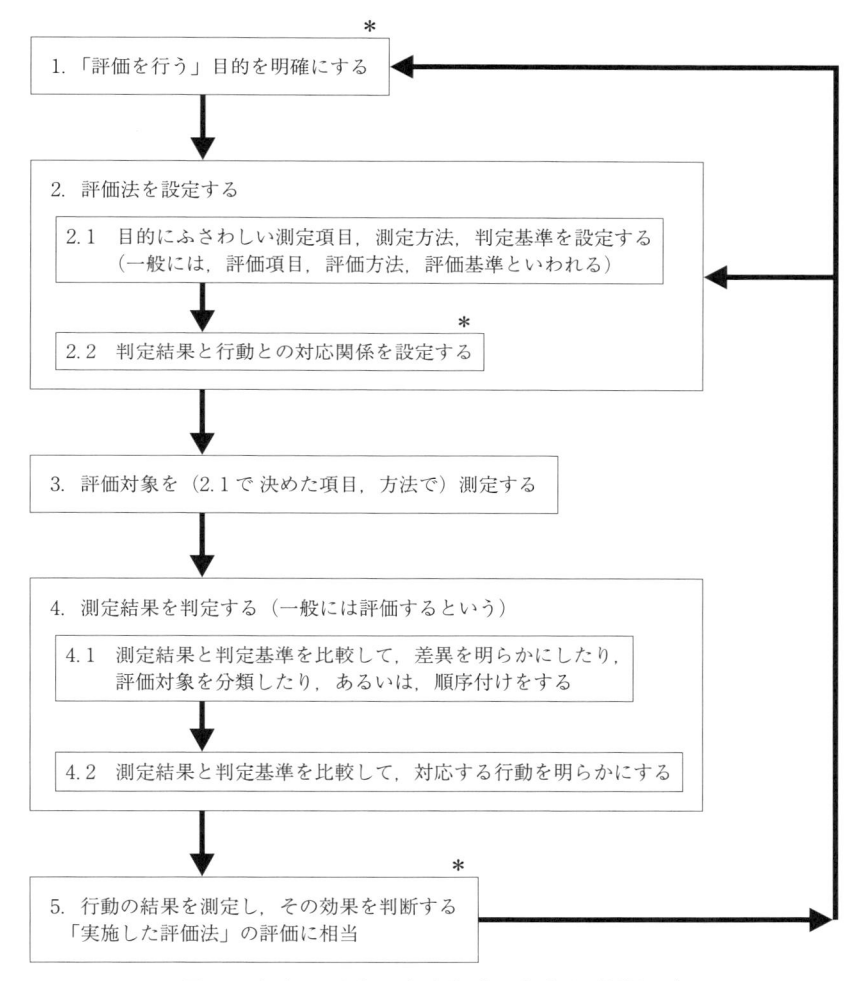

```
┌─────────────────────────────────────┐                *
│ 1.「評価を行う」目的を明確にする    │◄──────────────────────────┐
└─────────────────────────────────────┘                            │
              │                                                    │
              ▼                                                    │
┌───────────────────────────────────────────────────────┐          │
│ 2. 評価法を設定する                                   │          │
│   ┌─────────────────────────────────────────────────┐ │          │
│   │ 2.1 目的にふさわしい測定項目，測定方法，判定基準│ │          │
│   │     を設定する                                  │◄┼──────────┤
│   │    （一般には，評価項目，評価方法，評価基準と  │ │          │
│   │     いわれる）                                  │ │          │
│   └─────────────────────────────────────────────────┘ │          │
│              │                                        │          │
│              ▼                         *              │          │
│   ┌─────────────────────────────────────────────────┐ │          │
│   │ 2.2 判定結果と行動との対応関係を設定する        │ │          │
│   └─────────────────────────────────────────────────┘ │          │
└───────────────────────────────────────────────────────┘          │
              │                                                    │
              ▼                                                    │
┌─────────────────────────────────────────────────────┐            │
│ 3. 評価対象を（2.1で決めた項目，方法で）測定する    │            │
└─────────────────────────────────────────────────────┘            │
              │                                                    │
              ▼                                                    │
┌───────────────────────────────────────────────────────┐          │
│ 4. 測定結果を判定する（一般には評価するという）       │          │
│   ┌─────────────────────────────────────────────────┐ │          │
│   │ 4.1 測定結果と判定基準を比較して，差異を明らか  │ │          │
│   │     にしたり，評価対象を分類したり，あるいは，  │ │          │
│   │     順序付けをする                              │ │          │
│   └─────────────────────────────────────────────────┘ │          │
│              │                                        │          │
│              ▼                                        │          │
│   ┌─────────────────────────────────────────────────┐ │          │
│   │ 4.2 測定結果と判定基準を比較して，対応する行動  │ │          │
│   │     を明らかにする                              │ │          │
│   └─────────────────────────────────────────────────┘ │          │
└───────────────────────────────────────────────────────┘          │
              │                            *                       │
              ▼                                                    │
┌─────────────────────────────────────────────────────┐            │
│ 5. 行動の結果を測定し，その効果を判断する           │────────────┘
│    「実施した評価法」の評価に相当                   │
└─────────────────────────────────────────────────────┘
```

図 5.1 望ましい評価の手順（＊印は本手順の特徴部分）

からである．この問題を防ぐには，革新的テーマと改善型（2 番手）テーマには，別の評価法の構築が必要ということになる．この問題に正面から立ち向かうと，そもそも評価の目的は何なのかということの考察と確認の重要性が改めて認識できることとなる．そして，ここを避けては効果的な研究開発

マネジメントは構築できないであろう．

(b) 運営と体制の改善

本節 (1) (b) において，評価の「時期」による分類は，本来の目的を忘れプロジェクトを実施することが暗黙の前提になっている，または，なってしまう危険があることを述べた．この対策として，本来の目的に戻すために下記のように時期ではなく，内容に即した名称に変えることからまず始めることがよいと思われる．

① 研究領域評価
・研究領域として認めるかどうかを決定する．
② 研究計画評価
・実行に移すべき研究計画を選定・決定する．
③ 研究実績評価（中間と事後を区別せず）
・中止・継続・終了を任意の時点で決定する．
④ 評価結果評価
・評価法を変更すべきかどうかの決定をする．

ここで，①は新しい範疇の評価となる．つまり，提案された研究領域案を評価して，それを認めるかどうか（具体的には，研究計画作業に入ってよいかどうか，あるいは，その領域の研究計画書が提出されればそれを受領するかどうか）を決めることである．これは，新しい研究領域や学問領域の創出を制度的に支援することを意図している．

②は，従来は事前評価と呼ばれていたものであるが，先に指摘した欠点を排除するために，名称を内容に即したものに変更している．

③は中間とか事後とかを区別しないことが重要である．その狙いは，いつでも終了できるようにすることにある．すでにふれたように，たとえば「中間」評価として評価を行えば，評価する側もされる側もともに「まだ次回に最終評価が控えている」ということが，すなわち，「継続する」ことが暗黙の前提という錯覚になりがちだからである．

④は追跡評価と呼ばれるものに類似しているが，ここでの目的は研究実績評価の評価法が良かったのかどうか，その評価法自体を評価することにある．その結果をもとに評価法を修正することが必要である．この評価結果評価は，③の研究実績評価を数年後に見直すことで行われる．

次に，適切な評価をするには，評価をする運営や体制にも注意が必要となる．以下で，そのなかでも重要と考えられることをあげる．

評価者（部門）が実施者（部門）と同じ，すなわち，実施者（部門）の自己評価となってしまうことがときおり起こる．自発的に行う自己評価は自分の反省の機会として意味があろう．しかし，外部へ説明するための評価を自分で行うことは評価の信憑性において疑問が残る．このような問題点が明白であるのにもかかわらず，自己評価が頻繁に行われる原因の1つは，適切な評価者が存在しないということにもある．評価者（部門）の養成と確立とが急務である．

評価をする場合に，評価者のほうで実施者への遠慮や同情が出てしまう場合もある．その理由は種々考えられるが，1つには評価者は実施者と同じ研究・技術者であることが多く，評価をしながらも実施者に対して感情移入をしてしまうことがある．さらには，他人に対してマイナスの評価をすることは心苦しいという心境になってしまうこともある．これへの対策は，事前に評価者に評価の目的と意義を明確に充分に説明して，その責任と使命の重大性を認識させるという手順を確保することが重要となる．

何度も言及してきたことではあるが，評価するということ自体が評価の目的，すなわち，評価が自己目的化してしまうことがある．こうなった場合には，実際にはおざなりで形式的な評価となってしまう．これを防ぐには，上記と同じように，評価の目的と意義を明確に充分に説明して，その責任と使命の重大性を認識させることに加えて，評価に対する評価（適切に評価したかどうかを後で評価すること）を実施すること，とくに，それを行うということを，評価者に事前に伝えておくことが有効である．

5.6 創造性の発揮と活用

これまでにない新しく有用な成果を目指して研究開発は行われる．そのためには，研究者や技術者の創造性をいかに発揮させるか，あるいは，支援するかが研究開発マネジメントの課題となる．そこで，本節では，従来の創造性研究のなかから，参考になると思われるいくつかの考え方を述べる．ついで，革新的なアイデアやコンセプトの創出に関する技術経営分野の最近の研究を紹介する．

(1) 創造性へのアプローチ

(a) 創造性とは

「創造」とは何か，「創造性」とは何かを一般論として議論することは難しい．神学，哲学，芸術，社会学，心理学，科学，工学などの分野でそれぞれの観点からの議論があるだろう．本書では技術経営論，とくにそのなかでも，研究開発の立場から取り扱うことにする．すなわち，「これまでにない新しく有用な」研究開発成果をどのようにして生まれさせることができるのだろうかという問題意識が基本にある．

たとえば，技術経営や研究開発に近い分野で，Dennard (2000) は，「創造性とは以前には存在しなかった新しいものを，（従来の知識を基に拡張して）生み出す能力のこと」と定義する．ここで，かっこ（　）は，本書の著者（丹羽）が付けたのだが，議論を呼ぶところではあろう．しかし，その部分は，手段や方法であり，これ（従来の知識を基に拡張する）に限定する必要がないと考えられる．

上記の定義では暗黙の前提とされているが，明示的に「実用的」という特徴を定義に加えることも多い (Amabile, 1998)．これは，工学や技術経営の分野に限らず，たとえば，一部の認知科学の研究者（たとえば，Finke et al., 1992）でもみられることである．

なお，「新しい」という表現の意味するところはかなり広い．しかし，創造性が議論されるときには，「新しい」ものというとき，それは多くの場合

に「突然の飛躍」を対象としている (Dennard, 2000). すなわち，連続的でなく，非連続的な変化を対象にすることが一般的である．これは，4.1節（1）での Schumpeter イノベーション（革新）の定義の議論と類似している．

さて，創造性はマネジメントできるのであろうか．これこそが技術経営や研究開発マネジメントでもっとも中心的な課題である．この課題について，Amabile (1998) は，「個人の創造性は次の3つの要素で成り立っていると考えられ，そして，それらはマネジメントの対象にすることができる」と指摘している．

- ・専門知識
- ・動機
- ・創造的思考力

それでは，次項（b）において，創造性マネジメント，あるいは，支援する種々のアプローチを概観してみよう．

(b) 創造性への種々のアプローチ

創造性の研究や実践への種々のアプローチは，Runco (1997), Sternberg (1999), 高橋 (2002) や，Finke ら (1992) にまとめられている．ここでは，そのなかから研究開発に関連しそうないくつかのアプローチを抜き出して紹介する．状況と目的に合わせて適宜参考にするのがよいだろう．

［実用的アプローチ］
① 自由に議論をする
　　ブレーンストーミング法 (Osborn, 1953) は，集団で自由に発言をさせる方法である．この場合，参加者は他人の発言の批判は控え，発言の質より量を大切にする．
② 属性を列挙し，それらを組み合わせる
　　形態分析法 (Zwicky, 1957) は，ある対象物に関して複数の重要な属性の次元とその属性値をリストアップし，ついで，それらの属性値の組

み合わせを考える方法である．
③ アナロジーを考える

シネクティクス（Gordon, 1961）は，あるテーマにとって似ているもの，すなわち，アナロジーを活用する方法である．複数の異なる分野の専門家が集団で議論する．

④ 自由に書いて，まとめる

KJ法（川喜多，1965）は，あるテーマについて，集団で各々が自由にデータや意見をカードに書いて並べてみて，近い内容のカード同士をまとめる方法である．

［社会学的・計量歴史学的アプローチ］

このアプローチは社会，環境，文化などが創造性に及ぼす影響を考察する．たとえば，Amabile（1983）は，興味ある課題では創造性が強化されるが，金銭的報酬を与えると創造性を低めることや，課題実行時に他人の存在は創造性を損ねることなどを見出した．Simonton（1984；1990）は，著名な人々の実例調査を通じて，その生産性は社会的要因では影響を受けず，その分野における競争者数が多いと低下することなどを明らかにした．

［認知的アプローチ］

心理学的な実験に基づいて人間の創造性を解明しようとするアプローチである．Finkeら（1992）は，実験に基づき，創造活動の認知モデルを提唱した．それは，心的なイメージを生成する生成段階と，そのイメージを解釈する探索・解釈段階の2つの段階の心的操作の相互作用として創造過程を表している．

［産業的アプローチ］

Roberts（1999）は，産業界での発明やイノベーションの実態を観察して，次のようなことを指摘した．

・技術的革新は，異なったマネジメントの仕方が必要とされる複数のプロ

セスによって起こされる．
・組織でイノベーションを効果的に起こすには，アイデア生産者，企業家，マネジャー，ゲートキーパー，スポンサーの協力が必要．
・組織構成員は固定化せず，また，多様化が必要．
・マーケティングと研究開発部門との協同が必要．

以上は，創造性に関する多くの研究のなかから，技術経営，とくに，研究開発マネジメントにとって参考になると思われるいくつかを取り上げたものである．今後も，創造性に関する研究が進展することを期待したい．

一方で，技術経営や研究マネジメントの分野でも創造性に直接関係する研究が始まりつつある．次項（2）では，新しいアイデアやコンセプトの創出に関する研究例を紹介しよう．

（2） アイデアやコンセプトの創出

(a) 革新的アイデア創出のための計画と実施の分離

何か偶然に新しい現象に出くわすという発見に比べて，新しいことを考え出すという発明は主体的で意図的な企てが必要となる．他から，あるいは，偶然に与えられることはなく，自らが創り出さなければならないからだ．

これまでにない新しい製品やサービス，あるいは事業を考え出す構想立案も同じように創造の営みである．まず，本項（a）では，革新的なアイデアやコンセプトを創出する際の仕事の分担と組織や人材に関する検討をしてみよう．

革新的なアイデアやコンセプトの構想立案には，従来の実施方法や思考枠組みからの決別が必要である．個人の営みでは，自分の頭のなかでこれを上手にコントロールするのはなかなか難しい．ところが，組織では別のアプローチがありうる．それは，従来の方法で実施している組織や人たち，あるいは，新しい方法が提案されたときにそれを実施することになる組織や人たちには，新しい方法を創出することをさせないという運営である．すなわち，計画と実施との分離である．

従来のものの延長上にある改善の場合には，計画と実施の一致から得られ

■ コラム9

研究提案の落とし穴

　ほとんどの企業研究所では，斬新な研究テーマの開拓と，研究員の動機付けを高めるために研究提案制度を設けている．
　その多くは，研究員から自由に研究提案を受け付け，所長が承認すると，提案者はその研究を実施できるというものである．
　これは一般的には優れた制度といえよう．それは，次の理由からである．

- 新しいアイデアは研究所の所長や部長などという管理者より，現場の研究員から出てくることが多い．
- だれでも自由に提案できるとなると，自発的にものごとを考えるようになる．
- 与えられたテーマではなく，自分が提案したテーマを自分が実施できるとなると，やりがいがある．

　しかし，ある場合には，ここに大きな落とし穴が潜んでいることを知る必要がある．それは，この研究所が革新的イノベーションを狙いたい場合である．この場合は，むしろ，この制度は大きな障害になってしまうだろう．
　どこに落とし穴があるのだろうか．それは，「提案が認められると，提案者が実施する」という仕組みにある．
　つまり，こうすると，多くの研究者は自分の能力と実績から判断して，自分ができることしか提案しなくなる．たとえ，真に革新的なことを思い付いても，自分が実施できそうもなければ提案しないであろう．本当はこうすべきと思ったとしても，実際には，提案書にはこうならできるという水準のことを書いてしまうようになる．
　もっと恐ろしいことに，脳の回路が無意識的に自己規制されてしまって，自分のできそうもないことは思い付かないようになってしまうかもしれない．
　現在の激しい競争のなかで，研究員が「安心して」提案できる程度のテーマでは不充分といえるのだ．

る効率的計画が良いであろう．ところが，革新的計画ではできることではなく，やりたいこと・やるべきことを構想することがカギとなる．つまり，手持ちのリソースや経験・実績を前提とせず，目標を創設し，新たな構想を生み出し，プロジェクトの実現に対してリーダーシップを発揮できる人材，「構想立案型人材」の育成と活用が重要となる（丹羽・山田，1999, pp. 131-151）．

　代表的日本企業の研究開発の実態調査（丹羽・山田，1999）によれば，調査先企業が革新的であるとみなしている研究開発 92 事例のうち，48% が計画と実施を同一人物が手がけ，52% は計画と実施は別の人物が担当していた．この調査に基づき提示された仮説は，研究開発を行う人間に次の，A，B，Cの 3 つのタイプがあるとするものである．A タイプは計画は不得意だが，実施は得意．B タイプは計画も実施も両方得意．C タイプは計画は得意だが，実施は不得意．簡単に言うと A タイプはキャッチアップ時代に，B タイプは過渡期に，C タイプがフロントランナーにおいて求められる類型だと考えられる（丹羽・山田，1999, pp. 138-143）．

　いままで日本企業の強みは，生産現場の人間が計画段階に関与していることだと言われてきた．しかし，革新的研究開発の実態は計画と実施が分離されている場合が半数を占めているのである．この傾向をさらに進めることが大切だ．

　これは構想立案に関するある心理学的研究からも示唆される．「創造的認知」に関する研究（Finke *et al.*, 1992）によると，部品を組み合わせ，創造的（独創的でかつ実用的）発明品を考えさせるという実験をしたところ，多くの実験結果のなかに，具体的な用途などを考えないで組み合わせたほうが創造的なものができたというものもあった．

　イノベーションや革新的製品・事業の構想には，現在のしがらみにとらわれずに未来を構想しうる人材が必要で，それを育成活用する組織や仕組みの構築が重要となろう．今後，この領域の研究のさらなる進展が望まれる．

(b)　アイデア発展の場

　上記の「構想立案型人材」の活動とお互いに補完する活動として，小さな

アイデアであっても，多くの人たちによってそれらをうまく結び付けて育てて，研究テーマの創出につなげるという活動もまた重要であると考えられる．

代表的日本企業の研究開発の提案制度に関する実態調査によると，「自分の初期のアイデアを社内に公開し，複数の人びとのコメントを求めて，そのアイデアを研究提案にまで発展させること」の是非を問うたところ，8割を超える支持を得ている（松田・中島，1998）．このようなことはとくに，近年の情報ネットワーク技術の進歩によって，技術的には可能となっている．

そこで，アイデアの提案者が自分の初期のアイデアを社内に公開し，そこに他の多くの人々のコメントを加えて元のアイデアの質を高めるという仕組みを「アイデア発展の場」と呼び，中島・丹羽（2002）は，その活性化方策を研究して，次の事柄を明らかにした．

この研究の着目点は，最初のアイデアの提案者でなく，他の多くの人たちの働きである．すなわち，初期のアイデアを種々のコメントによって発展させるには，どのような仕組みやマネジメントを構築すればよいのかである．これを知るために，エージェンシー理論を応用したシミュレーションを行い，次のような示唆を得た．初期のアイデア提供者だけでなく，コメントの提供者にも別にある種の報酬を与えるというインセンティブ体系を構築して運用すれば，アイデアの質は高まるというものである．

従来の報奨制度などは，アイデアの最初の提案者を対象にすることが多い．これはとくに，日本企業ではさらに工夫して発展させるべき制度である．前項（a）の構想立案型人材も同じような個人重視の発想であった．しかし同時に，ここで示したアプローチのように，組織としての長所も生かせるマネジメントも必要であろう．両者がお互いを補完することが望ましい．

5.7　偶然性と試行錯誤

研究開発マネジメントにとってもっとも難しい課題は，偶然性と試行錯誤の取り扱いであろう．計画できないことをいかに計画するか，偶然の発見をどう扱うか，試行錯誤を効果的に行うにはどうしたらよいのか，現在の失敗を将来の糧にできないか，など本節では研究開発マネジメントのフロンティ

アを覗いてみよう．

(1) 計画とセレンディピティー

(a) 計画できないことの計画

研究開発とは，いままで知らなかったことやできなかったことを対象にして，新たなことを知ろう（発見），あるいは，しよう（発明）という行為といえる．つまり，そもそもが人間の無知・未知の領域に関わる行為なので，人間がすべてを事前に「計画」することはできない．

そうなると，研究開発マネジメントでは，「計画できないこと」をどうするかという厄介な課題に直面する．

これには，種々の考え方がありえよう．そのなかからいくつかの例を下記に列挙する．ただし，それぞれ一長一短があり，どれが正解ということはない．しかしながら，「計画できないこと」をどうするかについて，事前に考えておくことは有益と思われる．それは，研究開発の過程では，計画しなかったことが頻発するからである．

[不明部分をブラックボックスにして明示する]

分からないことがあることを，そのまま，ブラックボックスとして計画書に明示しておく．どこに，不明の部分があるかを知らせるという意味がある．

[起こりうる可能性を明示した計画にする]

将来に発生が予想される現象や，将来に可能性のある選択肢を事前に予想して，それらを，計画書に明示しておく．各々のケースを列挙するだけの場合や，それぞれのケースに発生予想確率を付け加えておく場合がある．

[計画見直しの条件を明示する]

計画の前提条件や制約条件を明示しておき，なおかつ，それらが，どういう状態になったら，計画を見直す必要があるとの指定をしておく．

［計画見直しの期間を明示しておく］
　計画の有効期間や，見直しすべき時期を明示しておく．

［計画しないことが良い計画］
　分からないことは，事前に計画しないほうが良いという考え方もある．その理由は，いったん，不充分な計画を立ててしまうと，将来，その計画に引きずられて，正しい判断が妨げられてしまう危険が高いということによる．

　以上のように，計画外のことへの対処法を述べてきたが，ここで，同時にまったく異なる観点があることを付記しておきたい．それは，研究開発マネジメントでは，計画外をむしろ積極的に活用するというマネジメントが重要であるという考え方である．つまり，人の知恵や事前の考えには限界があるという認識のもと，積極的に計画外や予想外のことを起こさせ，それを上手に活用して発見や発明に結び付ける思考への飛躍を企てるという発想である．別の言い方では，計画外を起こさせる計画が重要ということになる．

(b)　セレンディピティー

　セレンディピティー（serendipity）は，偶然に幸運な予想外の発見をする能力のことである．これは，「セレンディップ（セイロン，すなわちスリランカの古称）の3人の王子」というおとぎ話で，登場する王子たちが偶然に，しかも好都合にいろいろなものを発見していく物語に由来しているという．

　実際に科学技術の世界でも似たようなことが起きている．たとえば，X線，ペニシリン，ダイナマイト，マジックテープなどがある．Roberts (1989, p. x) は，科学技術の世界でのセレンディピティーを2種類に分けて表5.1のような説明をしている．

　擬セレンディピティーは，こつこつと努力を続けるうちに女神が微笑むという言い方に近いかもしれない．これは，自分自身にも，あるいは研究開発マネジャーが部下の研究者に対しても，教訓として常識的かつ，心情的に言いやすいことであろう．実際に，Pasteur の次の言葉がこの立場からよく用いられる．「観察の場では，幸運はそれを心構えて待っているところに来る」

表5.1 2種類のセレンディピティー

	意味	例
擬セレンディピティー (pseudoserendipity)	追い求めていたことを，偶然に発見できること	Goodyearは長年ゴムの活用法の研究にとりつかれていたが，あるとき，硫黄と混ぜたゴムをたまたま熱いストーブの上に落としてしまったときに，ゴムの加硫を見出した．
真のセレンディピティー (true serendipity)	思ってもみなかったことを，偶然に発見できること	deMestralは，自分の衣服にぴったりと付いた「いが」をみてなぜそうなるのだろうと考えたときには，マジックテープを発明しようなどとは思ってもいなかった．

(Roberts, 1989, p. x).

　これに対して真のセレンディピティーは，違った側面をみせる．それを，Shapiro (1986, pp. vii-x) は，要約すると次のように指摘している．科学のまったく新分野が拓かれるとすれば，それを成し遂げるのは当然ではあるが，(その新分野は存在していないので) 既存で別の分野の人間である．このとき，新しい発見は前代未聞で予想のつかないものである．したがって，それに反論するような思考は存在しない．事実が明らかになった後には，いつものことだが，過去に似たことをみつけた先駆者を指摘することができる．しかし，彼らは，自分のみたことに確信がなく，事態をもっと追究することをしなかったのだ．真のセレンディピティーの共通する特徴は，結果が非常に容易に再現できることにある．したがって，多くの人たちに，「なぜ，私が最初に思い付かなかったのだろうか」と思わせることとなる．

　革新的な研究開発を狙うのならば，いままでと違う別の視点や立場からの考察とアプローチが重要となろう．これは，科学技術者にとっては，陥りがちな「従来分野の専門馬鹿」からの脱皮の重要性を指摘しており，また，研究マネジメントでは，「集中」思考よりむしろ「拡散」思考に留意することの必要性を示している．

(2) 試行錯誤のマネジメント

(a) 現場主導の少人数型 R & D マネジメント

試行錯誤が必要となる研究開発分野の代表例は材料研究である．この分野は不確実性が高く，偶発的な発見や，試行によるブレークスルーが抜本的な技術課題解決の鍵となることが多い．このような不確実性の高い研究開発における試行錯誤のマネジメントを対象として，現場主導の少人数型 R & D マネジメントの研究（板谷・丹羽，2005）がされている．それは，次のようなものである．

不確実性の高い研究開発領域での研究の原動力は，メンバー個人が成功の確信をもって，前例にとらわれない異質な試行錯誤を経て偶発的な発見機会を増やすことにあると考えることもできる．

ところで，通常の階層組織では，それがたとえ小組織であっても，上長を含む上部階層の影響をかなり受けることとなる．たとえば，上部組織への説明責任や上部組織の反応を考えると，失敗の可能性がある試行に対する躊躇が生じやすい．一方で，インフォーマルな組織では試行錯誤のためのリソースには制限が存在するため，現場における試行錯誤実験に際しては無理が生ずる．

そこで，マネジメントサイドとの明確なミッションの共有化を前提に，破格の実行権限を現場に委譲した少人数型プロジェクトの組織化が有効と思われる．そこには，現場の複数にわたる業務を横断的にこなすだけでなく，ときには顧客対応や競合相手の情報収集など，組織外とも接触する権限も与え，マネジメントはこれを促進・支援するように工夫する．これは現場で得られる試行錯誤の結果を自らの基準で判断することを狙ったものである．マネジメントとの関わりに関しては，日常的な報告や定型的な管理は意図的に抑制するなどして，現場で試行錯誤に関する実施・アクションの意思決定が円滑に進むような「邪魔をしない」配慮が重要となる．

(b) 「失敗研究」を「待ち伏せの宝」に

試行錯誤した結果，「失敗」の烙印を押される研究が多い．しかし，この

なかには「早すぎた」研究も多いことに注目すべきである．これを有効活用することが望まれる．そこでこれらを，「失敗の屍」ではなく「待ち伏せの宝」とする方法やマネジメントの構築が重要となる．

　これに対する1つの手法（石黒・丹羽，2002）が，産業財分野の研究開発を対象に提案された．それは，研究開発の結果を，市場と機能と技術の観点から整理したデータベースに蓄積し，それを柔軟に抽出するというものである．とくに，ある特性が不足しているために実用化に至らなかった研究については，将来新たな技術手段や要素技術の登場などでその不足が解消される時点で，その研究に注目させるという機能も検討されている．

　上記のようなデータベース，あるいは，知識マネジメントシステムは種々考えられるだろう．似たような仕組みは多くの企業で試みられている．しかし，それらが，成功しているという例はきわめて少ないと言わざるを得ない．その多くは，次の盲点を検討して克服することで有効性を発揮できると考えられる．

　盲点とは，これらの仕組みの多くが，「情報（知識）システム」として位置付けられていることに起因する．そうすると，システムの有効活用の施策として，使いやすいユーザインタフェースの改善，データ入力の省力化などの情報技術的側面に目が向くこととなる．そしてそれらを行うが，その努力にもかかわらず結局は効果的な運用ができず，むしろ派手なアドバルーンの存在がかえって不信感を増長させるという悪循環になっているのだ．

　盲点であるから克服は容易である．「情報（知識）システム」ではなく，「研究開発マネジメントシステム」として本来の位置付けに戻し，その観点からの運用を行うことにある．具体的には，まず，データベースに入力することと，それを用いることのインセンティブを高めることである．それには，データベース情報を使用して成功した場合には，そのデータの入力者と使用者とに成果の配分を行う．そうすれば，たとえば，入力者である研究者は「失敗データベース」に登録する際に，将来の種々の状況でこれを見出してほしいという動機付けがなされ，将来の検索で有効に発見できるようにと情報やデータの蓄積の仕方に工夫をするであろう．

　ついで，このシステムを，研究情報管理室などのルーティンの部門ではな

く，CTO の管理下におくことが望まれる．これは，「失敗研究」を「将来の糧」にするという強い意志を全社的に示すことになり，このデータベースを使用することも含めて，さらにそれ以上に，試行錯誤を行うこと自体が奨励されているという強いメッセージになるだろう．

以上本節で議論してきた偶然性や試行錯誤の取り扱いは，前節で取り上げた創造性とコンセプト創出の取り扱いとともに，技術経営の中核部分である革新的イノベーションの実現に向けて，もっとも重要な領域であり，今後の精力的な研究がなされる必要があろう．

第5章の要約

高度技術社会におけるイノベーションの実現には，科学技術の研究開発が基盤となることが多い．したがって，効果的な研究開発を行う方法や仕組み，すなわち，研究開発マネジメントの工夫が重要となる．

このために，科学技術や研究開発の特徴をまず理解する必要がある．科学と技術はそれぞれ別個に発展してきたが，第2次世界大戦後両者は急接近し，「科学技術」という合成語が表すように両者が一体となって発展するという特徴をもつようになった．また，第2次世界大戦から今日までの企業における研究開発マネジメントの歴史を振り返ると，科学技術者個人の自由に任せればよいという考え方から，企業戦略に合致させ，かつ，他部門との連携を重視したマネジメントをしなければならないという考え方に変遷している．

科学技術の研究開発は，新たな有用なもの（こと）を目指した発見・発明という創造的活動が中核である．したがって，そのマネジメントは，一般のマネジメントが量的管理を多用するのに対して，質的で創造支援を重視する必要がある．また，研究開発マネジャーも研究の内容にまで立ち入り，研究者とは異なる視点から研究の飛躍に貢献することが求められる．

研究開発の計画では，科学，工学，経営学のそれぞれが重要視する計画の諸側面を統合し，さらに，全社技術戦略からのトップダウンと研究現場からのボトムアップとの効果的な調整が必要となる．

研究開発の実施の段階では，長期研究や協同研究のあり方などマネジメン

トの果たす役割は重要となる.

　研究開発の評価はこれまで形式的になりがちであったので，本来の目的を確認し，それに合致する方法と運営を行うことが必要である.

　新たなコンセプトの発明を目指す開発研究のマネジメントでは，研究者の創造性をいかに発揮させるか，また，新事実の発見を目指す探索研究のマネジメントでは，偶然性と試行錯誤をいかに取り扱うかの工夫が研究開発マネジメントの中核となる．現在，このような研究開発マネジメントに対して先駆的な研究がなされているが，これは，今後重点的に取り組むべき技術経営の中核部分といえる.

引用文献

Amabile, T. M., *The Social Psychology of Creativity*, Springer-Verlag, 1983.

Amabile, T. M., "How to Kill Creativity," *Harvard Business Review*, Vol. 76, No. 5, pp. 76-87, 1998.

Checkland, P. B., *System Thinking, System Practice*, John Wiley & Sons, Ltd., 1981 (チェックランド，P. B., 高原康彦・中野文平監訳，飯島淳一他訳『新しいシステムアプローチ：システム思考とシステム実践』，オーム社，1985).

Dennard, R. H., "Creativity in the 2000s and Beyond," *Research・Technology Management*, Vol. 43, No. 6, pp. 23-25, 2000.

Finke, R. A., Ward, T. B., and Smith, S. M., *Creative Cognition*, The MIT Press, 1992 (フィンケ，R. A.・ワルト，T. B.・スミス，S. M., 小橋康章訳，『創造的認知：実験で探るクリエイティブな発想のメカニズム』，森北出版，1999).

Gordon, W., *Synectics : The Development if Creative Capacity*, Harper & Row, 1961.

Katz, R. (ed.), *The Human Side of Managing Technological Innovation*, Oxford University Press, 1997.

Kline, S. J., *Innovation Styles in Japan and the United States*, Stanford University, 1990 (クライン，S. J., 鴫原文七訳，『イノベーション・スタイル：日米の社会技術システム変革の相違』，アグネス承風社，1992).

Muller-Merbach, H., "A System of Systems Approach," *Interface*, Vol. 24, July-August, pp. 16-25, 1994.

Osborn, A., *Applied Imagination*, Charles Scribner's Sons, 1953.

Roberts, E. B., "Managing Invention and Innovation," in Industrial Research Institute, *Creativity and Idea Management*, pp. 7-25, 1999.

Roberts, R. M., *Serendipity : Accidental Discoveries in Science*, John Wiley, 1989 (ロバート，R. M., 安藤喬志訳，『セレンディピティー：思いがけない発見・発明のドラマ』，化学同人，1993).

Roussel, P. A., Saad, K. N., and Erickson, T. J., *Third Generation R & D*, Harvard Business School Press, 1991 (ラッセル，P. A.・サード，K. N.・エリクソン，T. J., 田中靖夫訳，『第三世代のR & D：研究開発と企業・事業戦略の統合』，ダイヤモンド社，1992).

Runco, M. A., *The Creativity Research Handbook*, Hampton Press, 1997.

Shapiro, G., *A Skeleton in the Darkroom : Stories of Serendipity in Science*, Harper & Row, 1986（シャピロ, G., 新関暢一訳,『創造的発見と偶然：科学におけるセレンディピティー』, 東京化学同人, 1993）.

Simon, H. A., *The Art of the Artificial*, 3rd ed., MIT Press, 1996（サイモン, H. A., 稲葉元吉・吉原英樹訳,『システムの科学』, パーソナルメディア, 1996）.

Simonton, D. K., *Genius, Creativity, and Leadership*, Harvard University Press, 1984.

Simonton, D. K., *Psychology, Science, and History : An Introduction to Historiometry*, Yale University Press, 1990.

Sternberg, R. J., *Handbook of Creativity*, Cambridge University Press, 1999.

von Bertalanffy, L., *General System Theory*, George Braziller, 1968（フォン・ベルタランフィ, L., 長野敬・太田邦昌訳,『一般システム理論：その基礎・発展・応用』, みすず書房, 1973）.

Zwicky, F., *Morphological Astronomy*, Springer-Verlag, 1957.

石黒周・丹羽清,「新製品の最適な市場導入タイミングを実現するシーズ提案型研究開発マネジメント手法」, 研究技術計画学会第 17 回年次学術大会講演要旨集, pp. 403-406, 2002.

板谷和彦・丹羽清,「不確実性の高い研究開発における少人数型Ｒ＆Ｄマネジメント」, 研究技術計画学会第 20 回年次学術大会講演要旨集, pp. 553-556, 2005.

川喜多二郎,『KJ 法――混沌をして語らしめる』, 中央公論社, 1965.

高橋誠編,『新編・創造力事典』, 日科技連, 2002.

中島剛志・丹羽清,「研究開発における「アイデア発展の場」活性化方策の研究」,『研究技術計画』, Vol. 17, No. 3/4, pp. 231-242, 2002.

丹羽清・山田肇編,『技術経営戦略』, 生産性出版, 1999.

早石修,「私の履歴書 25」,『日本経済新聞』, 2006 年 3 月 25 日.

東健一,「化学の飛躍的な発展を促した実験」,『化学教育』, vol. 25, pp. 89-91, 1977.

松田偉太朗・中島剛志,「研究開発テーマ提案制度」, 研究技術計画学会第 13 回年次学術大会講演要旨集, pp. 87-92, 1998.

丸毛一彰,「基礎研究, いま何が問題か」,『技術と経済』, pp. 2-8, 1987 年 7 月号.

丸山瑛一,「基礎研究のマネジメントは人のマネジメント」,『技術と経済』, pp. 33-41, 1987 年 7 月号.

村上陽一郎,「独創的な研究と科学思想」, 学術月報編集委員会編,『研究と独創性』, 日本学術振興会, pp. 77-87, 1991.

村上陽一郎,「科学研究の様態の変化」, 岡田節人他編,『現代社会のなかの科学／技術』（岩波講座：科学／技術と人間, 3）, 岩波書店, pp. 33-57, 1999a.

村上陽一郎,「総論：科学／技術と生活空間」, 岡田節人他編,『思想としての科学／技術』（岩波講座：科学／技術と人間, 9）, 岩波書店, pp. 1-28, 1999b.

村上陽一郎,『近代科学と聖俗革命（新版）』, 新曜社, 2002.

第6章

技術組織

　何かをしようという目的で2人以上の人間が集まると組織となる．企業は1つの大きな組織であると同時に，種々の仕事をする組織の集まりでもある．

　本章は，高度技術社会での企業経営に重要な役割を果たす技術組織に注目する．技術組織とは技術を扱う組織であり，技術戦略部門，研究開発部門，製品企画・設計部門など技術経営の中核部分の働きをする．

　本章では，一般の企業組織との比較において，技術組織やそのマネジメントの特徴を明らかにする．その中心課題は，発明や発見など未知の世界に立ち向かう科学技術者の創造的活動をいかに効果的に行うかにある．このための重要な課題とそれらへの対応の仕方を議論する．

6.1 一般の組織論の歴史

組織とは「意識的に調整された人々の活動の体系」(Barnard, 1938, p. 72) であるという定義が広く用いられている．このような組織は人間の歴史とともにある．しかし，現在の経営学に直接影響を与えることになった議論の始まりは 20 世紀の初頭からといわれている．そこで本節では，下記のような Robbins (1990, pp. 30-32) の分類に基づいて組織論の歴史を概観する．

① クローズドシステムアプローチ（組織を外界から区別して扱う）
　・「機械的効率」重視のアプローチ（1900-1930）
　・「人間関係」重視のアプローチ（1930-1960）
② オープンシステムアプローチ（組織を外界との関係をも含めて扱う）
　・「状況適合」重視のアプローチ（1960-1975）
　・「パワーと政治」重視のアプローチ（1975-）

(1) クローズドシステムアプローチ

組織論の始まりは，外界から区別された組織（工場や事業所など）に注目して，そのなかで働いている人々を観察して考察することに特徴があった．このような方法をクローズドシステムアプローチと呼ぶ．このアプローチには，当初は組織の効率に焦点を当てたが，ついで，組織のなかでの人間関係に注目する議論が登場する．

(a) 機械的効率
[Taylor の科学的管理法]

経営学の創始者ともいわれる Taylor (1911) はアメリカの製鉄会社の工学技師であった．彼は工場の労働者を観察した結果，労働者は可能と思われる量の 1/3 程度しか働いていないと確信した．そこで，工場の労働者の作業内容と作業時間を測定し効果的な作業手順を明らかにして，個々の仕事に対して「もっとも良い作業の仕方」を定めた．そのように働いた者には高い賃金

を，そうでない者には低い賃金を払うようにして，労働者の動機付けを図り工場の生産性を高めることに成功した．こうして，科学的に測定したものを基礎にして仕事を決めるという「科学的管理法」が提案された．今日の目から見れば，このように測定できるのはごく限られた低レベルの作業ではあるが，この方法はマネジャーの役割を明らかにした．つまり，マネジャーの役割とは，最大の成果を生み出すように「もっとも良い作業の仕方」を定め，それが達成できるように労働者を選択し，訓練し，監視するというものである．

[**Fayol の組織の原理論**]

Taylor とほぼ同じ頃，フランスの実業家 Fayol (1916) は自らの経験から組織一般に当てはまる管理の原則を提示した．それらは（上田，2003, p. 5），

- 分業：個々人が最適に活動できるように仕事を専門化する．
- 権限と責任：権限は命令を行う権利であり，それに応じた責任を伴う．
- 命令の統一性：各人は1人の管理者からしか命令を受け取ってはならない．
- 権限の集中：権限の最適な集中度は事業の規模や人員の質などによって異なる．
- 創意：すべての従業員に創意を発揮させることは企業にとって大きな力である．

などの14項目であった．これらの原則は組織設計の基礎と考えられた．

[**Weber の官僚制**]

ドイツの社会学者 Weber (1924) は，組織がその目的を達成するのにもっとも効率的な構造として官僚制を提唱した．その特徴は，分業，権限の階層構造，形式的な手順，詳細な規則，非人格的な関係などである．この考え方は，今日においても多くの大組織が構造を決定する際の基礎となっている．

(b) 人間関係

[**Mayo のホーソン実験**]

1930年代になると「科学的管理法」が見直されて「人間関係論」（Mayo, 1933; Roethlisberger and Dickson, 1939）と呼ばれる考え方が登場した．それは，後にホーソン実験（Howthorne experience）と呼ばれるようになったアメリカの電気会社での一連の研究に端を発していた．その研究は科学的管理法が重要視していた職場の物理的環境や報酬制度などより，むしろ職場における人間関係的側面（たとえば，職場で特別に扱われていると感じたり，他の労働者から仲間とみられること）が重要であると主張した．この研究はマネジメントや組織論に大きな影響を与えた．組織の設計と運用には，従業員の集団，従業員の態度，マネジャーと従業員との関係性などを考慮に入れるべきであるということを示したからである．

[**Barnard の協働システム**]

Barnard は40年間以上の実務経験（アメリカ電話電信会社での統計・料金業務，管理業務，さらに，New Jersey Bell 電話会社の社長）の経験を基に，上記で述べてきた Taylor, Fayol, Weber の考えや，ホーソン実験の結果をも統合して，組織は協働システムであると主張する著作（Barnard, 1938）を発表し，組織をシステムとみてその包括的理論を提示しようとした．この本は広く読まれ，1968年には「30周年記念版」が出版された．その序言（p. xii）のなかで，Harvard 大学の Andrews 教授は，Barnard 自身が自分の貢献として，構造的と動的の2つの観点から重要なコンセプトを次のようにあげていることを記している．構造的コンセプトでは，個人，協働システム，公式組織，複合公式組織，非公式組織である．動的コンセプトでは，自由意思，協働，コミュニケーション，権威，意思決定過程，動的均衡である．

[**McGregor の X 理論と Y 理論**]

McGregor（1960）は，マネジャーが部下に対してみる2つの見方，1つは否定的な見方の X 理論，もう1つは肯定的な見方の Y 理論を提唱した．X 理論では次の4つの特徴を考える．

① 従業員は本質的に仕事が嫌いで,できれば,それを避けようとする.
② 従業員は仕事が嫌いであるから,彼らは強制され,管理され,あるいは,罰を与えることで仕事の目標を達成させることが必要である.
③ 従業員は責任を回避し,公式的な命令を求めることが常である.
④ 多くの労働者は仕事に際して保身を第1に考え,野心を表すことはない.

これに対して,Y理論では次の4つの特徴を考える.

① 従業員は仕事を休息や遊びと同じように自然なものとして捉える.
② 人間は目標を達成しようとするとき,自ら方向を定めて自ら管理しようとする.
③ 平均的な人間は責任を引き受けることを学び,さらには,それを求めることができる.
④ 創造性(それは,良い決定をする能力だが)は,広く誰でもがもちうるものであり,マネジャーがもっぱら有するものとは限らない.

McGregor は,Y理論が望ましく,この考えに従って,組織の設計と運営を行うことが良いと主張した.

(2) オープンシステムアプローチ

人間の組織はそれ単独で存在しているのではない.その組織を取り巻く社会環境にいかに適合するかの考察も必要となる,あるいは,社会の他の働きとの関係も組織を考えるうえで重要な点となろう.このように,組織を外界との関係をも含めて扱う方法をオープンシステムアプローチと呼ぶ.このアプローチを,まず,状況適合,ついでパワーと政治という観点から概説する.

(a) 状況適合
[Simon の先駆的研究]
状況,すなわち組織の環境に,組織を適合させるという状況適合,あるい

は，条件適応（コンティンジェンシー：contingency）論は後述するように 1960 年代に勢いを増すが，Simon (1947) は先駆的にすでに 1940 年代からそれを主張していた．彼はそれまでの多くの組織論は単純化しすぎた格言にすぎず，また，互いに矛盾することを言っていると批判し，どのような状況のときにどの理論が適合するのかという研究が必要だと指摘した．この主張が顧みられるようになるにはそれから 20 年間を要することとなる．

[Katz と Kahn の環境論]
　Katz and Kahn (1966) は，オープンシステムアプローチを大きく推進するのに貢献した．彼らは組織が生き残るためには，変化する環境に適合する必要があることを主張した．その後，多くの研究者が環境と組織構造との関係の研究を進めた．

[Lawrence と Lorsh の条件適応（コンティンジェンシー）論]
　Lawrence and Lorsh (1967) は，環境と組織との関連について，技術や市場の変化の激しいプラスティック産業の 6 企業と，変化の緩やかな容器製造業の 2 企業，および，中間の特徴をもつ包装食品加工業の 2 企業の実態調査の報告を著した．ここで重要な議論は，組織の分化や統合と環境との関係である．たとえば，変化の激しい環境に対応するために組織は分化するということを明らかにした．そして分化すれば今度は統合が難しくなるので，統合が重要課題となり，たとえば，部門間のコンフリクトなども議論している．

(b)　パワーと政治
[March と Simon の認知的制約と合理性]
　組織の政治的側面に着目するアプローチが 1975 年ごろから出てきた．その基本はここでも前項 (a) の状況適合論のときと同じように，20 年も早く世に出た March and Simon (1958) の研究であった．この研究は，意思決定者としての人間の主体的な行動を基に体系的な組織論を構築したものである．その際に人間のもつ 2 つの制約に注目した．1 つは動機的制約であり，人間の組織に対する参加や活動への動機の低さが組織の合理性の達成を制約する

と捉えた．もう1つは，意思決定者としての人間のもつ認知的制約（情報処理能力の不完全性）であり，このため組織の合理的な意思決定が制約を受けると捉えた．そして，このような制約があると意思決定の最適化は現実的に不可能であり，それよりも水準の低い満足基準が用いられると主張した．また，組織の合理性を高めるのは，人間の参加や活動への動機を妨げる組織要因の解明が重要となり，また，人間の認知的制約を克服するような組織の設計が重要となると主張した．

[**Pfeffer の政治論**]

Pfeffer (1978 ; 1981) は，March and Simon (1958) を基にして，その上に，パワーの連携，目標を巡るコンフリクト，権力者に都合の良い組織設計などを含む組織論を展開した．そこでは，何かを生産するというような組織のそもそもの目的の効率化のために組織をコントロールするというより，むしろ，組織をコントロールすること自体が人々の目的であるとの主張を行っている．組織は異なった要求をもつ種々の個人や集団で形成されるので，できあがった組織形態とは，このような構成員間でのパワー闘争の結果を示していると理解できる．つまり，なぜある組織形態ができたかを知りたいならば，組織構成員の選好や関心を調査することが重要となる．

本節では組織論が誕生・発展してきた歴史を振り返り，多くの観点から議論がされてきたことを紹介した．次節では，現在の組織論との対比において技術組織論について考えてみよう．

6.2 技術組織論の要請

本節ではまず，現在，組織論が扱っている内容を代表的な教科書で確認する．ついで，技術を扱う組織である技術組織の機能や課題を明らかにし，それらが，一般の組織論で充分には議論されていない領域であることを示す．こうして，技術組織論の必要性を述べ，さらに，本章が次節以降で重点的に議論する技術組織論の内容を提示する．

(1) 技術組織の課題

(a) 一般の組織論での課題

現在，一般に組織論は2つに分けて議論されることが多い．1つはミクロ組織論（あるいは，組織行動論）と呼ばれ，組織を構成する人間個人や集団に注目する分野であり，もう1つはマクロ組織論（組織理論）と呼ばれ，組織の構造や設計に注目する分野である．それぞれの課題を概観すると以下のようになる．

ミクロ組織論の代表的な教科書の1つ Robbins (2001) は次のような内容を含んでいる．

・個人（個人行動の基礎，価値・態度・職務満足，パーソナリティー，認知と意思決定，動機付け）
・集団（集団行動の基礎，チーム，コミュニケーション，リーダーシップと信頼，パワーと政治，コンフリクトと交渉）
・組織（組織構造，職務設計と技術，人的資源施策，組織文化，組織変革とストレス・マネジメント）

マクロ組織論の代表的な教科書の1つ Robbins (1990) は次のような内容を含んでいる．

・概要（歴史，有効性，組織構造の次元）
・構造決定要因（戦略，規模，技術，環境，パワー）
・組織設計（選択肢，官僚制，アドホクラシー）
・応用（環境，組織変革，コンフリクト，組織文化，組織進化）

以上のように，現在の組織論では，組織を構成する人間と，組織の構造の両面より幅広い内容の議論がされている．しかし，このような内容で，技術組織の課題に対応できるのだろうか．これを次に検討してみよう．

(b) 技術組織の課題

技術を扱う組織を本書では技術組織と呼んでいるが,企業において代表的な例は次のようなものである.

① 技術戦略部門
② 研究開発部門(例,研究所)
③ 製品企画・設計部門
④ 製造部門(例,工場)……本書の対象外

ところで,すでに1.1節 (1) で述べたように,上記の ④ 製造部門,に関しては,生産工学や生産管理として学問分野が確立されてきている(たとえば,藤本,2001)ので技術経営の範疇として本書では議論しない.

それでは,① 技術戦略部門,② 研究開発部門,③ 製品企画・設計部門,とはどういう機能を果たす組織であろうか.簡単にみておこう.

表 6.1 技術組織の機能

技術組織	機能
① 技術戦略部門	・経営戦略の設定に際して,技術分野の知見を提供する ・経営戦略の達成のために,どのような技術開発をどのように行うべきかの技術戦略を決める
② 研究開発部門	・技術戦略の設定に際して,研究開発分野の知見を提供する ・技術戦略の達成のために,他社との差別化をもたらし顧客に価値をもたらす独自の研究開発を実施する
③ 製品企画・設計部門	・経営戦略と技術戦略の達成のために,技術に基盤をもつ事業や製品の構想・立案をする

表 6.1 に記述した機能を効果的に果たすにはどのような課題が存在するのかを次に検討しよう.

まず,①の機能は,主として設定された経営戦略達成のために技術戦略を構築するということを表 6.1 にみた.これを,効果的に実施するためには以

下の事柄が必要となる．

- 技術動向，ニーズ動向，競合動向などから，技術戦略と戦術を策定するための，広範な技術知識の体系的理解と判断力
- 自社独自の発明・発見，あるいは，コンセプトを正しく理解できる能力

次に，②は，設定された技術戦略達成のために，他社との差別化をもたらし顧客に価値をもたらす独自の研究開発を実施すること，③は，具体的に実行可能な事業や製品を構想・立案をすることが期待されている機能であった．このためには，以下が必要である．

- 最新の技術知識体系の理解
- 個人やグループの創造性に基づく，発見・発明の実現や新コンセプトの構想
- 単に技術的関心だけではなく事業・顧客志向

以上から，技術組織には，技術知識の体系的な理解と，さらに，新しい企てを行う創造性の発揮とを効果的に行わせることが大きな課題であることが分かる．

(2) 技術組織論の課題

(a) 技術組織論の必要性

技術組織論はなぜ必要となるのだろうか．技術組織は技術者が組織の主要な構成員であり，扱う対象は技術であるので，高度技術社会において重要な役割を果している．この技術組織は前項 (1) (b) で述べたように，技術知識の体系的理解と，新しい企てを行う創造性の発揮とを効果的に行わせることが，とくに基本的な課題となる．ところが，これらの課題は，先に前項 (1) (a) で述べた一般の組織論では充分な扱いがされていない．したがって，このような技術組織に特有な課題を扱うのが技術組織論である．

なお，本書では割愛するが，技術が企業組織で多く使われるようになると，

それに効果的に適用できるような組織の議論も重要となる．たとえば，IT技術によるコミュニケーション手段の劇的進歩により，個人，小集団，組織の意思決定や組織のデザイン方法が変わるだろう．これも技術組織論の別の一分野と言うこともできよう．これらは，別の機会に議論したい．

(b) 技術組織論の内容

前項の議論から，技術組織の大きな特徴は，第1に技術知識を体系的に扱うことのできる「技術知識組織」である．これは，専門的な科学技術に関する知識体系の理解ができる人たちの活動が前提となる．単に，人数を集めて，誰でも分かるマニュアルをわたせば活動ができるというものではない．第2に，創造性の発揮が必要となる「創造的組織」である．これは，個人や組織の創造的能力に基づくものであり，単純な目標管理マネジメントを行ったり，あるいは，命令すれば実現できるというものではない．さらに，上位者が優れているというわけでもない．独創的な個人のアイデアを組織で生かすことが重要となる．

一般的に言えば上記のような特徴をもつ技術組織であるが，これらを技術組織論として議論する内容として，本章では，さらに実践の現場での問題意識を加えて，次に述べるような3つの技術組織の特徴と2つの取り組むべき課題を設定する．

［技術志向と事業志向のジレンマ］

技術組織の付加価値の源泉は最新の技術知識の保持と開発にある．したがって，技術の調査や研究が必要となる．一方，事業の立場に立つと，技術はそれだけで商品にはならず，顧客に受け入れられる商品へと変換しなければならない．この2つの異なる方向，すなわち技術志向と事業志向の要請をいかに同時に実現するかが重要になるのは技術組織の特徴といえる．

［自主性と階層制のジレンマ］

技術の研究開発には発明・発見という人間個人の創造的働きが重要となる．このような働きを行うには自主性を重視するボトムアップ的組織が効果的と

思われる．一方，本書でも第2章を中心に強調してきたが，技術開発には戦略性が必要である．これには，広い立場からのトップダウン的なアプローチが重要となる．この問題は，「自主性と階層制のジレンマ」として技術組織の特徴をなす．

［オープンとクローズのジレンマ］
現代科学技術の特徴の1つは，1.3節で述べたように，技術の普遍性にあり，そのため，技術や技術者は広く世界に広がっている．広い世界の交流を通して技術開発をする必要があるといえる．しかし一方，企業の立場でみると，他と違う独自の技術を基に製品を生み出さないと，そしてそれを他社にまねされないようにしないと生き残れない．この問題は，「オープンとクローズのジレンマ」として技術組織の特徴といえる．

［異分野協同］
新しい技術開発を行うには，個々の領域の最先端を極める方向に加えて，異なる分野を結合する方向が重要となってきている．技術組織を運営するには，この異分野協同をいかに実現するかが，大きな課題となっている．

［研究開発人材の活性化］
革新的な技術開発や商品開発を実現するには，研究開発人材の高い動機付けに裏付けられた創造性の発揮が必要となる．つまり，いかに，研究開発人材を活性化できるかが技術組織の挑戦課題となる．

本章では，以上述べた5項目を，次節以降で順次取り上げ詳細に議論していく．

6.3　技術志向と事業志向のジレンマ

技術組織は担当する分野の専門的な技術知識を体系的に理解・発展させる使命をもっている．同時に，技術知識を事業に活用させなければならない．
本節では，この両者が対立するような状況（技術志向と事業志向のジレンマ）

の代表例を示し,さらに,その対処のあり方を議論する.

(1) 技術者のマトリックス運営

(a) マトリックス組織

技術組織には次のような2つの要請がある.ここで,前者を技術志向,後者を事業志向と呼ぼう.

- 深い技術に関する知識の体系的な獲得と発展………技術志向
- 技術に基づいた新製品や新サービスの開発………事業志向

後者の新製品や新サービスの開発がなければ企業は存続できない.そして,それを実現するには最新技術の蓄積とその発展が欠かせない.この2つの要請が往々にして矛盾する状況を引き起こし,この技術志向と事業志向のジレンマの解決に苦労することが多い.これが技術組織の抱える1つの大きな課題となっている.

たとえば,複数の製品を生産しているある企業の研究開発部を考えてみよう.そこには電子技術課,機械技術課,ソフトウェア技術課という3つの技術専門部門があるとしよう.それぞれの課はそれぞれの分野の技術者を抱えてその技術の研鑽を行い技術水準を高く保つことが要請される.一方,この研究開発部ではこの3分野の技術を用いて4つの新製品 A, B, C, D を生み出すという要請が与えられているとしよう.このような状況は技術系企業の技術組織ではきわめて一般的なことである.

このようなとき,頻繁に採用される組織構造が,図 6.1 に示すようなマトリックス(格子状)組織と呼ばれるものである.

機能＼製品	製品 A	製品 B	製品 C	製品 D
電子技術課	e1, e2	e3	e4, e5	e6, e7, e8
機械技術課	m1	m2, m3, m4	m5	m6, m7
ソフトウェア技術課	s1, s2	s3	s4, s5, s6	s7, s8

図 6.1 マトリックス組織の例

この図では，3つの技術課に属する技術者が4つの製品のどれを担当するかということを簡単に図示している．たとえば，電子技術課には8人 (e1-e8) の技術者がいて，技術者 e3 は製品 B を担当しているなどということが分かる．この技術者 e3 は，たとえば次のような生活をしている．月曜日と金曜日には，電子技術課の部屋に行き，そこで電子技術課長と仲間の電子技術者 (e1-e8) とで，この分野の最新の技術論文を読み自社の電子技術の改良を行っている．火曜日から木曜日は製品 B 開発室に行き，そこでは，製品 B 開発責任者のもとで機械技術課からの3人の技術者 (m2, m3, m4) とソフトウェア技術課からの技術者 s3 と一緒に製品 B の開発を行っている．なお，この製品 B などの開発の組織のことをプロジェクトチームと呼ぶことも多い（このとき，3つの技術課を機能組織と呼ぶこともある）．

　マトリックス組織では，技術者は自己の技術のアイデンティティを確保しその分野の技術水準の維持発展を行いながら，同時に事業に直接貢献する製品の開発にも携わることを可能にしようとしている．このようにして，組織の技術志向と事業志向との間で上手にバランスをとろうと企てている，ということができる．

　このマトリックス組織の特徴は，2人のボス（たとえば，電子技術者 e3 には，電子技術課長と製品 B 開発責任者）が存在することにある．これは，6.1 節 (1) で述べた Weber (1924) の官僚制や，Fayol (1916) の管理の原則の1つ「命令の統一性」（各人は1人の管理者からしか命令を受け取ってはならない）とは異なる新しい考え方である．

　実際に，マトリックス組織の定義は「2人のボスの命令系統のある組織」(Davis and Lawrence, 1977, p. 3) である．この構造は 1950 年代のアメリカ航空宇宙産業に始まり，Davis and Lawrence (1977) が出版された 1970 年代に盛んになり，1990 年代末でもますます採用され (Rakos, 1998; Hayden, 1998)，さらに今日，広く世界に行きわたっている．しかし，次に述べるように，運用上の問題点を抱えている．

(b) 問題と対応

　マトリックス組織の問題点は，まさにその特徴である「2人のボス」に起

因する．技術者の立場からは，2人のボスの命令や指示が矛盾するときにどちらに従えばよいのか分からないという問題である．企業全体としてみても，2つの方向（技術志向と，事業志向）のどちらを優先させるかという問題となる．

　図6.1において，技術者e3を再び例にとってみよう．先に述べたように，技術者e3は月曜日と金曜日は電子技術課長のもとで電子技術の技術的研究を行い，火曜から木曜日までは，製品B開発責任者のもとで製品Bの開発に携わっている．このとき，次のように2人のボスから言われたとしよう．

- 電子技術課長から「電子技術について競合企業が最新の研究成果を学会に発表した．これを至急解明しないと当社の電子技術は負けてしまう．何とか都合をつけて，毎週1日よけいにこちらの課にきてこの検討に携わってほしい」
- 製品B開発責任者から「競合企業が似た製品を発売するという情報を得た．したがって，この製品Bの開発期間を前倒ししなければならない．したがって，これから2カ月間は毎日こちらに来て開発業務に専念してほしい」

　技術者e3は困ってしまう．どちらの言い分ももっともと思うからである．2人のボスで調整してほしいと申し出るが，そうする気配はない．なぜならば，この2人のボスにはそれぞれに違う上司がいて，そこから別々に出た指示に従っているからだ．このとき，技術者e3の心に浮かぶのは，たとえば，次のようなことであろう．

- 自分のキャリアを考えると短期的な製品B開発より，電子技術の研鑽に励んだほうが将来役に立ちそうだ．
- 製品Bを早く完成させるとボーナスが多く出そうだ．
- 2人のボスを比べると，将来出世するのは製品B開発責任者のようだから，いま彼の言うことを聞いて恩を売っておこう．
- 昇進の査定をするのは電子技術課長だから彼の言うことを聞いておこう．

6.3　技術志向と事業志向のジレンマ

このような状況は結局のところ，スムースな組織運営を阻害することになる．これを防止するには，2人のボスの上位の者がこの両者の対立を解消するマネジメントを工夫しなければならない．それには，いろいろな方式があろう，たとえば，あらかじめ優先権をどちらかに与えてしまう方式，あるいは，対立ごとに上位者が仲介する方式などである．これらには，一長一短があり，さらに，企業の技術戦略に直接関わる重要なことだけに簡単には決められず，したがって，一般的な正解といわれるものは存在しない．

長い歴史をもつマトリックス組織でありその有効性も確かではあるが，しかし，今日でも上記のような問題点の解決に世界中で試行錯誤が続いている．

場合によっては，結局1人のボスがいいということで，マトリックス組織とは異なるタスクフォース（task force）組織（上記の例では，製品ごとのプロジェクトに対応するが，機能に対応した組織はない）を採用することもある．しかし，これだと個々の製品開発が終了しプロジェクトが解散したときに，技術者は戻るべき組織がないという大きな欠点がある．したがって，タスクフォース組織を採用するには，人材の流動化，とくに，必要時に技術力のある新たな人員を採用できることが前提となる．

(2) 全社研究と事業部研究

(a) 中央研究所と事業部研究所

中央研究所（あるいは，基礎研究所）と事業部研究所のあり方の議論も技術志向と事業志向のジレンマの代表的なものである．

中央研究所とは原則的には，全社的な資金を基に全社共通的な，あるいは，応用範囲が限定されない基礎的な技術の研究開発を担当する研究所である．研究テーマの多くは，中央研究所が自主的に決めることが多い．したがって，中央研究所での研究を「全社研究」や「自主研究」と呼ぶことが多い．このような特徴から，中央研究所の運営方針やそこに働く科学技術者の意識は「技術志向」となるのが普通である．

中央研究所では，この原則的な運営のうえに，もう1つの要素が加わってきた．それは，中央研究所でも，個々の事業部からの依頼と資金で，その事業部の事業や製品に直結する研究（「依頼研究」と呼ばれることが多い）も実施

することが多くなってきたという現実である．このような依頼研究は「事業志向」となる．したがって，中央研究所のなかで，自主研究と依頼研究のどちらを優先するかのジレンマが発生してきた．

一方，事業部研究所とは，事業部の資金を基にその事業部の製品に直結する研究開発を担当する研究所である．したがって，「事業志向」となるのが普通である．ここで，中央研究所と事業部研究所の両者を管轄するCTOにとって，どちらを優先するかのジレンマが発生する．

以上から分かるように，技術系企業の研究開発に関する「技術志向」と「事業志向」のジレンマは，

・中央研究所と事業部研究所へのテーマと資源（研究資金，研究人材など）の配分
・中央研究所内での，自主研究と依頼研究へのテーマと資源の配分

の2つの場面で登場する．一般論としては，長期的視点からは自主研究が，短期的視点からは事業部研究や依頼研究が必要であり，したがってこれらの研究に対して，研究開発テーマと資源の配分をどのようにすると企業の発展に貢献することができるかが，取り組むべき課題となる．

(b) 中央研究所終焉論の問題点と対応

1990年代の後半に，「中央研究所不要論」，「中央研究所の終焉」の議論が登場した．その概略（Rosenbloom and Spencer, 1996, pp. 1-9）は次のようなものである．1980年代以降，アメリカ企業は熾烈な競争に直面するようになり，それまでのような多額の研究投資を維持できなくなった．すなわち，投資の回収に時間がかかる中央研究所の研究に対して経営者は以前より注意深く査定するようになった．しかも，このころから盛んになるエレクトロニクスや情報科学分野では，広大なクロスライセンスの網の目のなかで研究開発を実施せざるを得なくなってきたり，多くのベンチャー企業が活躍するようになり，1社の中央研究所だけで技術を囲い込むことは難しくなってきた．さらに加えて，1990年代になると，冷戦の終結や公的資金の緊縮財政などによ

り，政府資金を民間の研究機関に投入する額が減少してきた．このような情勢などが重なり，とくに基礎的な分野を対象にする中央研究所はしだいに勢いを失ってきた．

上記の議論は，技術系企業の技術志向と事業志向のジレンマや中央研究所のあり方に関して多くの示唆を含んでいる．しかし，「中央研究所の終焉」という言葉の一人歩きは危険である．ここでは，この議論のいくつかの問題点を指摘することで，研究所のあり方を再考してみよう．

まず，最初にとくに注意すべきは上記の Rosenbloom and Spencer (1996) の議論は，あくまで基礎的な科学研究に焦点を当てている（Rosenbloom and Spencer, 1996, p. 1）点である．基礎的な科学研究のセンターたる企業の中央研究所は不要という議論である．じつは，この主張は言わば「当たり前」で，したがって，ほとんど新味をもたないのだ．つまり，本書第1章をはじめいたるところで述べているように，今日では，科学（基礎研究）と技術（応用研究）は区別せず，一体として推進されるべき特徴をもっていることは周知のことだからである．

実際に，日本の多くの中央研究所においては，前節で述べたように，技術志向の全社研究と事業志向の事業部研究とのバランスをいかにとるかという次のステップが，すでに，課題となっている．表面的な「中央研究所の終焉」論は，このような次のステップにいる中央研究所までもが不要であるという錯覚に陥れられてしまう危険がある．

しかし，欧米においては研究者（科学者）と技術者は職種としてはっきりと区別されているので，両者の一体化は困難である．中央研究所は科学研究しかできないという現実があるとすれば，そのような中央研究所はたしかに不要なのであろう．欧米の議論を日本に直輸入する危うさの一端をここにもみることができる．

長期研究（＝中央研究所）か短期研究（＝事業部研究所）かの観点，すなわち，長期研究が不要という意味に捉えるとどうなるだろうか．これも，意味がないであろう．じつは事業部研究でも，短期と長期があるからである．なお，事業部は長期の研究をする負担に耐えられないと言われることがあるが，それは長期研究が「役立たない」という前提があるからであり，「役立つ」

長期研究をすれば良いだけのことである．

全社共通研究（＝中央研究所）か事業部個別研究（＝事業部研究所）かの観点で，全社共通研究が不要ということが言えるであろうか．たしかに，単一事業を営む企業では，この議論は意味をもつ．しかし，多くの事業部門をもつ企業では，それぞれの事業で業績を上げると同時に，複数事業にまたがる領域での事業を開拓することがその企業の強みを発揮する大きな要因となるので，この場合には中央研究所は不要でなく，むしろ，必要である．

以上，結局のところ「中央研究所の終焉論」は，そのまま文字通り鵜呑みにしてはいけないということをみてきた．むしろ，中央研究所の正しい位置付けの確立とそれに見合ったマネジメントを実施することこそが重要である．

6.4 自主性と階層制のジレンマ

効果的な技術開発のためには，技術者の自主性を重んじるボトムアップの活動が大事である．それと同時に，広い視野からの戦略的な方向付けを与えるトップダウンの活動も欠かせない．

この両者の要請を同時に満たせないように思われる状況（自主性と階層制のジレンマ）を検討し，その対応を考察する．その過程で，両者ともに自分自身のなかに重大な問題点が潜んでいることも明らかにする．

（1） 技術者の自主性の課題と対応

（a） 自由な発想によるアイデア

技術の研究開発には，発明や発見という技術者の創造的な働きが重要であり，このためには個人の自主性を尊重するボトムアップ的なアプローチが必要となる．一方で，効果的な技術開発には戦略性が必要であり，このためには他部門との関係も含めた広い立場からのトップダウン的な意思決定も重要となる．この両者のかね合いの難しさを「自主性と階層制のジレンマ」と呼ぼう．

このジレンマ解消の一般的な解は存在せず，状況に応じて試行錯誤をくり返すことになるが，その際に，この両者のバランスが重要であることを，技

術者とマネジャーがともに認識して意識を共有しておくことがもっとも生産的な基盤となるであろう．

それと同時に，じつは，技術者の自主性尊重のボトムアップ的なアプローチと戦略的なトップダウン的意思決定にもそれぞれ問題点が存在することを理解することが必要である．ここ（1）項では，まず技術者の自主性尊重のボトムアップ的側面について検討したい．

ボトムアップ的なアプローチとは，個人の自由な発想によるアイデアを出しやすく，さらに，それを尊重するという組織運営のことを指す．これが有効であることは誰にも異存はないだろう．しかし，これを具体的に実行することは，マネジャーにとってかなり難しい．たとえば，ブレーンストーミングの場においてすら，上司が口火を切り，会議の議題や範囲を決めてしまうことがよく起きるが（Kelly and Littman, 2001, 邦訳, p.77），これではあっという間に自由な発想と発言は萎んでしまう．

しかし，優秀なマネジャーとは，会議の位置付けを明確に定義してリードする義務があると頭にたたき込まれているので，ボトムアップ的なアプローチを実際に採用するにはかなりの忍耐と自制を必要とする．

(b) 科学技術者の保守性

科学技術者は本来的に専門家志向であり，自ら定めた領域の外に出たがらない傾向がある．たしかに，研究とは「新しい」知識を追加することであるが，それはあくまで，その領域で想定されている体系のなかでの話であることが多い．この大きな原因は，「新しい」知識を仲間の科学技術者に認めてもらう（ピア・レビュー）ことが専門家として生きる道だからである（村上，1994, pp.66-71；藤垣，2003, pp.13-30）．このように，科学技術者が一定の領域で，想定された科学技術体系の範囲のなかに関心を向ける傾向を，ここでは科学技術者の保守性と呼ぶ．

「若い科学技術者は意外にも保守的だ」ということも，上記の科学技術者の保守性が端的に表れている代表的な例と考えることができる．若い人は科学技術者としての「業績」をあげる必要があるが，この際に，結果が出やすく，しかも，それが科学技術論文として認められやすい無難な研究を狙うよ

うになってしまうことが多いのだ．これが顕著に表れるのは大学院の博士課程学生である．

ここに，技術者の自主性尊重の場面でのジレンマをみることができる．つまり，「自由で自発的な発想による新しいアイデア」を求めることが重要であるが，一方で，科学技術者の自主性に任せると「保守的」となり野心的な成果が出にくいという傾向が心配されるからだ．

大学院の博士課程学生が保守的になりやすいのは，じつは，その博士論文を審査する 4-5 人の大学教員が伝統的で保守的論文のほうを合格としやすいということを学生が敏感にかぎとっていることが根本的原因と考えられる．そして実際にそのような伝統的で保守的な研究のほうが，お手本があり，博士課程の 3 年間程度の期間にまとめやすいのだ．そのような博士課程学生を先輩としてみる同じ研究室の修士課程学生も似たような思考体系と行動を学習してしまう．こうして，保守的な環境に浸った学生が大学から社会に巣立っていくことになる．

もちろん，例外も多い．その多くは，野心的な研究を奨励する指導教員がいる場合である．しかし，この場合注意が必要なのは，その指導教員自身は野心的な研究をしているとしても，その研究の一部分を学生に実証させる「研究労働者」（市川，1996, pp. 90-91）の扱いをするという研究室運営をしていることが多いという状況である．これでは，指導教員の部分集合が再生産されるだけであり，指導教員を超える人材は育たない．

以上みてきたことより示唆されるのは，企業の研究開発の現場において，ボトムアップで起こりうる科学技術者の保守性を打破するためには，インセンティブ，評価，報酬などのマネジメント上の工夫を必要とするということであろう．これは，トップダウン，あるいは，階層制を効果的に活用・運用することが望まれていることを示している．野心的な研究を「良し」と認める上司がいて，評価体系や報酬体系がそれを奨励するような構造であり，それが実際に運用されていれば，若い人が「新しいことを行う躊躇感」を抱くことを減少させることができるであろう．

(2) 階層制の課題と対応

(a) 専門知識と権限の逆相関

前項（1）で，上司やマネジャーは，技術者の自由な発想の邪魔をしてはいけないこと，さらに，技術者が自らの保守性を打破してそれを超えさせることを支援するマネジメントが重要であることを述べた．ここでは別の側面，すなわち，階層組織における積極的なトップダウンの働きについて考えてみよう．

階層組織の上司，あるいは，マネジャーが野心的な方策を示して，それが「良いものだ」と部下を納得させられ，さらに，それを必ず実行するというマネジャーの意思が本物であることを部下が実感すれば，その方策は組織で効果的に実行されるだろう．企業経営においてこのようなマネジャーのリーダーシップが成功する実例や優れた提言は多くあげることができる（金井, 2005；Kotter, 1999）．技術組織においてもこの原則はあてはまるだろう．

一般的に階層組織の上位のマネジャーは，下位の仕事を経験し，それを理解したうえで昇進の形で就任することが多い．階層構造で上に登るような人間は，多くの場合経験が豊かでその分野における仕事の内容や課題と対策などを熟知していることが多く，さらに，各種の関連する情報源に近づく機会も多くなり，知識や情報を多くもっているということがそのマネジャーのパワーの源泉となっていることが多いと言われる（Mintzberg, 1973, pp. 4-5）．

しかし，技術組織では，この知識が経験によって増し加えられるということが必ずしも成り立たないという特徴がある．それは，科学技術の進歩のスピードが速く，この分野の知識の陳腐化が数年とも言われるほどに速いので，むしろ最新の知識を学んだ大学からの新入社員のほうが知識が豊富ということも起こりうる．さらには，マネジャーになると時間的制約から専門知識の獲得の機会が少なくなり，ますます，専門知識と階層の逆相関が強化される．これに対して不安をもち，部下の技術者に対してマネジメントできなくなると悲観するマネジャーも出てくる．また，部下のほうも，専門的技術知識の欠如した上司を尊重しにくくなる傾向がでてくる．このような状況を「専門知識と権限の逆相関」ともいう．この理由のために，階層構造の上位のマネ

ジャーが，必ずしもパワーを発揮しにくいという現象が技術組織では頻繁に起きている．

この「専門知識と権限の逆相関」は，どのように対処したらよいのであろうか．まず一般的なマネジャーとしての役割（Mintzberg, 1973, pp. 54-99）を再確認してこれを的確に実行することが第一歩であるが，これに加えて，次のようなことにも注目すべきであろう．それは，技術者に対するマネジメントは科学技術知識そのものだけではなく，知識のメタレベルでの助言を実施すべきということである．たとえば，企業における研究開発の現場の観察から植田・丹羽（1996）は，マネジャーが部下の技術者に対して，技術者の技術的考え方における論理的矛盾や不明確さを指摘したり，あるいは，技術的問題の重要性や問題の捉え方を指摘することなどが，技術者の技術面での考えや仮説を明確化させたり，あるいは，技術面での発想の転換を促すという効果をもたらした具体的事例を報告している．このようなメタレベルの助言の質と量は経験によって獲得されることが多いだろう．

(b) 技術組織の保守性

マネジャーの仕事は一般的には不定型で定義できないと思われているが，共通的なものがある．それは，情報伝達と階層システムの維持である（Mintzberg, 1973, p. 4）．とくに，階層システムの維持は，その組織が任されている財やサービスの効率的な活用を果たすために，マネジャーは組織の安定性を確保する必要がある（Mintzberg, 1973, p. 166）からである．これは，技術組織にかかわらず，一般の組織に共通的なことであろう．

しかしここで，先に述べた「科学技術者の保守性」の要因が加わる技術組織では，さらに組織の保守志向が強まっていると考えられる．これを，ここでは「技術組織の保守性」と呼ぼう．科学技術の進歩が速いという状況で，この現象は皮肉なことである．これに対する打開の仕方を組織一般の共通的側面と，技術組織特有の側面との両面から検討してみよう．

まず，組織一般の側面からは，リーダーシップとマネジメントは別物であり，変革や革新の原動力はリーダーシップであって，マネジメントでないというKotter（1999）の次のような指摘は注意すべきであろう．マネジメント

の基本目的は，現在のシステムをうまく機能させ続けることであるのに対して，リーダーシップが目指すものは，組織をより良くするための変革，とりわけ大変革を推進することである．ここでリーダーシップとは，ビジョンとそれに至る戦略を作り上げ，人々を結集させ障害を乗り越えてビジョンを実現する力といえる．そして，マネジメントが組織のフォーマルな階層を通して機能するのに対して，リーダーシップはインフォーマルな人間関係に依存する（Kotter, 1999, 邦訳, pp. 19-29）．ここでの注意すべきポイントは，リーダーシップやマネジメントという言葉の使い方でなく，変革をするには，既存の階層組織はあてにできないということである．

　上記の一般的な組織の原理ともいうべきものを技術組織に適用しようとすると技術組織のもつ特徴をうまく生かせる道があることに気が付く．技術組織の変革とは，新技術を使って組織を変革する生産革新か，新技術や新製品を開発するために組織を変革することが代表的であろう．この両者とも，その特徴は，技術的な新しい代替案の構想や試作を行って目に見せることができる点にある．つまり，既存の組織に並行して別に「試験的な」組織を作り，実行して，具体的に両案を比較できるということである．この場合注意すべきは，この評価を既存技術への保守志向が強い既存部門にさせずに，経営トップに直結させることである．つまり，組織的には経営トップとつなげるバイパスを作っておくことで，上で述べたようなインフォーマルな人間関係にたよらない方法が構築できる．こうして，技術組織では，従来組織構造のなかに自ら変革する仕組みとしてのバイパス組織を作っておくことが比較的可能と思われる．

6.5　オープンとクローズのジレンマ

　技術の普遍化に伴い同じような技術開発はいたるところで行われている．さらに，高度な知識をもった技術人材の流動化も進展している．このような状況にあって，人材や知識の確保を効果的に進めるには，外部に開かれるオープン化と，企業独自性維持のためのクローズ化をどのように考え，そして，どのように対処すればよいのだろうか．本節は，この問題をオープンとクロ

ーズのジレンマとして検討する．

（1） 人材の流動・遍在化

（a） 人材の流動化

第4章の4.4節で，オープン・イノベーションを議論した．オープン・イノベーションとは，企業外の種々の組織や人々との関わり合いのもとで起こるイノベーションである．この背景として，アメリカにおける優秀な熟練技術者の流動化と，最新の教育を受けた人材が大学や大学院から多く生み出され科学技術知識と人材とが広く遍在化したことがあげられた．

一国内だけでなく，国境を越えて，高度専門技術者の流動化も進展している．たとえば，Mahroum (2000) によると，高度技術者の国際間流動は種々の要因によって促進されているという．基本的な移民政策に加えて，税制，留学生受け入れ体制，仕事の質，コミュニケーションのオープンさ，企業の海外進出度，労働市場の需給の程度などが，高度技術者が他国を仕事の場として選定する際の大きな要因であると指摘している．

日本においても，技術人材の流動化の現象はさまざまな要因によって種々の側面でみることができる．たとえば，企業の終身雇用の変化という観点からみると，中途採用がかなり行きわたっていることに加えて，大学などからの新入社員の3割が3年で転職するので，主として彼らのために就職の第2市場が登場している．このなかのかなりの割合の人たちが，高い志をもち，しかも技術力と経験があることで注目されている．

最近の専門職大学院の増加も，流動化促進の要因となっている．直接的には，卒業後は別の企業に転職しそこでのキャリアアップを目的に大学院に入学するものが多いことによるが，しかし，企業から仕事をさせながら大学院に派遣させる学生のなかでも，種々の業種や他企業からの学生を知ることで，視野が広げられてそれが流動化へとつながる傾向も出てきている．

外部組織と協同するという側面での流動化も進展している．とくに，大学が産学協同を推進していることは大きな要因となっている．大学と企業との研究者が交流を行っているからである．とくに，大学が任期付きで，特定のプロジェクトに人材を雇用できるという特任教員という制度を始めたことの

影響は大きい.

　技術人材として，日本では団塊世代の定年退職者が多くの供給源となっている．中国や韓国，あるいはインドなどへの業務委託（アウトソーシング；outsourcing）は，とくにソフトウェアの領域で盛んになっている．さらには，これらの国々から技術者も日本にしだいに来るようになってきている.

　技術人材の流動化や遍在化は，これからますます進展するだろう．このような状況において，いかに技術人材や技術組織をマネジメントするかが重要な課題として登場してくる.

(b)　バーチャル研究開発組織

　人材の流動化や遍在化が進展すると，広い範囲に存在している人たちと協同して研究開発を実施することも多くなってくるであろう．こうなると，それまでの，企業内で，しかも物理的にも局在化している人間だけを対象にしていたマネジメントが効果を生まないことが予想される．新しい方法が必要となるであろう.

　研究開発人材が遍在化している場合の，新しい組織構成とマネジメント方法の開発は，その一歩をふみ出さねばならないであろう．しかし，現在そのアプローチの方法さえも模索の状態にあるといえる．そこで本節では，その際に参考になると思われる，バーチャル研究プロジェクト組織のパターンの研究 (Gassmann and von Zedtwitz, 2003) を紹介する.

　Gassmann and von Zedtwitz (2003) は，現在の技術系の多国籍企業が，各国に分散している研究チームをいかにマネジメントしているかの調査を実施して，次のような4つのパターンがあることを明らかにした.

① 個別組織の分散型
　　それぞれが独立した個別組織の寄せ集め．全体を統合し管理しようとするマネジャーは存在しない．それぞれが緩い協力関係をもつ.
② 調整機能存在型
　　各組織を統合するマネジャー（システム・インテグレーターと呼ぶ）が存在し，組織間での共通理解を促進させ，技術的インタフェースを調整

し，また，全体からみた納期の調整を行う．
③ コアチーム存在型

各組織から代表者が派遣され，コアチームが結成される．このコアチームが，開発すべき新製品の骨格を決め，また，全体の進行を管理する．
④ 集中型

実質的なすべての権限と役割をもつ大きなチームを1つ，どこかに物理的に作る．

物理的に技術者や組織が分散していても，それらが1つの企業の枠組みのなかにいる場合には，上記で紹介した多国籍企業でのマネジメントは参考になるであろう．しかし，企業の枠を越える場合には，委託，提携，協同など種々の取り組みを試みる必要がある．なお，これに関連した組織間の協同については，6.6節（2）において具体例を通じての検討を行う．

（2） 知識と人材の囲い込みとの折合い

（a） ブラックボックス工場

高度技術社会では，付加価値の源泉が知識であることを第1章で述べた．知識を扱うとき，それは3つの局面が考えられる．1つめは情報としての知識であり，それは，第2章の知的財産戦略と，第8章の知識マネジメントで議論している．2つめは，知識は人間の頭のなかにあるということから人材の扱いという局面であり，これについては組織という観点から次項（b）で議論しよう．

3つめは，ものに埋め込まれた知識である．ものには製品と生産設備の2種類があるが，製品については第2章の知的財産で議論したので，ここでは，生産設備について検討する．

最近の生産設備は，単なる機械ではない．コンピュータと連動したり，小さなコンピュータが組み込まれたりしており，知的な機械となっている．そこには，機械を動かすプログラムが入っており，さらには，特定の工場や製品に対応した種々のパラメータが埋め込まれている．

このような生産設備に埋め込まれた知識が他企業に流出することが起こりうる．これを防止するために，生産設備をその製造メーカーから購入しないで内製化（自社で作ること）することも実施されている．さらには，設備の稼働の様子を外部に漏らさないようにと，工場への立ち入りを厳しく制限することも行われている．このような工場を，秘密工場とかブラックボックス工場と呼ぶことがある．

ブラックボックス工場は，生産の効率より秘密の保持に優先度を与えた組織であるということができる．これは，他社にまねのできない非常に突出した技術がある場合と，生産の垂直統合（部品から最終製品まで一貫して自社内で生産できる体制）ができる場合には容易だが，この条件が崩れる場合には欠点が顕在化するであろう．

一方で，提携や協同などを志向するオープン組織があり，一方でブラックボックス組織があるが，実際はその両極端の間の形態がとられている．現在は生産の効率性と秘密保持との折り合いが重要な考慮要因であるが，将来は，さらに，人材確保という要因が重要性を増すことが予想される．それは，優秀な技術者は一般に学会や外部との接触を好むことが多く，彼らはブラックボックス組織にはなじまない可能性が予想できるからである．

(b)　人材のオープンとクローズの折合い

高度技術社会では付加価値の源泉は知識にあり，そのうち多くの知識は人間に体化されているので，優秀な人材の確保はきわめて重要な問題となる．

人材の確保に関して，個別の企業にとって望ましいのは，下記のような都合の良い2つの命題

- （オープン）広い範囲から優秀な人材を獲得する
- （クローズ）自社の優秀な人材は外に出さない

を同時に成り立たせることであろう．この最終的な解は，魅力ある職場を構築して，優秀な人材を引きつけると同時に，その定着をも実現することにあろう．このような方策を採ろうとするときに，まず始めに実施しなければな

らないことは，優秀な人材にとって職場の魅力とは何なのかを明確にすることである．具体的には，たとえば，それが人事部が想定する職場の魅力や，凡人が望む職場の魅力とどう異なるかの吟味も必要だろう．

次の難題は，魅力ある職場であっても，優秀な人材ほど閉じた職場に縛られたくないとか，自由に行動したいという思いが出てくることである．ここまで考えると，オープンさを内在させた魅力ある職場をいかに構築するかが課題となることが分かる．

現在，いくつかの企業で実施されているのは，優秀な人材に対しては種々の報酬（給与，賞与，昇進，名前の付いた研究室，多額の予算など）を与えて，外部への流出を防ぎつつ，かつ，外部との交流は自由にさせる（海外出張の制限なしなど）という方式である．しかし，この方式の問題点は，成果が公に認められた（たとえば，有名な賞の受賞者など）少数の人材にしか事実上対応できないことにある．

ここで，新たな取り組みを紹介したい．それは，企業にオープンなコミュニティを作り，そこに大学など外部の人間（ただし，競合企業人は除く）も参加してもらい，企業Ｒ＆Ｄ戦略，未来テーマ，個別テーマなどを議論するというものである．そこで議論されることは公開される．このようなある程度のオープンな場が制度として内在化されていることが重要である．

人材に関するクローズとオープンの折合いをどう図るか，さらには，積極的にこの点での新しい組織モデルをどう構築するか，これが技術組織に望まれている．

6.6　異分野協同

新しい商品や事業を企てるには，異なる考え方を組み合わせることが多くの場合に有効といわれる．

本節ではとくに，異分野や異質の人々の協同に注目し，それが必要とされる背景を議論し，さらに，異分野協同に関する最近の研究を紹介する．

(1) 異分野チーム

(a) 異分野協同の必要性

とくに日本企業は，組織内同形化，すなわち，皆が似たような価値，行動様式のほうに向かう傾向がある（榊原，1995, pp. 251-261）といわれているので，異分野や異質の効果的な取り扱いは重要な課題となる．それは，一般に新しいことは，異なる専門能力や経験をもった異質の人材の協同によって起こりやすいといわれているからである．研究開発や技術開発においても同様と考えられる．

実際に，矢野（1999）や，児玉・矢野（1999）は，ある製造企業の研究所の全研究員に「この研究所で独創性があると思うチームはどこか．独創性があると思う個人は誰か」というアンケート調査を実施して分析した結果，次のような報告をしている．

- 特許出願数や論文数と，独創性のあるチームや個人の得票結果とは相関が低い．
- 製造企業の研究開発チームにおいては，個人特性とは別のチーム特性としての独創性が存在する．
- 「チーム構成メンバーの多様性」（多様な知識や考え方，海外や大学との接触，異分野経験，および，多様な性格や個性）と「異質性取り込みなどのリーダーのマネジメント」（異質性取り込みや混合チームのマネジメント，および，組織間連携）が，チームの独創性につながる．

市川（1996, pp. 85-86）は，ブレークスルーを生むための条件に関して世界の優れた研究所を調査した結果，異分野チームの必要性について，優秀な個人とその相互作用という観点から，要約すると次のような鋭い洞察を加えている．

これまでの仮説体系や技術体系が完全に行き詰まってから，ブレークスルーが起こるとは限らない（その過程や途中においても起きている）．したがって，ブレークスルーを起こすには，現在の仮説体系や技術体系が現状でもってい

■ コラム 10

理系人間と文系人間のコミュニケーションギャップの解決

しばしば文系の人間は「理系の人とは話がかみ合わない」との不満を表す．また，この逆もそうだ．いったいこれは何が原因で，どう違うというのだろうか？

理系（自然科学）と文系（人文科学）の人たちの考え方の違いの基本は，学生時代に訓練された学問の思考方法の違いが原因と思われる．

理系では，あるもの（こと）がどうしてそうなのか．それを構成する下位の要素との間の因果関係を追究する．一方，文系では，あるもの（こと）がどういう意味をもつか，それが属する上位の世界で自分がどういう役割・手段を担っているかを洞察する．

このように，理系と文系では，あるもの（こと）を議論するとき，下向きと上向きの反対方向なのだ．

いまここで，企業の「ある部門が問題だから検討しよう」という状況を想定してみよう．

理系の人間は，その部門の仕事の内容と要員・設備・資源・手順などを頭に浮かべ，誰にどうさせるとか，適正資源の量などを議論しはじめるだろう．

文系の人間は，その部門が企業のなかでどういう役割を果たしているのか，どの程度必要な仕事なのかなどの議論をしはじめるだろう．

これでは，行き違うばかりである．「人間関係がうまくいかない」という実態のかなりの部分はこのような思考方法の行き違いが原因と思われる．

では，どうすればよいのだろうか．じつは，答えは簡単であり，下記の2つを実行することにある．

① まず，2つの違う考え方・思考方法の存在を知る（なお，システム論では，ここでいう理系のアプローチを introspection，文系のアプローチを extraspection と呼ぶ（Muller-Merbach, 1994））．
② 議論を始めるときに，その議論の目的からみて，いまはどちらのアプローチが適切かを先に話し合う．

ついでに，この2つのアプローチの決定的な違いを理解しておこう．理系アプローチでは，いまある自己を否定できないのだ．文系アプローチでは，全体からみて自分の役割が不要との結論もありうる．

る能力ではなく，限界としてもつであろう能力がみえる必要がある．しかし，現在は，一人の研究者がみえる世界の大きさは限られている．したがって，複数の分野の異なる研究者が集まってはじめて広い世界がみえるようになる．この場合，そこに集まる個人個人としては次の資質が重要である．

・広い分野について現在の体系の限界を含めて見通しをもっている．
・他の分野の研究者と互いの分野について意見情報交換ができる．
・意見情報交換により拡がった世界のなかで，解決したときに大きな意義をもつ新しい問題を設定できる．

以上述べてきたように，研究チームが独創的であったり，さらにはブレークスルーを生むためには，チームが異分野の研究者で構成されることが望ましいことが分かる．

言われてみれば，これはきわめて当たり前のように思える．しかし，これまでキャッチアップの状態で，独創性より模倣性を重視してきて「和が大切」や「皆で一緒に1つの目標を目指して」を尊んできた企業にとっては，組織風土やマネジメントを大きく変更する必要があるだろう．

次の課題は，研究開発の場で異分野の人たちとの協同とは実際どのようなもので，また，どのように行うのかである．じつは，これを明らかにしようとする研究はようやく最近行われるようになったばかりである．次項（b）でその例を紹介しよう．

(b) 異分野協同に関する認知科学的研究

協同に関しては心理学の分野で研究がされてきたが，その多くは取り扱う課題が単純なものが多かった．このようななかで，現場の科学技術的実践を対象とする先駆的な研究として，Dunbar（1994）の報告があった．ただし，そこでは対象事例の具体的な分析はなされていないという限界があった．そこに登場したのが植田・丹羽（1996）であり，企業の実際の研究開発現場での協同活動を対象にした数少ない具体的な認知科学的研究として，以下に述べるような観察結果を明らかにしている．

植田・丹羽（1996）は，10年に及ぶ新洗剤開発のプロジェクトに関して，その関係者に対して注意深いインタビュー調査を行った．それによって，そのプロジェクトを革新的な洗剤の開発に導いた有効な協同活動が，次のような，異なる部門間やチーム間で存在したことを見出した．

① R＆D部門とマーケティング部門の異分野協同
  ・研究開発の動機付け
    R＆D部門は，洗剤は完成の域に達していたという認識であったが，マーケティング部門からもたらされた消費者調査結果に基づく開発依頼を真剣に受け入れた結果，研究開発は開始された．
  ・R＆D発想の転換を生む指摘
    マーケティング部門から，（R＆D部門では考えもしなかった）汚れの原因を絞り込むヒントがR＆D部門に与えられた．
  ・新しい消費者調査法
    R＆D部門からマーケティング部門に，効果的な新しい調査法が提案された．
② R＆D部門内の異なる専門分野チーム間での協同
  ・法外な要求による発想転換
    専門の異なるチームから法外ともいえる要求が出てき，それに応えることで結果的に大きな発想の転換が達成できた．

さらに，植田・丹羽（1996）は，上記とは異なる4つの研究開発プロジェクトを調査した結果，比較的短いタイムスパンで生じるチーム内2人のメンバーの相談や議論に注目して，一方から他方へと与えられる効果的な助言の性質を分析した．

  ・直接的で具体的な知識の提供
    具体的な悩みの相談に対して，ただちに，その問題解決に直接的に役立つ知識や手法を教示する．多くは，近接他分野の類似した問題に対する手法であった．

・話し合いのなかで問題を他の表現で言い換えた後に，具体的な知識を提供

　　問題の言い換えは，主として類推（他分野のことに言い換える）に対応しており，これは2人の協同によって生まれたと考えられる．そして，この言い換えられた問題に対して具体的な知識が提供された．

　異分野協同を対象とする認知科学的研究の今後の発展を期待したい．しかし同時にその一方で，すでに，企業の研究開発の現場では異分野協同研究はいたるところで実行に移されている．この場合，異質な研究者や異なる部門から，自分の不足している知識を補うというレベルに留まっていてはいけない．1+1=3を生み出そうとする積極的な意識をもち，意図的にその実現に向けて議論を戦わせる行動を起こし，そして，それを支援し，進展させるマネジメントのあり方を工夫することが求められている．

　異分野協同は企業内だけに留まらない．企業間でも行われ，さらには，産官学の間でも進められている．次の(2)において，これらを検討する．

(2) 組織間の協同

(a) 研究開発型ベンチャーの企業間協同

　新規事業創造の担い手として，ベンチャー企業への期待が高い．しかしベンチャー企業は，ゼロから立ち上げるため，事業を軌道に乗せるまでに大きなリスクが伴う．したがって，その成功可能性を高める仕組みとして，さまざまなベンチャー企業支援の環境整備が政策的に行われてきている．しかしこれによって支援可能なのは，資金や人材などの経営資源が中心であり，それだけでは成功可能性を高めるには限界がある．企業を成功させるためには，個々の経営資源を組み合わせ，調整し，統合する知識が重要である．ところが，このような知識は事業活動の実務経験を通じて習得しうるものなので，実務経験の乏しいベンチャー企業が短期間に独力で習得することは一般的に難しい．

　ベンチャー企業の成功可能性を高めるためには，この知識の習得が重要であると考え，その手段として企業間提携に注目した研究が行われた（手塚，

コラム 11

「強力な提携相手」がいることは良い計画か？

　変化の激しい世の中で新事業を企てようとするとき，他社との連携の話がよくもちあがる．

　たとえばこの案は「強力な企業」と提携することを考えているから大丈夫だといって，新事業計画を提案しようとすることが多い．

　これは，従来の自社内だけの閉じた世界から，広い視野と躍動する戦略志向を取り入れたという点で望ましい態度といえよう．とくに，新しい分野に挑戦しようとすると，自社の資源だけでは足りないことが多いからだ．

　たしかに，いまでは種々の境界は消滅してオープン化やフラット化の時代だといわれ，自分だけで何かをしようとせず，視野を広げよといわれる．

　しかしこの場合，次の点に気を付けるべきである．

　「強力な提携先」に同じように提携を求めてくる企業は，他にも多くあると考えるべきである．このとき，自分を「選んでくれるか」どうかを再点検することが必要である．つまり，相手にとって，自分が魅力ある価値を提供できるかどうかが重要である．

　自分に力（価値）が足りないので，それを相手に求めるだけではなく，少なくとも同時に，相手が求めたくなるような価値がこちらにあることが，提携の実現にとって必要であるのだ．Give & take 原則の簡単な話である．

　しかし，実際には，この簡単な話に気が付けないために，提携計画が「絵に描いた餅」に終わることが多い．自分は相手にとっていとも簡単に捨てられる存在かどうか，あるいは，相手には他に魅力的な提携先があるのではないだろうかと，ちょっと気を配れば気が付くのにである．

　そうなると価値ある自分をまず作る．これが基本である．

　これまでは，顧客にとって自社は価値があるかどうかを中心に考えてきた．それに加えて，いまは，他社（提携先）にとって自社は価値があるかどうかも重要となった．この場合技術経営は大きな力を発揮する．技術の得意・不得意，あるいは，補完的技術などで give & take の交渉が比較的容易になるからだ．

2001; 手塚・丹羽, 2001; Tezuka and Niwa, 2004). これに基づき, 手塚・丹羽 (2003) は日本の研究開発型ベンチャー企業で実際に起きている企業間提携に関して, その成功要因は提携内容, 提携先との競合状況, 提携先の規模などの条件によっていろいろなパターンが存在することを明らかにした. ここでは, そのうち, 提携内容と競合状況に関する知見を紹介する.

[提携内容別の成功要因]

研究開発段階と販売段階の2つの業務に注目し, 2つの企業 (A社とB社) が, そのどれをどのように協同したかで提携パターンを分類した. その結果, 次のように4つの提携型における成功要因を明らかにした.

① 分担提携型 (研究開発はA社, 販売はB社)
  両社の情報伝達手段の強化
② 開発提携型 (研究開発はA社とB社協同で, 販売は別々)
  両社の研究開発時の発言権の対等化
③ 販売提携型 (研究開発は別々, 販売はA社とB社協同で)
  (有意ある要因は見出されなかった)
④ 包括提携型 (研究開発はA社とB社協同で, 販売もA社とB社協同で)
  両社での個人間の信頼関係

[競合状況別の成功要因]

研究開発型ベンチャー企業が企業間提携をする場合, 次の3つのパターンがある. 両社の間で競合関係にあるパターン (顕在的競合と呼ぶ), 現在は競合関係にないが将来に競合関係になる可能性があるパターン (潜在的競合と呼ぶ), 将来ともに競合する可能性がないパターン (無競争と呼ぶ). この3パターンで提携の成功要因を次のように明らかにした.

① 顕在的競合
  ・両社間でコスト負担ルールの明確化

② 潜在的競合
- ・両社間でコスト負担ルールの明確化
- ・事前調査の徹底
    顕在的競合よりも不確実性が高いといえるので，綿密な事前調査が重要となる．
- ・成果配分ルールの明確化は逆効果
    潜在的競合の場合には，表面的には友好関係を装わざるを得ないがために，事前に成果配分の話ばかりを先行させてしまうと，かえって両社の利益追求の意図が露骨となり関係構築に悪影響を与える．

③無競争
- ・両社での個人間の信頼関係

以上は，研究開発型ベンチャー企業が他企業と提携する場合の提携成功要因であった．しかし，第4章4.4節や，6.5節でも議論したように，今後，オープンな環境のもとで研究開発が行われることが多くなると思われるので，ベンチャー企業に限らず，一般に研究開発組織が他の組織と提携や協同研究を進める場合に，ここで述べた成功要因は参考になると思われる．今後の実践とそれらを対象にした実証研究が期待される．

さて，次項 (b) では，ある意味では一足飛びに非常にスケールの大きな，超長期の大型研究プロジェクトを産官学で実施するという世界を簡単に議論しておこう．

(b) 長期大型研究のためのNPO型分散システム

5-10年程度の中長期にわたる不確実性が高い研究開発プロジェクトの場合は，あらかじめ詳細な計画を立ててそれに従って管理を的確に実施することは困難な仕事となる．たとえば，日本において国家主導で行われた57の大型プロジェクトに対する評価報告書を分析したところ，10の「国家研究開発プロジェクトにネガティブな影響を与える要因」が摘出されている（外山・丹羽，2000; Toyama and Niwa, 2001）．それらは，「不明瞭な基本計画」，「目

的の多義化」,「全体目標と要素別目標の乖離」,「曖昧な評価基準」,「基本計画変更による混乱」,「情勢変化への対応の遅れ」,「関連・競合技術の動向把握の欠如」,「参加者の連携不足」,「実用化・産業化の観点の欠如」,「プロジェクトリーダーの不在」である．国家プロジェクトの効果的な運営については現在でも多くの試みと試行錯誤が続いている状態といえよう．

　研究期間が数十年にも及ぶ超長期で大型の研究テーマでは，さらに不確実性は高まる．これに対して，新しい仕組みとして「NPO型分散研究システム」が提案された（石黒，2004; 2006）．これは，産官学連携による研究推進の仕組みであり，全体のビジョンは与えるが，種々の人たちやグループによる自発的プロジェクトを実際に同時に走らせ，それらの間で自然に競争と淘汰を行わせるというものである．具体的には，この仕組みの中核となるNPOが，

・研究目標と使命（研究成果の産業的，社会的寄与）の提示
・研究者相互の国際的な競争と連携促進のための場とルールの設定
・産官学の協同事業としての研究成果の活用方法の企画

の3つの役割を担い，このNPOと自律分散的な産官学の研究組織や研究者がネットワーク化され，研究目標を目指すというものである．この組織特性には，ビジョンドリブン性，自律分散性，協働性，オープン性，競争と淘汰，低制約性があげられる．

　この仕組みは，「2050年までに完全自律型のロボットチームを開発し，人間のサッカー世界チャンピオンチームに勝つこと」を目標とするRoboCup（Kitano *et al.,* 1997）の実施に伴って提案され，ついで，大規模災害救助システムを研究するNPO「国際レスキューシステム研究機構」と，人の遺伝子ネットワークを解明するNPO「システムバイオロジー研究機構」に適用されている（石黒，2006）．

6.7 組織変革と活性化

革新的な技術開発や商品開発を継続して行うためには，技術組織はどうあるべきであろうか．何をすればよいのであろうか．また，技術組織を構成する技術者が生き生きと創造性を発揮できるようにするためにはどのようなマネジメントが良いのであろうか．

本節では，この重要で困難な課題を考察し，その最先端の取り組みの一端を紹介する．

(1) 学習と変革

(a) 学習する組織

企業組織はつねに新しい能力を身に付けて自己を変革し，それによって変化し続ける社会に適応することが生き残るために必要である．さらに，単に適応して生き残るという消極的態度だけでなく，生き生きと活躍できる自分を創り，その自分が世界を変化させようという積極的態度がさらに望ましい．

いずれも基本は，新しい自分を創ることである．これは組織学習と呼ばれている．そこで本節では，Senge (1990) による組織学習に対する洞察を以下に紹介する．そこでは，組織の構成員が協同で学ぶという姿勢が貫かれている．

Senge (1990, pp. 3-16) は，組織学習には次の5つの要素が必要であると指摘した．

① システム思考
　　物事をみるのに，個別の要素ではなく，それらの間の関係を把握して全体としての動きや働きを捉えることが必要．このシステム思考は，以下の4つの要素を統合する重要な機能を果たす．
② 自己熟達
　　個人の高いレベルでの熟達，すなわち，自分自身を高めることが必要．効果的な組織学習のためには，その組織を構成する個人個人の高い能

力が重要となる．
③ 固定概念の打破

固定概念の打破が必要．とくに，市場や競争相手に対してもつ固定概念は打破しなければならない．これはまず個人のレベルで実施されなければならない．

④ 共通ビジョンの構築

組織内で将来達成すべきビジョンを共有することが必要．組織の目標，価値観，使命が組織全体に浸透することが重要．

⑤ チームの学習

組織学習は，個人学習の上位の概念である．これは，個人同士の対話を通じて実現する．

以上の5つの要素は，個人を高め，そのような個人が対話と協同を行うことで組織を高めるという行為を行う際に，具体的に何を対象に何を目指すべきかを具体的に示している．たしかに，つねにこの5つの要素を顧みる必要があるだろう．

しかし，同時に，このような行動を起こしやすくする仕組みを作り出すことも重要である．次項（b）でこの1つの先駆的試みを紹介する．

(b) 企業変革のエンジン

学習を通じて企業の変革を行うといっても，現実にはなかなか困難である．その理由は，いまある組織は，現在の仕事を効率良く実行することが第一の使命であるので，変革の動きと衝突するからである．

一般論として，変革の必要性は誰も否定はしないであろう．しかし，実際にその動きをしようとすると，往々にして，上位のマネジャーから「そんな余計なことをする暇があるのなら，現在の仕事をもっときちんと行え」という返答がくるのである．

したがって，ここでの課題は，既存の組織で新構想をどのように誕生させて展開させるかということになる．この難題に対して，1つのアプローチを紹介する．それは，企業内研修を企業変革エンジンに仕立てる方法であり

（浅久野, 2003; 丹羽, 2004），その概要は次のようである．

　経営トップの理解と支援のもとに，全社レベルの企業内研修を開設する．この研修の目的は，研修生に新規事業を構想・提案させることにある．各事業本部から中堅社員を研修に派遣してもらう．この研修生には，派遣元の部長が指導員となり，事業本部長が派遣責任者となる．研修の内容は下記の通りである．

- 企業トップによる企業理念やビジョンの説明と，その実現には既存の組織の枠にとらわれない新規の事業提案が必要との信念の開示．
- 大学などの外部講師が中心となり，イノベーション（革新，創造的破壊）の重要性の指摘と，その考え方やアプローチの提示．ここで，外部講師は企業内論理と固定概念の打破のために必要．
- 異なる分野の事業本部から派遣された研修生間の対話によって，異分野知識の習得と，その新結合の試行の促進．

　研修生は約半年の研修終了時には，新規事業案を企業トップも参加する「新事業発表会」で提案する．この発表会で企業トップは各々の提案に対して採用・不採用の判定をする．ここで，企業トップが次のような発言を心からできれば，この仕組みは成功する．

- 「既存事業の延長提案は，この研修でわざわざする必要はない．」
- 「全社のために，自分の事業部にダメージを与えかねない提案をした研修生を派遣し，指導した事業本部は賞賛できる．」

　企業内研修を企業変革のエンジンに仕立てるこの仕組みは，企業トップが既存事業の延長でない新規事業というビジョンを与え，外部講師が企業内論理と固定概念を打破し，異分野の研修生の知識を新結合させることが柱となっている．さらに，もっとも重要なのは，この場に研修生の派遣元の部長と事業本部長という中間管理者を参加させ，結果的に彼らを，自らを否定する企業変革の推進者の1人として巻き込むことにある．こうして，この研修は

階層構造のバイパスとして運営しながら，結果的には定常的な運営を実現できることになる．

(2) 研究開発人材を活性化する職場

(a) 研究開発人材の職務意欲の向上

高度技術社会における企業では，産業資本主義時代のように工場を効率的に運営するための知識や能力でなく，専門経営者や科学技術者，熟練労働者といった知識志向的な従業員が，自由に創意工夫を行い新製品や新技術などを絶えず作り出していくための知識や能力が重要な役割を果たす．したがって，彼らにいかにやる気を起こさせる組織を設計するかが必要となる（岩井, 2003, pp. 330, 307）．とくに，本章が対象としている技術組織では，その成果を上げるには個々の研究開発人材が生き生きとして職務に向かえるようにすることが必要である．

研究開発人材の職務意欲を向上させるためのアプローチは，組織の視点と個人の視点という2つの視点から捉えることができる（白肌, 2006）．まず，組織の視点では，組織のマネジャーのリーダーシップの研究が多くなされている．革新的な研究成果を導く職場風土を形成するリーダーシップに関する研究（Thamhaim, 2003 ; Cordero et al., 2004 ; Berson and Linton, 2005），新製品開発におけるリーダーシップの研究（Barczak and Wilemon, 2003）などがある．

研究開発人材の動機付けの観点から，これらのリーダーシップ研究を再解釈すれば，いずれもマネジャーが，組織目標の達成努力に対して適切な非金銭的報酬（チャレンジングな職場環境や，責任のある仕事の付与など）や金銭的報酬を部下に与えることで職務意欲を向上させ，成果を獲得する「取引型リーダーシップ」か，リーダーが魅力ある組織のビジョンや目標を掲げ，部下に共感を与えることで動機付ける「変革型リーダーシップ」の2つのリーダーシップタイプにおける動機付けのパターンに分けられる．これらは言わば組織の視点，つまり，組織として取り組まなければならない目標をいかに達成させるか，という視点で動機付けを行っている．

2つめの個人の視点では，コーチング（coaching）（Douglas and Morley, 2001 ; Mulec and Roth, 2005）研究がある．コーチングとは，マネジャーが組織目標で

はなく部下の個人的な野心や職業人としての望みを尊重し，その実現をサポートするようなリーダーシップを発揮することによって，部下の長期的なパフォーマンス向上を図る（Goleman, 2000）というものである．したがって，このような動機付けは個人の視点，つまり，研究開発人材自身の欲求をいかに実現するか，という視点をもっている．これは変革型リーダーシップにおける個人への配慮とは一線を画す．その理由は，変革型リーダーシップは部下に成果を出させることを第1の目的にしているのに対し，コーチングはあくまで個人が現在有している能力向上に関する欲求の充足を第1の目的にしているからである（白肌, 2006）．

(b) 未来志向型マネジメント

上記で述べた組織と個人との2つの視点を効果的に統合させ，個人と組織が互いにメリットを得られるような職務意欲向上のための新しい動機付け施策を提案するという研究（Shirahada and Niwa, 2005；2006；白肌, 2006；白肌・丹羽, 2006）を以下に紹介しよう．

この研究は，研究開発人材の職務意欲を向上させるために，マネジャーが注目すべき部下の未来志向的な欲求を明らかにし，この欲求を刺激する手順を構築し，その効果を実証的に分析したものである．

まず，日本を代表する大手製造業6社の研究開発人材を対象にしたアンケート調査結果を共分散構造分析して，未来志向的欲求の1つである，「将来キャリア向上欲求」が職務意欲に高い影響度を与えることを明らかにした．これは，マネジャーは部下の「将来キャリア向上欲求」に注目することが職務意欲向上のために重要であることを示している．

ついで，マネジャーが部下に仕事目標を通じて夢を与えていく「未来志向的動機付け」を，日本の大手自動車企業が技術者に対して行う年次目標設定面談に適用する実験を行った．具体的には，部下が話しやすくなるような雰囲気を作り，目標達成の筋道を描かせ，目標から得られる能力成長について議論するという，一連の流れをもった面談ガイドラインとそれを補助する面談シートを考案し，さらに，未来志向的欲求を刺激する手順を構築し，それを実施した．その結果，部下は面談前と比較して，たしかに将来キャリアに

夢をもつことができ，会社目標に対する意欲も向上したことがアンケート結果から明らかにされた．さらに，未来志向的欲求を刺激するには，「部下の夢の創造支援」と「創造した夢と仕事との結び付け支援」という2つのプロセスが重要であることを示した．

第1章1.4節で述べたように高度技術社会での戦略資源は科学技術者である．したがって，本節で紹介したような研究を発展させ，自己実現型欲求の強い科学技術者の個人としての動機付けを高め，しかも，その方向を組織目標の方向と一致させることができる方策を探究し，それに基づくマネジメント体系と組織体系を構築することが重要である．

第6章の要約

技術経営を実施する主体として，技術組織は重要な役割を果たす．本章で取り扱った技術組織は，技術戦略部門，研究開発部門，製品企画・設計部門である．このような技術組織は，専門的な技術知識を体系的に扱えることと，発明・発見などの創造的活動を効果的に行えることが重要であるという特徴をもっている．

しかしながら，これまでの一般の組織論では上記の特徴をもつ技術組織を対象に取り上げて充分には議論をしていない．そこで，このような領域を対象にする技術組織論とも呼ぶべき議論が必要であり，本章はその1つの試みとして，以下の5つの課題を取り上げた．

技術組織は技術を深めようとする技術志向と，技術を商品化に直結させようとする事業志向のジレンマに悩む．実際に，マトリックス組織の運営や，研究所のテーマと資源の配分においてこの問題は顕在化する．関係者間で，この問題の抱える深い背景や問題の位置付けに対する正しい認識を共有して，技術戦略との関連において意思決定をすることが必要である．

効果的な技術開発のためには，科学技術者個人の創造性を重視するボトムアップアプローチと全社の戦略的観点からのトップダウンアプローチのバランスも重要である．この場合，見落とされがちであるが，科学技術者が本来的に保守性をもつということへの注意と，階層的な技術組織において構築可

能な自己変革手順を活用するという配慮が必要となる．

　技術の普遍化と技術人材の流動化に伴い，技術組織は外部に開かれたオープン性と，独自性維持のためのクローズ性の2つの要請の間で悩むことになる．これには，優秀な人材をいかに引きつけることができる魅力ある職場を構築するかという観点から取り組むことが解決につながる．

　新しい商品や事業を企てるために，異分野協同は有効な方法といえる．その最先端の研究例を，研究者レベル，企業間レベル，そして，国家レベルで紹介したが，今後も種々の試みを行うことが重要となる．

　革新的な技術開発や商品開発を継続して行うためには，技術組織は学習し自らの変革を企て，さらに，技術者が夢をもち生き生きと創造性を発揮できる場となることが求められる．このためには，種々の実践と研究とを積み重ねて有効なマネジメント体系を構築する必要がある．その第一歩の試みとして，企業革新エンジンの実践や未来志向的動機付けマネジメントの研究を紹介した．

　本章の冒頭で「何かをしようという目的で2人以上の人間が集まると組織となる」と述べた．作るものが明確な工場や，売るものが決まっている販売店などと違い，研究開発などの技術組織では，すること自体が無知・未知の世界への挑戦という不明確なことであり，さらにまた，個人の創造性の効果的活用という難しい課題が焦点となる．これまでは対応が困難であったこのような領域に対して，いま，技術経営という新しい枠組みを与えられて，技術組織の効果的な設計や運営に関する研究が現場での試行錯誤の実践との協同のもとに今後進展するであろう．

引用文献

Barczak, G. and Wilemon, D., "Team Member Experience in New Product Development: Views from the Trenches," *R & D Management*, Vol. 33, No. 5, pp. 463-479, 2003.

Barnard, C. I., *The Functions of the Executives*, Harvard Business School Press, 1938（バーナード，C. I., 山本安次郎・田杉競・飯野春樹訳，『新訳：経営者の役割』，ダイヤモンド社，1968）．

Berson, Y. and Linton, J. D., "An Examination of the Relationships between Leadership Style, Quality, and Employee Satisfaction in R & D versus Administrative Environments," *R & D Management*, Vol.

35, No. 1, pp. 51-60, 2005.

Cordero, R., Farris, G. F., and DiTomaso, N., "Supervisors in R & D Laboratories: Using Technical People and Administrative Skills Effectively," *IEEE Transactions on Engineering Management*, Vol. 51, No. 1, pp. 19-30, 2004.

Davis, S. M. and Lawrence, P. R., *Matrix*, Addison-Wesley Publishing Company, 1977（デイビス，S. M.・ローレンス，P. R., 津田達男・梅津祐良訳，『マトリックス経営：柔構造組織の設計と運用』，ダイヤモンド社，1980）.

Douglas, C. A. and Morley, W. H., *Executive Coaching : An Annotated Bibliography*, Greensnoro, Center for Creative Leadership, 2001.

Dunbar, K., "How Scientists Really Reason: Scientific Reasoning in Real-world Laboratories," in Sternberg, R. J. and Davidson, J. E. (eds.), *The Nature if Insight*, MIT Press, pp. 365-395, 1994.

Fayol, H., Administration Indusutrielle et Generale, Dunod, 1916（ファヨール，H., 佐々木恒夫訳，『作業ならびに一般の管理』，未来社，1972）.

Gassmann, O. and von Zedtwitz, M., "Trends and Determinants of Managing Virtual R & D Teams", *R & D Management*, Vol. 33, No. 3, pp. 243-262, 2003.

Goleman, D., "Leadership That Gets Results," *Harvard Business Review*, Vol. 78, No. 2, pp. 78-90, 2000.

Hayden, R., "Implementing Management by Projects," Proceedings of PMI 1998 Symposium, pp. 1314-1321, 1998.

Katz, D. and Kahn, R. L., *The Social Psychology of Organizations*, John Wiley, 1966.

Kelly, T. and Littman, J., *The Art of Innovation : Lessons in Creativity from IDEO, America's Leading Design Firm*, International Creative Management Inc., 2001（ケリー，T.・リットマン，J., 鈴木主税・秀岡尚子訳，『発想する会社！：世界最高のデザイン・ファーム IDEO に学ぶイノベーションの技法』，早川書房，2002）.

Kitano, H., Asada, M., Kuniyoshi, Y., Noda, I., Osawa, E., and Matsubara, H., "RoboCup : A Challenge Problem for AI," *AI Magazine*, Vol. 18, No. 1, pp. 73-85, 1997.

Kotter, J. P., *On What Leaders Really Do*, Harvard Business School Press, 1999（コッター，J. P., 黒田由貴子監訳，『リーダーシップ論：いま何をすべきか』，ダイヤモンド社，1999）.

Lawrence, P. R. and Lorsh, J. W., *Organization and Environment : Managing Differentiation and Integration*, Harvard University Press, 1967（ローレンス，P. R.・ローシュ，J. W., 吉田博訳，『組織の条件適応理論：コンティンジェンシー・セオリー』，産業能率短期大学出版部，1977）.

Mahroum, S., "Highly Skilled Globetrotters : Mapping the International Migration of Human Capital," *R & D Management*, Vol. 30, No. 1, pp. 12-32, 2000.

March, J. G., and Simon, H. A., *Organizations*, John Wiley & Sons, 1958（マーチ，J. G.・サイモン，H. A., 土屋守章訳，『オーガニゼーションズ』，ダイヤモンド社，1977）.

Mayo, E., *The Human Problems of Industrial Civilization*, Macmillan, 1933（メイヨー，E., 木村栄一訳，『産業における人間問題』，日本能率協会，1970）.

McGregor, D., *The Human Side of Enterprise*, McGraw-Hill, 1960.

Mintzberg, H., *The Nature of Managerial Work*, Harper & Row, Publishers, 1973（ミンツバーグ，H., 奥村哲史・須貝栄訳，『マネジャーの仕事』，白桃書房，1993）.

Mulec, K. and Roth, J., "Action, Reflection, and Learning-coaching in order to Enhance the Performance of Drug Development Project Management Teams," *R & D Management*, Vol. 35, No. 5, pp. 483-491, 2005.

Muller-Merbach, H., "A System of Systems Approach," *Interface*, Vol. 24, July-August, pp. 16-25, 1994.

Pfeffer, J., *Organizational Design*, AHM Publishing, 1978.

Pfeffer, J., *Power in Organizations*, Pitman Publishing, 1981.

Rakos, J., "Project Teams-Myths and Reality," Proceedings of PMI 1998 Symposium, pp. 1222-1226, 1998.

Robbins, S. P., *Organization Theory : Structure, Design, and Applications*, Prentice Hall, 1990.

Robbins, S. P., *Organization Behavior*, 9th ed., Prentice Hall, 2001.

Roethlisberger, F. J. and Dickson, W. J., *Management and the Worker*, Harvard University Press, 1939.

Rosenbloom, R. S. and Spencer, W. (eds.), *Engines of Innovation : U. S. Industrial Research at the End of Era*, Harvard Business School Press, 1996 (ローゼンブルーム, R. S.・スペンサー, W. 編, 西村吉雄訳, 『中央研究所の時代の終焉：研究開発の未来』, 日経BP社, 1998).

Senge, P. M., *The Fifth Discipline : The Art & Practice of The Learning Organization*, Currency and Doubledy, 1990 (センゲ, P. M., 守部信之監訳, 『最強組織の法則：新時代のチームワークとは何か』徳間書店, 1995).

Shirahada, K. and Niwa, K., "Future-Oriented Mind to Determine Corporate Researchers' Motivation," *Technology Management : A Unified Discipline for Melting the Boundaries* (PICMET'05 Book of selected papers), pp. 412-420, IEEE, 2005.

Shirahada, K. and Niwa, K., "Future-Focused Motivation Management for R & D Personnel," Proceedings of PICMET'06, 2006.

Simon, H. A., *Administrative Behavior : A Study of Decision-Making Processes in Administrative Organizations*, Macmillan, 1947 (サイモン, H. A., 松田武彦・高柳暁・二村敏子訳, 『経営行動：経営組織における意思決定プロセスの研究』, ダイヤモンド社, 1989).

Taylor, F. W., *The Principles of Scientific Management*, Harper, 1911.

Tezuka, S. and Niwa, K., "Knowledge Sharing in Inter-organizational Intelligence; R & D-based venture alliance Community Cases in Japan," *International Journal of Technology Management*, Vol. 28, Nos. 7/8, pp. 714-728, 2004.

Thamhaim, H. J., "Managing Innovative R & D Teams," *R & D Management*, Vol. 33, No. 3, pp. 297-311, 2003.

Toyama, D. and Niwa, K., "Evaluating Japanese National R & D Projects Using A Lifecycle Model," PICMET'01 Proceedings, CD-ROM, 2001.

Weber, M., *The Theory of Social and Economic Organizations*, Henderson, A. M., and Parsons, T. trans., Free Press, 1924.

浅久野英子, 「技術者にこそリーダーシップ, 技術経営能力から生まれたACE研修：特集　技術経営教育で競争力を高める：ケース2, 日立製作所」, 『人材教育』, pp. 47-49, 2003年7月号.

石黒周, 「NPO型分散研究システムのマネジメント：新たな産学官連携研究システムの研究」, 『経営情報学会誌』, Vol. 13, No. 3, pp. 79-95, 2004.

石黒周, 「長期的研究推進のためのNPO型分散研究システムの研究」, 東京大学大学院総合文化研究科広域科学専攻博士論文, 2006.

市川惇信, 『ブレークスルーのために：研究組織進化論』, オーム社, 1996.

岩井克人, 『会社はこれからどうなるのか』, 平凡社, 2003.

植田一博・丹羽清, 「研究・開発現場における協調活動の分析：「3人寄れば文殊の知恵」は本当か？」, 『認知科学』, Vol. 3, No. 4, pp. 102-118, 1996.

上田泰,『組織行動研究の展開』,白桃書房,2003.
金井壽宏,『リーダーシップ入門』,日本経済新聞社（日経文庫）,2005.
児玉文雄・矢野正晴,「チームの独創性とマネジメント」,『学術情報センター紀要』,第11号,pp. 225-241, 1999.
榊原清則,『日本企業の研究開発マネジメント："組織内同形化"とその超克』,千倉書房,1995.
白肌邦生,「R＆D人材の職務意欲向上に向けた未来志向的動機付けの効果分析」,東京大学大学院総合文化研究科広域科学専攻修士論文,2006.
白肌邦生・丹羽清,「研究・開発人材の職務意欲向上のための未来志向的動機付けの効果分析」,『研究技術計画』,印刷中,2006.
手塚貞治,「日本における研究開発ベンチャー企業の組織間知識共有構造の分析」,東京大学大学院総合文化研究科広域科学専攻博士論文,2001.
手塚貞治・丹羽清,「企業間提携における知識共有構造の分析：研究開発型ベンチャー企業の分析を中心にして」,『経営情報学会誌』,Vol. 10, No. 1, pp. 81-100, 2001.
手塚貞治・丹羽清,「企業間提携のパターン別成功要因の分析：研究開発型ベンチャー企業の分析を中心にして」,『経営情報学会誌』,Vol. 12, No. 2, pp. 1-19, 2003.
外山大・丹羽清,「国家研究開発プロジェクトのライフサイクルモデル」,研究・技術計画学会,第15回年次学術大会講演要旨集,pp. 289-292, 2000.
丹羽清,「技術経営による企業革新」,『経営システム』,Vol. 14, No. 1, pp. 33-37, 2004.
藤垣裕子,『専門知と公共性：科学技術社会論の構築に向けて』,東京大学出版会,2003.
藤本隆宏,『生産マネジメント入門1, 2』,日本経済新聞社,2001.
村上陽一郎,『科学者とは何か』,新潮社,1994.
矢野正晴,「チームの多様性と独創性」,高橋伸夫編,『生存と多様性：エコロジカル・アプローチ』,白桃書房,第7章,1999.

第7章
技術リスクマネジメント

　リスクとは不確実な事象である．これの管理をリスクマネジメントと呼ぶ．従来の企業経営では，事故や災害やビジネス上の失敗などに関して，リスクマネジメントが行われてきた．本章は，技術の不確実性が企業経営に大きな影響を与えていることに着目し，技術に起因するリスクを対象にした技術リスクマネジメントという新しい領域の議論を行う．

　技術システムやプロジェクトの運営管理，あるいは技術アセスメントなどの従来からの実践実績をふまえて，高度技術社会における新技術のリスクの管理の仕方を議論する．さらに，イノベーションを効果的に実現するには，リスクの問題をどう捉えたらよいのかについても考察する．

7.1 一般のリスクマネジメント

技術リスクマネジメントを議論する前に，一般のリスクマネジメントの概要を理解しておくことが望ましい．そこで，本節では，リスクの概念やリスクマネジメントの方法が保険分野で生まれ，そして，発展してきた経緯を述べる．

(1) リスク

(a) リスクと不確実性

リスク（risk）をWebstar辞書で引くと「害や損失にさらされていること，危険，または，危険な機会」の説明が最初に出てくる．たしかに，われわれは日常生活で，リスクという言葉をこのような意味で使っていることが多い．リスクについて考えるもっとも身近なきっかけは火災保険，自動車保険などの保険であろう．

実際に，リスクに対してどのように対処するか（これをリスクマネジメントと呼ぶ）ということに，もっとも古くから関わった分野は保険であった．そこで，保険分野の定評のある教科書ではリスクがどのように定義されているかを調べてみよう．Vaughan（1986, p.4）によると，保険分野では統一的な1つのリスクの定義はなく，教科書によって次の5つのうちのどれかを採用しているという．

① リスクとは損失（loss）の機会（chance）である．
② リスクとは損失の可能性（possibility）である．
③ リスクとは不確実性（uncertainty）である．
④ リスクとは予想と実際の結果との差である．
⑤ リスクとは予想と異なる結果が出現する確率（probability）である．

この5つのうち最初の2つは，損失という表現を用いていることから分かるように，リスクとは「望ましくない」状態であると明示的に想定している．

後の3つは，原理的には「望ましい」状態のこともありうるが，保険の分野であるから暗黙の前提として「望ましくない」状態を想定している．ちなみに，「望ましい」状態のことも明示的に対象にしようとするのが，次項（b）で述べる投機リスクである．なお，本章では，多くは望ましくない状態を想定するが，望ましい状態も議論の対象としている．

もう一度上記の5つの定義をみると，不確実性と確率という言葉が使われていることに気が付く．これらの事柄を厳密に議論しているのは，意思決定理論と呼ばれる分野である．そこでは，ある行動をしようとする場合に，その行動が引き起こすであろう結果について，どの程度のことが分かっているのかという観点から，次のような分類がなされる（宮川，1968, p. 17）．

・確定性：ある行動について必ずある一定の結果が生じることが分かっている場合．
・不確定性：ある行動について起こりうる結果が1つでない場合で，さらに，2つのケースに分かれる．
　① リスク：起こりうる結果の確率が分かっている場合．
　② 不確実性：起こりうる結果の確率が分からない場合．

意思決定理論の分野では，将来に起こりうる事柄とその起こりうる確率が分かっている場合にリスクといい，それらが分からない場合には不確実性といって区別している．つまり，数値を用いた「計算」ができる対象をリスクと呼んでいる．たしかに，たとえば，事故の確率が分かっていて保険の料率を算定しようとか，あるいは，故障機械の取り替えの期間を算定しようというような場合に当てはまる．しかし，本章を読み進めていくとしだいに分かってくるが，技術経営が扱いたい「リスク」は，上記でいう不確実性も含んでいる．

さて，保険分野の5つの定義に戻ると，そこでさらに気の付く点は，「予想と実際」の差である．予想していたものは「リスクでない」という立場であろう．これは，なるべく事前に予想の努力をしようというマネジメントにも直結し有益な定義かもしれない．しかし，予想できるかできないかの議論

に深入りすることは本章では避けたい．とくに，科学技術の分野では，もともと未知の分野への挑戦だからである．

以上の議論から，本書では「リスクとは不確実な事象である」と非常に広く，ある意味では，曖昧に定義する．こうした理由は本章を読むと明らかになるであろう．

(b) 純粋リスクと投機リスク

これまで保険分野を中心とする多くの人たちがリスクの分類を試みている．ここでは，そのなかで代表的と考えられる2組を示す．

① 純粋（pure）リスクと投機（speculative）リスク（Mowbray et al., 1969, pp. 6-8）
　　・純粋リスク：損失だけ起きる（利益は起きない）場合に存在．たとえば，従業員の死亡，人為災害，自然災害．
　　・投機リスク：損失と利益の両者が起こりうる場合に存在．たとえば，投資行動，研究開発行動．
② 静態（static）リスクと動態（dynamic）リスク（Willett, 1951, pp. 14-19）
　　・静態リスク：経済現象の変化で起こるのではなく，自然界の不規則な活動や人間の失敗・不正などで起こり，社会に損失をもたらす．
　　・動態リスク：経済現象の変化で起きる．たとえば，価格の変動，消費者の好み，生産資源や製品の変化，技術変化などが原因で起きる．これらは社会に損失も利益もどちらももたらす（ただし，経済現象の変化は資源配分の調整とみることができるので，長期的にみれば社会に利益をもたらすといえよう）．

本書では，前者の分類，すなわち，純粋リスクと投機リスクを用いることにする．

■ コラム 12

「問題がない」のは問題だ．では，「リスクがない」はどうか？

よく「問題もなく幸せな状態です」という言葉を聞く．じつはここに大きな落とし穴があるのだ．

問題とは，理想と現実のギャップ（差）と定義される．「問題がない」とはこのギャップがない場合である．

たしかに，理想が達成されているのでギャップがなく，幸せな場合もあろう．しかし，実際は，理想がないので，ギャップが自覚できないことのほうが多いのだ．

果たして，理想がないのは幸せなのか？　企業の場合に，理想（目標）がないのは望ましいのだろうか？

それでは，「リスクがない」はどのように考えるべきだろうか．よく，新事業提案の場で，「この事業案はリスクがないので認めてほしい」という言い方がされる．

事業を興す場合のリスクは，損失だけの純粋リスクではなく，損失と利益の両者を含む投機リスクを考えるべきである．そうすると，リスクがないとは，利益を生む機会もないということになる．「リスクのあるところに利益あり」とは，よく言ったものだ．

もう利益はいらないので守りの経営だけに徹するという場合を除いて，一般的には，「リスクがない」事業案は認めてはいけない．

リスクがあるのは，利益の可能性があるということである．したがって，そこに狙いを定め，いかに損失のほうの可能性を減らすかが，リスクマネジメントの基本的な役割である．

もう一歩進んで，利益−損失の極大化を狙ってほしい．1つの損失覚悟で3つの利益という道が開かれる．

もっとも怖いのは，「もちろん損失の場合だけのリスクです」と自覚して「リスクがないので認めてほしい」という場合である．自覚したと思った瞬間，利益のほうへの思考回路は，無意識に閉ざされてしまう．

(2) リスクマネジメント

(a) 保険とリスクマネジメント

　保険とは損害を補塡する仕組みであり，今日のリスクマネジメントの源流といえる．古代バビロニアやローマ時代にも保険と似た制度はあったというが，今日の保険は 14 世紀の地中海貿易海上保険が始まりといわれている．そして，17 世紀のイギリスでは，海運業者や船長に対して事故の補償を請け負う人たち（保険元請け人）が集まるロイドの店が開かれており，それが今日の保険会社の前身といわれる．

　アメリカにおいてリスクマネジメントの重要性が広く認められるようになったのは 1930 年以降であり，1931 年に American Management Association が保険部門を設置し，1932 年には Risk Research Institute の前身が設置された．なお，リスクマネジメントで今日世界最大の組織である Risk and Insurance Management Society の前身が発足したのは 1950 年であった（Vaughan, 1986, p. 36）．このような経緯からも分かるように，企業が活動する過程で遭遇する純粋リスクの影響をいかに少なくするかがリスクマネジメントの基本的な機能といえる．

　このようなリスクマネジメントの基本的な枠組みは次のようである．リスクマネジメントの要素は，表 7.1 に示すように 4 項目である．そして，この表の上の 3 項目は，発見→評価→対策の手順で実施される．4 番めの項目は，この手順を監視し対策の有効性を評価するためのものである．

表 7.1　リスクマネジメントの要素

リスクの発見	チェックリストなどを用いて，体系的にリスク（不確実な事象）を洗い出す
リスクの評価	リスクの発生の程度やその影響の大きさを見積る
リスクの対策	事前のリスク回避策や保険，および，事後対策を策定・実施する
監視と評価	リスク発生の状況を監視し，また，対策の有効性を評価する

この枠組みは，1970-80年代のアメリカの教科書（たとえば，Williams and Heins, 1976 ; Vaughan, 1986）でも，2001年に公示された日本のリスクマネジメント規格（JISQ2001「リスクマネジメントシステム構築のための指針」）でも基本的に同じである．

このような保険分野で定まったリスクマネジメントの枠組みをみると，他の多くの分野に適用可能であると考えられる，実際に，たとえば，次のような分野でもリスクマネジメントという言葉が使われている．

- 建設分野：アメリカにConstruction Risk Management Portal and Libraryがある（http://www.constructionrisk.com/）
- 医療分野：アメリカにAmerica Society for Healthcare Risk Managementがある（http://www.ashrm.org/ashrm/index.jsp）
- 大学分野：アメリカにUniversity Risk Management and Insurance Associationがある（http://www.urmia.org/urmia2.cfm）
- 行政分野：カナダに行政官のためのリスクマネジメント手順Integrated Risk Management Frameworkがある

(b) 統合リスクマネジメント

企業全体のリスクマネジメント（ERM : Enterprise Risk ManagementまたはEWRM : Enterprise-Wide Risk Management）（DeLoach, 2000）という考え方に，1990年代から欧米の企業の間で関心が高まってきた（Barton et al., 2002, 邦訳, pp. 6-8）．この特徴は，企業活動全般に関わる純粋リスクと投機リスクの両者を扱い，企業全体の収益の確保を目的とする点にある．このERMが登場したのには，次のような背景がある．

まず，純粋リスクだけでなく，投機リスクも対象にする理由は次のように金融サービス業の台頭である．この分野では資金を株式，債権，貸し付けなどで運用するが，経済状況の変動によって損失を被る恐れがある場合と，利益を得る場合の両者がある．このように，金融リスクマネジメント（financial risk management）（Alexander and Sheedy, 2004）は，損失と利益の両者，すなわち，純粋リスクと投機リスクの両方を扱っている（Moor, 1983, pp. 97-115）．

この場合，利益‐損失を最大化するのがリスクマネジメントの目的となり，これを達成させるために，ポートフォリオ管理を中心とした手法などが開発された（Moor, 1983, pp. 116-129）．このような方法は非金融業界でも手持ちの資金運用で活用され，しだいに利益もありうるという投機リスクを対象とするリスクマネジメントが広まった．この考え方はさらに一般の商品開発の領域（前川，2003, pp. 14-16）にまで拡大しつつある．

次に，リスクマネジメントが保険担当部門や狭義のリスクマネジメント部門から，企業活動全般にまで対象を広げたのには次のような事情がある．それは，企業トップによる不祥事が各国で発生し，企業の情報開示と説明責任や企業統治（コーポレイトガバナンス）や企業の社会的責任（CSR: Corporate Social Responsibility）の要求が強くなり，これをリスクマネジメントに関連付けるようになってきたという経緯である．

たとえば，イギリス公認会計士協会は 1995 年にリスクマネジメントを核とする内部統制を強調した（竹谷，2003, p. 9）．この傾向はさらに強まり，アメリカの企業改革法（SOX 法：Sarbanes-Oxley Act of 2002. 正式名称としては Public Company Accounting Reform and Investor Protection Act of 2002）は，エンロン事件などの不正会計処理問題の反省に基づき，企業会計や財務報告の透明性と正確性を高めるための企業統治の強化を義務付けた米国連邦法で 2002 年に成立した．

具体的には，最高経営責任者（CEO）と最高財務責任者（CFO）に財務報告への署名を義務付け，その後に不正が発覚すれば厳罰を適用するというものである．したがって，経営者は正しい財務報告を行うために，内部統制を築く必要性に迫られる．たとえば，現場の具体的日常的レベルでは，「誰が」，「いつ」，「どの資料をアクセスし」，「承認した」かなどの履歴情報を残すことなども必要となる．この大きな枠組みのなかにリスクマネジメントの要素を含むようになっている．

このように，社会の動きに対応してリスクマネジメントは自らの守備範囲を広げて発展してきたと考えられる．その特徴をくり返すと，純粋リスクと同時に投機リスクをも含み，全社的に組織のさまざまな部門を横断して運用されることにある．しかし，こうなると，リスクマネジメントは「（不確実の

もとでの）経営，あるいは，事業」，さらに言えば「経営」そのものとかなり重なってくる．これは，リスク最高責任者（CRO：Chief Risk Officer）の権限と役割が重視される方向になると解釈するのか，あるいは，かえってリスクマネジメントの特徴が不明瞭となってしまうので，逆に狭義のリスクマネジメントの再定義が必要とされるようになると解釈すべきか，将来の展開は不確実といえよう．

7.2 技術リスクマネジメントの要請と特徴

本節では，まず，なぜ技術リスクマネジメントが必要となってきたかを述べる．ついで，技術リスクマネジメントとはどのようなものであるかを明らかにする．さらに，技術リスクマネジメントの特徴を議論し，本章でとくに注目する分野を提示する．

(1) 技術リスクマネジメントの必要性

(a) 技術リスクマネジメント

前節に述べたように，保険を源流とするリスクマネジメントは統合リスクマネジメントへと発展し，企業活動のすべての領域を包含する方向に進んでいる．たとえば，次のように，非常に多岐にわたるリスクが対象となる．

表7.2 リスクの種類（前川，2003，p.17をもとに作成）

リスクの種類	例
法務リスク	リコール，知的所有権，独禁法違反，インサイダー取引など
財務リスク	投資，不良債権，企業買収など
労務リスク	労働争議，雇用問題，役員の犯罪，機密漏洩，過労死など
災害	地震，台風，洪水など
事故	火災，停電，労災，交通事故，環境汚染など
政治リスク	戦争，輸出入規制，規制など
経済リスク	為替変動，金利変動，株価変動など
社会リスク	企業テロ，消費者パワーなど

表7.2をみると，技術に関係する項目が多くないことに気が付く．それらは事故を中心に法務や労務などに薄く分散されているようにみえる．

しかし，高度技術社会になり，

- 情報技術をはじめ多くの技術が企業経営の道具として使われるようになってきているので，技術上の事故や不具合が企業の存続に影響を与えることも出てきている．
- 企業が提供する製品やサービスは最先端の科学技術を用いた技術開発に基づくものが多くなり，技術開発の成否は大きなリスク要因といえる．
- ときには，新しい技術開発の思わぬ悪影響が市民生活や自然環境に影響を与え，それが企業の経営状態を直接左右する要因にもなってきている．

などがみられるようになり，技術に関するリスク（技術リスクと呼ぶ）の重大性は高まっている．

したがって，一般のリスクマネジメントが統合の方向を志向するため，そのアイデンティティが失われる可能性も出てくるなかで，むしろ，逆に，その一部である技術リスクマネジメントは，これからますます必要とされるようになるだろう．

なお，このような技術リスクマネジメントの必要性は，一般の「経営論」によって企業経営がなされるときに，技術の影響がとくに重要になったために「技術経営論」が必要とされたのと同じ構図をもつともいえよう．

(b) 技術の運用系と開発系のリスクマネジメント

技術リスクマネジメントを，経営に技術を用いる場面（技術の運用系と呼ぶ）と，技術を開発する場面（技術の開発系と呼ぶ）に分けて考えてみよう．

技術の運用系のリスクマネジメントとは，技術や技術システムをより高い信頼性をもっていかに運用したらよいのか，すなわち，事故などの技術的な純粋リスクをいかに最小にするかの努力をすることに対応する．このために，従来工学分野で実践されてきた信頼性などの取り組みをさらに企業経営の立場から展開することも含まれよう．その基本的態度は，保険というリスクへ

ッジを行う前に,自らの責任において損失被害の可能性を減らす努力をするということにある.

さらに,最先端技術領域における運用系のリスクマネジメントでは,科学技術の実際の進展と,世の中の高い要求水準との乖離のなかで,いかに専門学問的判断と社会的判断のせめぎ合いに対処するかというような科学技術社会論的(藤垣,2003 ; 2005)な扱いも重要となる.

技術の開発系のリスクマネジメントは,投機リスクの扱いの範疇に入る.新しい技術開発は成功すれば利益を生むことが多いが,新しい試みは失敗の可能性も高いからである.したがって,利益を生む新しい技術開発を,いかに失敗しないように行うかというリスクマネジメントが必要とされる.経験が豊富な既存技術であれば,これは確立された分野であるプロジェクトマネジメントで取り扱える範疇に入るであろう.しかし,新技術開発は発見や発明という未知の領域に立ち向かう創造的活動でもあるので,イノベーションとリスクとのかね合いなどの新しい議論も必要となる.

(2) 技術リスクマネジメントの特徴

(a) 技術リスクマネジメントの要件

技術リスクマネジメントの要件を,第1章で述べた現代科学技術と高度技術社会のそれぞれの特徴から引き出そう.まず,現代科学技術の特徴は「技術の普遍性」,「科学と技術の接近」,「未知と創造性を扱う」にあった.これらに対応して,技術リスクマネジメントの要件は表7.3のようになる.

また第1章では高度技術社会の特徴を「知識」,「科学技術者」,「影響の広範囲化」のキーワードで表現した.これらに対応して,技術リスクマネジメントに対する要件をあげると表7.4のようになる.

上記表7.3と表7.4に示した技術リスクマネジメントの要件は,7.3節以降の議論での中心的課題となる.

(b) 技術リスクマネジメント体系への接近

これまでの議論をふまえて,以下本章では次のような構成で技術リスクマネジメントを述べていきたい.まず,現在の代表的な3つの分野を取り上げ,

表 7.3 現代科学技術の特徴と技術リスクマネジメントの要件

現代科学技術の特徴	技術リスクマネジメントの要件
技術の普遍性	・同じようなリスクがいたるところで多発するので，再発防止のために，経験やノウハウの伝承が必要 ・同じ思考体系や技術体系が行きわたったために生まれた固定概念を打破して，皆が同じような盲点に陥らない工夫が必要
科学と技術の接近	・科学（学問）研究結果が種々の道を経由して実世界に波及するので，実世界への悪影響もよく考慮して科学することが必要 ・科学（学問）は，実世界でのリスクの対策を，技術との協同で行えるとの自覚を強くもつことが必要
未知と創造性を扱う	・無知や未知など分からないこと（とくに，悪影響）に，どう立ち向かうのかを事前に検討することが必要 ・理解できないことや予想外のことに失敗の烙印を押さず，新たな解釈によって新領域を開拓するという挑戦が必要

表 7.4 高度技術社会の特徴と技術リスクマネジメントの要件

高度技術社会の特徴	技術リスクマネジメントの要件
知識が重要資源	・従来からの有形物だけでなく，知識が核となる無形物についての新たなリスクマネジメントが必要（個人情報対策など） ・リスクマネジメントの経験（経験的知識）が価値をもつので暗部の知識で表舞台のビジネスができるという発想が必要
科学技術者が重要な役割	・狭い専門領域に関心を集中しがちな科学技術者に，公共的思考や技術者倫理の教育の実施が必要 ・科学技術者に対する人事マネジメントが究極のリスクマネジメントであるとの位置付けが必要
影響の広範囲化	・わずかと思える技術的行為でも環境や生命などに影響がでる可能性があるので，それぞれの行為で慎重な対応が必要 ・影響が広範囲に及ぶので，その分析と対策には多分野の知識のシステマティックな扱い（システムアプローチ）が必要

そこでの技術リスクマネジメントに関連する取り組みと課題とを述べる．これらは，今後本格的に技術リスクマネジメントを確立する際の土台となろう．

最初の分野7.3節「技術システムの安全と高信頼運営」では，技術や工学の分野での事故，損失や安全などに関するこれまでの研究と実践を概観し，あわせて，今後の方向についても検討を加える．そこでは，技術や工学の立場から社会の安全・安心に立ち向かう試みや，高度の技術的組織の運営を企業の経営に生かそうとする試みも紹介する．

次の分野7.4節「大規模建設プロジェクトのリスクマネジメント」では，建設プロジェクトマネジメントの分野で多くの研究と実践の実績があるリスクマネジメントを紹介する．プロジェクトとは「始まりと終わりのある1つの事業」として限定されたものである．しかし，それは企業経営の重要な一側面を扱っているので，技術経営の一環としての技術リスクマネジメントの今後の展開に向けて1つの骨格になると思われる．

3番めの分野7.5節の「アセスメントとリスクコミュニケーション」は，企業の枠を超えた広い視点からの議論となる．技術が環境や社会に悪影響を与えることが問題化し，国の政策レベル，さらには地球規模での対策がクローズアップされてきた．これに対応するためのアセスメントやリスクコミュニケーションなどの試みを紹介する．さて，ここでこのような悪影響の原因の多くは企業活動であることに目が向けば，ここでの議論は，社会からの要請をいかにとらえて企業が技術リスクマネジメントを構築するかを検討する際の参考となろう．

ついで，技術リスクマネジメントとして今後取り組むべき2つの挑戦領域を述べる．

最初の領域7.6節「高度技術社会でのリスクマネジメント」では，とくに，情報技術のような新しい技術の登場によってもたらされるリスクに対するマネジメントの試みや方向性を述べ，また，被害が甚大であるような「危機」に対する取り組みの試みも検討する．

2番めの領域7.7節「イノベーションとリスクマネジメント」では，新技術を開発するためのリスク，すなわち，かたや成功となり，かたや失敗となるリスクに対するマネジメントの挑戦を述べる．そこでは，研究の失敗とは

何か,イノベーションと文化や社会との適合,さらには,無知と未知への対応の重要性などを検討する.

7.3 技術システムの安全と高信頼運営

工学では,機械の事故や信頼性に対する研究や実践が従来から行われている.本節では,そのような取り組みの対象が,最近では人間や社会にまで拡大している状況を紹介する.

(1) 信頼性工学と安全工学

(a) 信頼性工学と品質管理

工学は有用なものを作ることを目的としているので,故障を起こさない,欠陥品を作らないということが重要となる.したがって,工学では信頼性工学(たとえば,市川,1987)という分野がある.これが扱う領域は,機械の管理が中心であるが,しだいに人間や組織を含めたマネジメントへと拡大しているという(たとえば,Stewart and Melchers, 1997).

この分野でもっとも基本的な手法としては,主として機械系(システム)を対象に次の2つがあげられる.

① FMEA(Failure Modes and Effects Analysis:故障モード影響解析)
　　システムの下位の部品で故障が起きると,その故障の波及の過程を順次上方へとたどり,最終的にシステム全体にどの程度影響を及ぼすかを明らかにする.このような計算ができるので,個々の故障の発生確率が分かっていると,その個々の故障がシステム全体の安全性にどの程度致命的となるかを知ることができる.

② FTA(Fault Tree Analysis:フォルトツリー解析)
　　上記のFMEAとは逆の向きの解析である.ある故障(災害)の対策を検討する場合に用いる.問題とする故障を図の頂上に書く.ついで,この故障を起こす原因となる事象(複数)を下に書く.この事象(複数)についても同じ操作をする.このようにして,最終的に樹木

(tree) を逆さにしたような図が書ける．この図でどの部分に対策をすれば問題とする故障を防止できるかを検討することができる．

　この2つの手法の考え方は非常に汎用的であるので，多くの分野で使うことができる．しかしながら，この手法が強力であるだけに，これを人間や組織を含めたマネジメントへと拡大する際には注意が必要となろう．つまり，「手法を用いること」自体を目的化して，目に見える表面的なことだけに考察の対象を絞ったり，定量的な発生確率を無理矢理に想定するなどの危険と誘惑に負けないような注意が必要となる．

　上記のような学問としての工学に対応して，実践の場として工場などの生産現場がある．そこでは，信頼性工学の手法の活用に加えて，さらに，実際的な人間的，あるいは，組織的な側面にも注意を払い，不良品をなるべく出さないことが求められている．そのような目的のために，品質管理（たとえば，久米，2005），TQM（Total Quality Management）（たとえば，山田，2006）という実践活動がある．

　第2次世界大戦後の日本の製造業発展のなかで，生産現場での人間の組織的な活動として QC（Quality Control）サークルと呼ばれる小集団活動が生まれた．これは，製造業の第一線の職場で働く人々が継続的に仕事の改善を行う自主的な活動であり，自己啓発や相互啓発の場として効果があった（久米，2005, pp. 161-166；山田，2006, pp. 97-98）．これがさらに TQM として発展している．TQM とは，経営者・従業員・その他の関係者が品質を重視するという共通の意識のもとに一体となって行う活動である（久米，2005, pp. 190-214；山田，2006, pp. 31-42）．

　この種の実践活動でも，その活動自身が目的化するという危険がつねにつきまとうことに注意が必要である．活動の費用対効果分析をきちんと行うこと，さらに，逆説的に言うならば，できるだけ本来の生産業務のなかに取り込ませて，むしろこのような別個の活動は発展的解消をすべきというぐらいの見通しと強い意識が必要であろう．

(b) 安全工学と安全学

　工学の分野では事故や災害がつきものであるので，安全の取り扱いの必要性と重要性は広く認識されている．たとえば，1973 年には『(初版) 安全工学便覧』が出版され，1999 年にその新版 (安全工学協会, 1999) が出版された．この便覧の総論に安全工学の進路に対して，今後議論を要する課題として，次のようなことが述べられている (安全工学協会, 1999, p. 11)．

- 技術体系としての「安全工学」から価値判断まで考慮にいれた「安全学」(たとえば，村上，1998) に向かうべきかどうか．
- 従来の産業災害のような地域的な対象に絞るのか，それとも地球環境や生命倫理のような広域的な対象まで含ませるのか．

　さらに，日本学術会議の人間と工学研究連絡委員会安全工学専門委員会は，2005 年に報告書「安全・安心な社会構築への安全工学の果たすべき役割」を出し，そこには，「安全工学の研究者は，安全の学問を工学的な視点を中心に広く安全学として構築すること」との提言をしている．それは概略を述べると次のような認識からである (日本学術会議, 2005)．

　　安全・安心な社会の構築に対する安全工学の果たすべき役割は，科学技術を以って装置・設備の基礎的なレベルから，社会全体の安全を築き上げていくところにある．しかし，安全は科学技術だけでは実現しない．安全は，(1) モノ (装置・設備)，(2) 人間 (態度・訓練・教育)，(3) システム (マネジメント，保守管理，安全活動)，(4) 組織 (企業・経営，CSR)，(5) 市場 (投資・評価・認証)，(6) 社会制度 (保険・裁判・刑法・試験)，(7) 政府 (規制当局・安全基準)，(8) 文化 (歴史・風土・国民性) 等々の各階層が有機的，総合的，統一的に協同して，実現されるべきものである．しかし，安全に関する学問が，これらの工学的，社会的，人文的な分野にまたがる総合的な学問として確立しているとは言い難い現状にある．

ここでいう安全学が確立されれば，技術経営は大きな恩恵を受けるであろうが，それはかなり先のことになると思われる．その間，技術リスクマネジメントの働きがこの安全学確立へ 1 つの貢献をすることにもなろう．

(2) 社会技術と高信頼組織運営

(a) 安全・安心のための社会技術

安全・安心に対する文理協同の総合的なアプローチの一例として「社会技術」プログラム（堀井，2006）を紹介しよう．

堀井（2006）によると，社会技術とは社会問題を解決し社会を円滑に運営するための技術である．ここで技術とは，工学的な技術だけでなく，法・経済制度，社会規範など，すべての社会システムを含んだものである．産業のための技術が産業技術であるとすれば，社会のための技術が社会技術であるという．

安全・安心のための社会技術が必要とされるのは，安全・安心問題が，多くの要因・要素が関係する「複雑化」，科学技術の進歩に伴う「高度化」，さらに，「価値の多様化」によって解決が困難になっているからだという．そして，具体的な例として，2001 年から 2005 年ごろの日本における BSE（Bovine Spongiform Encephalopathy：牛海綿状脳症＝狂牛病）問題や，2002 年末から 2003 年の夏にかけて世界的な問題となった SARS（Severe Acute Respiratory Syndrome：重症急性呼吸器症候群）騒動を引き合いに出している（堀井，2006, pp. iv-6）．

社会技術の特徴は，

・複雑な問題の全体像の把握
・分野を超えた知の活用
・問題解決志向の知識連携

にあるという（堀井，2006, p. 353）．じつは，ここであげられている特徴はとくに目新しいわけではなく，従来からのシステムアプローチやモード 2 研究（Gibbons *et al.*, 1994）などの主張と重なり，あるいは，一般に学際研究のアプ

ローチそのものといえよう．

しかし，実際に，安全・安心という対象を具体的に定めて，多くの分野の研究者からなるプロジェクトを組織し運営したことは貴重である．今後もこのようなプロジェクトが実行に移され，そこから，実りある成果が生まれることを期待したい．

(b) 高信頼性組織の運営

過失や大惨事が起きやすい状況にさらされながら，信頼性の高い運用をしなければならない技術的な組織がある．たとえば，航空管制室，救急医療センター，化学プラント工場，原子力航空母艦などであり，これらは「高信頼性組織（HRO: High Reliability Organization）」と呼ばれている．この組織には特徴ある考え方や行動のパターンがあることを明らかにした研究（Weick and Sutcliffe, 2001）がある．この研究の特筆すべき点は，このようなパターンや教訓を一般の企業のマネジメントに生かそうという目的をもって実施されたことにある．

実際に高信頼性組織を調査した結果から分かったのは，次のようなことである（Weick and Sutcliffe, 2001, pp. 1-4）．予期せぬ事態は突然大危機として出現してくるというより，むしろ些細な出来事の連続がきっかけとなることが多い．したがって，これらに対してつねに「マインドをフルに働かせておく（mindfulness）」ことが重要である．こうすることで，兆候を察知し，対策を迅速に行い，その結果，事態を危機にまでいたらせないことができる．大事な点は次の5項目であるという（Weick and Sutcliffe, 2001, pp. 99-110, 邦訳, pp. 134-145）．

① 失敗から学ぶ：失敗に対して警戒意識の強い組織に改善するためには，たとえば，下記の方策がある．
- ・失敗を無視し続けた場合の結末の明示．
- ・失敗を届けた者に対する評価の公表．
- ・似通った失敗事例を有する組織のベンチマーク．
- ・一見成功にみえるケースに潜む落とし穴の発見．

- 失敗を体系的に察知する手段の提案.
- 教訓として心に残るような印象的な失敗事例の紹介.

② 単純化を許さない：変化の激しい環境の予測が困難になり不測の事態が多発しているので，多様性に対応できる，すなわち，単純化を許さないことが重要である．このためには，次のように，組織が仮定や盲点を減らし，気づきを増す方策が必要である．
- 「何一つ当然視しない」，「どんなことにも解決法を見出す」という規範を確立する．
- 多様な環境に対処するには，多様性をもつ組織が必要で，そのために，360度評価，委員会，ジョブローテーション，異色人材採用などで幅広いチェック・アンド・バランスを構築する．

③ オペレーションを重視する：その時々の状況に関心を向けて，些細な出来事の蓄積を阻止して大問題に発展させないようにする意識を高めることが重要であり，そのためには，次のような方策が効果的である．
- 経営幹部が現場の最前線とつねに関わるようにする．
- 経営幹部が重大局面でその場にいるようにする．

④ 復旧能力を高める：できるだけ過失の予防をすべきだが，しかし，過失は避けられないということを受け入れ，それへの対応をとる必要がある．そのためには，下記が有効である．
- 種々の対応策がとれるように，社員たちに幅広い知識や技術の習得をさせる．
- 知識の意外な活用が復旧に貢献するので，問題解決に向けて自発的に集まるインフォーマルネットワーク，組織の壁を越えた知識の共有の構築や社内手順の継続的改善を行う．

⑤ 専門知識を尊重する：硬直した手順がかえって問題を悪化させることがあるので，状況に合わせて，意思決定メカニズム，権限構造や機能の役割分担のパターンを弾力的に変化させる．
- 意思決定の権限は，問題を理解してその業務知識をもつ現場の人々のほうに下げる．
- 組織での駆け引きや経験が有効な問題が絡む問題では，意思決定の

権限を上方に移動する．

　上記で紹介した高信頼性組織の運営から得られた施策は，一般に技術システムの運用系のリスクマネジメントとして広く適用が可能と思われる．そして，ここで直視すべきは，人間の意識やマネジメントという人間的側面が重要だということである．

7.4　大規模建設プロジェクトのリスクマネジメント

　前節では技術システムの運用系の議論を中心に行った．本節では運用系の特徴ももちながら，開発系の技術リスクマネジメントの側面が重要となる例として，大規模な建設プロジェクトに対するリスクマネジメントに焦点をあてて検討する．なお，ここでは，純粋リスクと投機リスクの両者を扱うこととなる．

(1)　計画段階のリスクマネジメント

(a)　プロジェクトのリスクマネジメント

　プロジェクトマネジメントの分野では，アメリカのプロジェクトマネジメント学会（PMI: Project Management Institute）を中心に，1980年ごろから建設プロジェクトのリスクマネジメントが活発に議論されるようになった．PMIが対象とする建設プロジェクトは，土木工事，プラントや建物の建設，さらにはソフトウェア開発など多岐にわたっている．

　本節で，大規模建設プロジェクトのリスクマネジメントを取り上げるのは，以下の2つの理由にある．

　まず，今日の大規模建設プロジェクトの多くは，基本的に技術（たとえば，土木工学，化学工学，プラントエンジニアリング，ソフトウェア工学）が土台となっている．したがって，そこでのリスクマネジメントは，技術が関わる技術リスクマネジメントの特徴をもっている．

　ついで，プロジェクトとは「始まりと終わりのある1つの事業」であり，この最初から最後までをひとまとまりとして扱うのが，プロジェクトマネジ

メントの特徴である．つまり，長期にわたって継続されていく企業経営や事業運営を時間的に圧縮して扱っているのが，プロジェクトのマネジメントとも考えられる．したがって，プロジェクトのリスクマネジメントは，長期にわたる技術経営の過程で実施する企業のリスクマネジメントの全過程をコンパクトに集めたものとみることもでき，ここでの知見は，一般の技術経営における技術リスクマネジメントの今後の構築に向けて1つの見通しを与えてくれる．

(b) 調査段階と応札段階のリスクマネジメント

大規模建設プロジェクトは，計画段階と実施段階に分けられる．さらに，計画段階は，調査段階と応札段階とに分けられる．

調査段階とは，あるプロジェクトを事業の対象にするかどうかを決める段階であり，フィージビリティー・スタディー（feasibility study）段階ともいわれる．ここでのリスクマネジメントは投機リスクが対象である．

まず，建設プロジェクトは世界の多くの国から発注されるので，プロジェクトの発注国のカントリーリスク（country risk）の分析（たとえば，その国の政治情勢や経済状態などから事業を行うのにどの程度の危険があるかの分析）が行われる．つまり，個々のプロジェクト案件の1つ上のレベルであるその国全体としての危険度を判断することが重要となる．

ついで，プロジェクトへの投資効果分析が行われる．多くのプロジェクトが候補にあがっている場合には，投資効率の観点から優先順位を付けたり，あるいは，リスク分散の観点から複数のプロジェクトを組み合わせるためのポートフォリオ分析などが中心課題となる（Niwa, 1989, p. 7）．このような研究は1960-70年代（Niwa, 1989, p. 7）から行われている．

応札段階は，応札書作成（proposal preparation）段階ともいわれるように，プロジェクトを計画して応札書を作成する段階である．ここでのリスクマネジメントは純粋リスクと投機リスクの両者が対象となる（Niwa, 1989, p. 7）．

まず，純粋リスクに関しては，工期遅延と費用超過の可能性分析，費用超過をカバーする予備費の見積もりなどがある．なお，これが問題となるのは一括受注契約（決められた総額と工期で契約し，あとは，受注者が努力と工夫によ

って費用を抑え，利益を出す方式）の場合である．応札段階で，工期遅延と費用超過の可能性を算出するには，現地での各種調査（土質や地盤，自然環境，法律や規則，交通・通信状況，労働者の量と質の状況，各種資材の調達可能性など）を確実に行い，それらの条件や不確実性を考慮して費用や工期の見積もりを実施することが必要である．

なお，コスト・プラス・フィー（cost plus fee）契約（実際に仕事でかかった費用と，それに加えて報酬が支払われる方式）の場合には，上記のようなリスクは原則的にはない．ただし，プロジェクトの実施段階で，実際に行った仕事が「支払われるに足るコストであることを示す資料（証拠）作り」を滞りなく行うためには非常に高度のマネジメント力が必要となることを付言しておきたい．

さて，上記のようにして，一括受注契約の場合に費用と工期の算出ができた後に，次の段階として，応札価格を決定する段階となる．この局面で投機リスクマネジメントが実施されることになる．つまり，見積もられた費用と工期に予定利益分を上乗せして応札価格を設定し，それで受注できれば原則的には上乗せ部分の利益がでるが，逆に，上乗せ部分が大きいために競合他社との競争に負け失注する可能性もあるからである（この場合，調査・見積もりにかけた費用が損失になる）．逆に，見積もり費用より応札値を低く設定する安値受注は，プロジェクトの実施部署に過酷な条件を課すこととなる．

もっとも理想的なリスクマネジメントは，危ないプロジェクトには応札しないで，リスクの少ないプロジェクトに競争力ある（他社より安価であるが，利益を出せる）応札をすることにつきる．このためには，調査段階での判断力の強化と，他社より優れた技術力とマネジメント能力の強化（たとえば，特許を取得した効率的な工法の確保やマネジメント力の高度化）が基本となろう．

(2) 実施段階のリスクマネジメント

(a) 実施段階のリスク

実施段階とは，受注して実際にプロジェクトを実施する段階である．一括受注契約では，マネジャーはなるべく効率的に仕事を実施し，できるだけ少ない費用でプロジェクトを終えることに注力するであろう．これは，一般の

プロジェクトマネジメントの領域である．

同時に，マネジャーはリスクを早期に発見して対策を行い，リスクの発生を予防することにより予定外の費用発生を抑えることに気を配るであろう．これが実施段階のリスクマネジメントに対応する．

このようなプロジェクト実施段階のリスクマネジメント（丹羽，1981）の研究は計画段階に比べて少なく，Niwa ら（1979；1982；1989）の研究がもっとも初期のものといわれている．それは，この研究が当時の情報科学分野の最先端の研究領域であった知識工学を適用して，リスクに関する経験的知識（ノウハウ）の伝承によってリスクをマネジメントする方法を開発することができたからであった．

実施段階でのリスクは純粋リスクであり，Niwa ら（1979；1989）は次のように定義した．「リスク」とは「プロジェクトの遂行を妨げ，工期遅延，費用超過，あるいは，性能未達をもたらす不具合事象」である．ここでは，「予想との違い」を定義に含めていないのは，これを含めると予想した人とそうでない人で同じ事象がリスクになったりならなかったりする無用の混乱を避けるためであった．

ちなみに，プロジェクト実施段階のリスクの事例は次のようなものである（丹羽，1981）．

- 相手国契約担当者の変更による条項解釈違い
- 土質データ不備による基礎設計誤り
- 設計図面の顧客承認遅れ
- インフラストラクチャー（道路，橋，港湾など）不備による輸送遅れ
- 悪性インフレによる現地調達品の価格上昇
- 現地労働者とのコミュニケーションギャップによる日本人技術者のノイローゼ

ここで例示した事例は，海外における建設プロジェクトで発生する特殊なリスクのようにみえるかもしれない．しかし，一般の企業経営の過程で発生するリスクも基本的には同じようなものともいえる．

コラム 13

こうすれば失敗事例は収集できる

　失敗はなるべく少なくしたい．しかし，現実は同一企業のなかで，同じような失敗がくり返されている．

　これを防ぐためには，失敗の経験を共有すればよいということで，失敗事例を収集しようとする．

　しかし，実施してみると分かるがこれがなかなか難しい．たとえ出てきたとしても，その話はかゆい所に手が届かないというもどかしさを感じる．

　それは，皆自分の恥を知られたくないからだ．事務手続き上報告しなければならないことを越えて，自分の暗部は出したくないものだ．

　そこで，この問題を克服できる有効な方法を2つここで紹介しよう（Niwa, 1989, p. 120）．

　1番めは，失敗を公表することが「恥やマイナスのイメージ」ではなく「プラスのイメージ」になる人に聞くことである．

　それは，企業のなかの上級の役職者である．もうすでに確固たる地位を得ているので，過去のいくつかの失敗が再度日の目をみることになったとしても，そんなことでさらなる出世を妨げるという心配はあまりない．

　むしろ，おもしろいことに，話は逆で，この人たちが自分の失敗を話すと，「後輩のために自分の恥をさらけ出してくれた」とますますイメージがよくなるのだ．それを知っているから進んで話してくれる．

　2番めは，ニアミスを聞くことである．ニアミスとは，「もうちょっとで失敗になるところだったが，自分はうまくやったのでそうならなかった」という成功談となる．自慢話なので，これも進んで話してくれる．

　じつは「失敗」の共有のそもそもの目的を考えれば，「失敗」でなくても「ニアミス」の共有でよいのだ．しかも，このほうが件数も圧倒的に多い．さらによいことには，ニアミスを聞くと，失敗を防いだ対策ノウハウも得られる．失敗だけでなく，対策ノウハウも共有できれば効果は倍加するであろう．

したがって，上記のリスクを，プロジェクトマネジメントの分野ではどのように取り扱ったのかを知ることで，技術経営におけるリスクマネジメントを検討するのに参考になるであろう．そこで，次項（b）で，上記のリスクをいかに取り扱ったのか，とくに，その着眼点を述べることとする．

（b）　経験的知識（ノウハウ）の伝承システム

　上記で例示したような大規模プロジェクト実施段階のリスクは，同じ企業内で再発していることがヨーロッパとアメリカの代表的なエンジニアリング企業8社の調査の結果分かった（Niwa, 1981）．そして，その基本的な原因は次の3点である（Niwa, 1989, pp. 17-19）．

① 研究開発プロジェクトと違って，大規模建設プロジェクトは同じようなプロジェクト（たとえば，類似の仕様の発電プラントの複数場所に建設）や，同じような仕事（たとえば，整地，基礎工事，建物建設，…）からなっていることが多い．したがって，違うプロジェクトでも類似リスクが発生しやすい．
② 建設プロジェクトが大規模化し工期が長期化すると，個々のプロジェクトマネジャーの担当できるプロジェクト数が減少してきた．その結果，プロジェクトマネジャーが実務経験から得るプロジェクト遂行に関する経験的知識（ノウハウ）が不足するようになってきた．
③ プロジェクトマネジャー間で経験的知識（ノウハウ）を伝承するのは一般的に非常に困難である．

　したがって，大規模プロジェクトの実施段階でのリスクの再発を防止するためには，上記の3番めの原因を改善すればよいのではないか，そうすれば，少なくとも類似リスクは減少させることができるということになる．これが，大規模建設プロジェクトのリスクマネジメントを対象とする知識伝承システム開発（Niwa and Okuma, 1982; Niwa, 1989）の着眼点であった．なお，知識伝承システムの技術的内容については，第8章8.5節で詳細に議論する．

7.5　アセスメントとリスクコミュニケーション

　企業の技術リスクマネジメントを検討・構築する際に，企業より一回り大きな国の政策レベルや地球規模の環境問題などの立場での議論を理解しておくことが必要となる．

　そこで，本節では，企業の技術リスクマネジメントととくに密接に関係する環境アセスメントとリスクコミュニケーションの概要を述べる．

(1)　アセスメントと予防原則

(a)　環境アセスメントとテクノロジーアセスメント

　高度技術社会に入り，新技術の開発が環境や社会に悪影響を与える可能性があることが問題化してきた．この問題の範囲と影響は広域に及んでいるため，企業の枠を超えた国の政策レベル，さらには地球規模の問題としてクローズアップされてきた．本項 (a) では，これに対処するためのアセスメントの試みを紹介する．

　ところで，企業経営を対象とする本書がこのような政策的課題を議論するのは，環境や社会に対する悪影響の原因の多くが企業活動にあるためである．このような社会の視点からの議論をよく理解し，さらに，それをふまえて企業の技術リスクマネジメントを実施することが望ましいからである．

　環境アセスメント（Environmental Impact Assessment：環境影響評価）とは，環境に与える人間行為の影響を事前に評価して，環境と調和した行為ができるように意思決定を行うものであり，次のような背景のもとに生まれた（原科，1994, pp. 11-17, 179-182）．

　アメリカでは，経済が発展した 1960 年代に環境問題が表面化してきた．たとえば，殺虫剤と農薬汚染の警告の書（Carson, 1962）が大きな反響を呼ぶ一方で，Erie 湖の富栄養化，Santa Barbara 沖石油流出，化学物質に発がん性の疑い，空港や高速道路建設による環境汚染などの問題が次々と起きた．このような状況のなか，1969 年に国家環境政策法（NEPA：National Environmental Policy Act）が連邦議会を通過した．NEPA には環境アセスメントを実

施することが規定されていた．NEPA は 1970 年より施行され，先進各国に広がっていった．日本では政府が 1972 年にアセスメント制度の導入を決めた（しかし，環境影響評価法が成立するのは 1997 年となる）．

環境アセスメントには，2 つのことが要求された．1 つは「科学性」で，もう 1 つは「民主性」である（原科，1994, p. 123）．科学性の確保のために，第 2 次世界大戦後に生まれた体系的な意思決定を支援する方法としてのシステム分析（Quade and Boucher, 1968；宮川，1973）の手順を採用している．すなわち，問題の定式化（目的，範囲の決定），現状分析，代替案作成，代替案の評価，選択という今日ではきわめて一般的な手順である．さらに，科学性の確保のために，科学的（定量的）測定データが重要視された．環境アセスメントの手順においてもう 1 つの重要項目である「民主性」の確保では，関与者（事業主体，住民，行政）間での情報伝達と意思決定の手順の設定が重要課題となった．

アメリカでは，1969 年の国家環境政策法に数年遅れて，1972 年にテクノロジーアセスメント法が成立し，議会に環境評価局（OTA：Office of Technology Assessment）が設置された．これは，科学技術がもたらす利益だけでなく，その危険性の指標を整えて国民に知らせ，科学技術開発の方向付けを行うことが目的であった．しかし，この期待にもかかわらず，OTA は 23 年間の歴史を 1995 年に閉じることになる．その大きな理由は，「科学的」に信頼される精緻で膨大な測定データの確保が事実上困難で，また危険性に対する評価法が確立されていないため科学技術者の側でも科学的に結論を出すのが困難という実情があった．さらに加えて，アセスメントの実施に多額の費用がかかるなどの要因も重なった．

なお，7.5 節（2）（b）で述べるように，テクノロジーアセスメントは1980 年代にデンマークにわたり，技術委員会を中心に「参加型のテクノロジーアセスメント」として展開していくこととなる．

(b) 予防原則

前項（a）で述べたように，新しい科学技術が環境に対してもたらすであろう悪影響を科学的に精緻に評価するには，種々の測定データを積み上げる

など長い年月がかかることが多い．しかし，現実には，社会的・政治的観点からただちに対策をとらざるを得ない状況も出現している．場合によっては，逆に，ある新技術の悪影響が科学的に証明されないという理由で，その技術開発を進めてもよいという理屈も出てきた．これらのことは，物理学者 Weinberg (1972) が指摘していた「科学に問うことはできるが，科学だけでは答えることのできない問題」であるともいえる．

このような背景のもとで，予防原則という考え方が出てきた．その定義はいろいろあるが，もっともよく使われているのは 1999 年 6 月にリオデジャネイロで採択された，国際連合の「環境と開発に関するリオ宣言」(27 の原則のうちの 15 番めの原則) で，「環境を保護するために，各国はそれぞれの能力に応じて，予防的方策をとらなければならない．深刻な，あるいは不可逆的な被害のおそれが存在する場合には，完全な科学的確実性の欠如ということを理由に，環境悪化を防止するための費用対効果の大きな対策を延期してはならない」というものである．

予防原則に則れば，たとえば，遺伝子組み換え食品の危険性が科学的に完全に証明されていなくても，大きな被害のおそれがあるから規制するべきである，というような議論になる．しかし，この原則の反対者の主な主張は「この原則を使うとすべてのイノベーションや科学技術の発展を止めることにもつながる」というものである．予防原則とイノベーションとをいかに両立させるか，そして，社会にとってよりよい科学技術の発展をいかに実現するかは大きな課題である．

(2) リスクコミュニケーションとコンセンサス会議

(a) リスクコミュニケーション

リスクコミュニケーションとは，環境や健康などのリスクに関する情報を，関係主体間（行政，企業，科学者，住民など）で流通・共有し，相互に意思疎通を図ることである．じつはこの必要性は，7.5 節 (1) (a) で述べたように，環境アセスメントに要求される 2 つの項目である科学性と民主性のうちの後者の民主性，すなわち，関与者間での情報伝達と意思決定の手順の設定の課題として以前から指摘されていたことである．

さらに，環境アセスメントやテクノロジーアセスメントの実践過程で，科学的データを完全に準備するのは現実的に無理であることがしだいに明らかになり，また，予防原則によって，社会的・政治的に意思決定せざるを得ない状況が出現していることなどから，関係主体間で納得できる決定をするために，リスクコミュニケーションの役割がますます重要となってきている．

　リスクコミュニケーションの事例調査（関澤，2003）をみると，食品安全（O-157, 遺伝子組み換え食品），環境リスク（化学工場，ラドン，アスベスト，産業廃棄物，原子力発電，放射性廃棄物）などの事例，さらに，メディアの報道の仕方（ダイオキシン報道，環境ホルモン報道）などの分野で，種々の試みと実践がされていることが分かる．

　さて，ここでリスクコミュニケーションの課題を考察しようとすると，さらに，一般化された課題として，科学の専門家と素人の対話は可能かという「科学コミュニケーション」（小林，2002）としての議論に突き当たる．よくある考え方は，充分な専門知識をもたない者に発言権はなく，専門家を信頼し彼らに権限を委譲すべきであるというものである．しかし，一方で，民主主義国においては，このような単純な専門家専決体制を維持することは困難であるので，科学の専門的知識を身に付ければ発言権は認められるという理念のもとに，科学教育のプログラムが展開されることになる．こうして，科学コミュニケーションという問題が科学教育の問題へと変質し，本来，双方向性を前提にしていたコミュニケーションが一方向性の教育に還元され，学習すべきは素人の一般市民のほうであり，けっして科学者ではないという議論となりがちである（小林，2002, p. 118）．

　しかし，環境ホルモン，地球環境問題などが生じて「科学が善」というスローガンの説得力が低下してくると（小林，2002, p. 120），「じつは科学のほうが問題ではないか」という意識が登場し，科学技術に関する政策決定の専門家中心主義に対する批判が生じ始める．そうして，科学技術のあり方を検討する場に一般市民を参加させる模索が始まった．ここでは，一般市民は日常的に経験する科学技術の産物に対する一定の理解，しかも専門家には必ずしも備わっていない側面での理解ができる存在であるという新たな認識が背景にある．一般市民を参加させる代表的な試みが，次に述べる「コンセンサス

会議」という手法である（小林，2002, pp. 128-129）．

(b) コンセンサス会議

7.5 節（1）(a) でふれたように，参加型のテクノロジーアセスメントは，デンマークの技術委員会を中心に 1980 年代に開発された．これは，主に 2 種類に分類される．第 1 のタイプはコンセンサス会議が代表的であり，非専門的な一般市民が中心となり専門家の意見を参考にしながら技術を評価するものである．第 2 のタイプは，技術や事業の利害関係者が中心となる方法で「フューチャーサーチ」，「シナリオワークショップ」と呼ばれる．第 1 のタイプは通常専門家だけでは表明されにくい価値判断や問題の定式化が行われやすいという特徴があり，第 2 のタイプは問題解決に向けて合意可能な将来ビジョンを建設的に構築しやすいという特徴がある（平川，2002, pp. 54-55）．以下では，前者のコンセンサス会議についてみていこう．

コンセンサス会議は，1990 年代になるとヨーロッパ各国，日本，アメリカ，オーストラリア，韓国などで開催されてきた．そのモデルはデンマーク型であり，次のような進め方をする（小林，2002, pp. 129-134）．

1. 準備期間（6 カ月間）
   (ア) 運営委員会の組織，市民パネル（14 人程公募）の決定．
   (イ) 準備会合で市民パネルは「鍵となる質問」を策定する．また，事務局提案の専門家パネル（10-15 人）を承認し，「鍵となる質問」を専門家パネルに送付する．
2. コンセンサス会議（3 日間）
   (ア) 第 1 日め（公開）
      ① 専門家パネルは市民パネルの出した「鍵となる質問」に答え，各自の専門的知見や見解を提示する．
      ② 第 1 日めの夜に，市民パネルは，専門家の回答を吟味し第 2 日めの会議における専門家への質問を決める．
   (イ) 第 2 日め午前（公開）
      ① 市民パネルは専門家に質問する．傍聴している聴衆にも質問と意

見表明の機会が与えられる．
（ウ）第2日め午後，夜（非公開）
① 市民パネルだけが集まって議論し，「コンセンサス文書」を作成する．
（エ）第3日め午前（公開）
① 市民パネルは「コンセンサス文書」を公表する．専門家パネルは専門的事項の誤りの訂正ができる．
② 会場全体で討論が行われる．聴衆には一般市民の他，議員やマスコミ関係者が招待される．
③ プログラムが終了すると，プレス・セッションが行われ，メディアは市民パネル，専門家パネル，事務局に質問を行う．
④「コンセンサス文書」は，専門家の説明文書などとともにレポートとして出版される．

　従来のテクノロジーアセスメントと違い，コンセンサス会議は上記のように，一般市民が主導権を握っている．しかし，そこで発表されるコンセンサス文書の水準はどの国でも高いという共通認識が生まれている．この水準の高さは，市民パネルが専門家の知識水準に追いついたというのではなく，専門家パネルには気づきにくい視点から科学技術を論じていることによって生じていると考えられている（小林，2002, pp. 134-136）．
　しかし，コンセンサス文書を実際の科学技術政策に反映させようとする場合に，市民パネルは必ずしも国民を代表していないという観点からコンセンサス会議には正統性の問題がある．したがって，

・実際に政策に反映させるとしたら，どのような運営がよいのか
・市民による批判的討論の場として位置付けると，どのような運営がよいのか
・コンセンサス会議になじむテーマとそうでないテーマはあるのか
・事務局はどのような立場（たとえば，媒介の専門家）で望むべきか

などの課題と立ち向かいながら，今後もより相応しい仕組みを構想していくことが望まれている（小林，2002, pp. 138-145）．

　第1章で述べたように，科学技術の研究開発は無知・未知の世界に入ることを意味し，さらに，その研究開発行為の予期しない悪影響は社会のすみずみにまで及んでいる．技術リスクマネジメントは，この悪影響をいかに極小化するかという行いということもできる．しかし，その影響と問題の大きさをみるとき，企業だけに対策を求めても効果が望めないことが頻発している．したがって，国の政策レベルでの対策や，あるいは，市民を含めた関与者による検討が重要となってきている．そこで，本章で紹介してきたような活動がなされている．企業の立場でこれをみるとき，自分もそれら関与者の一人であり，しかも，多くの場合には，主たる原因者であるという自覚のもと，これらの活動に積極的に参加し，それとの整合性をとれるような企業内リスクマネジメントを構築することが重要であろう．

7.6　高度技術社会でのリスクマネジメント

　高度技術社会が進展すると，新技術が広範囲へ影響を及ぼす新しいリスクが登場する．本節では，これらへの対応の仕方を考える．ここでは，危機管理と呼ばれる分野や，研究開発行為が引き起こす可能性がある現代的課題（国際テロや生命尊厳への抵触）にもふれる．

（1）　リスクマネジメントの拡大

（a）　新技術に付随する新リスク

　高度技術社会では，企業経営や社会生活のあらゆる領域に，次々と新技術が運用されるようになる．その結果，それまで知られていなかった悪影響，すなわち純粋リスクが登場することになる．

　このような新しい技術に付随する新しいリスクに対して，効果的なリスクマネジメントを構築することが大きな課題である．しかし，これに対する効果的な方法やアプローチは模索の状態であり，われわれに突き付けられてい

る挑戦課題となっている．

　ここでは，1つの初歩的な考え方の例を提示しよう．これは，7.1 節（2）でふれたリスクマネジメント手順の最初のステップである「リスクの発見」に関するものである．新しい技術の採用に伴う新しいリスクを見出すために，次の3つの側面からリスクを見出し，整理するという方法である．

1. 新技術自体に起因するリスク
2. 新技術の利用に伴う社会的要因に起因するリスク
3. 新技術を悪意に利用することに起因するリスク

1つの例として情報ネットワークを取り上げてみよう．これが使われるようになると，3つの側面から新たなリスクが登場している．

① 第1の情報ネットワーク技術自体に起因するリスク
　　・故障
　　・情報漏れ
② 第2の情報ネットワーク技術の利用に伴う社会的要因に起因するリスク
　　・情報デバイド
　　・情報過剰の効果（余計に不安にさせる）（村上，2006）
③ 第3の新技術を悪意に利用することに起因するリスク
　　・中傷，誹謗の拡大（書き込み，風評被害）
　　・ウイルスやサイバーテロ

　ここで重要なことは，上記の側面をお互いに関連させて検討することである．たとえば，第1側面で情報の漏れは，単純な技術的問題というより，第2側面で人々がパスワードを忘れないためにメモをしたり，誕生日と同じ数字の並びにしたりしていて，さらに第3側面での盗難などの悪意が重なって，パスワードの入手による本人へのなりすましが原因で起きることが多い．
　このような状況に対して，技術者は盗難に対する安全性を高めようと，指

紋や虹彩などの生体情報を用いる認証を考案した．

しかし，ここにも大きな盲点がある．つまり認証するためには，装置のメモリーに生体情報を記憶させておくのが一般的であるので，これが盗まれれば，本人へのなりすましは容易である．もちろんこれは，従来のパスワード方式でも基本的に同じことが起こりうるが，しかし，生体情報が盗まれた場合には，従来のパスワード方式に比べて，生体情報は変更が容易にできず，この結果，たとえば，かなりの期間金融機関の利用が不可能となり，この間の損失補償など，また別のリスクが登場する可能性もある．

技術者は第 1 の側面である純粋な技術的領域には注意が向くが，第 2 と第 3 の側面の考察は苦手である．ここに関しては，多くの関連分野の人たちとの議論や検討が必要となる．

(b) 技術波及の広範囲化への対応

第 1 章 1.4 節 (3) において，高度技術社会の特徴として，科学技術の影響の広範囲化を述べた．そこでもふれたように，これは，技術リスクマネジメントに直接関わる問題である．

現代の科学技術は驚異的といえるほど広く，そしてそれらは，独立ではなく多くの場合に密接に関連し合って発展している．したがって，思いもかけないリスクが広範囲に広がる可能性が高いという特徴がある．

単純なミスや失敗，あるいは，検討不足だと思えることが，結局は社会に大きな害を及ぼすことは環境破壊に代表的にみることができる．さらに，最先端の再生医療問題などになると，人間の無知・未知の領域にまで踏み込んでしまい，従来の経験が役立たないという事態に直面する．あるいは，安全性やプライバシーなどの問題は，技術だけでなく文化，社会，歴史などに深く関わる価値判断が入ってきて，種々の分野とコミュニケーションが必要となる．

このように，技術波及が広い範囲に及ぶと，全体を見通すことと，全体を管理することが重要となる．これは言い換えるとシステムアプローチが必要であるということである．ここで大切なのは，部分と部分の間の関係を検討することである．

この部分間の関係付けは，キャッチアップの国や企業においては，もっとも不得意とするものである．それは，効率良く追いつくために，全体を部分に分割して，そこだけの担当者を決めて，脇目も振らせずその狭い領域を極めさせるというアプローチを採用するからである．本来はもっとも難しい全体の統合に関しては，統合された見本があるのでそれをまねればよく，自ら学ぶ必要性は事実上なかったといえる．
　しかし，フロントランナーとなりまねる対象がなくなるか，あるいは，部品数や関係する人数が膨大なプロジェクトを担当するようになると，全体の統合マネジメントができないことが最大のリスク要因となってしまった．
　コンピュータソフトウェアをはじめ，多くの領域で，もうすでに，従来からの個別領域を専門とする人たちの人海戦術では手に負えない状況となっている．早急に，システムアプローチを学び，文理融合の学際的素養を身に付け，全体の見通しをもってマネジメントできる人材を養成し，その人材が働きやすい組織体制を構築することが必要であろう．

(2)　危機管理

(a)　危機管理からの示唆

　危機管理という言葉は，1962年のキューバ危機のころから使われはじめたといわれる．今日では，リスクマネジメントと同じ意味で使われることもあるが，危機を「非常に危険な状態」と捉えて，リスクマネジメントの特別の場合と捉えることもある．とくに，テロ，大災害，広域事故などが一般的に対象になる．
　現代の危機は，技術が原因となっているもの，あるいは，危機の対応に技術が必要になっているものなど，技術に非常に関わりが深い．したがって，技術リスクマネジメントの今後の1つの挑戦分野と考えられる．
　宮林（2005, pp. vii-viii）は危機管理の分野を次のように分類している．

・国際社会，政府，安全保障の危機管理
・災害（地震，風水害，火山災害）の危機管理
・事故と安全に関わる危機管理

・環境，情報，科学技術に関わる危機管理
・政治，経済，社会，および，エネルギーなどの資源問題の危機管理

ここで，第1番めの安全保障以外は，直接に企業経営にも関わるものといえる．したがって，国や地方公共団体が策定している各種の危機管理マニュアルや運用体制などは，技術経営のリスクマネジメントの立場からも参考にすべき点が多いと思われる．実際に宮林（2005, pp. v-vi）によると，危機管理の方法は，時期に従って，平常時，発生時，終了時と分けて議論されており，このような視点は，技術リスクマネジメントの今後の展開に参考にすべきと考える．

(b) 研究開発の危機管理

第1章で述べたように，科学と技術とが一体化し，さらに，技術の普遍化が進展してくるなかで，第4章で紹介したオープン・イノベーションの傾向が強まると，企業で行っている個々の部分的と思われる研究開発が思わぬところで，非常に大きな，しかも，微妙で危険な事柄のネットワークの一部として関係付いてくることが出てくる．このような事柄が，今後，企業の技術リスクマネジメントとしても注意すべき状況になってくるだろう．以下に代表的な2つの例をあげよう．

［研究開発が国際的テロ組織に流出する危険性］

国際的協同研究や研究開発のアウトソーシングが頻繁に実施されているが，外国の研究機関や研究者から，不正にテロ組織などに研究開発成果や開発技術が流出する危険性がある．とくに，民生技術であっても，軍事技術に転用可能な技術（Dual Use 技術といわれる）については，注意が必要となる．

これを防止するには，協同研究相手やアウトソーシング相手の精査が重要となる．従来からの，研究技術力や費用などの項目に加えて，このような観点からチェックする必要がでてくる．

なお，付言すると，日本国内の協同研究先などについても同様の検討が必要と考えられる．

このリスクは，テロ組織の一員として認定されないまでも，その行為を理由に取引停止とされる危険性が高い．

[生命の尊厳に関する領域]
バイオ技術の進展に伴い，とくに医療や医薬などの分野において，生命の尊厳に抵触する領域に踏み込んでしまうことが起こってくる．この問題は各国においても，科学技術政策上の重要課題となっているが，その方針は国によって異なっている．

ここで注意すべきは，直接にこの問題を扱わなくても，それに応用できる道具や手法の開発などでも起こりうるということにある．これは，上記で述べた民生技術の軍事技術への転用とのアナロジーで考えて，注意を払うことが必要である．

7.7　イノベーションとリスクマネジメント

革新的な研究開発やイノベーションを目指すとき，リスクマネジメントをどのように考えたらよいのだろうか．

本節では，失敗と成功の違いや，社会・文化との不適合という課題と，未知と無知の世界に入り込むとき，何に気を付ければよいのかという課題を取り上げる．

(1)　新技術開発のリスクマネジメント

(a)　研究の失敗と事業の失敗

IBM の T. Watson Sr. は「もし成功の可能性を高めたいならば，失敗を起こす頻度を倍にせよ」と言ったという (Meckler, 2005)．発明や発見の現場にいる研究者や研究マネジャーはこの言葉に鼓舞されるだろう．しかし，航空機の航空管制マネジャーや建設プロジェクトのプロジェクトマネジャーはただちに異議を唱えるであろう．後者の2人のマネジャーにとって，たった1つの失敗でも致命的になるからだ．

上記を一般のリスクマネジメントのリスク分類 (7.1節 (1) (b)) からみる

と，航空管制室と建設プロジェクトでは純粋リスクが問題となっていることが分かる．すなわち，実用に供されている航空機管制と実行されている建設プロジェクトでは，失敗なく運用することが正常とみなされているからである．失敗は避けるべきものであり，その慎重な取り組みは 7.3 節と 7.4 節で述べたとおりである．

これに対して，研究所では新しいことを試みていることもあり，成功と失敗は混在している．したがって研究所では投機リスクが問題となる．しかし，一般の多くのビジネス上の投機は，その結果はコインの表（利益）か裏（損失）にきれいに分かれるのに対して，技術の研究開発では次に述べるように，これが異なった状況になることの理解が重要となる．じつは，技術開発のための技術リスクマネジメントではここが 1 つの焦点となる．

研究では失敗と成功とが別々のものではなく，失敗が成功の原因になることが多い．むしろ，失敗と思われる実験結果に「新たな解釈」を施すことが発見であるということもできる（東, 1977）．これを極論すると，失敗がなければ発見（成功）はないのだ．科学技術の未知の領域に挑戦するとは，たとえば，こういうことも意味している．このように考えると，「失敗を恐れるな」というのではなく，むしろ失敗を奨励しているようにみえる冒頭の T. Watson Sr. の言葉は意味が深い．

さらに言えば，研究の世界では「失敗」の定義がビジネスの世界と異なるのだろう．ある事象が失敗なのか成功なのかを，簡単には決められない世界ともいえる．一般のリスクマネジメントでは，不確定なのは事象発生の頻度であった．研究の世界では事象自体の解釈も不確定となる．

それでは，このような新技術の研究開発の場合のリスクマネジメントとはどういうものなのだろうか．そのようなものはまだ確立されていない．これから開発されていくだろう．しかし，ここまでの議論で 1 つだけいえることがありそうだ．それは，「未知を扱う試行錯誤の研究の場」と「実用や実際の場」とを分けることである．前者では，たとえば T. Watson Sr. の言葉は正しく，後者では正しくないのだ．それぞれの場で，行動基準，マネジメント基準を変えることが必要となる．

この観点からいうと，研究開発やイノベーションのモデルとしてリニアか

らチェインへ，あるいは，研究所は孤立させずビジネス実行部署と直結させよとの主張が現在声高に叫ばれるが，真の意味でイノベーションを望むのならば，もう少しきめの細かい議論が必要であろう．安直なスローガンだけだと，研究の場に実用の場の「失敗の定義」を押しつける危険性が高いからである．そうして，将来の果実をみすみす潰しているのかもしれない．

(b) 社会・文化との不適合への対応

新技術開発やイノベーションを実行しようとすると社会との不適合を起こすというリスクがしばしば起きる．これを企業の立場でいかに対応するかは難しい課題であるが，今後真剣に取り組むことが企業の発展にとって必須のこととなろう．

本節では，企業がいかに社会に開いた対話を行うかという側面と，異なる文化や社会へのとまどいという側面の2つを取り上げたい．

社会に悪影響を与える可能性のある未知の新技術を，それを受容することになる社会が，どのように理解・判断したらよいのかという難しい課題がある．これに対して，種々の関係者が情報交換と議論をするというコンセンサス会議が行われていることを7.5節で述べた．この考え方と取り組みを，企業の長期的なリスクマネジメントの一環として企業がむしろ積極的に活用することが考えられよう．つまり，企業が研究開発しようとしている新技術の社会に対する影響が分からない場合に，その企業から「コンセンサス会議」の実施を申し出て，社会全体での評価と判断を求めようとするものだ．これは企業への責任を軽減することになってしまう（松本，2002, pp. 52-53）との批判的見解よりは，むしろ，オープン環境で広く関係者の間で情報を共有して，議論・判断するという「オープン志向リスクマネジメント」構築への試みと捉えたい．

ある技術を社会に適用しようとする場合，受益者（市民）の便益と，費用と悪影響とのかね合いの接点をどこに求めるかの議論が必要であるのに，これができないことがしばしば起きている．ここを行えるようにするのが，上記の「オープン志向リスクマネジメント」の中核部分といえる．このためには，企業側は，技術システムの構成の代替案と，それごとの費用や悪影響の

データを分かりやすく社会に提示して，社会との対話を促進させることが必要となる．このときのポイントは，社会からの要請レベルの各水準にあわせて，技術代替案を構成し，それごとに費用便益分析を実施することにある（丹羽・藤原，1977）．

異なる文化や社会へのとまどいという側面では，研究開発の世界展開では，文化，歴史，その国の状態などで，個別企業で対応できる範囲を超えるような種々の問題が発生することを紹介したい．狭い技術的な領域だけでなく，社会，文化，政治や国民感情などを考慮した，複合的・政治的な判断が求められる．2つの事例を紹介しよう．

① キャッチアップの国の「お金持ち」の企業（日本企業）がフロントランナーの国（アメリカ）で研究開発を推進しようとする際に起きた事例
   - 「札束で頭脳を買うのか」（Epstein, 1991）という感情的な議論がアメリカのマスコミをにぎわせた．工場が進出する場合には，むしろ雇用機会が提供されるといって歓迎される場合が多いのに対して，この事例は日本企業がアメリカの大学に資金を提供して研究所を設置するものであった．知的領域になると，「金持ちの成り上がり国に対して」複雑な心境になることもある．
② 発展途上国では別の価値判断が必要となる事例
   - 知的所有権より人命や生存権のほうが重要となる（AIDS薬の特許を侵害してまでも，途上国は独自に製薬工場を建設する）．
   - 自国の産業保護政策が優先される（この歴史は何度でも，どの国でもくり返される）．

(2) 無知・未知領域の技術開発

(a) 現世界からの脱却支援

イノベーションや新技術開発は，これまでなかったものや知らなかったことの領域に入り込むことである．これは何度強調してもしすぎることはない．つまり，いままでの経験や現場とは違う世界へ行かなければならない．そこは無知と未知の世界である．

ところで，いかに無知と未知の世界にいけばよいのかの議論は，第4章のイノベーション，第5章の研究開発で重点的に行ってきた．ここでは，さらに，リスクマネジメントの観点からできることがあるのか，あるとすればそれは何であるのかを検討したい．
　たとえば，次のようなことがあるであろう．

［無知・未知を認めないリスクの認識］
　いままでの経験や知識で大丈夫だと思うのは，その人間のおごりであることを認識させる必要がある．無知・未知の世界が広がっていることを認識させることが重要である．同じように，現在の現場を重視し，それに依存するのは，改善開発の場合にはよくても，イノベーションには不適であることを認めさせる必要がある．

［新世界突入をためらう機会損失の認識］
　新世界に突入を図ることは不安であり，できれば避けたいと思うのは普通であろう．しかし，他人や他社がそれを行うと，大きな損失になること，すなわち，大きな機会損失になることを認識させることが重要である．

［新世界を放浪する不安の軽減］
　新世界で研究開発を実施するということは，知らないことの続出であり不安が募るであろう．この際に，それを軽減する対策を立てると有効である．基本的には，悩みを聞き励ますことになるマネジメント体系を構築する必要がある．

［新世界で失敗した場合の不安軽減］
　新しい試みをして，失敗したときには，その失敗自体が，別の意味で成果であるとする価値評価基準を構築すべきである（7.7節（1）（a）参照）．

　以上述べてきたことは，現状に固執せず新しい世界に挑戦することをいかに支援するかという側面である．そのような挑戦をしないことのほうがリス

クであるという考え方が背景にある．
　しかし，そうやって，突き進むことに不安はないのだろうか．次にこれにふれておこう．

(b)　人間の限界自覚
　人間は生活を便利にするため技術を使ってきた．そこで何か問題が生じれば，その問題も，また，技術で解決できると考え，さらに新技術開発を進めてきている．人間生活の種々の局面においてこのような考え方は成功を収めているようにもみえる．
　このようななかで，しかしながら，多くの技術的な失敗や欠陥が社会問題となっている．この種の問題は，利潤追求の企業だけにとどまらず，公的部門においても同じように発生している（丸山，1999）．そこで，科学技術者の倫理上の問題として対処しようとすることもされている（たとえば，Harris et al., 2000 ; Johnson, 2001 ; Basse, 1997）．
　しかしながら，基本的には，村上（2006）が言うように人間の限界を自覚する必要があるだろう．
　人間は無限の可能性を信じて技術を使い人工物を創り出してきた．しかしながら，神ではない人間の設計や運用・管理にはつねに欠陥や失敗が伴う．この意味で，人工物が増えるということは，リスクが地球上に増え続けることに他ならない．全知全能でない不完全な人間が，大規模な自然介入（たとえば，遺伝子組み換え食品）を試みるとき，現在の科学が保証する安全を超えた慎重さが必要とされる（村上，2006）．

～～～第 7 章の要約～～～

　リスクマネジメントは保険の分野で始まった．しかし，最近では企業活動全般を対象にするようになり，あたかも不確実性のもとでの企業経営そのものを扱っているといってもよいほどの展開となっている．
　このような状況で，技術に起因するリスクを扱うマネジメントを取り出し，それを検討することの必要性は逆に高まったといえる．それは，高度技術社

会で技術が企業経営や社会のすみずみにまで深刻な影響を与えているのにもかかわらず，これを取り扱う分野や体系がまだないからである．

　本章は，この新しい分野の確立へ向けての第1歩である．ここで採用したアプローチは，従来からの関連する3分野（工学，プロジェクトマネジメント，科学技術政策）での取り組み方とその成果を理解することと，今後検討すべき事柄（高度技術社会でのリスクマネジメントと，イノベーションのためのリスクマネジメント）を模索することである．これらは，次のようである．

　工学の分野では，機械システムの故障や信頼性の計算や，生産現場でのQC活動などの古典的な領域から，安全・安心な社会の運用にまで関心を広げている．また，プロジェクトマネジメント分野では，大規模な建設プロジェクトの計画や実施段階におけるリスクマネジメントの実績がある．これらの分野での手法や考え方などは，多くの点において技術リスクマネジメントの構築に向けて参考になるだろう．

　科学技術政策の分野では，環境アセスメントやコンセンサス会議などで，科学技術が社会に及ぼす悪影響の対応の仕方を議論している．このような一回り大きな視点から，企業の技術開発と社会との関連を理解することは，企業における技術リスクマネジメント構築に必須である．

　高度技術社会における技術リスクマネジメントにとって重要なことは，新しく登場する技術が広範囲に及ぼす影響について，社会的要因とどのように関連し合っているかをよく把握して，さらに，悪意の利用までも考慮に入れて枠組みを構築すること，さらに，思いもかけないささいなことから危機的状況に進展する危険性を知ることであろう．

　技術経営の1つのねらいはイノベーションの実現である．イノベーションを起こそうとする局面でのリスクマネジメントというとき，何に着目すべきか．これが大きな課題である．失敗と成功の考え方に再考が必要なこと，社会との対話の仕方に工夫が必要なこと，さらに，無知と未知の世界に勇気をもって突入すること，そして同時に人間の限界を自覚することが必要なのである．

引用文献

Alexander, C. and Sheedy, E. (eds.), *The Professional Risk Manager's Handbook: A Comprehensive Guide to Current Theory and Best Practices*, Ernst & Young, 2004.

Barton, T., Shenkir, W. G., and Walker, L., *Making Enterprise Risk Management Pay Off: How Leading Companies Implement Risk Management*, Pearson Education Inc., 2002 (バートン, T.・シェンカー, W. G.・ウォーカー, L., 刈屋武昭・佐藤勉・藤田正幸訳, 『収益を作る戦略的リスクマネジメント:米国優良企業の成功事例』, 東洋経済新報社, 2003).

Basse, A., *A Gift of Fire: Social, Legal, and Ethical Issues in Computing*, Pearson Education Inc., 1997 (バーズ, A., 日本情報倫理協会訳, 『IT社会の法と倫理』, ピアソン・エデュケーション, 2002).

Carson, R., *Silent Spring*, Mariner Books, 1962 (カーソン, R., 青樹簗一訳, 『沈黙の春』, 新潮社 (新潮文庫), 1974).

DeLoach, J., *Enterprise-wide Risk Management: Strategies for linking Risk and Opportunity*, Financial Times, 2000.

Epstein, S., *Buying the American Mind*, The Center for Public Integrity, 1991.

Gibbons, M., Limoges, C., Nowotny, H., Schwartzman, S., Scott, P., and Trow, M., *The New Production of Knowledge: The Dynamics of Science and Research in Contemporary Societies*, Sage Publications, 1994 (ギボンズ, M., 小林信一監訳, 『現代社会と知の創造:モード論とは何か』, 丸善, 1997).

Johnson, D. G., *Computer Ethics*, 3rd ed., Pearson Education Inc., 2001 (ジョンソン, D. G., 水谷雅彦・江口聡監訳, 『コンピュータ倫理学』, オーム社, 2002).

Harris, Jr. C. E., Pritchard, M. S., and Rabins, M. J., *Engineering Ethics: Concept and Cases*, 2nd ed., Wadsworth, 2000 (ハリス, C. E.・プリチャード, M. S・ラビンス, M. J., 日本技術士会訳編, 『(第2版) 科学技術者の倫理:その考え方と事例』, 丸善, 2002).

Meckler, M., "Planning in Uncertain Times," *IEEE Engineering Management Review*, Vol. 33, No. 1, pp. 13-18, 2005.

Moor, P. G., *The Business of Risk*, Cambridge University Press, 1983 (ムーア, P. G., 小路正夫訳, 『ビジネスリスク・マネジメント:リスクと不確実性をどう見切るか』, 日経マグロヒル社, 1986).

Mowbray, A. H., Blanchard, R. H., and Williams, Jr. C. A., *Insurance*, 6th ed., McGraw-Hill, 1969.

Niwa, K., Okuma, M., Sasaki, S., and Fujine, I., "Development of a Risk Alarm System for Big Construction Projects," Proc. of Project Management Institute Symposium, pp. 221-229, 1979.

Niwa, K., "Trouble Library," in The Japan Society of Industrial Machinery Manufacturers, *A Joint Study for Foreign Project Risk Management*, pp. 114-117, 1981.

Niwa, K. and Okuma, M., "Know-How Transfer Method and Its Application to Risk Management for Large Construction Projects," *IEEE Transactions on Engineering Management*, Vol. 29, No. 4, pp. 146-153, 1982.

Niwa, K., *Knowledge-Based Risk Management in Engineering: A Case Study in Human-Computer Cooperative Systems*, John Wiley & Sons, 1989.

Quade, E. S. and Boucher, W. I. (eds.), *System Analysis & Public Planning*, American Elsevier Publishing Company, 1968 (クェイド, E. S.・ブッチャー, W. I. 編, 香山健一・公文俊平監訳 『システム分析 1, 2』, 竹内書店, 1972).

Stewart, M. G. and Melchers, R. E., *Probabilistic Risk Assessment of Engineering Systems*, Chapman &

Hall, 1997(ステュワート, M. G.・メルチャーズ, R. E., 酒井信介監訳,『技術分野におけるリスクアセスメント』, 森北出版, 2003).
Vaughan, E. J., *Fundamentals of Risk and Insurance*, 4th ed., John Wiley & Sons, 1986.
Weick, K. E. and Sutcliffe, K. M., *Managing the Unexpected*, John Wiley & Sons, 2001(ワイク, K. E.・サトクリフ, K. M., 西村行功訳,『不確実性のマネジメント：危機を事前に防ぐマインドとシステムを構築する』, ダイヤモンド社, 2002).
Weinberg, A. M., "Science and Trans-Science," *Minerva*, Vol. 10, pp. 209-222, 1972.
Willett, A. H., *The Economic Theory of Risk and Insurance*, University of Pennsylvania Press, 1951.
Williams, Jr., C. A. and Heins, R. M., *Risk Management and Insurance*, 3rd ed., McGraw-Hill, 1976.
安全工学協会編,『新安全工学便覧』, コロナ社, 1999.
市川昌弘,『信頼性工学』, 裳華房, 1987.
久米均,『品質経営入門』, 日科技連, 2005.
小林傳司,「科学コミュニケーション：専門家と素人の対話は可能か」, 金森修・中島秀人編,『科学論の現在』, 勁草書房, pp. 117-147, 2002.
関澤純編,『リスクコミュニケーションの最新動向を探る』, 化学工業日報社, 2003.
竹谷仁宏,『トータル・リスクマネジメント：企業価値を高める先進経営モデルの構築』, ダイヤモンド社, 2003.
日本学術会議（人間と工学研究連絡委員会安全工学専門委員会）,「安全・安心な社会構築への安全工学の果たすべき役割」, 2005.
丹羽清・藤原功一,「社会的要請を考慮したシステム計画法」, 日本OR学会秋季研究発表会予稿集, pp. 24-27, 1977.
丹羽清,「プロジェクト実施段階のリスクマネジメント」,『オペレーションズ・リサーチ』, Vol. 26, No. 6, pp. 334-340, 1981.
原科幸彦編,『環境アセスメント』, 放送大学教育振興会, 1994.
東健一,「化学の飛躍的な発展をうながした実験」,『化学教育』, Vol. 25, No. 2, pp. 89-91, 1977.
平川秀幸,「科学技術と市民的自由：参加型テクノロジーアセスメントとサイエンスショップ」,『科学技術社会論研究』, 1, pp. 51-58 2002.
藤垣裕子,『専門知と公共性：科学技術社会論の構築へ向けて』, 東京大学出版会, 2003.
藤垣裕子編,『科学技術社会論の技法』, 東京大学出版会, 2005.
堀井秀之編,『安全安心のための社会技術』, 東京大学出版会, 2006.
前田寛,『リスクマネジメント：積極的リスク対応が組織を活性化する』, ダイヤモンド社, 2003.
松本三和夫,『知の失敗と社会』, 岩波書店, 2002.
丸山瑛一,「企業における技術者集団」, 村上陽一郎・岡田節人他編,『現代社会のなかの科学／技術』（岩波講座：科学／技術と人間, 3), 岩波書店, pp. 176-202, 1999.
宮川公男,『意思決定の経済学1』, 丸善, 1968.
宮川公男,『システム分析概論：政策決定の手法と応用』, 有斐閣, 1973.
宮林正恭,『危機管理：リスクマネジメント・クライシスマネジメント』, 丸善, 2005.
村上陽一郎,『安全学』, 青土社, 1998.
村上陽一郎,「災害・安全・安心」,『現代思想』, Vol. 34, No. 1, pp. 46-50, 2006.
山田秀,『TQM品質管理入門』, 日本経済出版社（日経文庫), 2006.

第8章
知識マネジメント

　高度技術社会では付加価値の源泉は知識にある．したがって，知識の管理，すなわち，知識マネジメントが重要となる．

　しかし，人，もの，金に比べて，知識に関しては研究や実践の歴史が浅いためもあり，知識マネジメントは確立されていない．とくに，知識は無形財ということだけではなく，人間の創造的活動に直結していることが扱いを難しくしている．

　そこで本章は，知識マネジメントに対するこれまでの取り組みの考え方や方法を紹介し，それらの抱える課題を考察する．さらに，とくに技術経営分野での知識の効果的な取り扱い方法に関する議論を重点的に行い，知識マネジメントの確立の方向を模索する．

8.1 知識工学とエキスパートシステムの登場

知識マネジメントには2つの源流があるが，その1つが計算機科学分野の知識工学である．本節では，知識工学が登場する問題意識と経緯を振り返り，また，知識工学の代表といわれるエキスパートシステムの概要を述べる．

(1) 人工知能と知識工学

(a) アルゴリズム中心の人工知能

知識工学がどのように誕生したのかを丹羽（1986）に基づいて振り返ってみよう．

知識工学（knowledge engineering）は，計算機科学の一分野である人工知能（AI：Artificial Intelligence）研究のなかから生まれた．人工知能とは，人間の知能の分析を通して，それと類似の機能をコンピュータに実現しようとする学問分野である．あるいは，逆に，人間の知能と類似だと思われる機能をコンピュータに実現することを通して，人間の知能とは何かを知ろうとする学問であるということもできる．

人工知能が生まれる背景には，次のような関連分野の発展があったと考えられている．

① 計算理論：Turing は簡単な構成の計算機で，種々の情報処理が可能であることを示した．
② 情報理論：Shannon と Weaver は情報量の概念を定義し，通信理論を立てた．
③ サイバネティックス：Wiener は制御や通信における情報処理の問題は，生体と機械で共通であることを示した．
④ 神経の動作モデル：McCulloch と Pitts は神経細胞の動作を表す数学的モデルを示した．
⑤ 心理学における情報処理アプローチ：Newell は人間の問題解決過程の簡単なモデルをコンピュータで実現した．

⑥ プログラム可能なコンピュータの開発．

　人工知能という言葉は，1956 年に McCarthy，Minsky，Shannon，Newell，Simon らが参加したアメリカの Dartmouth 大学の研究会に端を発したといわれている．これ以降，コンピュータに知的な作業を行わせようとする研究の総称として，人工知能という言葉が使われるようになる．
　初期（1950 年代後半から 1960 年代前半）のころの人工知能研究の代表はチェスとプログラムの定理証明であった．とくに，チェスは人間の知的活動と考えられ，かつ，比較的簡単なゲームであることから研究の対象に選ばれた．そして，10 年もすると名人級になるであろうと予想した楽観の時代であった．しかし，10 年経ってもコンピュータは初級者には勝つが上級者には歯が立たなかった（今日では名人級となっている）．
　1960 年代の後半になると，知能ロボットや問題解決の研究が盛んに行われた．対象はおもちゃの積み木を操作するというような簡単な世界であり，それなりの研究成果は出たが，実用的な意味でのロボットは成功しなかった．1970 年代に入ると，総合的なロボット作りから個別の種々の分野，たとえば，視覚，自然言語，推論などの分野へと研究の関心が移っていく．さらに，コンピュータ利用技術の進歩と心理学者たちの参入によって，人間の心の機能をコンピュータでシミュレーションしようとすることも盛んになった．
　このように，「知的」と考えられる行いの手順や道筋（アルゴリズムという）を論理的に記述しようとするのが，このころの人工知能研究の基本的な態度であるといえよう．

(b)　経験的知識に注目した知識工学
　人工知能の研究分野に，「知識の利用」という新たな光を与えたのは，1977 年の人工知能国際会議での Feigenbaum（1977）の講演であった．彼は約 10 年間にわたる試行錯誤を経て，DENDRAL（化合物構造決定システム）や MYCIN（感染症の診断・治療システム）（Shortliffe, 1976）という化学や医学の応用から生まれたコンピュータシステムの開発に基づき，人工知能の応用分野として知識工学を提唱した．

知識工学は，専門家（たとえば，化学者や医師）が経験から得た知識（経験的知識）を聞き出してきて，それをコンピュータの知識ベースに書き込むという方法であった．そうすると，コンピュータはその知識ベースにある知識を巧みに用いて，あたかも専門家のように振る舞えるというのだ．たとえば，MYCIN を使うと，あたかも専門の医師と対話をしているように質問と応答がされて診断が行われるというものであった．

　それまでの人工知能は，一般的なアルゴリズム，たとえば，探索や推論のメカニズムの研究が重点であった．そして，汎用性の高い一般的な方法や手順が分かれば，それを複雑な問題にも適用できるという考え方で，知的なコンピュータを作ろうとしたのだ．しかし，これは，前述のようになかなかうまくいかなかった．

　そこで，知識工学は，人間が経験から得る「やり方」や「こつ」というような経験的知識を直接にコンピュータに組み込むという新しい方法を提唱した．すなわち，専門領域に固有な問題を対象に，その領域の専門家が経験から得る知識の活用で対処することを提唱したのだ．人間が何か問題を解くときに，その問題に関してどれほどの経験や知識があるかが，多くの場合成功の決め手になるということからも，この知識工学は言われてみれば納得できる方法であった．このように，探索や推論などのアルゴリズム中心の人工知能研究から，知識の利用法へと重点を動かそうとしたのが知識工学であった．

(2) エキスパートシステム

(a) 知識ベースと推論機構

　Feigenbaum (1977) の講演から数年経つと，知識工学分野のコンピュータシステムはエキスパートシステム (expert system) と広く呼ばれるようになった．それは，専門家 (expert) の知識を組み込んでいるからである．ときには，コンサルティングシステム (consulting system) とも呼ばれた．ちょうど専門知識をもったコンサルタントに相談しているようなシステムの使用法だったからである．

　エキスパートシステムの特徴は，次の3点にある（丹羽，1986）．

① 専門家の知識（経験的な「思考や行動規則」）で構成される知識ベースを用いて，
② 推論エンジンが演繹的な推論を行い，
③ 実用的（高度な問題を専門家並みに解く）を狙う．

エキスパートシステムのコンピュータシステムとしての特徴は，上記①の知識ベースと，②の推論エンジンが別々に，すなわち，独立して存在している点にある．

それでは実際に知識ベースにどのように専門家の知識を入れるのだろうか．ここが，エキスパートシステムのもっとも重要なところであり「知識の表現 (knowledge representation)」ともいわれる．知識の表現の方法で代表的なのは，「プロダクションルール (production rule)」と呼ばれるもので，If〜Then〜（もし〜ならば，そのとき〜だろう）の形式で，専門家の経験的知識である「思考や行動規則」を表現する．第 7 章 7.4 節 (2) で紹介したプロジェクト実施段階のリスク管理システムの知識ベースのなかから例をあげると，たとえば，1001 番と 2004 番のルールは次のようである．

ルール 1001
 If（もし）日本との法律の違いがあり，かつ
   営業部の対策が不足していれば
 Then（そのとき）
   契約で機器納入範囲の不備が起こり，あるいは，
   契約で仲裁，不可抗力条項の不備が起こるであろう

ルール 2004
 If（もし）工場設計部で調整不良があり，かつ
   顧客の技術能力が不足しており，かつ
   機器設計の承認業務を行えば
 Then（そのとき）
   顧客の機器図面承認遅延が起こるであろう

これをみると経験的知識はプロダクションルールで容易に記述できることが分かる（なお，参考までに，同じ内容の知識を他の表現法を用いて比較検討した研究は Niwa et al. (1984) である）．
　次に，エキスパートシステムの2点めの特徴である推論エンジンの概要を述べよう．推論エンジンが行う推論の仕方には，順方向推論と逆方向推論の2つがある．順方向推論とは，原因（すなわち，If 部分）から結果（すなわち，Then 部分）を導き出すものである．
　プロジェクトリスク管理システムの例では，予想されるリスクの原因をシステムに入力すると，3段論法的にいくつものルールをつなぎ合わせて，導き出される結果（リスク）のすべてを出力するものである．これは，ある原因が想定されるときに，それがもとで発生する可能性のあるリスクの見通しの検討に有効である．
　逆方向推論とは，結果（すなわち，Then 部分）が発生するかどうか確認し，場合によってはその発生を防止するために，原因（すなわち，If 部分）をチェックするというものである．
　プロジェクトリスク管理システムの例では，気になるあるリスクが起きるかどうかを確認するために，そのリスクをシステムに入力すると，システムはそれを引き起こすことになる原因の組み合わせのすべてを次々と出力するというものである．そうすると，そのような原因がプロジェクト実施の現場で実際に存在するかどうかをチェックすることによって，当該リスクの発生が見込まれるかどうかが判断できる．場合によっては，原因に対して事前に対策を施すという手も打てる（丹羽ら，1982）．

(b) 種々の適用

　1980年代には，エキスパートシステムが種々の領域に適用されるようになった．たとえば，Hayes-Roth ら (1983, p.14) は，1980年代初頭において，エキスパートシステムの適用できる領域と問題を表8.1のようにあげている．これをみると，当時の問題意識を知ることができよう．
　1980年代の中ごろでは，エキスパートシステムの適用範囲がさらに広がっていくことを Harmon ら (1988, pp. 205-216) にみてみよう．そこでは12の

表8.1 エキスパートシステムの適用領域

適用領域	対象とする問題
解釈	センサーデータから推論して，状況を記述する
予測	与えられた状況がどのような結果になるか推論する
診断	観測値からシステムの故障を推論する
設計	制約の範囲内で物体を配置する
計画	行動の計画を立てる
監視	観測値が計画の範囲にあるか外れているか判断する
デバッグ	故障の対応策を示す
修理	故障の対応策を実行する
教育	学生の行動を診断し，デバッグし，修正させる
制御	システムの振る舞いを解釈，予測，修理，監視する

応用領域に代表的な112のエキスパートシステムが分類されている．ここでは，領域名とそこにあがっているエキスパートシステムの数を取り出してみよう．

　農業 (5)，コンピュータ (20)，機械装置 (18)，金融 (13)，マネジメント (4)，製造 (14)，その他 (2)，オフィスオートメーション (7)，石油 (6)，科学 (15)，教育 (2)，輸送 (6)

なお，Harmonら (1988, pp. 205-216) は，ここにあげた各々のエキスパートシステムの特徴をいくつかの観点から整理しているが，そのなかの1つにシステムの規模をルール（または，オブジェクトやセマンティック・ネット）の数で3分類している．それぞれに含まれるエキスパートシステムの数は，小規模（500ルール以下）34システム，中規模（500-1500ルール）43システム，大規模（1500ルール以上）では35システムである．均等に分布していることが分かる．

8.2 エキスパートシステムの課題

　エキスパートシステムが実際にいろいろな分野で使われるようになると，その欠点や問題がみえてきたり，あるいは，当初の問題意識とは別の方向に進むようになってきた．本節では，このような課題について議論する．

(1)　経験的知識使用の意気込み衰退

(a)　知識獲得の困難さ

　前節で述べたように，エキスパートシステムは人工知能研究分野で，それまでのアルゴリズム中心の研究アプローチが多いなかで，実用性を正面に出して専門家の経験的知識活用という新しいアプローチを提唱した．

　エキスパートシステムの着眼点は，専門家は自らの領域で経験を積むことによって経験的知識を獲得していき，それが専門家としての力の源泉になるということであった．そうすると，そのような知識は専門分野の教科書には書かれていないので，これをコンピュータに移植するには，専門家から直接聞き出さなければならないということになる．この作業のことを知識の獲得という．

　実際にエキスパートシステムを構築しようすると，この知識の獲得の困難さに出合うことになる．その理由は基本的には，

- エキスパートシステムの構築者は，専門家と対話できる程度まで，その専門領域のことを知る必要がある．
- 専門家は他人（とくに，システムの構築者やシステムのユーザ）に分かるように，自らの経験的知識を述べる（表現する）ことに慣れていない．
- 専門家は，自らの貴重な知識を他人へ開示する動機に乏しい．

などがあげられる．

　ちなみに，知識工学（エキスパートシステム）を提案した Stanford 大学コンピュータ学科の Feigenbaum (1977) は，上記にどう対応していたのだろうか．

たとえば，MYCIN の開発は，約 10 年もの長期間にわたって医学部と協同で開発することによって上記の問題点を解決していた．しかし，実用を目的としたエキスパートシステムが種々の領域で短期間で開発されるようになると，知識の獲得の困難さは多くのシステム構築者を悩ませることとなった．

知識の獲得を容易にさせようと，多くの技術的な試みがなされた．たとえば，専門家が直接コンピュータ画面から知識を入力できるようにと入出力インタフェースの改良，知識ベースの効率的なメンテナンス（追加，修正，削除）手法開発，専門家にとって分かりやすい知識表現法の開発などである．しかし，これらは上記にあげた知識獲得の困難さの基本的な理由に正面から立ち向かえるものではなかった．こうして，知識獲得の困難さは「知識獲得のボトルネック」と呼ばれて依然として大きな課題として存在することになる．

(b) 浅い知識と深い知識

エキスパートシステムが種々の分野で開発されるようになると，システムの有効性に関連して，経験的知識の性格についての議論，すなわち，「浅い知識」と「深い知識」論が起きてきた．

If〜Then〜ルールは，原因→結果，前提→結論，状況→動作などの形態で，専門家の「うまいやり方」などの経験則を効果的に表現できて便利であった．しかも，If〜Then〜という断片的な知識要素を多数集めて知識ベースに蓄積すれば，エキスパートシステムの性能は向上していった．しかし，一方で，蓄積していた知識の範囲では有効に対処できるが，それが少し異なっていたり，さらには蓄積していない状況にあたると，エキスパートシステムは対応してくれない（石塚，1986）という不満が出てきた．

そこで，If〜Then〜のような経験的知識は表層的，あるいは，「浅い」知識であり，もっと基礎としてしっかりとしたモデルをもつ知識，つまり「深い」知識が望ましいという考えがしだいに出てきた．たとえば，電子回路の故障診断は，論理回路図の情報を正確に構造モデルとして知識ベースに蓄積しておけば，現場の限られた技術者の試行錯誤の経験的知識を用いるより，体系的で漏れのない診断ができるというような議論である．

先に (a) で述べた知識獲得の困難さと，ここで述べた「深い知識」への傾斜は，エキスパートシステムの応用の対象を，機能と構造情報が備わっていて専門家の経験的知識の獲得をそれほどしなくてすむ領域へと変えていくことになる．しだいに，取り扱いの難しい経験的知識（ノウハウ）よりむしろ，設計図の存在する工学的問題の応用へと，多くのエキスパートシステム研究者の関心が移っていったのである．

　じつは，これは，そもそものFeigenbaum (1977) の主張と違う方向に進むことになる分岐点であったと思われる．つまり，設計図の存在する工学的問題というのは，工学のそれぞれの専門分野で取り扱うことのできる問題ということになり，わざわざ，知識工学とかエキスパートシステムと取り立てていうことの意義が薄れるのである．そして，何よりも，教科書や設計図には書かれていないような専門家が経験から得られる知識の重要性の議論は，どこかに消えていくことになってしまった．

(2) プログラム技法重視による脱知識化

(a) 演繹的推論の重視

　エキスパートシステムの特徴は，8.1節 (2) に述べたように，① 専門家の経験的知識を，② 演繹的推論で使用して，③ 実用性を狙う点にあった．ここで，①の経験的知識に関する課題は上記 (1) に述べたので，ここでは②の演繹的推論についての課題を検討してみよう．

　演繹的推論とは，「AならばB」と「BならばC」から「AならばC」を導き出す3段論法を，どんどんつなぎ合わせる操作である．したがって，これを用いるということは，エキスパートシステムからは，いくら頑張ってみても，知識ベースに蓄積されているもとの知識とそこから機械的（演繹的）に導かれる知識の集合以上の知識を得ることができないという限界があることを意味している．これに対しては，次の2つの議論がありうる（丹羽，1986）．

(i) 演繹的推論の限界のなかでも，少し工夫すれば有用なことができる分野があるのではないだろうか．
(ii) 演繹的推論の限界を何とか突破できないだろうか．

ここで，後者（ii）については，帰納推論やアナロジーなどいくつかの試みはあるものの実用的な意味での成果は当分の間は期待できないだろう．そのようななかで，多くの人々は前者の（i）についての探求を行っている．このときに，さらに2つの考え方があるだろう．

(ア) 極論すれば，知識検索システムとして充分に有効な分野はある．ただし，知識ベースが多量の知識を有していなければ実用価値はない．この場合，知的システムというより，むしろ，大規模情報検索システムという位置付けになってしまうであろう．

(イ) 設計図のある工学システム，あるいは，自然法則に従う自然システムに対して，その設計情報や自然法則などの科学知識を知識ベースに蓄積しておくと，そこから導き出される知識はたとえ機械的（演繹的）といえどもかなりの数になる（たとえば，工学システムの故障診断で，設計情報，すなわち，対象の機能と構造情報を蓄積しておくと，そこから種々の故障と原因が分かるはずというもの）．これは，前節での深い知識アプローチに対応する．しかし，これは，先にも述べたように，従来から各々の学問分野で行われてきた方法に似てきて，わざわざエキスパートシステムと呼ばなくてもよいということになってしまう．

ここで，（ア）（イ）のいずれのアプローチを採用したとしても，知識を扱う「知識マネジメント」としての特徴は弱くなってしまっているといえる．

(b) プログラム技法化によるアイデンティティ消滅

先に8.1節（2）で，エキスパートシステムのコンピュータシステムとしての特徴は，知識ベースと推論エンジンが独立している点にあることを述べた．この点を考えてみよう．

手続き型言語と呼ばれるFORTRAN, PASCALやCなどを用いる従来のプログラム方法では，知識は手続きを書くプログラムコードのなかに組み込まれて一体化しているのが普通である．これに対して，エキスパートシステムでは，知識ベースと，手続き部分に対応する推論エンジンとは独立している．

独立しているという意味は，お互いの記述が互いの影響を受けないで独立して実施できるということである．このため，知識ベースに知識を追加したり修正するなどの変更が，手続きを書いているプログラム部分を変更しないで実現できるという利点が生まれる．これはプログラムを効率良く管理するうえで非常に大きな特長となる．

　次に，知識ベースに実際に知識を書く方法（知識表現法）の特長をみてみよう．もっともよく使われるのは，本章でもこれまで例示してきたプロダクションルールである．これは，ルールが互いに独立して記述されるので分かりやすく，しかも，ルール単位で（すなわち，他のルールに影響を与えないで）追加や修正が可能という特長があり，これもまた，知識ベースを管理するのに容易という利点になる（なお，その他の知識表現法との比較については，本書では割愛するが Niwa ら（1984）に詳しい）．

　上記のようなエキスパートシステムで用いられているプログラム技法は，一般的にプログラムの生産性向上や管理効率上に大変有益であるため，多くの領域で種々のプログラムに使われている．

　本節で述べてきたことをまとめると，まず (1) では，そもそもエキスパートシステムが注目した専門家の経験的知識は，その取り扱い（とくに，知識獲得）が困難であるという理由で，しだいに注目されなくなった．その一方で，(2) で述べたように，エキスパートシステムが使っていたプログラム技法は，プログラムの生産性向上や維持管理上有益ということで，多くの領域で使われるようになった．すなわち，エキスパートシステムは，そもそもの画期的な主張（専門家の経験的知識を用いる）は忘れられ，単なるプログラム技法として使われる状態となり，知識マネジメントの方法としてのアイデンティティは事実上消滅の危機にあるといえよう．

8.3　知識創造とナレジマネジメントの流行

　知識マネジメントの 2 番めの源流は，経営学分野での Nonaka and Takeuchi (1995) による「組織的知識創造理論」である．本節では，この理

論をそれが誕生する経緯，さらには，この理論が引き金となってナレジマネジメントという言葉が世界へと広がっていく様子も含めて紹介する．

(1) 知識創造企業

(a) 日本企業躍進の謎

1970年代から1980年代の日本企業のめざましい発展は，欧米人の目から見ると不思議な現象であった．「欧米人は，日本がこれをきちんと説明することを求めている．これをしないと日本は不正をしているのではないかと疑われる」と国際OR学会の会長も歴任した松田（1980-1984）はしばしばこう言っていた．

まさしく，松田が求めていた説明を行ったともいえるのが，Takeuchi and Nonaka (1986) や Nonaka (1988a; 1988b; 1990) らの一連の論文であった．

Takeuchi and Nonaka (1986) は，競争が速く厳しい環境での新製品開発は速さと柔軟さが必須になるので，新製品開発に関わる種々の業務の進め方は，ある人たち（部門）の仕事が終わってから次の人たち（部門）にバトンをわたすというリレー競争的ではなく，ちょうどラグビーの試合でボールをパスしながら1つのチームが全体として前に進んでいくような全体的（holistic）方法が重要だと主張した．そして，この方法は，下記の6つの特徴がジグソーパズルのように組み合わさっていると述べた．

① 組み込まれた不安定
　トップは大まかではあるが非常に挑戦的な目標をプロジェクトチームに与え，あとは任せる（2階に上げてはしごを外すようなもの）．
② 自己組織化プロジェクトチーム
　自分で決められる自律性，限界を超えての挑戦魂，異分野協同の特徴をもつチーム．
③ 業務のオーバーラップ
　時系列的な仕事を1つずつ順番に（リレーのように）行わず，前後の仕事や，その先の仕事の一部まで一緒に同時に実施する．

④ 多重学習

各階層（個人，グループ，全社）で行われるそれぞれの学習と，異なる部門間での学習の両者からなる．
⑤ 緩やかな管理

創造性を殺すような硬直的な管理ではなく，自発性を重んずる管理．
⑥ 学習の伝達

1つの新製品開発プロジェクトで学習されたことが，次のプロジェクトや他の組織に伝達される．

この論文（Takeuchi and Nonaka, 1986）では日本企業（富士ゼロックス，キャノン，ホンダ，日本電気，エプソン，ブラザー）の状況が多く報告されていて，その意味で日本企業の特徴がよく出ているといえる．しかし，同時に，アメリカ企業（3M, Xerox, IBM, Hewlett-Packard）の例もあげられており，ここでの議論はアメリカにも通用するとの見解も述べられている．

なお，この全体的方法はすべての場合に当てはまるのではなく，次のような制約と限界もあると述べられている点は注意が必要であろう．なお付言すると，この制約と限界にこそ，この論文を土台に今日においても種々の研究を発展させることのできる優れた多くのヒントが含まれていると考えられる．

- プロジェクトのすべてのメンバーの並はずれた努力が必要（たとえば，通常時に月に 60 時間，ピーク時に月に 100 時間の超過勤務）．
- 革新的なイノベーションを伴う突破型プロジェクト（たとえば，バイオ技術や化学）には当てはまらないだろう．
- フェース・ツー・フェース（face to face）議論が困難となる巨大プロジェクト（たとえば，航空宇宙産業）には当てはまらないだろう．
- 発明も行い，さらに，プロジェクトメンバーの仕事の詳細まで決められるような天才が率いるプロジェクトには当てはまらないであろう．

Nonaka（1988a；1988b；1990）は，引き続いて日本企業の特徴を明らかにする一連の論文を発表している．Nonaka（1988a）は，ホンダの乗用車「シテ

ィ」の開発を例としてあげて，ミドル・アップ・ダウン（middle-up-down）マネジメントの有効性を述べた．これは，トップがビジョンや夢を設定し，ミドルがその夢と現実とのギャップを埋めるコンセプトを創り出すというものである．従来，トップダウンとボトムアップとがよく知られていたが，それらは情報の処理の方向に関する方式であったのに対して，ミドル・アップ・ダウンでは，さらに情報の創造をも考察に含ませた．

　Nonaka（1988b）は日本企業の自己革新過程の観察に基づいて，新しい組織を作り出すにはカオス（Chaos）が必要と主張した．ここでカオスとは，自由（freedom），揺らぎ（fluctuation），雑然（randomness），冗長（redundancy），曖昧（ambiguity），不確実（uncertainty）などの言葉と同じ意味を表し，組織がこの状態にあるほど情報の創造能力が高まると述べた．このカオスの状態にするには，外部から新しい考え方を導入したり，トップが組織に危機感を与えるなどが有効であると指摘した．

　Nonaka（1990）は，日本企業のイノベーションの特徴は，個人，グループ，組織のそれぞれのところで情報の冗長と過多があり，それが人々が信頼し合うという状況のなかで，新しい意味をもった知識を創造するという知識の生成過程にあると論じた．

（b）　組織的知識創造の理論

　上記（a）で紹介した一連の研究が，本節で述べる組織的知識創造の理論（Nonaka and Takeuchi, 1995）を生み出していくことになるが，このことを野中自身（野中, 1990, p. i）が次のように述べている．「海外の研究者との議論で揉まれていくうちに，日本企業の実践の中にカイゼン，ジャスト・イン・タイム，ケイレツなどといった手法や慣行を超えた知識創造のマネジメントの理論化の可能性を見出し，それは普遍的な価値をもちうるという認識に至った」．

　組織的知識創造の理論の概要は次のようなものである（Nonaka and Takeuchi, 1995, pp. 56-94）．まず，知識は「正当化された真なる信念（justified true belief）」と定義される．知識は形式知（explicit knowlege）と暗黙知（tacit knowledge）とに分けられる．形式知は言葉や文章で表現できる客観的な知識

であり，暗黙知は言葉や文章で表すことの難しい主観的で経験的な知識である．

知識は，暗黙知と形式知の相互作用で創造されるという仮説のもとに，知識変換の4つのモードを考える．

① 共同化 (socialization)：暗黙知から暗黙知へ
　企業の従業員個人同士が経験を共有し他者と共感することで暗黙知を共有する．
② 表出化 (externalization)：暗黙知から形式知へ
　知識創造過程の核心である．主として対話により，暗黙知がメタファー，アナロジー，コンセプト，仮説，モデルなどの形をとって，形式知に変換される．
③ 連結化 (combination)：形式知から形式知へ
　形式化されたコンセプトなどを組み合わせて，1つの知識体系を作る．
④ 内面化 (internalization)：形式知から暗黙知へ
　形式知を暗黙知に体化 (embody) する．これは，行動による学習に密接に関連する．つまり，頭で理解した知識が行動を通して個人のなか（すなわち，暗黙知として）に取り込まれる．

上記のように1周すると，それがさらに次の1周につながるというように螺旋状に回って，知識が質・量ともに豊かになっていくという理論である．

(2) ナレジマネジメント運動

(a) 『知識創造企業』の影響

『知識創造企業』(Nonaka and Takeuchi, 1995) は，日本経済が1980年代の後半の絶頂期から一変して，「失われた10年」といわれる低迷期の1995年に出版された．そもそもが日本企業の躍進の謎を明かすという背景をもっていたので，この時期の出版には著者自身にも若干の不安があったことが，「最近の世界競争の中で日本企業の低迷の状態は，この本のモデルが有効でないことの証明だと主張する人もいる．…（中略）…しかし，この苦悩の中から

日本企業はさらに進んだ知識創造の仕組みの構築に向かっている．これについては近いうちに出版したい」(Nonaka and Takeuchi, 1995, p. ix) という記述から推察される．

しかし，実際には，この本の反響は大きかった．まず，この本の裏表紙には次のような4人の推薦のメッセージが書かれている．

- 「…イノベーションのための組織設計についてこれ以上の良い本はないだろう．…組織の理論と実践とが絶妙にブレンドした優れた本だ．」(Karl E. Weick, University of Michigan)
- 「これは日本発のもっとも創造的なマネジメントの本だ．…」(Kenichi Ohmae, Ohmae & Associates)
- 「この本はマネジメントの真のフロンティアを扱っている．それは，競争優位を生み出す価値ある知識を企業が生み出す手順である．…」(Michael E. Porter, Harvard University)
- 「この本には日本企業がどのようにイノベーションを起こしているかについてすばらしい洞察が書かれている．…」(Yotaro Kobayashi, Fuji Xerox Co., Ltd.)

この本は，世界中で読まれることになった．発売以降少なくとも本書執筆の 2006 年まで 10 年間にわたって，暗黙知という言葉は Nonaka and Takeuchi (1995) を引用して，広義のマネジメント分野のあらゆる論文や書籍に登場することになる．このことは，この本の主張が単に日本企業だけに当てはまるのではなく，「組織における知識創造の一般 (generic) モデル」(Nonaka and Takeuchi, 1995, p. ix) であることを示していよう．

(b) 世界に広がったナレジマネジメント

『知識創造企業』(Nonaka and Takeuchi, 1995) も大きなきっかけとなり 1990 年代後半から 2000 年代初頭にかけてナレジマネジメント*)が世界的にブー

---

*) 本書では「ナレジマネジメント」とは，野中・竹内の『知識創造企業』も主たるきっ

ムになった.

　たとえば，1998年にはアメリカのCalifornia大学Berkeley校で，日本，アメリカ，ヨーロッパの知識研究者と企業幹部が集まり，「第1回カリフォルニア大学知識と企業フォーラム（The first Annual U. C. Berkeley Forum on Knowledge and the Firm）が開かれた（Cohen, 1998）．同校の知識学特別名誉教授に就任した野中はこのフォーラムをリードした1人として，組織的知識創造理論における知識変換の4つのモードを促進させるためには，それぞれの「場」（物理的，仮想的，心的な空間）の形成が必要であると発表して注目を集めた（Nonaka and Konno, 1998）．

　組織的知識創造理論（Nonaka and Takeuchi, 1995）に刺激を受けて，暗黙知に関連する議論も活発だった．たとえば，Leonard and Sensier（1998）は，製品やサービスのイノベーションを起こすために，創造性を発揮させるための暗黙知の働きに注意を向けることの重要性を議論した．von Krogh（1998）は，知識創造はイノベーションの中核であるが，知識創造過程，とくに，暗黙知から暗黙知への共同化の過程は繊細で壊れやすいので，細心の「世話（care）」が必要だと主張した．

　このフォーラムでは，上記のような知識創造過程をいかにはぐくむかという一連の議論に対して，別の観点，すなわち，いかに実際に知識を用いるかという実用面からの一連の議論があり好対照となった．しかし，いずれにしても，世界から集まった種々の分野（組織論，社会学，心理学，経済学などの研究者と企業幹部）の異なる視点から活発な議論が行われ，この分野のさらなる発展が期待された（Cohen, 1998）．

8.4　ナレジマネジメントの課題

　本節では，組織的知識創造理論が実用という観点から抱える課題を検討する．さらに，ナレジマネジメントがしだいにコミュニティー活動へと志向していく経緯も述べる．

　　かけとなって世界的に広まった知識マネジメントの1つの分野を指す.

(1) 実務と理念の2分極化

(a) IT実務への矮小化

前8.3節では,『知識創造企業』(Nonaka and Takeuchi, 1995) で提唱された組織的知識創造理論がきっかけとなって,ナレジマネジメントが世界的に広がったことを述べた.しかし,しだいにナレジマネジメントのいろいろな問題が顕在化するようになってきた.

前節で述べたように,『知識創造企業』は,それが生まれるまでの動機と経緯は,日本企業躍進の理由を明らかにするということにあった.そして,そのことを通じて,企業活動の中心は知識の「創造」であるとのダイナミックな見方で「組織的知識創造」という一般理論を打ち立てたことに,経営組織論分野での理論的貢献があった.

しかし,世界でナレジマネジメントブームの一端を担ったのは,知識創造を標榜したとしても,じつのところ実際の企業側のニーズに基づいて,企業の現実の業務知識のコンピュータ化や業務の効率化が実体というレベルの活動 (IT実務) であることも多かった.こういう視点から見るとよく見かけるスローガン「知識創造理論のナレジマネジメント」というのは羊頭狗肉の感がする.

たとえば,Davenport and Prusak (2000; paperback edition) の「ペーパーバック版への前書き」では,次のような記述に出合う.そこには,Nonaka and Takeuchi (1995) の知識創造理論の香りさえ漂っていない.

- 「ますます多くの企業が,知識貯蔵庫を設置して,ベスト・プラクティス,教訓,製品開発の知識,顧客の知識,人事管理の知識,各種方法の知識など多様なタイプの知識を管理するようになった.グループウェアとイントラネット関連技術が標準的な知識インフラとなった」(Davenport and Prusak, 2000; paperback edition, p. vii)
- 「将来のナレジマネジメントのわれわれのモデルは品質管理運動である」(Davenport and Prusak, 2000; paperback edition, p. xv)

コラム 14

「なんでも可視化」はいいのか？

　情報技術の導入は経営の仕方に大きな影響を与える．
　たとえば情報技術を上手に活用すると，業務上のいろいろな情報を集めて，加工して，表示することができる．これは，非常に便利である．
　そこで，「なんでも可視化」，「なんでもみえる化」の標語を作り，各種の指標の測定と表示を要求する動きが続出している．
　今まで，勘と経験だけに頼って客観的なデータを無視していたとするなら，これは正しい方向といえよう．
　しかし，多くの場合そうでもなさそうだ．「もっとデータを」「もっとグラフを」という要求のようである．
　種々のデータを測定して表示して考察するのは，自然科学のアプローチそのものであるので，これは科学的なすばらしいことだと思うかもしれない．
　しかし，ここに，大きな誤解がある．
　企業は自然現象ではない．目的と意図をもった組織である．したがって，自然現象とは違い，「どうしたいのか」，「どういう状態が良いのか」は分かっていなければならない．
　つまり，「この目的のためこのデータがほしい」，「これを知るためにこのデータとあのデータを比較してほしい」と言わなければいけないのだ．
　「なんでも」というのは，じつは，なにも考えていないときの時間稼ぎのことが多い．
　しかし，一方，このように指示された部門は多大な時間と労力をかけてデータを集めることとなる．しかも，目的と意図が不明確なので，現場では対象とするデータの範囲や精度に確信がもてず，あるいは，例外データの取り扱いの基準が設定できず，結局のところいい加減な作業となってしまう．だがそれにもかかわらず，時間と労力はかかるのだ．
　このように「なんでも」という標語や指示がいかによけいな仕事を作り出し，組織の効率を下げているか悪影響は計り知れない．
　とりあえずデータを集めてから考えるというのではお粗末である．

企業の業務の効率化やコンピュータ化は必要な仕事である．そして，その際に従来から扱っていたデータだけでなく，新たに経験的知識や暗黙知の重要性を主張するのは正しいだろう．しかし結局のところ，このことだけを言及するのが目的で，組織的知識創造理論の名前を担ぎ出してくる例が多い．多くはその理論の内容は使っていないのだ．そして，業務の効率化が思ったように成功しないと，理論が悪かったとの言い訳がなされる．このような事例が後を絶たない．

　しかし同時に，実用化という観点からみた場合，理論のほうに何か問題点はないのだろうか．これを，次項（b）で検討しよう．

(b)　理論・理念志向へのこだわり

　組織的知識創造理論（Nonaka and Takeuchi, 1995, pp. 56-94）の主要な点を振り返ると下記の通りである．

① 知識は「正当化された真なる信念」と定義される．
② 知識は形式知と暗黙知とに分けられる．
③ 知識は，暗黙知と形式知の相互作用で創造されるという仮説のもとに，次の知識変換の4つのモードを考える．
　（ア）共同化：暗黙知から暗黙知へ
　（イ）表出化：暗黙知から形式知へ
　（ウ）連結化：形式知から形式知へ
　（エ）内面化：形式知から暗黙知へ

　ここで，①を飛ばして②を読むと，それは非常に魅力的である．とくに，欧米人にとっては暗黙知の議論は驚きであり，日本人にとっても「再」発見の感がする（たとえば，Shirabe et al., 1997）．そして，次の③の4つの変換モードは美しく定式化され，しかも実際そのようになっていると感じさせる説得力が充分にある．実際に過去の事例を読むとなるほどと思うことが多い．

　しかし，これから企業の現場で知識を創造するために，この理論を当てはめようとすると途端に困難に出合う．その大きな原因は①にある．つまり，

「正当化された真なる信念」が知識と言われると，実際の企業の現場で自分の周りにそんなものはほとんどないのである．「正当化」と言われても困るし，「真なる」も疑わしい，「信念」と言われると自信はない．しかも，その3つの条件が揃うものが知識であり，これを扱うと言われると立ちすくむ他ない．

この知識の「正当化された真なる信念」という定義は，哲学の伝統に則っているという (Nonaka and Takeuchi, 1995, p. 58)．哲学的な議論がきちんとなされていることが，組織的知識創造理論の特長であるが，同時に，それは，現実社会で取り扱いたいことからの遊離をもたらす側面もある．

じつは，この理論はそのままでは実用上困難であることを，同じ著者を含む続編の著書で議論されている．それを，次項 (2) (a) で述べよう．

(2) コミュニティ活動志向への傾斜

(a) 知識イネーブラーと人間関係の重視

1995年の『知識創造企業』(Nonaka and Takeuchi, 1995) の続編として，2000年には『ナレジ・イネーブリング』(von Krogh et al., 2000) が出版された．

この続編の出版の理由の1つは，「前書は，読者が実際にどのように知識を創造するかに関しては，助けにならないから」(von Krogh et al., 2000, p. vii) であるという．では，どうすればよいのだろうか．同書は言う「著者たちの強い信念は，知識は管理できず，ただ，可能にさせる (enable) だけだ」．そこで，「マネジャーたちは知識をコントロールするというより，知識創造を支援する必要がある」(von Krogh et al., 2000, p. vii) と言って，支援のための具体的な次の5つの項目（知識イネーブラー：enablers）を提示している．

① ナレジビジョンの浸透
② 会話のマネジメント
③ ナレジアクティビストの動員
④ 適切な知識の場作り
⑤ ローカルナレジのグローバル化

同書の特徴は，ともすると世の中の多くのナレジマネジメントが単なる情報システム化になってしまっていると警鐘をならし，知識の本性を理解したうえで「知識創造とは良き人間関係をつくることである」(von Krogh *et al.* (日本語版), 2001, p. v (日本語版への序文))を明確に主張している点にある．

　たしかに，この主張は正しいであろう．しかし，人間関係や組織環境を整えることはできたとしても，それで，知識はどのように創造するのかという肝心の道がみえてこない．これは，2歩前進のための1歩後退なのか，あるいは，「知識は管理できない」の主張のように，単に1歩後退のままなのか，今後の展開を見守る必要がある．

(b)　実践コミュニティ

　Wengerら (2002, p. x) は「ナレジマネジメントの第1の波は，技術に焦点をあてた．第2の波は，行動，文化，暗黙知の課題を取り扱ったが，ほとんどは抽象的だった．だが，現在の第3の波である実践コミュニティ (communities of practice) は，知識を管理するのに実際的な方法であると理解されつつある」と，実践コミュニティに対する関心の高まりを述べている．

　実践コミュニティとは，「あるトピック (topic) についての関心や問題や熱意を共有し，お互いに影響し合って，知識や技能を深めていく人たちの集団」である (Wenger *et al.*, 2002, p. 4)．これは，人類の太古からあり，徒弟制度が代表的だが，それだけでなく，職場，学校などいたるところで多くは自発的に形成されるものである．

　ここで，充分な注意が必要なのは，企業における実践コミュニティの位置付けが，日本とアメリカで違うという点である．アメリカでは実践コミュニティは，以下に述べるように「長く続く」組織なのである．たとえば，ある技術者の「配置転換を頻繁にされるので，私の安定にとっての唯一の拠り所は実践コミュニティです．このコミュニティの仲間がいてよかった．私のキャリアを終えるまでずっと一緒にいる人たちですから」(Wenger *et al.*, 2002, p. 20) という言葉が紹介されている．製品やサービスの提供を目的に組織される公式組織は市場ニーズの変化に対応するように絶え間なく変更になるが，知識の学習を中心に編成される非公式で自発的な実践コミュニティは，より

安定しているという．じつのところ，このような安定している実践コミュニティが存在するおかげで，企業は市場需要の変化に柔軟に対応でき，この観点から，実践コミュニティは補助的なものではなく，むしろそれこそが企業の組織作りの基盤とみられるようになってきたという（Wenger *et al.*, 2002, pp. 20-21）．

このようなアメリカの状況と比較して，公式組織に帰属意識を強くもち，そこで人々は徒弟制のような学習も実施する日本の多くの企業では，「あるトピックについての関心や問題や熱意を共有し，お互いに影響し合って，知識や技能を深めていく人たち（自発的な）集団」は，臨時的で補助的な役割を果たしていることが多いと思われる．

以上みてきたように，実践コミュニティは集団による知識の学習が目的である．それが，企業の公式な組織による業務へ直結するとは必ずしも言えない．むしろ，先にふれたように，アメリカでは業務のための公式組織を編成するための基盤の位置付けになっている．

知識イネーブラーと同じように，実践コミュニティは，業務に役立つ知識マネジメントという点では「後退」していると言わざるを得ない．

8.5 技術経営分野での知識の実践的な取り扱い

これまで，知識マネジメントの2つの源流として計算機科学分野と経営学分野を取り上げてきた．本節では，技術経営分野でのアプローチを紹介する．このアプローチはとくに実用的ということを意識している点に特徴がある．

（1） 実践的な展開

（a） 知識伝承と知識融合

これまで「知識工学とエキスパートシステム」，および「知識創造とナレジマネジメント」というそれぞれ計算機科学と経営学分野における2つの流れを取り上げてきた．そして，それぞれ画期的な着眼点とアイデアで登場した研究が，しだいに実用化という波に揉まれていくなかで，いろいろな課題を抱えて，あたかも行き詰まり感を呈している状態になっていることをみて

きた.

そこで，本8.5節では，上記の2つの流れとは別に，1980年代初頭からなされてきた技術経営分野での知識の実践的な扱いのいくつか（Niwa, 2003）を紹介し，さらに，これらのアプローチが，先に述べた2つの流れの行き詰まりを克服できる可能性があることを示そう.

技術経営分野で知識を扱ったもっとも初期のころの論文（Niwa and Okuma, 1982）は，1982年に発表された大規模建設プロジェクトのリスクマネジメントのための知識伝承システムである．そこでは，下記のような実用的方法が提案・開発されている.

- プロジェクト内の異なる部門への知識の伝承の方法
    大規模建設プロジェクト（たとえば，火力発電所建設プロジェクト）は，全体計画，プラント設計，機器設計，機器製造，機器検査，機器輸送，土木工事，プラント建設，試運転など多くの部門から構成されていて，ある部門でのリスクやリスク対策の知識は，関連する他の部門でも活用することができた.
- 異なるプロジェクト間での知識の伝承の方法
    同種のプロジェクトが，異なる時期や異なる建設場所で行われたが，1つのプロジェクトで獲得された経験的知識を，他のプロジェクトでも活用することができた.
- プロジェクト外の種々の知識との結合利用法
    建設現場におけるプロジェクト外の情報や知識（とくに，自然環境に関する種々の知識や，経済・社会・法律などの社会的状況に関する知識）を効果的に活用して，プロジェクトをマネジメントすることができた.
- 知識をリスクの事前対策のために用いる方法
    時系列的なプロジェクトの工程図とリスクや対策の知識をつなぎ合わせて，後ろの工程で発生する可能性のあるリスクの対策を事前の工程で対処できた.

知識工学の創始者であるFeigenbaumによるとこの知識伝承システムは，

新しい「知識融合システム」であるという (Feigenbaum and McCorduck, 1983, pp. 71-72, 128). 当時は知識工学のエキスパートシステムが多く開発されていたが，それらは，1人，または，少数の専門家の知識を獲得してきて知識ベースに蓄積して，それを多くの素人が用いるという Feigenbaum (1977) が最初に提唱した構造をもっていた．それに対して，このシステムは，多くの専門家の知識を知識ベースに融合するというまったくオリジナルな方式であったからである．このような新しい，しかも，実用的な知識マネジメントの方法が技術経営分野で開発されていた．

上記のシステムと従来からの技術移転分野の共同研究の成果として，知識ベースに基づいた技術転移法 (Gibson and Niwa, 1991) も議論された．

(b) 知識共有

Feigenbaum (1977) の提唱以降，1970年代の終わりから1980年代初頭にかけて多くのエキスパートシステムの研究開発がなされた．この実績をもとに，人工知能研究者や知識工学者のコミュニティでエキスパートシステム成功のための3原則が次のようにいわれるようになった (Buchanan, *et al.*, 1983, p. 160).

第1原則　狭い専門領域を狙え．
第2原則　対象とする業務を明確に定義せよ．
第3原則　知識提供者として，1人，あるいは少人数の参加コミットメントを得よ．

事実，当時，システム開発者（知識工学者）の間で成功したといわれる多くのエキスパートシステムは構造が明確で狭い領域を対象にしていた．今日の目から見ると，この原則は，初めて実験システムを作ろうとする人たちに対するものだったのであろう．なぜならば，狭い領域の限られた知識だけでは，それを用いるユーザは，いつも同じ答えをするシステムにしだいに魅力を感じなくなるからである (丹羽, 1986). じつは，当時の知識工学者はエキスパートシステム開発自体の成功が目的で，そもそも何のためにそのエキス

パートシステムを開発するのかというニーズ志向の視点は弱かったと思われる．

しかしながら，上記の原則を破る知識共有（sharing）システムの概念が1990年に技術経営分野で登場した（Niwa, 1990; 1991）．これは，実際の技術経営の状況とニーズに応えていた．すなわち，

- 対象領域は広い（第1原則に反する）．
- 業務の構造がはっきりしていない（第2原則に反する）．
- システムユーザは多くの専門家（一般のエキスパートシステムは，1人，あるいは少人数の専門家の知識を，多くの素人ユーザが使用する）である．

技術経営の多くの分野では，狭い業務領域の問題解決ではなく，技術と経営の混じり合ったかなり広い業務にまたがる問題の解決に対するニーズが強かった．さらに，それらの業務の構造は明確ではなかった．もし，明確であれば，わざわざエキスパートシステムなどという新しいシステムを構築しなくとも自分たちで解決可能であったのだ．

さらに，技術経営分野では，一人の「専門家」の知識を他の多くの人たちが用いるという状況ではなく，多くの異なる専門家の知識をお互いに用いることが必要であった．つまり，エキスパートシステムのときとは違い，知識システムへの知識の提供者もシステムのユーザも，同じ多くの専門家であるということである．このことは，知識共有システムでは知識の獲得が容易になるという重大な意味をもつ．エキスパートシステムのときとは異なり，知識提供者に「あなたの知識を提供してくれれば，システムから他の人たちの知識を得られますよ」とギブ・アンド・テイク（give and take）の原則を当てはめることができるからである．

知識共有システムのもっとも難しい基本的課題は，異なる分野の知識をいかに結び付けるかである．この結合をここで知識連想と呼ぶことにする．この課題に対して，Niwa (1990) は，知識伝承システム構成（Niwa and Okuma, 1982）と「人間－コンピュータ協同システム」（Niwa, 1986; 1989）とを結合することで実現する方法を提案した．「人間－コンピュータ協同システム」，お

よび，知識連想の詳細は，8.6 節において述べることにする．

(2) 技術経営と知識の扱いの親和性

(a) エキスパートシステムの行き詰まりの克服

専門分野の知識には，2つのタイプの知識がある．1つは，専門家が経験によって得る経験的知識で，もう1つはその分野で教科書に掲載されるような確立された知識（科学的知識と呼ぶ）である (Feigenbaum and Clancy, 1981)．

知識工学は，先に述べたように，そもそもは専門家の経験によって獲得される経験的知識に注目し，それを用いようとしたことにあった (Feigenbaum, 1977)．しかし，8.2 節で述べたように，その後の知識工学のアプローチは，経験的知識（浅い知識）から科学的知識（深い知識）に傾斜し，その結果として，知識工学としてのアイデンティティが薄れていったといえる．

しかし，技術経営分野での知識の扱いの実践を振り返ると，この2つの知識について見逃してはならない重要な点があることが分かる．それは，経験的知識を有効に活用するための基盤は科学的知識の利用にあるということだ (Niwa, 2003)．たとえば医学分野において，ある専門医師が得た経験的知識をインタビューで聞き出しても，それは医学書に書かれている科学的知識なしには解釈できないのだ．このことは，知識ベースの中味ではなく，入れものとしての構造と推論エンジンは科学的知識によって構築されるべきことを示唆している．

もう1つの例は，技術的プロジェクトマネジメント支援システム (Niwa and Sasaki, 1983) である．ここでは，経験的知識は WBS (Work Breakdown Structure) や PERT (Program Evaluation and Review Technique) の構造に従って知識ベースに蓄積されている．ここで，WBS や PERT はエンジニアリングの教科書に掲載されている科学的知識である．

以上から，技術経営は知識工学の本来の意味での適用に適している分野であることが推察される．すなわち，他の純粋な工学分野に比べて，技術経営ではマネジャーの経験的知識が重要な役割を果たしていて，しかも同時に，一般のマネジメントに比べて技術経営は，科学技術の科学的知識に基盤をもつからである．

かつて，人工知能や知識工学の研究者や開発者は，経験的知識（浅い知識）から，科学的知識（深い知識）へ傾斜していったが，じつは，いまから思うと，そこで，「経験的知識が重要で，それを有効に活用するために科学的知識を用いる」との発想が必要だったのだといえよう．

　しかし，そもそも経験的知識そのものの重要性は，コンピュータの専門家よりむしろ応用分野の人間が良く理解できるものであろう．したがって，今後は技術経営分野の人間が，コンピュータの専門家をリードする形で知識工学の応用を実施すると実りがある展開が期待できると考えられる．

(b)　ナレジマネジメントの行き詰まりの克服

　ナレジマネジメントアプローチが実用から乖離してきていることは先に述べた．もし，ナレジマネジメントが「真・善・美を目指す哲学」でなく，企業経営を支援する実学を目指すとすれば，問われるべきことは，知識とは何かではなく，どのような知識を業務に役立たせるかであろう．

　『知識創造企業』（Nonaka and Takeuchi, 1995, p. 58）では，知識を「正当化された真なる信念」と定義して組織的知識創造理論を展開している．しかし，企業の業務で通常使われる（使いたい）「知識」といわれるものが，「正当化されているかどうか？」，「真かどうか？」，「信念かどうか？」と問われると，そして，そういう検討が果たして必要かと問われると返答に窮する．そういう場合もあるだろうし，そうでない場合もあると思えるからだ．いや，そういうことが問題ではないというのが正直な感想と思える．

　それよりもむしろ，知識工学で Feigenbaum and Clancy (1981) が言うように，業務の経験から得られる「優れた実践のルール」，「判断ルール」，「もっともらしい推論のルール」など，経験的知識と呼ばれるものに注目したい．このような経験的知識は，多くの場合ほとんど書き留められることがなく，インターン教育や博士課程教育や徒弟制度や企業のオン・ザ・ジョブ・トレーニングなどによって人々の間で受け継がれてきたものである．これらの取り扱いの優劣が企業業務の成果に大きな影響を与え，企業の業績を左右するようになっているからである．知識工学では経験的知識の扱いから脱落してしまったが，先に述べたように技術経営分野ではここへ注目した研究と実践

が続いている．

じつは，ナレジマネジメント分野でも，哲学的・理論的アプローチから実用性を重んじる方向へと舵を切ろうと試みた（von Krogh *et al.*, 2000）が，それは 8.4 節で述べたように，職場の良き人間関係を作る要因（知識イネーブラー）の議論に一歩後退してしまった．さらに，そこに登場したのは，人間の学習とは共同体への参加の過程であるという研究（Lave and Wenger, 1991）が発展した実践コミュニティ（Wenger *et al.*, 2002）であるが，ここで対象としている知識とは，まさに，上記で述べた経験的知識である．そして，個人ではなく集団を対象にしている点において，技術経営分野での知識マネジメントと同じ問題意識をもっている．しかし，実践コミュニティは原則的に，企業の業績に直結する公式組織ではなく自発的な非公式組織であるので，もどかしく，先がみえない行き詰まり感を与えているといえよう．これに対して技術経営分野では，最初から公式組織を対象にしている点が特徴といえる．

8.6 人間 - コンピュータ協同システムと組織知能

高度技術社会の今日，付加価値の源泉である知識は人間の頭脳とコンピュータの両方に存在する．この両者を結び付けた効果的な知識の活用法は考えられないだろうか．この観点から，本節では知識マネジメントの新たな展開を検討する．

（1） 人間の直観とコンピュータ

（a） 人間直観の重要性と扱いの難しさ

技術経営分野で Silverman（1985）は，マネジャーの意思決定には直観が重要な役割を果たすと述べた．とくに，イノベーション，経営判断，プロジェクトマネジメントのような構造がはっきりしていない領域，すなわち，悪構造領域における意思決定ではこれが顕著であるという．このような直観について，たとえば，次の指摘をしている．

・マネジャーの思考と判断過程の多くは，言葉で表現できず，直観的であ

る．
・彼らの直観は，非常に多くの具体的な経験に基づいてなされる．

　技術経営分野を対象とする知識マネジメントシステムを開発するには，このような直観の働きを反映させる必要があろう．その方法としてまず思いつくのは，人間を疑似工学システムと見立てて，直観を分析しモデル化してコンピュータに組み込もうというアプローチである．たとえば，比較的取り扱いやすいとされるアナロジーなどでこのアプローチが採用されている．しかし，これは仮に可能になるとしても心理学の実験のような非常に限定された局面だけに止まり，複雑で広範囲な事柄を扱うマネジメントへの適用は困難と考えられる．

　直観は非常に難しく正面から取り扱った研究やシステムは少ない．数少ない例外としては，技術経営分野でパイロットシステムが開発された「人間 - コンピュータ協同システム」(Niwa, 1986; 1989) がある．この方法は，経験豊富なマネジャーがある状況（あるいは，ある状況を表す知識）に出くわすと，その状況の遂行や解決のために，自分の頭に経験や学習によって蓄積した知識のなかから適切なものを想起するという働きに注目して開発されたものである．この働きの特徴は，最初の状況と想起された知識の間の関係付けを，そのマネジャーは以前から意識していたわけではなく，最初の状況に出くわしたときに，「ハッと」して結び付きができるというものであり，これこそが経験豊富なマネジャー特有の直観能力であるという．

　「人間 - コンピュータ協同システム」(Niwa, 1986; 1989) を開発した動機は，普通のエキスパートシステムをマネジメント領域に適用したところ，ユーザであるマネジャーから「システムからは，分かり切った答えしか出てこない．知識ベースには，いまの状況に関連した知識が入っているはずなのに，どうして，つながって出てこないのか」と，不満をぶつけられたからである．この不満に対して，一般の知識工学者の返答は，「その両者の知識の関係（たとえば，If~Then~）をあらかじめ付けて，知識ベースに入れておかなければ，つながって出てきません」というのが精一杯である．しかし，マネジメントという悪構造領域において，将来に使われるかもしれない知識間の関係付け

を予想して知識ベースに反映しておくことは事実上不可能である．もし仮に，少しでもこれを実現しようとすれば，知識提供者に過酷な予想作業を強いることになり，彼らの協力を得られなくなり知識ベースはできないであろう．じつは，この問題が知識工学エキスパートシステムが先に述べたように，深い知識アプローチ（構造が明確な領域を対象にして，その構造をモデル化しようとするアプローチ）に傾斜し，経験的知識が重要な役割を果たすマネジメント領域への適用をあきらめた根本的な理由であったといえる．

(b) 人間直観の活用の仕組み

Niwa (1986 ; 1989) は，上記で述べた最初の状況（あるいは，それを表す知識）から別の知識を想起すること，すなわち，知識の連想を人間とコンピュータの協同によって実現しようとした．人間の連想のメカニズムは分析とモデル化はできない（もし，できるのであれば，論理的に記述できるということであり，そうなると，もう直観とは呼べない）ので，この人間の機能をそのままシステムにブラックボックスとして組み込んでしまうという意外なアイデアである．これは，意思決定主体としての人間をシステムの要素とするという意味で「主体内在型アプローチ」とも呼べるだろう．

知識の連想を，状況1（初期知識とも呼ぶ）から状況2（連想知識とも呼ぶ）への結合の過程とみよう．知識の連想過程を2分割し，前半を人間に，後半をコンピュータに分担させるようにした．実際にある業務を担当しているマネジャーに，状況1（初期知識）に遭遇したときに「ハッと」頭に浮かぶ事柄，状況，コンセプト，観点などを，単語，または，句として表現してもらう．この部分は現在のところ人間の創造的能力以外にはできない働きである．その単語，または，句を，コンピュータに入力すると，コンピュータは知識ベースをみて，それに合う（パターンマッチングする）知識群を「連想知識候補群」として出力する．マネジャーは，そのなかから自分の状況と問題意識に合う知識を選び取る．必要ならば，個々の連想知識が出現する要因を逆方向推論という古典的な方法によって知識ベースを探索することで確認して納得（説明機能という）させることができる．

上記の過程で，人間に「ハッと」想起してもらうときに，それを支援する

機能をコンピュータにもたせるところに工夫がある．これは「連想誘導機能」といい，詳細は省略するが，ユーザに視点の転換を誘導するものである．すなわち，違う視点や立場では，同じ状況1（初期知識）でも異なる見え方になることを活用している（金井・丹羽，1998）．

　このような「人間-コンピュータ協同システム」が実用化されると，人間は自分の通常の考え方だけでなく，それと異なる視点からも連想知識を得ることができ，しかも，その連想知識は自分の頭にだけある知識ではなく，膨大な知識が蓄積されているコンピュータの知識ベースから引き出すことができるようになるだろう．

(2) 組織知能

(a) 人間とコンピュータ

　松田（1987），Matsuda（1987；1988）は，1980年代後半までの，マネジメントサイエンス，オペレーションズ・リサーチ，人工知能，および，認知科学などの発展と動向をふまえ，主として経営問題に対処するために，人間に知能があるように，組織にも知能があると考えようという組織知能概念を提唱した．

　松田（1987）は，組織知能に次の2つの定義を与えた．

・組織が総体としてもつ問題処理能力，あるいは
・人間知能と機械知能との交絡集積体

ここで，注目すべきは，人間と機械の両者を含ませた2番めの定義である．というのも，当時，人工知能の発展の影響で「知的組織」の取り扱いの種々の研究が出始めたが，それらは，人間と機械との両者を同時に扱うことはしていなかったからである．

　たとえば，奇しくも同じ1987年に，Huber（1987）は，「知的な組織（intelligent organization）」の研究の必要性を説き，ハワイで開催されるシステムサイエンスの国際会議HICSS（Hawaii International Conference of System Sciences）にはそれ以降「知的な組織」のセッションがもたれている（Paradice, 1991）

が，情報処理や人工知能技術からのアプローチが主である（Blanning and King, 1993）．

　ここで，一般に知的組織の研究を「機械アプローチ」と「人間アプローチ」に分けて考えてみよう．機械アプローチは，上記の HICSS の「知的な組織」の他にも，グループ意思決定支援システムや，分散人工知能なども含み，全般的にコンピュータ化を志向するアプローチである（丹羽，1995）．その基本的な考え方は，人間の働きをモデル化してコンピュータに置き換えようとするものであり，実際に多くの領域で「機械化」に成功している．しかし，人間の働きを単純化して捉えているため，現実への適応が簡単な領域に限定されるという欠点がある．

　「人間アプローチ」は，コンピュータにできない人間固有の働きともいえる暗黙知や直観に着目し，現実の組織で人間が行っている知識の創造の過程に光をあてた（野中，1990：Nonaka and Takeuchi, 1995）．しかし，そこでは，コンピュータの働きは過小評価されている．

　この2つのアプローチは，その後，お互いを必要とする状況になってきている（丹羽，1999）．まず，「機械アプローチ」をみると，インターネットや情報検索技術などの発展で，どの企業もほとんどあらゆる情報を容易に入手することが可能となった．このことは，機械上の情報だけに頼っていては他企業との差別化は図れないことを意味している．むしろ，競争優位の源は，自社の従業員が仕事の経験から獲得するノウハウや暗黙知であることを認めざるを得なくなってきている．

　一方「人間アプローチ」では，たとえば，製造業を例にしても，こぢんまりとした小規模の製品の開発ならばともかく，世界規模の激しい競争環境で技術的普遍性と革新性を狙う画期的新製品の開発を行うには，たまたま周りにいる人間の知識や経験だけを求めて，それらの間でのコミュニケーションをもとにしていたのでは立ちいかなくなっている．情報技術を活用して広く世界に情報を求めなければならない．

　このように，「機械アプローチ」と「人間アプローチ」との統合が必要とされるようになっている．こうした現在の視点からみると，松田（1987），Matsuda（1987；1988）の組織知能，すなわち，人間と機械（コンピュータ）の

両者を含ませ，それらの交絡集積体として知的な組織を扱おうとする提案は先見性があったといえる．

(b) 組織知能へのアプローチ

それでは，組織知能（人間知能と機械知能との交絡集積体）をどのように実現すればよいのだろうか．

まず，最初に思いつくことは，「機械アプローチ」と「人間アプローチ」の併用であろう．これは，実際上容易であり，そうすればいくばくかの効果は生まれるだろう．しかし，ここで交絡集積体という言葉に目を向ける必要があろう．これは単なる併用ではない．松田の目はその先を見ていたと考えられる．化学のアナロジーでいうと，混合物でなく化合物が望まれているのだろう．

そこで，1つのアプローチ（丹羽，1999）を以下に述べることにしたい．この基本的考え方は次のようである．

① 人間知能と機械知能は，なるべくそれぞれの特徴的なものを扱う．
② 両者の作用によって，新しいものが生み出されることを扱う．
③ 両者間の作用は双方向とする．

ここで，上記①に関しては，人間知能としては「直観」を，機械知能としては「コンピュータの論理能力（記憶能力を含む）」を取り上げる．②に関しては，人間とコンピュータとの協同による知識の創造を扱う．こうすると次のようになる．

知識は知識の要素と，要素間の関係で定義される．したがって，知識創造とは，要素の創造か，あるいは，関係の創造である．ここでは，関係の創造に注目する．これは，知識の新しい関係付けであるから知識連想ということもできる．知識連想は人間のもっとも知的な活動の1つと考えられている．実際，人間の専門家は自分の頭のなかにある知識要素を，論理的でなく，直観的に結び付けていることが知られている．したがって，この人間の直観能力と，コンピュータに貯えられている多量の知識要素を結合させ知識の連想

ができれば，人間の特徴である直観と，コンピュータの得意な論理能力を協同させたといえることになろう．

しかし，以上だけでは「交絡」とはいえそうもない．そこで，③が出てくる．すなわち，上記のような人間からコンピュータへの作用に加えて，コンピュータのほうから人間へ作用をさせる．具体的には，コンピュータが，人間の直観の使用に際してサジェスチョンを与えるようにして，直観の働きをより効果的にさせようとする方式である．現段階では，人間に視点の転換をさせるためのサジェスチョンを与える方法を採用している．

以上ここまでの記述で明らかになったが，じつは，このアプローチは本節 8.6（1）で述べた，「人間 - コンピュータ協同システム」（Niwa, 1986）の考え方である．これを，組織知能（松田，1987 ; Matsuda, 1987 ; 1988）の実現のために活用したといえる．興味深いことに，この2つのアイデアは，それぞれ独立に，ほぼ同じころに生まれている（丹羽，1988）．

高度技術社会では，付加価値の源泉は知識である．この知識は従来は人間だけが扱うことができた．しかし，コンピュータの登場により，コンピュータも知識を扱うことができるようになった．したがって，両者の特徴を生かし，両者を上手に組み合わせて，知的な組織，すなわち，組織知能を構築する1つの方向がみえてきたといえる（たとえば，Inouchi et al., 2002）．

8.7 サービス・サイエンスの登場と展開

産業のサービス化の進展に伴い，サービス・サイエンスという言葉が登場している．本節では，これをどう考えるべきか，その一つの道筋を提示する．そのなかで，知識マネジメントとの関係も検討する．

(1) サービス・サイエンス

(a) 背景と必要性
技術を基盤とする現代社会では無形資産である知識の果たす役割が重要になってきており，これが知識マネジメントを必要としている歴史的背景であった．この歴史的流れを表現するのに「産業の知識化」という言葉もよく使

われている．じつは，これと同じような意味で「産業のサービス化」という言い方もされている．したがって，ここでは「サービス」という側面から議論してみよう．

「サービス・サイエンス」という言葉は，2000年代の中ごろからいろいろな文脈で登場している．たとえば，以下のようである．

- 「産業のサービス化の進展に対応する学問」（Chesbrough, 2005）
- 「イノベーションを起こすための学際的学問」（Council on Competitiveness, 2005, p. 58）
- 「コンピュータサイエンスがIT時代の基礎となったように，サービス社会の基礎となることが期待される学問」（IBM, 2005）
- 「コンピュータサイエンスのなかでサービスを指向する科目」（UC Berkeley, 2005）

現在のところ，サービス・サイエンスを巡る議論は，緒に付いたばかりで，多方面にわたる発散的状態にあるといえる．したがって，この際は，とくに「サービス・サイエンス」があるとすればどのような内容に注目すればよいのか，あるいは，どのような視点やアプローチでこの分野を構築すればよいのかに関する議論が必要である（丹羽, 2005）．

(b) サービス・マネジメントとの関係

新しく「サービス・サイエンス」を議論するに際して，「サービス・マネジメント」との関連をまず検討する必要がある．サービス産業の重要性が増大するに従い，すでに，サービス・マネジメントという学問分野が確立されているからである．たとえば，世界の大学のサービス・マネジメント関連学科がThe International Academy of Service Research and Education（IASRE）を組織し活動している．

著者の手もとにあるサービス・マネジメントの教科書（Fitzsimmons and Fitzsimmons, 2006）をみると，サービス・マネジメントが対象とする分野は下記のように広い．

- 行政サービス（軍，教育，裁判，警察，消防）
- インフラサービス（通信，運輸，電気・水道・ガス，銀行）
- 個人向けサービス（健康，レストラン，ホテル）
- 流通サービス（卸売り，小売り，修理）
- 製造業内におけるサービス（財務，会計，法務，研究開発，設計）
- Value-Added Service（融資，リース，保険）
- Businessサービス（コンサルティング，監査，広告，廃棄物処理）

じつは，上記の多くは，公共政策，土木，交通，都市，通信工学，保健学，医学，ホテル学，商学，流通論，経営学，会計学，法学などさまざまな既存の学問分野でも議論されているものといえる．しかしながら，そのような状況でサービス・マネジメントが特徴をもつとすれば，それは，サービスを，

- 「顧客価値を高める」ために行う，
- 「提供者と顧客との相互作用」であり，
- 「その生産と消費が同時期」という特徴をもつもの

と分野横断の視点で捉え，サービスに関する議論の質を大幅に高めている点にあると考えられる．

したがって，新たにサービス・サイエンスという分野を構築しようとする場合には，このサービス・マネジメントとどこが違うのか，そして，それはいかなる意味をもつのかを吟味しなければならないだろう．

(2) サービス・サイエンスの展開方向

(a) 知識マネジメントを核とする融合科学

本項では，知識専門職業としてのコンサルティングに注目することで，従来のサービス・マネジメントと異なる新たなサービス・サイエンス展開を目指すアプローチについて述べる．コンサルティングに注目するのは，次の理由による．

［サービス業のなかでも新しい分野］

「どんな社会にもサービスはたくさんある．前工業社会では，家庭内，もしくは，個人的なサービスがある（たとえば，召使い）．工業社会では，サービスとは産業を補完するものであり，産業設備，運輸，財務，不動産などである．脱工業化社会では，新種のサービスが拡大する．それは，教育・健康・公共サービスといった対人サービスや，分析・計画立案，設計，プログラミングといった専門的・知的サービスである」（ベル，1995, pp. 94-95）

専門的・知的サービスのなかでもコンサルティングはもっとも新しい分野の１つである．新しい分野を対象にすることは，従来の学問だけでは対応できない可能性も高く，したがって，学際・融合研究が望まれ，そこから新しい学問分野を構築できる可能性がある．

［発展する分野］

OECDの報告（2001）によると，OECD加盟国の1992年から1999年の就業者数の増加率は，生産工程従事者はマイナス0.2％，データ業務従事者は0.9％，経営者は1.6％，サービス業従事者は2.2％であるのに対して，頭脳労働者は3.3％と高い数値を示している．

［付加価値が高い分野］

IT業界という狭い分野ではあるが，付加価値の源泉は，ハード→ソフト→システム→コンサルティングと移っている．そこでは，コンピュータのハードに対応する学問として電子工学，ソフトにはソフトウェア工学，システムにはシステム工学が存在するが，コンサルティングに対応する学問はなく，この分野の基礎学問の確立も望まれている．

［問題解決，知識，説得の重要性が顕著］

サービス・マネジメントが着目する「顧客価値を高める」ために行う「提供者と顧客との相互作用」で「その生産と消費が同時期」という特徴に加えて，コンサルティングでは，さらに知識社会で重要となる新しい要素（後述する問題解決，知識，説得）がとくに重要となるので，サービス・マネジメン

トとは異なった学問体系が必要となる可能性がある．

　経営コンサルティング（management consulting）は，「独立した専門的助言サービスで，経営管理上やビジネス上の諸問題を解決し，新しい機会を発見して捕捉し，学習を向上し，変革を実施することによって，組織の目的・目標を達成するうえで，経営者と組織を支援すること」（ILO, 2002, p. 10, 邦訳, p. 12）と定義されている．実際の仕事は，「インタビュー手法を駆使して顧客の問題と目的を診断し，実施すべき作業を編成して計画を作り，顧客の協力を確保して顧客とのコミュニケーションを図り，顧客と情報・知識を共有して提案や結論を口頭ならびに文書で提出する」（ILO, 2002, p. xvii, 邦訳, p. iv）ことを主な内容としている．

　ここでは，簡単化のため，まず，顧客の問題解決の支援型のコンサルティングを考察の対象とする．そのようなコンサルティングは，次の3つの要素に分けられよう．

① 問題を（顧客以上の広い立場から）定義する．
② 顧客の知識体系を理解し，上記問題の解決法を考案する．
③ 顧客に解決法を提案して納得させる．

　じつは，この3要素は，その学問的取り扱いをしようとすると，それぞれそれ自身が新しい学際的学問，すなわち，下記のようなシステム論，知識マネジメント，認知科学に深く関係することが分かる．

［システム論］
　一般システム理論（von Bertalanffy, 1968）に始まり，悪構造問題に対するソフトシステム思考（Checkland, 1981），問題の定義や解決のためのシステムアプローチ（Muller-Merbach, 1994）など，問題をそのもの自体だけからでなく，それをも含む全体の立場から捉えようとする．

［知識マネジメント］

　専門家の経験から得られる経験的知識の重要性を指摘し，それをコンピュータに組み込むエキスパートシステム構築の知識工学（Feigenbaum, 1977）の計算機科学分野での流れと，人間同士のコミュニケーションを重視し，暗黙知から組織の形式知への変換プロセスが組織の知識創造の要だとする知識創造企業（Nonaka and Takeuchi, 1995）の経営学分野での流れと，さらに，技術経営やイノベーションの観点からの扱い（Niwa, 2003）などがある．

［認知科学］

　情報科学の進展に基づいて，哲学，心理学，神経科学，人工知能，人類学，言語学の柱をもって，心を総合的に研究する学問として提唱された（Gardner, 1985 ; 橋田他, 1995）．多くの研究課題のなかには，外界とのコミュニケーション，他人との協同（植田・岡田, 2000）などが含まれる．

　上記の3つの学問からは，たとえば，次のような分野がコンサルティングの基礎学問としてのサービス・サイエンス構築にとって有効と考えられる．システム論からは，問題定義のハードアプローチ（理想や目標と現実のギャップを問題と定義）とソフトアプローチ（顧客や関与者と協同で理想や目標を設定する），および，全体は部分の単なる集合ではなくそこに創発性が加わるということなどである．知識マネジメントからは，結果から原因をたどる逆方向推論とその説明機能の重要性，科学技術に関する知識を有効に扱える標準ワークパッケージ法，人間の直観とコンピュータの論理機構との協同方式などである．認知科学からは，視点の転換や洞察，協同のあり方，コミュニケーションや説得の方法などがある．

　以上のように新しい学問分野として「サービス・サイエンス」を探究するための1つのアプローチを提示した．それは，付加価値が高く，また，将来の発展も予想される知的サービス業としてのコンサルティングを具体的対象にして，3つの学際的学問であるシステム論，知識マネジメント，認知科学の3者をさらに融合するというものである．それは，この3分野が，コンサルティングの要件である問題解決，専門知識の活用，協力と説得を取り扱う

学問だからである．

　ここで取り上げたこの3つの学際的学問は，それぞれいまだ確立されているとは言い難く，したがって，屋上屋を架すというリスクも存在しえよう．しかし，むしろ逆に，コンサルティングという，知識社会で実際に重要な役割を果たしている分野を具体的対象に，新しくサービス・サイエンス構築という役割を与えられると，それが逆に，現在，行き詰まり感のあるシステム論，知識マネジメント，認知科学に刺激を与えて，それぞれの発展へ寄与するという副次効果が生じる可能性もあるだろう（丹羽，2005）．

(b)　サービス・イノベーションを超えて

　産業の高度化が進展し，サービス産業の重要性が増加している．また，産業分類上は製造業であっても，提供する商品の内容をよくみてみると，ハード製品だけではなく，むしろそれに付随したソフトウェアやサービスのほうが主体となっているものも多い．

　このような状況で，サービス分野のイノベーションが必要であるという議論が登場している．それはその通りである．また，ここには，従来のハードウェアを主体としたイノベーションからサービス・イノベーションへと重要性が移るという意味も込められている．この際には，サービスの特徴である，

　・「提供者と顧客との相互作用」であり，
　・「その生産と消費が同時期」の特徴をもつもの

に注目した議論の展開がされるであろう．今後のこの分野の発展を期待したい．

　しかし，本項では，さらにその先の将来を見越して，その観点からの議論をしてみたい．

　そのために，まず，上記のサービス・イノベーションの考え方に1つの重要な盲点があることを指摘しておこう．じつは，ハードウェアとサービスとを区別するのは，基本的には商品提供者側の視点であることに留意する必要がある．つまり，ハードウェアとサービスとでは，商品の製造や提供や運用

コラム 15

トップの支援に頼る革新的情報システムは危険

　新しい企てを企業にもち込むにはいろいろな障害を乗り越えなければならない．情報システムも例外ではない．

　とくに革新的な情報システムを導入しようとすると，多くの困難に出合う．

　人々は予想以上に保守的である．

　今までと違う新しいということが反対の理由なのだが，そうはいわず何かと理由を付けて反対する．とくに，それによって，目前の仕事の仕方が変更になる人たちは，真剣に反対する．

　こんなことでは，イノベーションはもとより，改善や業務の改革すらおぼつかない．

　こういう場合に，トップのリーダーシップが必要となる．

　実際にその威力は絶大である．これがあると，人々への説得は成功することが多い．

　いったん新しいシステムが動き出すともう後戻りできなくなり，それを使用していくうちに，しだいにその良さの認識も定着していく．そして，後日，トップの優れたリーダーシップが賞賛されることになる．

　しかしながら，新しく導入しようとする革新的な情報システムが，定常的業務を対象とする基幹システムでない場合には，大きな危険が待ちかまえている．

　トップが交代するとこの情報システムは廃止になることが多いのだ．

　なぜなら，このシステムは「前任トップ肝いりのシステム」として有名となっているので，新しいトップは自分のシステムといえるものを構築したいからである．

　イノベーションは，現在の本流や基幹ではなく周辺から起きることが多いので*），この周辺領域における革新的情報システムが廃止になるのは，将来の大きな発展の機会を失うことになるかもしれない．

　トップの支援は必要で威力絶大だが，それだけに頼ってはいけない．

---

*) 第 2 章 2.7 節 (1) を参照.

などのビジネスモデルが異なるので，これを区別して，効率的な企業経営を行おうという目的のためともいえる．ところが，顧客の立場では，自分が便利で豊かになればよいのであり，それがハードでもサービスでも，とくに，こだわる必要は本来はないのである．

では，どう考えればよいのだろうか．もっとも原点に戻ればよい．まず，顧客の便益を高めるのは何を提供したらよいかを最初に考えるべきである．次に，それを実現する手段として，ハードウェアをどの部分で使い，サービスをどの部分に適用しようかと，ハードウェアとサービスの最適な組み合わせを考えるべきであろう．

この際に，ハードウェアではなく，なるべくサービスのほうを重視しようと考えてはいけない．実際に世の中には，クリーニング店が家庭用の洗濯機に置き換わったように，サービスからハードウェアに移行した例も多いのだ．

基本的には，ハードウェアもサービスも同時に考察の対象として，種々の組み合わせのパターンを考えるところに豊かな発想が生まれ，それがイノベーションを起こさせる原動力となるであろう．サービス・イノベーションといって，サービスだけに集中するのはもったいないといえる．

第 8 章の要約

計算機科学の人工知能分野で，知識マネジメントの 1 つの源流が 1970 年代の後半に生まれた．専門家の経験的知識をコンピュータに移植するエキスパートシステムである．しかし，実用化の過程で専門家からの知識の獲得の困難さに出合うと，しだいに構造や機能が明確な分野を対象にするか，あるいは，プログラム技法化を重視するように，知識マネジメントのためのシステムとしては後退してしまった．

経営学の分野で 1990 年代に，形式知と暗黙知との相互作用で組織の知識が創造されるという組織的知識創造理論が登場した．この理論，とくに，暗黙知の概念は注目を集めた．この理論にかこつけて世界的にナレジマネジメントのブームともいわれるものが起きたが，その実態の多くは，単なる企業の情報システム化というものにすぎなかった．この理論が哲学的側面を強く

もっているため，そのままの形で実用化に直結しなかったことも原因と考えられる．

上記の大きな流れに比べると微々たるものであるが，技術経営の分野では，1980年代から実用を目的として，知識マネジメントの研究と実践が続けられた．そこでは，知識融合・共有や，人間とコンピュータの協同などの，実用的な新しいシステム構成が提案された．この分野での知識マネジメント研究は，多領域の融合を狙うこと，人間とコンピュータの両者を組み合わせること，経験的知識と科学的知識の両者を同時に用いることに特徴がある．

上記の技術経営分野での考え方は，現在の高度技術社会の知識マネジメントを確立するのに適していると考えられる．たとえば，組織知能の実践的研究などを推進する必要があろう．

産業の知識化と同じような意味で，産業のサービス化がいわれ，2000年代の中ごろからはサービス・サイエンスという言葉も登場している．システム論や認知科学と協同して知識マネジメントはこの分野を探究するのにも重要な役割を果たすであろう．

引用文献

Blanning, R. W. and King, D. R., "Artificial Intelligence in Organizational Design, Planning and Control," Proceedings of HICSS (Hawaii International Conference of System Sciences), Vol. IV, pp. 270-271, 1993.

Buchanan, B. G., Barstow, D., Bechtal, R., Bennett, J., Clancey, W., Kulikowski, C., Mitchell, T., and Waterman, D. A., "Constructing an Expert System", in Hayes-Roth, F., Waterman, D. A. and Lenat, D. B. (eds.), *Building Expert Systems*, Addison-Wesley, Reading, MA, 1983.

Checkland, P. B., *System Thinking, System Practice*, John Wiley & Sons, Ltd., 1981 (チェックランド，P. B., 高原康彦・中野文平監訳，飯島淳一他訳『新しいシステムアプローチ：システム思考とシステム実践』，オーム社，1985).

Chesbrough, R. J., "Toward a New Science of Services," in Breakthrough Ideas for 2005, *Harvard Business Review*, February, pp. 43-44, 2005.

Cohen, D., "Toward a Knowledge Context: Report on the first Annual U. C. Berkeley Forum on Knowledge and the Firm," *California Management Review*, Vol. 40, Issue 3 (Spring 98), pp. 22-39, 1998.

Council on Competitiveness, National Innovation Initiative Summit and Report, "Innovative America: Thriving in a World of Challenge and Change," 2005.

Davenport, T. H. and Prusak, L., *Working Knowledge : How Organizations Manage What They Know* (paperback edition), Harvard Business School Press, 2000（ダベンポート，T. H.・プルサック，L.，梅本勝博訳，『ワーキング・ナレッジ：「知」を活かす経営』，生産性出版，2000）.

Feigenbaum, E. A., "The Art of Artificial Intelligence. I. Themes and Case Studies of Knowledge Engineering," Proceedings of Fifth International Joint Conference on Artificial Intelligence, pp. 1014-1029, 1977.

Feigenbaum, E. A. and Clancy, W. J., "Knowledge Engineering,"（ファイゲンバウム，E. A.・クランシー，W. J.，溝口文雄・諏訪基訳，「知識工学」，『数理科学』，No. 214, 1981年4月号），pp. 11-20, 1981.

Feigenbaum, E. A. and McCorduck, P., *The Fifth Generation*, Addison-Wesley, Reading, 1983.

Fitzsimmons, J. A. and Fitzsimmons, M. J., *Service Management : Operations, Strategy, Information Technology*, 5th ed., McGraw-Hill, 2006.

Gardner, H., *The Mind's New Science : A History of Cognitive Revolution*, Basic Books, 1985（ガードナー，H.，佐伯胖・海保博之監訳，『認知革命：知の科学の誕生と展開』，産業図書，1987）.

Gibson, D. and Niwa, K., "Knowledge-Based Technology Transfer," Proceedings of PICMET'91, pp. 503-506, 1991.

Harmon, P., Maus, P., and Morrissey, W., *Expert Systems Tools and Applications*, John Wiley & Sons, 1988.

Hayes-Roth, F., Waterman, D. A., and Lenat, D. B., *Building Expert Systems*, Addison-Wesley, 1983.

Huber, G., Tutorial Session at the HICSS（Hawaii International Conference of System Sciences), 1987.

IBM, http://www.research.ibm.com/ssme/, 2005.

ILO (International Labor Organization), *Management Consulting : A Guide to the Profession*, 4th ed., 2002 (ILO, クーパー, M. 編，水谷栄二監訳，『経営コンサルティング』，生産性出版，2004).

Inouchi, M., Toyama, D., and Niwa, K., "An Organizational Intelligence System for Small Interdisciplinary Research Groups," 6th ICTPI (Kansai02), TS-10-4, 2002.

Lave, J. and Wenger, E., *Situated Learning : Legitimate Peripheral Participation*, Cambridge University Press, 1991（レイヴ，J.・ウェンガー，E.，佐伯胖訳，『状況に埋め込まれた学習：状況的周辺参加』，産業図書，1993）.

Leonard, D. and Sensier, S., "The Role of Tacit Knowledge in Group Innovation," *California Management Review*, Vol. 40, Issue 3 (Spring 98), pp. 112-132, 1998.

Matsuda, T., "Strategic Informatics and Organizational Intelligence, Sanno College Bulletin, Vol. 8, No. 1, pp. 1-15, 1987.

Matsuda, T., "OR/MS and Information Technology for Higher Organizational Intelligence," *Opsearch*, Vol. 25, No. 1, pp. 4-28, 1988.

Muller-Merbach, H., "A System of Systems Approach," *Interface*, Vol. 24, July-August, pp. 16-25, 1994.

Niwa, K. and Okuma, M., "Know-How Transfer Method and its Application to Risk Management for Large Construction Projects," *IEEE Transactions in Engineering Management*, Vol. 29, No. 4, pp. 146-153, 1982.

Niwa, K. and Sasaki, K., "A New Project Management System Approach : The "Know-How" Based Project Management System," *Project Management Quarterly*, Vol. 14, No. 1, pp. 65-72, 1983.

Niwa, K., Sasaki, K., and Ihara, H., "An Experimental Comparison of Knowledge Representation Schemes," *AI Magazine*, Vol. 5, No. 2, pp. 29-36, 1984.

Niwa, K., "A Knowledge-Based Human-Computer Cooperative System for Ill-Structured Management

Domains," IEEE Transactions on Systems, Man and Cybernetics, Vol. 16, No. 3, pp. 335-342, 1986.

Niwa, K., *Knowledge-Based Risk Management in Engineering: A Case Study in Human-Computer Cooperative Systems*, Wiley Series in Engineering and Technology Management, Wiley, 1989.

Niwa, K., "Toward Successful Implementation of Knowledge-Based Systems: Expert Systems vs. Knowledge Sharing Systems," *IEEE Transactions in Engineering Management*, Vol. 37, No. 4, pp. 277-283, 1990.

Niwa, K., "Emerging Applications of Knowledge Sharing Systems," Proceedings of PICMET'91, pp. 546-549, 1991.

Niwa, K., "Themes and Challenges of Knowledge Management: A Technology Management Perspective," Proceedings of PICMET'03, CD-ROM, 2003.

Nonaka, I., "Toward Middle-Up-Down Management: Accelerating Information Creation," *Sloan Management Review*, Vol. 29, No. 3, pp. 9-18, 1988a.

Nonaka, I., "Creating Organizational Order Out of Chaos: Self-Renewal in Japanese Firms," *California Management Review*, Vol. 30, No. 3, pp. 57-73, 1988b.

Nonaka, I., "Redundant, Overlapping Organizations: A Japanese Approach to Managing the Innovation Process," *California Management Review*, Vol. 32, No. 3, pp. 27-38, 1990.

Nonaka, I. and Takeuchi, H., *The Knowledge-Creating Company: How Japanese Companies Create the Dynamics of Innovation*, Oxford University Press, 1995 (野中郁次郎・竹内弘高, 梅本勝博訳, 『知識創造企業』, 東洋経済新報社, 1996).

Nonaka, I. and Konno, N., "The Concept of 'Ba': Building a Foundation for Knowledge Creation," *California Management Review*, Vol. 40, Issue 3 (Spring 98), pp. 40-54, 1998.

OECD, Growth Project "The New Economy: Beyond the Hype," 2001.

Paradice, D., "Intelligent Organizations," Proceedings of HICSS (Hawaii International Conference of System Sciences), Vol. IV, p. 27, 1991.

Shirabe, M., Niwa, K., Okuda, S. and Ootuji, H., "Survey of Tacit Knowledge Use in the R & D of Japanese Companies," Proceedings of PICMET'97, pp. 554-557, 1997.

Shortliffe, E. H., *Computer-Based Medical Consultation*, Elsevier, 1976 (ショートロフィー, E. H. 神沼二真・倉科周介訳, 『診療コンピュータシステム』, 文光堂, 1981).

Silverman, B. G., "Expert Intuition and Ill-Structured Problem Solving," *IEEE Transactions on Engineering Management*, Vol. 32, No. 1, pp. 29-33, 1985.

Takeuchi, H. and Nonaka, I., "The New New Product Development Game," *Harvard Business Review*, January/February, pp. 137-146, 1986.

UC Berkeley, http://sis.berkeley.edu/Fall2005ScheduleUG.pdf, 2005.

von Bertalanffy, L., *General System Theory*, George Braziller, 1968 (フォン・ベルタランフィ, L., 長野敬・太田邦昌訳, 『一般システム理論:その基礎・発展・応用』, みすず書房, 1973).

von Krogh, G., "Care in Knowledge Creation," *California Management Review*, Vol. 40, Issue 3 (Spring 98), pp. 133-153, 1998.

von Krogh, G., Ichijo, K., and Nonaka, I., *Enabling Knowledge Creation: How to Unlock the Mystery of Tacit Knowledge and Release the Power of Innovation*, Oxford University Press, 2000 (ゲオルク・フォン・クロー・一条和生・野中郁次郎, 『ナレジ・イネーブリング』, 東洋経済新報社, 2001).

Wenger, E., McDermott, R., and Snyder, W. M., *Cultivating Communities of Practice*, Harvard Business School Press, 2002 (ウェンガー, E.・マクダーモット, R.・スナイダー, W. M., 櫻井祐子訳,

『コミュニティ・オブ・プラクティス：ナレッジ社会の新たな知識形態の実践』，翔泳社，2002)．

石塚満,「エキスパートシステム」, *Computer Today*, No. 11. pp. 4-13, 1986.

植田一博・岡田猛,『協同の知を探る：創造的コラボレーションの認知科学』, 共立出版, 2000.

金井明人・丹羽清,「組織知能における「外的制約としての視点」：研究・開発（R & D）マネジャーへの効果」,『経営情報学会誌』, Vol. 7, No. 1, pp. 45-65, 1998.

丹羽清・佐々木浩二・井原広一,「プロジェクトマネジメントにおける知識工学実験システム」, 電気学会, システム・制御研究会資料 SC-82-45, pp. 39-47, 1982.

丹羽清,「人工知能とエキスパートシステム」, *Computer Today*, No. 11. pp. 23-28, 1986.

丹羽清,「人工知能から組織知能へ」,『オペレーションズ・リサーチ』, Vol. 33, No. 3, pp. 129-134, 1988.

丹羽清,「情報基盤の整備と組織知能研究の展開」,『経営情報学会誌』, Vol. 4, No. 2, pp. 99-113, 1995.

丹羽清,「松田の組織知能概念『人間—機械知能交絡集積体』の今日的意味と今後の展開」, 経営情報学会 1999 年秋季全国研究発表会予稿集, pp. 1-4, 1999.

丹羽清,「サービス・サイエンス確立へのアプローチ：コンサルティングを対象とする学際科学の融合」, 研究・技術計画学会第 20 回年次学術大会講演要旨集 I, pp. 272-275, 2005.

野中郁次郎,『知識創造の経営：日本企業のエピステモロジー』, 日本経済新聞社, 1990.

橋田浩一他,『認知科学の基礎』(岩波講座, 認知科学), 岩波書店, 1995.

ベル, D., 山崎正和・林雄二郎他訳,『知識社会の衝撃』, TBS ブリタニカ, pp. 94-95, 1995.

松田武彦, private communication, 1980-1984.

松田武彦,「組織知能の科学と技術：経営情報学の一構想」, 産業能率大学紀要, Vol. 7, No. 2, pp. 1-18, 1987.

おわりに

　科学技術の発展は幅広い領域で起きている．しかも，その方向は予想もつかないことが多い．人間の無知や未知の世界を，創造性を武器に果敢に挑戦する分野だからだ．このような特徴をもつ科学技術をいかに企業経営に役立たせるかを対象とする「新しい学問領域」が技術経営学といえる．科学技術が企業経営に及ぼす影響が非常に大きくなるにつれ，技術経営学の確立の要請は強まっている．しかし，この分野の歴史は短く，さらに，広大な領域をもつ学際的分野ということもあり，技術経営全体を扱う「標準的」教科書といえるものは世界的にみてもまだ存在していない．

　このような状況にあるため，技術経営学の確立を目指す第一歩として執筆したのが本書「技術経営論」である．本書の全体構成を決めるのに，それだけで試行錯誤の2年間が経ってしまった．本書は，第1章で述べた技術経営の特徴の項目に直接従って章立てをすることも可能であった．このほうが，独自の領域をもつ学問分野としての主張がしやすいかもしれない．しかし，迷った末に，従来の経営学などの伝統と慣習にほぼ従った章立てにして本書を執筆した．これは，次のような理由による．

- 従来からの経営学の蓄積もふまえたうえで，発展的に新たな領域や論点を加えて議論したほうが，経営学の研究者や経営学を学んだ多くの人たちと，技術経営という新分野に取り組んでいる人たちが交流しやすくなり，今後，技術経営学の確立を目指すために有益であろう．
- 実際の企業の現場では，本書で展開する章立てに従って多くの仕事がなされているので，読者が参照しやすくなるであろう．現場での使用とそこからのフィードバックが，実学である技術経営学を確固たるものとして構築していく場合には必須である．

さらに，本書では，それぞれの章で各既存学問分野がどのような問題意識と時代背景のもとで登場して発展してきたかを，できるだけ記述するように心がけた．それは次の理由による．

・技術経営は，学問としての体系化は緒に付いたばかりといえる．したがって，隣接の学問分野がどのような経緯で登場して確立されてきたかの歴史を知ることは，技術経営学確立のための道をこれから拓いていくのに参考になるであろう．

　しかし，本書で採用した構成は，実際の執筆の段階で著者に大きな負担を負わせることとなった．それは，経営学をはじめ関連する多くの分野の事柄をわずかな紙幅で表現しなければならないという無謀で過酷な作業が必要となったからである．このため，各章のそれぞれの執筆の過程で，何度となく「筆を投げたい」という心境に陥った．しかし，自分が読者ならば，こういう本が欲しかったという思いと，この無謀な計画を知ったいくばくかの人たちからの励ましのお陰で，どうにか書き終えることができた．

　書き終えてみると，当初のもくろみがどの程度成功しているか大きな不安をもつ．まずは，多く含まれているであろう誤解や誤りの修正も必要であろう．また，各章間の相互関係に関する考察の強化も必要であろう．これらは，ぜひとも読者からのご指摘やご教示をいただいて，著者の次の作業課題として取り組みたい．

2006 年 10 月　　丹羽　清

索　引

人名索引

Alexander, C.　259
Allen, T.　121
Amabile, T. M.　190, 192
Andrews, K. R.　26, 208
青島矢一　140
浅久野英子　81, 245
Atuahene-Gima, K.　102
Barczak, G.　246
Barnard, C. I.　206, 208
Barney, J. B.　31
Barras, R.　125
Barton, T.　259
Basse, A.　294
Bell, D.　14
Berson, Y.　246
Berthon, P.　101
Blanning, R. W.　332
Boucher, W. I.　279
Bower, J. L.　101
Brandenburger, A. M.　30
Buchanan, B. G.　324
Bush, V.　120
Carson, R.　278
Chandler, A. D.　26
Checkland, P. B.　176, 338
Chesbrough, H.　126, 133, 136, 335
Christensen, C. M.　101, 138, 141, 143
Clancy, W. J.　326, 327
Clark, K. B.　125
Cohen, D.　316
Cordero, R.　246
Davenport, T. H.　317
Davis, S. M.　218
Day, G. S.　61
DeLoach, J.　259

Dennard, R. H.　190, 191
Dodgson, M.　119
Douglas, C. A.　246
Drucker, P. F.　7, 10, 14, 15, 27, 58, 61, 70, 102, 116, 118, 129
Dunbar, K.　236
Edison, T. A.　164
Epstein, S.　292
Fayol, H.　207, 218
Feigenbaum, E.　301, 302, 306, 308, 323, 324, 326, 327, 339
Finke, R. A.　190-192, 195
Fitzsimmons, J. A.　335
Fitzsimmons, M. J.　335
Freeman, C.　123
藤垣裕子　224, 263
藤本隆宏　213
Gardner, H.　339
Gassmann, O.　230
Gibbons, M.　269
Gibson, D.　324
Ginzberg, M. J.　87
Goleman, D.　247
Gordon, W.　192
後藤晃　50
Hamel, G.　31, 101, 151
Hanson, W.　98
原科幸彦　278
Harmon, P.　304
Harris Jr., C. E.　294
早石修　171
Hayden, R.　218
Hayes-Roth, F.　304
Heins, R. M.　259
Henderson, R.　125
東健一　171, 290
平川秀幸　282
堀井秀之　269

Huber, G.　331
市川惇信　12, 225, 234
市川昌弘　266
Inouch, M.　334
猪内学　vii
石塚満　307
石黒周　vii, 201, 242
石井淳蔵　84
伊丹敬之　8, 31
板谷和彦　200
伊東光晴　112
岩井克人　15, 246
Johnson, D. G.　294
加護野忠男　8
Kahn, R. L.　210
樫尾俊雄　103
金井明人　331
金井壽宏　226
春日伸弥　vii
加藤俊彦　141
Katz, D.　210
Katz, R.　94, 170
川上智子　81
川喜多二郎　192
Kelly, T.　224
Keynes, J. M.　112
Kim, W. C.　143
King, D. R.　332
Kitano, H.　242
Kline, S. J.　122, 165
小林傳司　281-283
Kobayashi, Y.　315
Kocaoglu, D. F.　vi, 2, 6
児玉文雄　126, 234
古賀智敏　50
Konno, N.　316
Kotler, P.　71, 73, 90, 103
Kotter, J. P.　226, 227
Kozmetsky, G.　vi
久米均　267
國領二郎　100
Lave, J.　328
Lawrence, P. R.　210, 218

Leifer, R.　130
Leonard, D.　316
Lessig, L.　53
Levine, R.　120
Levitt, T.　70, 73, 83
Linton, J. D.　246
Lorsh, J. W.　210
前川寛　260
Mahroum, S.　229
March, J. G.　210
Mark, H.　120
丸毛一彰　170
丸山瑛一　171, 294
松田武彦　311, 331, 332
Mauborgne, R.　143
Mayo, E.　208
McCarthy, J.　73, 301
McCorduck, P.　324
McCulloch, W.　300
McGregor, D.　208
Meckler, M.　289
Melchers, R. E.　266
Minsky, M.　301
Mintzberg, H.　59, 226, 227
宮林正恭　287
宮川公男　255, 279
Moor, P. G.　259
Morley, W. H.　246
Mowbray, A. H.　256
Mulec, K.　246
Muller-Merbach, H.　176, 338
村上陽一郎　11, 120, 162, 164, 173, 224, 268, 285, 294
村田純一　84
村田康隆　47
長岡貞男　50
永田晃也　50
中島剛志　vii, 196
Narver, J. C.　101
根井雅弘　112
Newell, A.　300
Niwa, K.　86, 87, 247, 273, 275, 277, 304, 310, 323, 325, 326, 329, 334, 339

丹羽清　　　101, 141, 195, 196, 200, 201, 227, 236, 237, 240, 241, 245, 275, 292, 300, 302, 304, 308, 324, 331, 332, 335, 340
野上大介　　vii
Nonaka, I.　　122, 311-315, 317, 320, 327, 339
野中郁次郎　316
O'Connor, G. C.　130, 131
Ohmae, K.　315
岡田猛　339
Okuma, M.　323
Osborn, A.　191
Paradice, D.　331
Pasteur, L.　198
Perens, B.　96
Pfeffer, J.　211
Pitts, W.　300
Porter, M. E.　29, 33, 35, 143, 315
Prahalad, C. K.　31, 62, 101
Prusak, L.　317
Quade, E. S.　279
Rakos, J.　218
Raymond, E. R.　96
Robbins, S. P.　206, 212
Roberts, R. M.　192, 198, 199
Rogers, E. M.　148
Roods, D.　122
Rosenberg, N.　122
Rosenbloom, R. S.　81, 221
Roth, J.　246
Rothwell, R.　119
Roussel, P. A.　168
Runco, M. A.　191
榊原清則　9, 234
Sasaki, K.　326
Sawhney, M.　100
Schoemaker, P. J. H.　61
Schults, R. L.　87
Schumpeter, J. A.　112, 115, 128, 129, 144, 150, 155
清野武寿　vii
関澤純　281
Senge, P. M.　243
Sensier, S.　316

Shannon, R. E.　300, 301
Shapiro, G.　199
Sheedy, E.　259
嶋口充輝　73
塩野谷祐一　128, 129
Shirabe, M.　319
調麻佐志　96
Shirahada, K.　247
白肌邦生　vii, 246, 247
Shortliffe, E. H.　301
Silverman, B. G.　328
Simon, H. A.　176, 210, 301
Simonton, D. K.　192
Sinha, I.　99, 100
Slater, S. F.　101
外山大　vii, 241
Spencer, W.　81, 221
Stallman, R.　96
Stephanopoulos, J.　55
Sternberg, R. J.　191
Stewart, M. G.　266
Sullivan, P. H.　50
Sutcliffe, K. M.　270
高橋亀吉　58, 64
高橋誠　191
Takeuchi, H.　122, 311-315, 317, 320, 327, 339
竹谷仁宏　260
Taylor, F. W.　206
手塚貞治　vii, 240
Thamhaim, H. J.　246
Thomke, S.　94
Toffler, A.　91, 92, 97
Turing, A.　300
植田一博　227, 236, 237, 339
上田泰　207
上原征彦　75, 78, 90, 98, 100, 104
Utterback, J. M.　84, 125
Vaughan, E. J.　254, 258, 259
von Bertalanffy, L.　176, 338
von Hippel, E.　93, 94, 99
von Krogh, G.　96, 316, 320, 328
von Zedtwitz, M.　230

渡辺裕　vii
渡部俊也　50
Watson Sr., T.　289
Weaver, W.　300
Weber, M.　207, 218
Weick, K. E.　270, 315
Weinberg, A. M.　280
Wenger, E.　321, 328
Wernerfelt, B.　31
Wiener, N.　300
Wilemon, D.　246
Willett, A. H.　256
Williams Jr., C. A.　259
Womack, J. P.　122
山田肇　141, 195, 267
山之内昭夫　vii, 10
矢野正晴　234
米山茂美　50
Zwicky, F.　191

Dual Use 技術　288
ERM　259
ESPRIT プログラム　122
FMEA　266
Free Software Foundation　96
FTA　266
HICSS　331
IASRE　335
IEEE Transactions on Engineering Management　6
Illinois 工科大学　121
IRI　130
KJ 法　192
Linux　96
MBA 的発想　170
MIT 人工知能研究所　96
MYCIN　301, 307
NEPA　278
NIH シンドローム　87, 88
NIT シンドローム　88
NPO 型分散研究システム　242
NSF　120, 163
OECD　337
OTA　279
PERT　326
PICMET　vi, 3, 7
QC サークル　122, 267
R & D　165
　少人数型──　200
Rand Corporation　40
Rensselaer 工科大学　130
RoboCup　242
Schumpeter 仮説　129
Schumpeter の盲点　150
SEMATECH　122
Sloan 財団　130
SOX 法　260
STP　72, 76
SWOT 分析　44
S 字カーブ　39
TQM　267
WBS　326
X 事業部研究　183

用語索引

英数字

4P　72, 76
AI　→　人口知能
Alvey プログラム　122
ARPAnet　97
A 部門　92, 97
Boston Consulting Group　27
B 部門　92, 97
CEO　150, 260
　──の交替　153
CFO　260
CRO　261
CSR　260
CTO　54
　──の判断　58
　──の役割　55
DENDRAL　301
DNI フレーム　98

X 理論　208
Y 理論　208

ア 行

アイデア　51
　――発展の場　196
アウトソーシング　44, 230
悪構造問題　338
悪構造領域　328, 329
アナロジー　192, 309, 329
アポロ計画　176
アメリカ競争力協議会　153
アメリカ式製造技術　164
アメリカ特許法　53
アメリカマーケティング協会　75
アルゴリズム　301, 302
安全　268
　――学　268
　――工学　268
安全・安心　40
　――な社会　268
アンブレラ戦略　59
暗黙知　313, 315, 316, 319
意思決定　211
　――主体　176
　――理論　255
異質性　234
意匠権　49
一括受注契約　273
一般システム理論　338
一般市民　281
イノベーション　60, 112, 280
　インクリメンタル・――　123, 124
　オープン・――　126, 134, 229
　――改良　149
　革新的――　141, 144
　企業――　155
　既存企業――　129
　国のレベルの――　126
　クラスターレベルの――　126
　クローズド・――　125, 133
　――研究　123

　国家の――　153, 155
　システムレベルの――　125
　セミ・オープン・――　138
　大企業での――　128
　地域レベルの――　126
　――における独占企業　129
　――の機会　117
　――のジレンマ　145
　――の担い手　128
　――の認知度　148
　――の発生過程　120
　――の普及　148
　――の源　62
　破壊的――　139, 146
　非連続――　123
　部品レベルの――　125
　プロセス・――　125
　プロダクト・――　125
　――・ポートフォリオ戦略　146
　マネジメント・――　150
　――・マネジメント　117, 129
　ラディカル・――　123, 130
　連続――　123
　――論　123
異分野　234
　――協同　311
　――チーム　234
　――知識の習得　245
　――知識の新結合　245
依頼研究　181, 220
インキュベーション機構　131
インセンティブ体系　196
インターネット　97, 98
　――・マーケティング　98
インターン教育　327
ウォークマン　103, 105
エージェンシー理論　196
エキスパートシステム　302
　――成功の3原則　324
　――の着眼点　306
　――の適用　304
演繹的推論　308
エンロン事件　260

応札価格　274
応札書作成段階　273
オープン志向リスクマネジメント　291
オープンシステムアプローチ　206
オープンソース運動　97
オープンソース型ソフトウェア　96
オープン組織　232
オープンなコミュニティ　233
オプション分担方式　127
オペレーションズ・リサーチ　4
オポチュニティー　105
オン・ザ・ジョブ・トレーニング　327

カ　行

外生変数　16
改善　122
階層システムの維持　227
階層組織　226
開発　165
　　——提携型　240
外部委託　44
外部講師　245
カオス　313
科学　11, 162
　　——が善　281
　　——教育　281
　　——コミュニケーション　281
　　——史・科学哲学　173
　　——者　11
　　——的管理法　207
　　——的知識　326
　　——と技術の一体化　13
　　——と技術の相互関係　13
　　——における計画　174
　　——の特徴　162
科学技術　13, 165
　　——者　15, 18
　　——社会論　84
　　——者の動機付け　136
　　——者の保守性　224
　　——者の倫理　294
　　——政策　2, 120

——の神髄　13
鍵となる質問　282
学際研究　269
学際的学問　338
「拡散」思考　199
革新的技術　142
革新的製品　101
　　——開発の鍵　105
　　——の研究開発　182
確定性　255
核兵器開発計画　162
確率　254
過剰機能　139
過剰性能　139
カップリングモデル　121
環境アセスメント　278
環境意識　40
環境影響評価　278
環境評価局　→　OTA
環境ホルモン　281
環境問題　278
慣行軌道の変更　112
完全競争　29, 30
看板方式　122
管理会計　182
官僚制　207, 218
機械アプローチ　332
機会志向　118
機会損失　293
規格化　39
危機管理　287
　　終了時の——　288
　　発生時の——　288
　　平常時の——　288
企業家　112, 116
　　——精神　118
　　——像　128
企業改革法　260
企業間提携　238
企業提携　44
企業統治　39, 260
企業内研修　7, 244
企業内論理打破　245

354　索　引

企業の社会的責任　→　CSR
企業秘密　49, 51
企業変革エンジン　244
疑似工学システム　329
技術　164
　——移転　324
　——が与える影響　32, 33
　——革新　150
　——競争　34
　——決定論　38
　——最高責任者　iv
　——社会論　263
　——者研修　81
　——者の国際間流動　229
　——者の流動化　229
　——戦略の実態調査　45
　——担当取締役　55
　——知識組織　215
　——的思考　144
　——動向　37
　——と社会の相互作用　38, 84
　——ノウハウ　49
　——の進歩性　84
　——の独自性　44
　——の波及　138
　——の波及転用　33
　——のパラダイム　126
　——の普遍性　11
　——の融合　138
　——の有用性　85
　——の歴史　11
　——標準　iii
　——予測　40
　——力の蓄積と伝承　44
技術開発　32
　——の進歩　139
　——目的　34
技術経営　2
　——学　iv
　——コース　6, 7
　——室　iv, 55, 183
　——専門職大学院　iv
　——の使命　34

　——の内容　4
　——の範囲　2
　——の必要性　3
　——論　iv, 10
技術志向　217, 220
　——と事業志向のジレンマ　217, 220
　——風土の克服　80
技術戦略　30
　全社——　44
　——の定義　34
　——の特徴　36
　——部門　213
技術組織　213
　——の変革　228
　——の保守性　227
　——への介入　41
　——論　214, 215
技術マーケティング　80
　——核心　103
　——の展開　98
規制撤廃　62
基礎研究所　220
基礎的な科学研究　222
帰納推論　309
機能組織　218
逆方向推論　304, 330, 339
キャッチアップ　4, 88, 180, 195, 287
　——段階　45
キューバ危機　287
競争戦略　29, 32
　——の欠点克服　143
競争と淘汰　242
共同研究　183
協働システム　208
協同の果実　183
業務委託　230
業務のオーバーラップ　311
協力と説得　339
巨大ソフトウェア企業　97
巨大プロジェクト　312
キリスト教的世界観　162
均衡論的経済学　112
金銭的報酬　192, 246

索引　355

近代科学革命　11
近代技術　164
国の競争力　153
グループ意思決定支援システム　332
クローズドシステムアプローチ　206
クロスファンクションチーム　153
クロスライセンシング　50
クロスライセンス　221
軍事技術　288
経営工学　4, 10
経営コンサルティング　338
経営戦略　26
　──の定義　29
計画　197
　経営学における──　175
　効率的──　195
　──できないこと　197
　──と実施との分離　193
　──見直し　197
経験曲線　27, 63
経験的知識　277, 302, 306, 326, 327, 339
経験の継続　63
計算機科学　300
形式知　313
形態分析法　191
ゲートキーパー　121
ゲーム理論　30
限界線判定　58
研究　165
　開発──　180
　──計画評価　188
　──室運営　225
　──実績評価　188
　──者の自由　171
　──者の選定　182
　新製品の──　77
　──スポンサー　181
　──成果の産業化移転　98
　短期──　179, 222
　探索──　180
　長期──　179, 222
　──テーマ　173
　──テーマの創出　196

──投資　221
──の類型　179
早すぎた──　201
──評価注意点　186
野心的な──　225
──領域評価　188
──労働者　225
研究開発　165
──型ベンチャー　240
──結果の評価　167
──人材　246
──テーマ　167
──のアウトソーシング　288
──の計画　166, 173
──の計画会議　175
──の実施　167
──の実態調査　195
──のプロセス　166
──部門　213
──マネジメント　168
──マネジメントの世代論　168
──マネジャー　170
──リーダー　171
権限と責任　207
権限の階層構造　207
権限の集中　207
現代科学技術　11
コア技術　44
コアコンピタンス　31
コアチーム　231
工学　266
──教育　81
──的問題　308
──における計画　175
好奇心　164
工期遅延　273
工業社会　337
公共政策　2
公式組織　208, 321, 322
高信頼性組織　270
構成的アプローチ　34
構造改革特区　61
構造モデル　307

構想立案　193
　　——型人材　195
公的資金　48
高度技術社会　iii, 14, 98, 102
コーチング　246
コーポレイトガバナンス　260
顧客　69
　　——からの信頼　49
　　——指向　37
　　——情報　49
　　——創造　102
　　——の便益　342
　　——問題解決　105
国際的協同研究　288
故障モード影響解析　→　FMEA
個人の自主性　223
コストの透明性　99
コスト・プラス・フィー契約　274
コストリーダーシップ戦略　30
国家環境政策法　→　NEPA
国家研究開発プロジェクト　241
固定概念の打破　244
コミュニケーション　339
コミュニティー価値　98
コンサルティング　27, 336
　　——会社　27, 58
　　——システム　302
コンセプト化能力　132
コンセンサス会議　282, 291
コンセンサス文書　283
コンティンジェンシー　210
コンピュータ・ネットワーク技術　96

サ　行

サービス　337
　　——・イノベーション　125, 340
　　——・サイエンス　22, 335
　　——産業　335
　　——社会　335
　　——・マネジメント　335
サイエンス・プッシュモデル　120
最高技術責任者　→　CTO

最高経営責任者　→　CEO
最高財務責任者　→　CFO
サイバネティックス　300
材料研究　200
先出願方式　53
差別化戦略　30
産学協同　163, 229
産官学連携　242
産業　29
　　——革命　11, 164
　　——災害　268
　　——政策　2, 48
　　——組織論　29
　　——の競争状態　29
　　——の構造分析　30
　　——のサービス化　335
　　——の知識化　334
　　——の発展　38
3段論法　308
参与観察　130
シーズ志向　80
事業志向　217, 221
事業の多角化　26
事業の目的　8
事業部研究開発　45
事業部研究所　220
事業部個別研究　223
事業部の相互作用　46
資源戦略　31, 33
試行錯誤　59, 181, 200
　　——の継続　63
　　——の研究の場　290
自己革新過程　313
自己熟達　243
自己組織化　311
自己閉鎖性　162
自社研究　183
自主研究　181, 220
　　——の欠点　182
システム　46
　　——アプローチ　269, 286, 338
　　——・インテグレーター　230
　　——工学　337

索　引　357

──思考　243
──分析　279
──論　46, 83, 105, 150, 176, 338
システムズアプローチ　176
持続的技術　139
実験試行能力　132
実施理論　87
実践コミュニティ　321, 328
実践のルール　327
失敗　290
　──研究　200
　──データベース　201
　──と成功　290
視点の転換　331, 334, 339
指導者論　128
シナリオ・プランニング法　47
シナリオワークショップ　282
シネクティクス　192
資本家　129
資本主義経済の発展　112
市民革命　164
社会技術　269
社会経済生産性本部経営アカデミー　vii, 6
社会構成論　38
社会的判断　263
ジャストインタイム方式　122
収益性　29
収支責任　138
「集中」思考　199
集中戦略　30
集中と選択　61
主体内在型アプローチ　330
順方向推論　304
商業化能力　132
状況適合　209
条件適応論　210
小集団活動　267
商標　49
　──権　49
商品　69
情報格差　75, 78
　──の減少　99, 105
情報化社会　14

情報ネットワーク　78
情報の開放と平等化　99
情報の創造　313
情報の非対称性逆転　100
情報の非対称性の減少　99
情報理論　300
将来ニーズ　102
職能集団　11
職場風土　246
新規性　130
新結合　113
新興市場　39
人工知能　300
人工物　294
新古典派経済学　139
人材確保　232
人材戦略　54
人材の流動化　220
新事業　4
　──の開発　42
　「──の開発」戦略　44
　──発表会　245
新製品開発　311
人的資源　129
信頼性工学　266
推論エンジン　303, 304, 326
生活機会創造　103, 144
生活情報　90
生活体験　106
制御理論　176
生産管理　2, 4, 10, 213
生産工学　213
生産手段　15
　──の支配　128
生産設備　231
生産の垂直統合　232
生産要素市場　31
製造経験　63
製造効率　63
製造部門　213
聖俗革命　162
成長率‐市場マトリックス　28
制度革新　127

358　索　引

製品開発チーム　85
製品企画・設計部門　213
製品計画　76, 77
製品コンセプト　5
製品の利益責任　82
生命の尊厳　289
生命倫理　268
セグメンテーション　72, 99
設計論　176
説明機能　330, 339
「セミ」オープン環境　137
セレンディピティー　198
　　擬——　198
　　真の——　199
前科学　162
前工業社会　337
潜在的ニーズ　106
戦時研究開発体制　120
全社研究　220
　　——開発　45
先端技術　iii
全米科学基金　→　NSF
専門家　302
　　——志向　224
　　——と素人の対話　281
　　——の共同体　173
専門学問的判断　263
専門職大学院　229
専門知識と権限の逆相関　226
専門知識の活用　339
専門的助言サービス　338
専門的・知的サービス　337
専門馬鹿　199
専門領域に固有な問題　302
戦略　26
　　——家　59
　　希望の——　168
　　——的判断　58
総合力　46
　　多事業部の——　137
創造活動の認知モデル　192
創造性　190
　　——の発揮　13

創造的活動　169
創造的行為　13
創造的組織　215
創造的認知　195
創造的破壊　113
創造的マネジメント　21
創発性　46, 339
創発戦略　59
組織　206
　　——学習　243
　　公的——　321, 328
　　——行動論　212
　　——設計　207
　　——的知識創造　313
　　——内同形化　234
　　——の統合　210
　　——の分化　210
　　——理論　212
組織知能　331
　　——の実現　333
ソフトアプローチ　339
ソフトウェア工学　337
ソフトウェア特許　53
ソフトシステム　176
　　——・アプローチ　177
　　——思考　338
ソリューション事業　104
損失　254

　　タ　行

ターゲティング　72, 99
第1次世界大戦　165
第1世代の研究開発マネジメント　168
第1の波　91
大規模建設プロジェクト　323
第5世代プロジェクト　122
第3世代の研究開発マネジメント　169
第3の波　91, 97
第2次世界大戦　162, 165
第2世代の研究開発マネジメント　168
第2の波　91
多角的技術基盤　126

多国籍企業　230
多重学習　312
タスクフォース組織　220
脱工業化社会　14, 337
多様性　234
探索マーケティンググループ　132
チームの学習　244
地球環境　268
　──問題　281
地球規模での周辺　62
知識　14
　浅い──　307, 326
　──イネーブラー　320, 328
　──獲得のボトルネック　307
　──検索システム　309
　──社会　15
　──専門職業　336
　専門分野の──　326
　──定義　313
　──提供者　330
　──伝承システム　323
　──の獲得　306
　──の陳腐化　226
　──の表現　303
　──の利用　301
　──の連想　330
　──表現法　310
　深い──　307, 326, 330
　──ベース　302, 303
　──変換の4つのモード　314
　──融合システム　324
　連想──　330
　──連想　325, 333
　──労働者　15
知識共有　325
　──システム　325
知識工学　300, 301, 326, 327, 339
　──者　324
知識創造　333
　──企業　314, 315, 327, 339
　──の一般モデル　315
知識マネジメント　338
　実用的な──　324

地中海貿易海上保険　258
知的財産　49
　──権　49
　──制度　50
　──戦略　45, 51
知的資産　49
知的組織　331
知的な機械　231
中央研究所　220, 222
　──の終焉　221
　──不要論　221
中間管理者　153
中途採用　229
超過勤務　312
著作権　49
直観　328
提案制度　196
テクノロジーアセスメント　279
　参加型の──　282
デファクトスタンダード　52
デルファイ法　40
テロ組織　288
動機的制約　210
統合マネジメント　287
統合モデル　122
洞察　339
独占禁止法　48
独創性　234
特任教員　229
特許　49
　──権　49
　──侵害　51, 52
　──戦略　50
　──法　50
　防衛──　52
突然の飛躍　191
突破型プロジェクト　312
トップダウン　177, 313
徒弟制度　11, 12, 164, 321, 327
ドミナント・デザイン　84, 125
取締役会　153
トレードシークレット　52

ナ 行

内製化　232
内部統制　260
ナレジマネジメント　31, 315
　　——ブーム　317
ニーズ志向　80, 101
　　——の限界　101
2番手研究開発テーマ　186
人間アプローチ　332
人間活動システム　176
人間関係　321
　　——論　208
人間工学　4
人間 - コンピュータ協同システム　325, 329, 334
人間の解放　164
人間の限界自覚　294
人間の知能　300
人間の直観能力　333
人間の無知・未知の領域　17
認知科学　190, 236, 338
認知的制約　211
ネオタイプ科学　162
ノウハウ　31, 277

ハ 行

場　316
バーチャル研究プロジェクト　230
ハードアプローチ　339
ハードシステム　176
　　——・アプローチ　177
廃棄の制度化　119
バイパス組織　228
破壊的技術　39, 139
博士課程教育　327
博士論文　225
発見　13, 171, 193
発明　13, 193
　　——は必要の母　103
パワー闘争　211

判断ルール　327
販売提携型　240
ピア・レビュー　162, 224
非金銭的報酬　246
非公式組織　208, 328
ビジネススクール　21
　　——の欠点　58
ビジネスモデル　iii, 33, 43, 131, 135, 147, 342
ビジョナリー　60
ビジョンドリブン性　242
秘密工場　232
秘密の保持　232
評価　184
　　——結果評価　188
　　時期による——　185
　　自己——　189
　　事後——　185
　　事前——　185
　　——者　189
　　——体系　225
　　中間——　185
　　追跡——　189
　　——のための評価　186
　　——の目的　184
標準化　39, 51
　　部品の——　164
標準技術　51
標準品　88
標準ワークパッケージ法　339
非連続的変化　112
貧困層市場　62
品質管理　267
フォーラム活動　52
フォルトツリー解析　→　FTA
付加価値の源泉　51, 52, 334, 337
不確実性　200, 254, 255
不確定性　255
複合公式組織　208
2人のボス　218
部門間のコンフリクト　210
フューチャーサーチ　282
ブラックボックス　197, 330

――工場　52, 232
　――組織　232
ブランド　49
　――力　100
ブルー・オーシャン戦略　143, 146
ブレークスルー　200, 234
　――技術　142
ブレーンストーミング　224
　――法　191
プログラム技法　310
プログラムの生産性向上　310
プロジェクトチーム　218
プロジェクトマネジメント　263, 272
　――支援システム　326
プロジェクトリスク管理システム　304
プロシューマー　91
プロダクションルール　303
プロダクト・ポートフォリオ分析　33
プロダクト・ポートフォリオ・マトリックス　28
プロトタイプ　93
　――科学　162
フロントランナー　4, 42, 88, 195
分業　207
分散人工知能　332
分担提携型　240
文理統合　36
変化と変態　64
ベンチャー企業　134, 221, 238
ベンチャーキャピタル　134
包括提携型　240
報酬体系　225
報奨制度　196
ホーソン実験　208
保険　254, 258
ポジショニング　72
　――戦略　31
ポスト資本主義社会　14, 15
ボトムアップ　88, 178, 313
　――的なアプローチ　224
本流領域　61

マ　行

マーケター　103
マーケット・プルモデル　120
マーケティング　72
　関係性――　73, 74
　協働型――　75, 78, 100
　社会責任――　74
　統合――　74
　――と技術との関係　78
　内部――　74
　――の基本的命題　81
　――の近視眼　83
　――の限界　77, 103
　――の手法　72
　――の中核的課題　76
　――の定義　75
　――の歴史の第1段階　71
　――の歴史の第3段階　73
　――の歴史の第2段階　72
　――部門　78, 81
　――本質　70
マクロ組織論　212
マトリックス組織　217
　――の定義　218
　――の問題点　218
マネジメントの原理　169
マネジメント領域　150
マネジャーの役割　207
マネジャーのリーダーシップ　226
満足基準　211
マンハッタン計画　162
見えざる資産　31
ミクロ組織論　212
未知への挑戦　13
ミドル・アップ・ダウン　313
未来志向的動機付け　247
無形資産　49
無償公開　52
無知と未知の世界　292
無知・未知の領域　197
命令の統一性　207, 218

メタレベルの助言　227
モード2研究　269
目的の設定　175
目標管理　215
ものづくり　10
ものに埋め込まれた知識　231
問題　105
　——解決　105, 301, 339
　——処理能力　331
　——定義　105

　　ヤ　行

ユーザ　69
　——・ツールキット法　94
優良企業　138
良い継続　63
要素と全体　46
予期せぬ事態　270
「予想と実際」の差　255
予防原則　280

　　ラ　行

リーダーシップ　228
　取引型——　246
　変革型——　246
リードユーザ　94
リオ宣言　280
リスク　17, 254, 255
　カントリー——　273
　技術——　262
　経済——　261
　——最高責任者　→　CRO
　財務——　261
　——志向　118
　社会——　261
　純粋——　256
　政治——　261
　静態——　256
　投機——　255, 256, 263
　動態——　256
　——の定義　256
　——の分散　273
　法務——　261
リスクコミュニケーション　280
　——の事例　281
リスクマネジメント　254, 323
　——規格　259
　企業全体の——　→　ERM
　技術開発のための技術——　290
　技術の運用系の——　262
　技術の開発系の——　263
　金融——　259
　統合——　259
　——の源流　258
流動化促進の要因　229
連鎖モデル　165
連想のメカニズム　330
連想誘導機能　331
労働コストの外部転嫁　92
労務リスク　261
ロードマップ　47
　技術——　47
　市場——　47
　製品——　47

　　ワ　行

悪い継続　63

索引　363

著者紹介

丹羽　清（にわ・きよし）
1946年生まれ．早稲田大学大学院理工学研究科修士課程修了．日立製作所システム開発研究所，同基礎研究所，米国ポートランド州立大学工学部技術経営学科客員教授，東京大学大学院総合文化研究科広域科学専攻教授などを経て，現在，東京大学名誉教授．工学博士．米国テキサス大学 IC^2 (Innovation, Creativity and Capital) 研究所フェロー，IJITM（技術経営論文誌）国際編集顧問，PICMET（技術経営国際会議）インターナショナル・チェア．「技術経営」や「イノベーション」に関するコンサルティングや企業人研修も行う．

主要著書
Knowledge-Based Risk Management in Engineering (John Wiley & Sons, 1989), *Technology and Innovation Management* (共編, IEEE, 1999), 『技術経営戦略』（共編, 生産性出版, 1999), *Technology Management in the Knowledge Era* (共編, IEEE, 2001), 『イノベーション実践論』（東京大学出版会, 2010), 『技術経営の実践的研究：イノベーション実現への突破口』（編, 東京大学出版会, 2013).

技術経営論

　　　　　2006 年 11 月 22 日　初　版
　　　　　2015 年 5 月 15 日　第 3 刷

　　　　　　　［検印廃止］

著　者　　丹羽　清

発行所　　一般財団法人　東京大学出版会

代表者　　古田元夫

　　　　　153-0041 東京都目黒区駒場 4-5-29
　　　　　http://www.utp.or.jp/
　　　　　電話 03-6407-1069　Fax 03-6407-1991
　　　　　振替 00160-6-59964

印刷所　　株式会社三陽社
製本所　　誠製本株式会社

　　　ⓒ 2006 Kiyoshi Niwa
　　　ISBN 978-4-13-062814-3　Printed in Japan

JCOPY 〈(社)出版者著作権管理機構　委託出版物〉
本書の無断複写は著作権法上での例外を除き禁じられています．複写される場合は，そのつど事前に，(社)出版者著作権管理機構（電話 03-3513-6969, FAX 03-3513-6979, e-mail: info@jcopy.or.jp）の許諾を得てください．

安全安心のための社会技術

堀井秀之編　A5判・384頁・3200円

より複雑となる社会問題を解決するための方法とは？ そして安全で安心に暮らすために必要な技術とは？ これらの問いに応える，分野を超えた新しい知「社会技術」について，その理念や方法論を原子力・食品・交通・医療などの具体例をまじえてていねいに解説する．

科学技術社会論の技法

藤垣裕子編　A5判・288頁・2800円

BSE，薬害エイズ，Winny事件――環境，食糧，医療，災害，情報など，さまざまな分野で科学／技術と社会との接点にある問題の調停が求められている現在，境界領域の問題を扱うSTSの役割は大きい．その具体的事例から方法論・思想までをまとめた，初のテキスト．

技術経営の実践的研究
イノベーション実現への突破口

丹羽　清編　A5判・256頁・3800円

イノベーションの実現を確かなものとするための方法とは？ 企業の現場でおこる課題を解決する，5つの実務的マネジメント方法を提案．大学での研究と企業での実践とを有機的に結びつけ，相乗的な発展を促進させる企てについて解説する画期的書．

イノベーション実践論

丹羽　清　A5判・176頁・2600円

日本企業飛躍の道がここにある！ 大学や企業セミナーでの長年の講義経験をもとに，理論と実際のビジネスを統合した新しい実践論．基本的な考え方から，問題点の扱い方，そして効果的実現に向けたアプローチまでを提示．イノベーションを志す企業人と学生の必読書．

ここに表示された価格は本体価格です．ご購入の際には消費税が加算されますのでご了承ください．